KB248494

볼리비아에서
온
편지

볼리비아에서 온 편지

이기제

지음

홍성사

한국 선교사의
모범이자
사역의 모델

"너희는 온 천하에 다니며 만민에게 복음을 전파하라"(막16:15)

주님의 이 지상명령에 따라 오직 아버지의 절대주권을 믿고 성령의 권능을 힘입어 그리스도의 이름을 증거하는 이기제 선교사님!

이 선교사님은 23년 전, 사모님과 어린 딸 주리, 아들 강호를 안고 잉카 문명의 본산지인 해발 2,600미터 안데스 계곡 볼리비아 코차밤바로 한달음에 달려갔습니다. 한국과는 지구 반대편에 있는 먼 나라임에도 말입니다.

황해노회는 이 선교사님 부부를 "성령 하나님이 친히 인도하시니 믿음으로 가십시오"라고 축복하며 재정 지원과 기도의 책임을 다할 것을 약속하고 볼리비아에 파송했습니다.

그동안 이 선교사님의 사역은 본 교단과 한국 선교사의 모범과 모델이 될 만큼 많은 열매를 맺었습니다. 볼리비아에서 이 선교사님의 손으로 맺은 기적의 성과들은 이루 헤아릴 수 없을 만큼 많습니다. 이 선교사님은 볼리비아 장로교단과 볼리비아 사랑 선교부를 세웠고, 해발 3,500미터의 고산족 마을, 해발 2,600미터의 빈민촌, 아마존 밀림의 소수부족 마을과 마약을 재배·판매하는 지역까지 두루 다니며 20여 곳의 교회를 개척했습니다. 영적 지도자 육성을 위한 신학교와 기도처와 명문 학교가 된 사야리 유아원·유치원·초·중·고등학교 및 종합대학 설립, 올바른 신학과 신앙의 기초를 세운 문서선교, 의료선교 기관인 치과 병원과 농원 설립 등도 하나님이 그를 통해 주신 큰 열매입니다.

볼리비아 영혼들을 위해 흘린 이 선교사님의 눈물의 기도와 땀 그리고 희생적인 헌신에 동역한 황해노회 세계선교위원회와 파송 교회 및 협력 교회가 아름답게 어우러져 이룬 결실에 많은 격려와 위로가 이어졌습니다. 이 선교사님의 사역은 이제 볼리비아 사회와 한국 교회가 인정하여 볼리비아 교육청장상, 사회복지청장상, 코차밤바 주지사 감사장, 한국 언더우드선교상, 황해노회 공로패 등을 수상했습니다.

이 선교사님의 선교 현장의 애환과 감사가 오롯이 새겨진 23년의 기록이 홍성사에서 출간되어 한국 교회가 중·남미 역사와 문화를 공유하고 선교의 동기를 새롭게 불러일으킬 것을 소망하면 가슴이 벅차오릅니다. 이 선교사님의 볼리비아 선교 수기는 지구촌 곳곳에서 영적 전투를 벌이고 있는 많은 선교사님들께 영성의 원동력이 되어 지치지 않는 사역을 감당케 할 것입니다.

이 책이 선교를 준비하는 교회와 선교사들에게 하나님의 비전과 거울이 되어 땅 끝까지 하나님의 나라와 의를 세워가는 선교 열정의 부흥이 일어나는 계기가 되기를 간절히 기도드립니다.

김종열 대한예수교장로회 황해노회 세계선교위원회위원장. 동암교회 담임목사

나의
신앙의 아버지,
이기제
선교사님

이기제 선교사님은 제가 중학교 2학년 때 회심한 수련회를 진행한 분입니다. 그후 중고등부에서 일대일 제자양육을 하시며 저의 신앙을 계속 지도해 주셨습니다. 당시 청년부 회지명을 〈World Vision〉으로 정하여 세계 선교를 생각하게 하시더니 결국 당신께서 볼리비아로 떠나시며 몸소 본을 보이셨습니다.

제가 학생 때 전도사님이시던 이기제 선교사님은 다재다능하고 열정적인 분이었습니다. 그때나 지금이나 깡마른 체격에 강단 있는 모습이셨습니다. 중요한 교회 행사를 준비하며 성가대를 지휘하실 때, 제대로 화음이 나오지 않으면 몇 번이고 반복하다가 급기야 분을 삭이지 못하여 안경을 벗어던지고 나가버리신 적도 있습니다. 여학생들은 선교사님의 그 모습을 보고 멋지다고 생각했습니다. 이른바 '나쁜 남자'의 원조인 셈입니다. 그래서 제가 대학생이 되어 중고등부 성가대 지휘를 맡았을 때 그 비슷한 흉내를 냈다가 본전도 못 뽑았던 기억이 있습니다.

고약하게 화만 내셨다면 많은 제자들이 선교사님을 흠모하며 멋진 모습으로 회상하지는 않았을 것입니다. 선교사님은 정말 화통하게 우리와 교류하며 즐거워하셨습니다. 깊이 사랑하셨다고 하는 게 맞겠습니다. 그 마음 그대로 볼리비아의 영혼들을 품으셨을 것입니다.

정신과 수련의를 마치고 전문의가 된 후, 저는 중학교 2학년 때 품은 소명을 위해 신학교에 입학했습니다. 졸업이 다가오자 선교사님에 관한 논문을 쓰기로 하고,

2002년 여름 선교사님의 사역지인 볼리비아를 방문했습니다. 1주일의 여정에서 저는 중학교 시절로 돌아가 있었습니다. 제 영역에서 나름대로 전문가라고 자부했지만 선교사님 앞에서는 이제 갓 신앙에 눈뜬 중학교 2학년생일 뿐이었습니다. 그때 제가 선교사님께 매료된 까닭을 알았습니다. 돌이켜보니 선교사님의 심성 때문이었습니다. 그 심성이 고지식하며 감정이 무딘 저를 하나님께로 인도한 것입니다.

그런 아버지가 책을 내셨습니다. 그동안 쓰신 선교 편지의 내용을 중심으로 이 책에는 더 많은 이야기가 담겨 있습니다. 선교사님의 글을 읽으면 감성적이면서도 뜨거운 열정과 부드러운 심성을 충분히 느낄 수 있을 것입니다. 이 글을 읽는 모든 분들께 제가 느꼈던 선교사님이 있는 그대로 드러났으면 좋겠습니다. 그래서 선교사님을 통해 제가 인생의 새로운 꿈과 방향을 갖게 된 것처럼 모든 독자 분들도 그렇게 되면 좋겠습니다.

최의헌 연세로뎀정신과의원 원장, 한국목회상담협회 감독 및 운영위원

선교 패러다임을
바꾸어 준
형님 같은 분

이기제 선교사님과의 첫 만남은 마이애미 중남미 선교대회에서였다. 당시 이 선교사님은 조용한 성품에 자신을 잘 드러내지 않는 겸손한 모습이셨다. 좋은 만남을 뒤로 하고 모스크바로 돌아온 나는 '한민족 뿌리가 어디서 시작되어 어디까지 갔는가'란 의문을 풀고자 남미 선교사님들께 도움을 요청했는데, 그때 이기제 선교사님께서 의문의 열쇠가 되는 힌트를 주셨다.

그 후 볼리비아로 찾아간 나는 한 주 이상의 시간을 이 선교사님과 함께하며 그의 사역과 인격, 삶의 열매를 엿볼 수 있었다. 당시 볼리비아에서는 이 선교사님의 고뇌와 눈물을 먹고 자란 아름다운 열매가 찬란하게 영글어 있었다. 그럼에도 그는 소유욕과 명예욕에서 멀어지려는 거룩한 고민을 계속하고 있었다. 고마웠다! 그것은 나의 문제요, 우리 선교사들의 고민이기 때문이다. 나는 진실한 모습의 그를 형님으로 모시고 싶었다. 이 선교사님은 나의 선교 패러다임을 바꾼 계기를 마련해 주었기 때문이다.

혼자서도 자신을 지킬 수 있는 분

이기제 선교사님은 아침마다 볼리비아산 소금으로 온몸을 닦으며 스스로 검증한 이름 모를 나뭇잎, 풀잎을 약초 삼아 자연 치유의 비결을 터득하셨다. 특히 합기도 고수로서 온몸을 무예로 단련하셨다. 바쁜 선교 일정에도 새벽기도와 말씀 연구를 게을리하지 않는 그는 세상이 감당하지 못할 믿음의 사람이 되어 있었다.

원주민이 된 선교사

　그의 원주민 사랑은 산소가 부족한 고산 지대로, 무더위 정글 속으로, 마약 소굴로 들어가서 한 영혼이라도 더 만나게 했다. 교회를 개척할 뿐만 아니라 유치원, 초등학교, 중고등학교를 세워 어린이와 청소년들에게 희망을 주었는데, 그가 설립한 사야리 학교는 볼리비아 최고의 우수 학교로서 졸업생 전원이 국내외 명문 대학의 장학생으로 선발되었다. 우스갯소리로 꼴찌로 졸업해도 볼리비아 육군 사관학교에 들어간다고 할 정도이니, 교육 전문가로서도 대단한 성과를 이룩한 것이다. 그들 졸업생 모두가 훌륭한 신앙인이 되어 볼리비아 각계의 지도자들로 활동하고 있으니, 실로 놀라운 일이 아닐 수 없다. 이처럼 교사들의 선생이 되고 원주민들의 희망이 된 이 선교사님의 얼굴을 잘 보면 원주민과 닮아 있다는 것을 알 수 있다. 얼마나 원주민을 사랑했던지 볼리비아의 큰바위 얼굴이 되어 있었다. 23년간의 볼리비아 사역으로 얼굴마저 원주민과 닮은꼴로 바뀔 만큼 완벽한 스페인어를 구사하는 이 선교사님은 선교지의 문화를 즐길 줄 알았고, 그 땅의 냄새와 동식물, 원주민 유물 하나하나에 매력을 느끼게 되었다.

모든 것을 포기했으나 김치를 포기 못하는 분

　그와 함께 볼리비아 원주민의 뿌리를 찾는 여행을 할 때였다. 우리가 탄 지프차 뒤에는 김치가 익어가고 있었다. 4,000미터 고지를 오르내리면서 매끼니마다 사모님의 손맛이 담긴 신선한 김치와 김치찌개를 먹었다. 그 맛은 평생 잊을 수 없는 최고의 맛이었다. 3,500미터 이상의 고원 어디든 돗자리 하나 펴면 그곳이 곧 한국 식당이 되었다. 원주민이 된 선교사님일지라도 결코 포기할 수 없었던 우리 김치는 당당하고 거침없는 힘을 불어 넣어 주었다. 어쩌면 김치의 힘으로 그 힘든 선교 사역을 잘 감당할 수 있었는지도 모른다. 볼리비아 원주민조차 김치 맛에 환장하는 것을 보면 말이다. 나는 김치 선교사인 이 선교사님의 배짱에 감동 받은 후 모스크바로 돌아와 김치를 더욱 당당히 즐겨 먹었다. 아니, 그를 닮아가려고 먹는다고 해야 할까.

또 하나의 승리의 비밀, 박미숙 사모님

박미숙 선교사님은 인내와 화평의 사모님이다. 선교지의 수많은 행정적인 업무와 대인관계는 이루 말할 수 없는 어려움의 연속이다. 내가 본 박미숙 선교사님은 섬김의 여왕이다. 모든 선교사님을 부족함 없이 먹이고 또 먹이는 누이요 어머니 역할을 기쁘게 도맡으셨다. 뒤통수 치는 배반도, 비난도, 욕도, 비열함도, 사모님의 섬김을 중단시키지 못했다. 칼을 숨기고 온 자인 줄 알면서도 섬기고 또 섬기는 분이다. 사람을 지치게 만드는 볼리비아의 끝없는 소송과 재판에도 하나님의 방법으로 승소하고야 마는 뚝심의 사모님이다. 그 억울함을 누가 다 알랴? 오직 주님만이 사모님을 위로해 주실 것이다. 어두움은 빛 앞에 사라짐을 믿고 모든 고통의 순간을 감사로만 감당해 내는 사모님 덕분에 볼리비아 선교 사역은 성공적일 수 있었다. 동료 선교사와의 갈등 해소, 총회 및 후원 단체와의 원만한 소통 역시 사모님의 몫이었다. 유창한 스페인어로 원주민의 영적·육적 어머니 역할을 똑소리 나게 해내신다. 이기제 선교사님이 마음껏 일하실 수 있도록 내조와 외조까지 감당하면서, 두 자녀를 한동대학교에 보내고, 아들은 한국 군대에 자원입대하도록 한 분이 바로 박미숙 선교사님이시다.

한국 선교사의 보배

선교사는 선교사를 바로 알아볼 수 있다. 삯꾼인지 참 종인지 말이다. 1987년 4월에 볼리비아로 파송 받은 후 23년 동안 하나님께서는 이기제 선교사님을 통해 볼리비아에 많은 일을 이루어 가셨다. 개척 교회와 장로회 교단 및 신학교 설립을 비롯하여 교육, 의료, 문서, 농원 사역을 하셨으며, 마약 퇴치 운동에도 관여하여 생명의 위협을 받기도 하셨다.

한국 선교사의 보배인 이 선교사님께 언더우드선교사상이 수여되었다. 하나님께서 한국, 아니 세계 선교사의 지도자로 우뚝 세워 주신 것이다.

보배 선교사는 고난과 억울함과 피눈물 속에 태어난다. 그가 앞으로 온 열방의 영적인 아버지가 되도록 더욱 응원하고 기도해야겠다.

볼리비아를 섬기며 중남미와 한국 선교 역사에 큰 족적을 남기고 있는 이기제 선교사님의 남은 삶이 아브라함의 축복이 되길 진심으로 바란다.

박형서 사우디아라비아·러시아 선교사, 세계선교사협의회 부회장

볼리비아와
세계 선교의
교과서

이기제 선교사님은 총신 74회 동기이자 동역자요 목사요 선교사입니다. 제가 가장 사랑하는 친구이기도 합니다. 저는 이 선교사님이 신학을 졸업하고 교수가 되리라고 생각했습니다. 그런데 볼리비아 선교사로 출국한 후 벌써 23년째라고 하니, 그 긴 세월 동안 한 길을 걸어 온 사역에 경이로움을 느낍니다. 이기제 선교사님은 특별한 일을 하실 분으로 생각했는데 실제로 볼리비아에서 아무도 쉽게 하지 못할 일들을 이루어 내셨습니다.

저는 볼리비아 선교지를 한 번도 가보지 못했지만 지난 20여 년간 이 선교사님의 수많은 선교 편지를 받아 보았고, 또 제가 시무하는 안디옥교회에 오셔서 말씀도 여러 차례 전해 주셨습니다. 사모님께서도 직접 오셔서 선교지 이야기를 들려 주셔서 잘 아는 바입니다만, 하나님께서 볼리비아에 꼭 필요한 선교사로 이 선교사님을 세우고 쓰셨다고 확신합니다.

그의 성공적인 선교는 기도에서 나왔습니다. 척박한 볼리비아 고산 지대의 기도 바위에서 밤새워 기도하면서 하나님이 주신 지혜와 꿈을 펼친 것이 볼리비아 선교의 수많은 열매들입니다. 74회 동기 사역자들 중에 가장 성공적인 선교를 하신 분을 꼽으라면 저는 주저없이 이 선교사님을 추천할 것입니다.

이 선교사님이 새롭게 시작하는 선교 사역을 위해 계속 기도해 주셨으면 합니다.

볼리비아 선교 이야기를 담은, 이 선교사님의 소중한 책이 세상에 나오게 됨을 축하드립니다. 이 책이 볼리비아와 세계 선교의 교과서가 되기를 진심으로 바랍니다.

한상조 안디옥교회 담임목사

한국 선교 100년의 업적과 견줄 만한 볼리비아 선교

이기제 선교사님이 책 출간을 앞두고 글을 부탁하시기에 주저하며 사양하려 했습니다. 후방에서 편히 사역한 자로서, 머나 먼 이국땅에서 눈물과 땀을 흘리며 온갖 고생을 마다하지 않고 헌신한 이 선교사님께 예의가 아니란 생각이 들었습니다. 짧게나마 감사의 글을 올립니다.

1987년 4월 그때를 잊고 살아왔는데 이제 23년이 되었다고요. 이 선교사님은 선교지에서의 20년 세월 동안 부족한 선교 지원을 받으면서도 태산 같은 업적을 이루어 내셨습니다. 선교사 내외분이 눈물과 땀과 피를 흘린 선교 사역의 결실입니다. 나는 이 선교사님 내외분께 진심으로 고마운 마음을 전하며, 이 선교사님 부부를 들어 쓰신 하나님께 감사드립니다.

언젠가 볼리비아를 방문했을 때의 일입니다. 그때 사모님이 허름한 옷차림에 다 닳은 신발을 신고 땀을 흘리며 주민들을 위해 봉사하시는 모습에 뒤돌아서서 남 몰래 울었던 일을 기억에서 지울 수가 없습니다.

그런 열악한 환경에서 좌절하지 않고 온갖 고초를 견디며 얼룩진 마음을 눈물의 기도로 씻고 선교에 충실했던 모습을 저는 잘 알고 있습니다. 이 선교사님의 선교 업적은 결코 저절로 이뤄진 것이 아닙니다. 이 책에 다 표현되지 않은 선교사님의 눈물과 땀을 돌아보며 고맙고 또 고맙다는 말씀을 드립니다.

저는 이 선교사님의 볼리비아 선교 업적을 한국 선교 100년의 업적과 견줄 수 있는 것으로 봅니다. 한국의 세계 선교 역사 그 어디서도 찾아볼 수 없는 업적이라고 생각합니다. 그렇기에 더욱 자랑스럽고 감사할 따름입니다.

남은 사역에도 시종여일 충실하시고 세계 선교 역사의 귀감이 되어 더 많은 감사의 말씀을 드릴 수 있게 되기를 바랍니다.

끝으로 황해노회를 대표하여 모든 노회원이 마음을 같이하여 이 선교사님께 감사의 말씀을 전해 드립니다.

장원모 대한예수교장로회 황해노회 공로목사

머리말

"이 선교사님, 힘들고 바쁘시지요? 정기 노회가 다가오고 있습니다. 노회에 선교 보고를 해야 할 것 같습니다. 힘드시더라도 선교 보고서를 꼭 좀 보내주세요."

노회 선교위원회 목사님으로부터 정중한 독촉 전화와 편지를 받은 것이 한두 번이 아니었다. 선교지로 온 초기에 나는, 선교 편지 안 쓰고 안 보내기로 소문이 나 있었다. 그래서 선교 소식을 애타게 기다리시는 분들로부터 종종 애 끓는 소리를 들었다. 대체로 공식적인 선교 편지를 받으시는 분들은 나보다 연배가 위인 어른들이었다. 어린 선교사였던 내가 그분들께 편지를 쓴다는 것이 여간 조심스럽고 부담스러운 것이 아니었다. 궁색한 변명을 대자면, 폭우로 물에 잠긴 논을 보수하여 모를 심어야 하는 농부가 언제 허리 한 번 제대로 펴 하늘을 볼 시간이 있는가 하며, 현지 일이 바쁘다는 핑계를 늘어놓기도 했다. 한 걸음 더 나아가, 어려우시겠지만 직접 와서 보시고, 대신 보고를 좀 해주셨으면 좋겠다는, 다소 엉뚱한 주문도 드린 적이 있다.

사실은 글 쓰는 재주가 없다 보니, 내가 편지를 한 장 쓴다는 것은 고산을 타고 정글을 헤집으며 빈민굴에서 선교하는 것보다 더 힘들고 고역이었다. 이런 생각과 자책 속에 15년 이상을 현지에서 선교를 이끄시는 하나님을 체험하게 되었고, 선교를 위해 애써 주신 많은 분들의 기도와 사랑의 열매를 조금씩 알아가게 되었다. 뒤늦게나마 그 은혜를 공유하는 것이 옳다는 생각이 들었고, 선교 편지에 빚진 자인 내가 갚아야 할 몫이 많다는 것을 절감했다.

힘겨웠지만 하나님의 선교 사역을 기억나는 대로 정리하여 가끔 선교 편지를 보내기 시작했다. 그러던 중 전도사 시절 내 제자였고, 지금은 결혼하여 교회의 귀한 사역자로 봉사하고 있는 향진 자매의 편지를 받게 되었다. 내가 보낸 편지들을 모아 홍성사에서 출판하기로 했다는 것이다. 때로는 선교지에서 인간적인 실수를 한 것들에 대한 부끄러움과 하나님께서 이끄신 선교 사역으로 내가 드러나지 말아야 한다는 부담 속에 출간에 많은 갈등을 느끼기도 했다. 결국 하나님께서 베풀어 주신 은혜를 하나님께서 친히 세상에 알리기를 원하시는 뜻에 순종하고, 이를 위해 들어 쓰신 홍성사에 감사드리기로 했다.

이 책에는 남미 볼리비아의 빈민촌, 코카인을 재배하고 제조·판매하는 마약촌, 해발 3,500미터 이상에서 사는 잉카의 후예인 고산족, 아마존 최상류의 정글 등지에서 23년간을 사역한 선교 이야기들이 시간 순으로 소개된다. 그 줄기 속에 중남미 역사와 현황, 볼리비아의 문화, 선교 전략, 선교 행정, 후원회의 사역, 선교사들의 갈등과 고민 그리고 해결 방안 등을 곁들였다.

특별히 하나님께서 시간과 공간 속에 임재하시어 볼리비아 선교를 이끌어 가신 기적과 은혜의 사례들을 진솔하게 담기 위해 심혈을 기울였다. 남미의 안데스 산기슭에 사는 잉카의 후예들에게 하나님의 사랑이 어떻게 임하셨는지 체험하고, 선교지를 위해 기도드리면서 어둠의 세력과 싸워 승리할 수 있는 동기와 힘을 얻는다면 더 없이 좋겠다.

너무나 쉽게 쓴 글들이 유행하여 공허한 소동을 일으킴에 따라 책 읽기가 점점 외면 받고 있는 세상에, 토씨 하나에도 혼신의 힘을 쏟는 홍성사의 정애주 사장님과 편집부 황교진 과장님을 비롯하여 문서 사역에 땀 흘리는 분들을 안데스 산속에 있는 티티카카 호수와 우유니 소금 바다로 초청하고 싶은 마음

간절하다.

　그동안 선교지를 위해 기도와 사랑으로 돌보아 주신 대한예수교장로회총회와 G.M.S에서 굳은 일 도맡고 계신 섬김의 종들, 주 후원회로 끊임없는 기도와 헌신과 신뢰로 어린 선교사를 키우고 감싸 주신 황해노회와 선교위원회, 영원한 동역자인 총신 74동기들, 뜨거운 사랑으로 돌보며 지원해 주신 대흥교회 그리고 세계 선교를 위해 눈물로 기도드리며 헌신하고 계신 수많은 선교의 동역자님들께 감사드린다.

　막내아들을 남미에 보내고 40일 금식기도로 아들의 사역을 지원하시다가 지금은 천국에 계신 부모님과 누이, 이연옥 권사님, 형님 이기인, 이기환 장로님과 형수님, 밤낮을 가리지 않는 기도로 선교의 열매를 맺게 해주신 장모 이옥찬 권사님과 동서 김현일 목사님, 처제 박경숙 선교사님께 감사드린다.

　극심한 고통 속에 있을 때마다 눈물의 기도로 동역해 준 사랑하는 아내 박미숙 선교사와 네 살, 일곱 살에 선교지로 와서 엄마 아빠가 겪는 아픔을 함께 나누다가 장성해서도 여전히 큰 힘이 되어 주는 사랑하는 딸 주리와 아들 강호에게 고마운 마음을 전한다.

　현지에서 눈물과 땀의 씨앗을 뿌리고 있는 사랑하는 제자 길예르모 목사와 친자식 같은 믿음의 자녀들인 후앙, 하이메, 이골, 발레리오, 후아나와 기도의 동역자인 신학교 교수들, 사야리 학교 교사들에게도 고마운 마음을 전한다. 안데스 산속에 사는 잉카의 후예들에게 복음을 주시는 하나님께 이 모든 영광을 돌린다.

안데스 산속 마을에서

이기제

차 례

03　버림으로 성취될 선교

버림으로
시작된
선교

20세기에 사탄이
가장 크게 성공한 전략

"어? 케냐!"

"이누마(이놈아)야, 좋은 이름 다 놔두고 와 케냐라 카노?"

"오랜만이다. 볼리비아!"

"여어, 태국!"

"하하하하……."

"그려, 그려. 그간 잘 있었는감?"

투박한 석조 건물 앞에서 서로 부둥켜안고 기쁨을 나누는 선교사들과의 만남은 열기가 넘치는 한마당 잔치였다. 총회의 지도급 목사님들, 특히 선교에 관심이 많은 목사님들과 세계 각국에서 눈물을 삭이며 현장에서 땀 흘린 선교사님들이 거의 모두 모였다. 한국에서 어머니처럼 기도하며 후원해 주신 성도님들도 시간을 내어 창신동교회에서 열린 총회 세계선교대회에 참석했다.

세계 선교의 필요성과 가능성에 대해 확신을 주는 말들로 선교사들의 강의와 선교 보고는 열기가 그득했다. 그분들의 강의와 선교 보고에 비해 나의 강의와 보고는 좀 독특했다. 첫 마디부터 찬물을 끼얹는 말이었으니 말이다. 그날 내 선교 보고의 서두를 간략하게 옮겨 본다.

20세기 들어 사탄이 가장 크게 성공한 전략은 선교 전략이다. 복음을 받아들인 선교지의 현지인들이 빈번하게 외쳐대는 말들이 있다.

"선교사들은 본국으로 돌아가라."

"교회의 선교는 복음의 가장 큰 적이다."

선교지에서 선교 전략이 얼마나 심각한 오류를 낳고 있는지를 가늠해 볼 수 있는 말들이다.

내 선교 보고는 '20세기에 사탄이 가장 크게 성공한 전략이 선교 전략'이라는 말로 시작했으니, 선교의 필요성을 절감하고 커다란 꿈을 안고 출발하고자 하는 분들께 찬물을 끼얹어도 도가 지나친 내용이었다. 그럼에도 선교는 성경적이기에 당연히 모든 성도들과 교회의 기본적인 사명이라고 설명하면서 성경은 선교의 역사요 인류의 역사는 선교와 연결된 역사임을 분명히 했다.

본론으로 들어가서 처음에 언급했던 말을 재차 강조했다. 인류의 역사를 이끌어 온 선교가 20세기에 들어와 변질되어 가고 있으며, 앞으로도 계속 그렇게 된다면 이는 분명히 사탄의 전략에 노리개 역할을 하는 것에 지나지 않을 것이라고 경고했다.

성경적인 선교 전략을 세우는 데는 먼저 선교에 대한 성경적 정립이 필요하다. 그리고 이에 따라 선교지의 현황과 문화에 대해 면밀히 조사해야 한다. 내가 남미 선교사인 만큼 남미의 예를 들어 설명했다.

중남미 원시 종교에 대한 문제와 깊이 뿌리 내린 혼합주의적 로마 가톨릭에 관한 문제 그리고 현재 중남미의 정치·경제·사회 현황을 언급하면서 중남미에 대한 잘못된 시각과 선교 기획의 허점을 지적했다.

일찍이 해방신학의 원산지였던 남미는 한쪽으로 치우친 에큐메니칼 운동으로 인해 그들의 신학과 실제 삶에서 드러나는 모순은 한두 가지가 아니었다. 한편, 보편적으로 강조하는 선교 전략으로 교회 설립만이 선교의 최종 목표라는 논쟁에서 벗어나야 한다. 본 교단이 성장한 이유 중의 하나가 교회가 구원 사역을 이루어 가며 사회 봉사에도 힘을 쏟아 온 것이다. 선교 현장에서 많은 선교사들의 헌신적인 봉사 사역이 있지만, 아직 미흡하기만 하다. 그리고 창의적인 선교 전략과 전술에 대한 방향 제시가 아쉽다고 말했다.

전반적인 선교 전략에 관해서는, 평신도 선교사에 관한 기획과 더불어 전문인, 직장 은퇴자, 은퇴 목사들의 선교지 현장 사역 그리고 선교사 자녀 또는 현지 이민 교회에서 성장하는 차세대 인력 활용에 대한 방안 등을 제시했다.

그간 선교국 관계자들의 사역이 하나님 보시기에 아름다운 열매도 있었지만, 그렇지 못한 부분들에 대해서는 유감을 표했다. 앞으로 인선돼야 할 선교국 관계자들은 적어도 하나님 보시기에 충분한 현장 경험이 있고, 선교의 열매를 맺은 바 있는 현장 출신 선교사로서 행정에 탁월한 분들이어야 한다. 이들이 후방 지원자로 현역 선교사들을 겸손한 마음으로 섬겨야 함을 강조했다. 현장 경험이 충분하지도 않고 열매도 없는 선교사는 가시적 선교 결실의 통계에 현혹되어 현장 파악을 제대로 하지 못하고, 선교사들의 숨은 생리를 보지 못하기 때문에 많은 문제를 야기할 수 있다.

다음으로는 선교 후원 기관에 관해 발언했다. 세계 역사에서 보기 드물게 활발한 한국 교회 후원 사역을 통해 하나님께서는 상상을 초월한 선교의 역사를 이루어 가셨다. 그 출발과 과정 그리고 열매에서 한국 교회는 전 세계 교회의 주목을 받고 있지만, 아쉬운 점도 없지 않다.

인도의 한 신학교 교장이 말했다.

"구제 단체와 선교위원회는 재정 집행 권한으로 미숙한 교회들을 통제하고 있다. 외국의 관리자들은 아직도 자본과 사상으로 선교지의 개척 교회들을 지배하고 있으며 그들의 자발적인 성장을 억누르고 있다."

이 말을 토대로 나는 다음과 같이 질문했다.

"교회의 일부 후원 관계자들이 선교사를 파송한 후 선교 여행을 빙자해 개인적인 목적으로 무분별하게 선교지를 방문한 일은 없는가? 단기 선교 파송팀은 허상과 위선을 갖고 있지 않은가? 후원 교회가 선교사와의 관계에서 세족식을 하는 식의 겸손한 행태를 보이면서도 실제로는 주종 관계로 억누르고 있지는 않은가?"

선교사들이 선교지에서 일으키는 문제에 관해서는 이런 예화를 들었다.

아프리카의 어느 목사가 천국에 관한 설교를 하고 있었다. 그는 죽음 이후 약속돼 있는 삶에 대해 성도들을 이해시키려고 했다. 이 문제를 적절하게 설명할 길이 없는 것에 답답해하다가 그는 결국 이렇게 소리 질렀다.

"여러분은 믿을 수 없겠지만, 천국에서의 생활은 선교사들의 생활보다 훨씬 풍요로울 것입니다."

선교사들은 섬기기보다 이끌고자 하는 열망이 있다. 즉, 그들은 향상시키기보다 지배하려 하고, 공헌하기보다 통제하고자 하며, 듣기보다 말하려 한다. 오만한 태도, 우월감과 자만의 냄새가 선교사인 우리를 휘감고 있다.

그렇기 때문에 라틴 아메리카인들이 선교사들은 본국으로 돌아가라고 외치는 것이나, 케냐의 한 복음주의 지도자가 서구 선교사들에게 5년간 활동 정지를 요구한 것은 어쩌면 당연한 일인지도 모른다. 충격적인 예화를 나눈 후 나는 우리의 현황을 확인해 보자고 호소했다.

하루의 시작은 무엇으로 했으며, 어떻게 하루를 보내고 마감했는가? 선교사가 선교지에 입국하는 날부터 새벽기도를 땅에 장사 지내지는 않았는가? 현지인들로부터 봉건시대의 궁전과도 같은 곳에서 귀족 같은 생활을 한다는 말을 듣지는 않았는가? 가시적인 성과 위주의 사역에 얽매인 채 현지인과의 관계 유지에 소홀하여 현지인들을 가족같이 대한다고 하면서 자기 자녀들을 대하는 것과는 전혀 다른 차원에서 생각하고 행동하지 않았는가? 명예와 물질에 대한 탐욕으로 그 좁은 선교지에서 자리다툼하느라 서로 질시하고 모략을 일삼아 행여 많은 순수한 선교사와 현지인들을 가슴 아프게 하지는 않았는가? 원주민 여자들과의 이성 관계는 깨끗했는가? 부동산 관리에서 개인의 욕심을 위해 선교부나 교단의 대표성을 띤 이름이 아닌 개인 명의로 등록했거나, 아니면 힘 없는 현지인 이름을 이용했거나, 서류상의 빈틈을 이용하여 허위 조작을 하진 않았는가? 사택에서 자가용 승용차에 이르기까지 선교비로 책정돼 나온 헌금으로 마련한 각종 동산과 부동산이 개인 또는 자녀의 이름으로 돼 있어 결국 자기 소유로 삼지 않았는가? 현지인들에게 황제라는 말을 들으며 돈의 폭력을 휘두르지 않았는가?

한국에서 경제 문제, 여자 문제 등으로 해외로 도주한 퇴물 목회자가 선교사라는 명칭으로 둔갑하지 않았는가? 한국에서 목회에 실패하여 선교나 해 보자며 선교지에 불법 거주하여 물의를 일으키지 않았는가? 세상 단물 다 빨아먹고 나이 들어 마지막으로 선교지로 나와 그간의 비만해진 마음을 선교라는 말로 포장하고 덮어 보려는 위선적인 삶은 아닌가? 이런 사람들 때문에 순수한 동기에서 선교하고 있는 많은 목사들이 피해를 입는 사례가 많다.

평신도 선교사인 경우 사업 실패로, 또는 마땅한 일거리가 없어 먹고살기 위한 수단으로 스스로 선교사라고 칭하고 선교지로 피신하여, 순수한 마음으로 생명을 걸고 선교하는 다른 선교사들의 마음을 아프게 하지 않았는가? 선교사들의 종착역이라는 미국 로스앤젤레스와 같은 큰 도시를 자신의 마지막 자리로 정하고, 선진국 영주권 취득의 욕심을 이루려고 초반부터 준비한 것은 아니었는가? 미국 영주권을 받으려고 수단과 방법을 가리지 않고 행동하고 있지 않은가? 가족이 미국을 비롯한 선진국과 선교지를 오가며 영주권 문제, 자녀 교육 문제 등을 핑계로 이중생활을 하고 있지 않은가? 미국이나 유럽으로 유학 보내 자녀교육을 시키는 것을 가장 큰 목표요 자랑으로 삼지 않는가?

자신의 욕심을 채우기 위해 주변 선교사들을 선동하고 패거리를 만들며, 집단 이기주의나 다수의 횡포로 총회나 후원 교회와 단체에 거짓 증거를 일삼으며 파괴적인 행동을 하지 않는가? 선교비를 유용하거나 따로 빼내어 미국이나 그 외 은행에 별도로 예치시키고 있지 않은가? 컴퓨터나 기타 매체를 이용하여 사실을 왜곡한 허위 보고나 거짓된 소식들을 게시하면서 자신이 마치 선교지의 대표성을 띤 것처럼 위장하지 않는가? 위장된 사역에 숨겨진 부끄러운 비밀은 없는가?

현지인들을 받아먹게만 하는 앉은뱅이 신자로 만들고 있지 않은가? 현지인들이 거짓된 선교사들의 가식적인 선교 보고 때문에 농락당하고 있지 않은가? 이런 일들이 선교라는 명목하에 시간과 장소를 초월하여 부분적으로라도 자행되고 있다면, 이는 20세기 들어 사탄이 성공한 최고의 전략이 선교 전략이라는 말에 딱 맞아떨어지는 것이다.

이에, 선교 전략 수립을 위한 몇 가지 제안을 덧붙였다.

선교는 순리에 맞는 균형 잡힌 전략이어야 할 것, 치우치지 않는 총체적인 전략이어야 할 것, 단절이 아닌 유기적인 전략이어야 할 것, 폐쇄적이 아닌 창의적인 자립 선교 전략이어야 할 것, 믿음과 기도를 통해 하나님 나라를 이루어 가는 전략이어야 할 것, 사랑과 헌신을 통해 주님의 뜻을 이루어 가는 선교 전략을 도출해야 할 것, 이 모든 것을 효과적으로 행하기 위해 권력, 명예, 재력에서 자유로워야 하는데, 그러려면 욕심 없는 온전한 포기가 바탕을 이루어야 할 것 등을 강조했다.

그리고 루시퍼에 관한 다음 이야기를 전했다.

성경에 보면 사탄은 본래 하나님의 피조물로서 천사였다. 하늘에 속한 존재로서 그는 사탄이라 불리지 않고 계명성(루시퍼)이라 불렸다. 이사야서에 이렇게 기록돼 있다.

너 아침의 아들 계명성이여 어찌 그리 하늘에서 떨어졌으며 너 열국을 엎은 자여 어찌 그리 땅에 찍혔는고 네가 네 마음에 이르기를 내가 하늘에 올라 하나님의 뭇 별 위에 내 자리를 높이리라 내가 북극 집회의 산 위에 앉으리라 가장 높은 구름에 올라가 지극히 높은 이와 같아지리라 하는도다 그러나 이제 네가 스올 곧 구덩이 맨 밑에 떨어짐을 당하리로다(사 14:12-15).

루시퍼는 라틴어로 '빛의 운반자'라는 뜻으로, 수많은 천사를 통솔하는 대천사 중의 하나로서 새벽 별을 뜻하는 계명성에 비유될 만큼 찬란하고 위치도 대단히 높았다. 그러나 그는 가장 높은 구름 위에 올라 지극히 높은 자와 같이 되리라는 욕심과 야망 때문에 하나님을 배신하고 모반을 일으켰다. 그리고 마침내 천상의 싸움에서 패하고 지옥에 떨어졌다. 루시퍼는 명예욕과 끝없이 높아지려는 교만을 버려야 했다. 욕심을 버리고, 빈 마음으로 자신의 위치에서 주어진 사역에 충실해야 했다. 높아지려는 꿈과 성공의 야망으로 자멸을 초래한 루시퍼를 통해 우리는 중요한 교훈을 얻을 수 있다.

루시퍼가 패한 것은 사역의 실패 때문이 아니라 자기 관리에 문제가 있었기 때문이란 것이다. 결국 루시퍼는 하나님의 사역을 감당하면서 버릴 것을 버리지 못하고 마음을 비우지 못하고 포기하지 못하여 멸망한 것이다. 결론적으로 현재 이루어지고 있는 선교의 모든 문제를 해결하기 위한 대책으로 '버림'이라는 말을 빈번하게 강조했다.

명예와 돈과 안일의 포기만이 이 문제를 해결할 수 있는 기본이 되고 과정이 되며 결과가 된다. 아브라함, 노아, 요셉, 다윗, 베드로, 바울 그리고 예수님의 전적인 포기의 삶이 인류 구원의 발판이 된 것같이, 포기만이 우리의 선교를 하나님께서 원하시는 선교로 만들 수 있다. 이러한 전략과 전술의 기본은 욕심 없는 선교로 출발하여 과정을 이루고 마지막을 욕심 없이 내어놓고 물러서야 한다는 것이 내 보고의 핵심이었다.

내 이름과 선교에 관한 내용은 즉각 총회 기관지 〈기독 신문〉의 선교 난에 크게 활자화됐다. 돌아보니 모두에게 죄스럽고 부끄러운 마음뿐이다. 솔직히 사죄하는 마음으로 무릎을 꿇고 싶다. '버림 선교'를 그렇게 외쳐대던 내가 선교 현장 생활 22년이 지나면서도 철저하게 포기하지 못하는 자신을 보니 초라하기 그지없다.

선교 보고 발표 후 점심 식사를 하려고 식당으로 갔다. 각국 선교사, 목사, 평신도들이 함께 교제를 나누며 푸짐한 한식을 먹는 시간은 복잡한 선교에 대한 긍정적, 부정적인 말로부터 해방되어 즐겁기만 했다. 식탁에서의 대화는 한결 부드럽고 자유로웠다.

"이 선교사, 수고했어. 경쾌했고 찔리기도 했고."

칭찬인지 야유인지 모르겠으나, 같은 선교사이며 친구 목사의 말이니 진심으로 받아들이기로 했다.

"그런데, 그렇게 해도 괜찮겠어?"

"뭐가?"

"아니, 그저 그렇다는 거지 뭐."

옆에서 선교사님들의 말을 듣고 있던 유 장로님도 한마디 거드셨다.

"제가 할 말은 아니지만 용기가 대단하십니다. 공감이 가기도 하구요."

"그런데, 결론으로 말한 포기가 선교 현장에서 정말 가능할까?"

"그래, 어찌 보면 용기 없는 선교사들의 변명 같기도 하고 말이야."

"그 포기라는 말이 현장에서는 자기 회피나 사역 회피라는 말로 들릴 수도 있지 않아?"

"내가 볼 땐 전투적이어야 할 선교 현장에서 너무 소극적인 말로 들리던데."

"지친 소리 같기도 하고 말이야."

이어서 포기가 안일에서 오는 게으름과 맞먹는 말이 아니냐, 용기 없음을 말하는 온건한 표현이 아니냐는 등 여러 의견이 쏟아졌다.

"사실 베드로나 제자들이 그랬고 예수님도 전적인 포기로 시작하신 사역이었잖아."

신중하게 듣고 있던 필리핀 선교사의 말이었다. 소소한 내 강의 내용에 대한 현장 선교사들의 말에 공감이 갔다. 훌륭하다, 영웅이다, 성공이다 등의 평가를 그 과정이야 어떻든 개인과 국가의 야망을 채우려 했던 침략자들에게 맞춘 세상. 가난한 가정에서 태어난 사람들이 고난과 역경을 딛고 서서 지금은 사업가로 돈을 많이 벌거나 교수, 유명 작가, 예술가, 의사, 변호사, 정치인, 군 장성 등이 된 것에 열광하는 세상. 장애 또는 불치의 몸으로 피나는 노력을 한 사람들이 지금은 정상인 이상으로 풍요와 명예를 누리고 살고 있으며, 이렇게 가치 있는 일들을 하고 있다는 간증에 높은 평판과 성공 반열에 서게 하는 세상. 순수했던 처음 마음가짐을 잊고, 각자의 색깔로 물든 명예를 자랑하며 드러냄을 통해 헌신과 봉사, 평화로 포장하는 성공 사례가 얼마나 많은가! 그래서 무슨 무슨 상을 받았고, 어느 방송에 소개되었고, 신문에 보도되었고, 더 높이 더 많이 더 깊이 더 넓고 빠르게, 라는 말들에 어울려야 성공했다고 보는 세상. 그런 세상에서 선교는 양이냐 질이냐의 문제를 떠나 양과 질 모든 면에서 더 포기해야 하고, 진정한 선교란 포기로 시작하여 마지막도 역시 포기가 돼야 한다고 외쳐 댔으니, 빈 마음과 버림을 뜻하는 포기는 쓰레기 취급을 당하는 것이 당연한 일이었다.

그렇다면 이론과 실제의 간극을 메울 수 있는 삶의 의지가 나에게는 있다는 말인가? 풀기 어려운 현실적 문제에 부딪힐 때 성경적인 원리를 따르기보다 합리적으로 구상해야 한다는 유혹을 받지 않았던가? 그러한 갈등 속에서 다시 얻은 결론은 역시 선교는 버림, 빈 마음, 포기의 출발로 시작하여 포기의 열매를 맺어야 한다는 것이다.

갈릴리 바다에서 예수님께서 제자들을 부르셨을 때를 다시 묵상해 본다.

갈릴리 해변에 다니시다가 두 형제 곧 베드로라 하는 시몬과 그의 형제 안드레가 바다에 그물 던지는 것을 보시니 그들은 어부라 말씀하시되 나를 따라오라 내가 너희를 사람을 낚는 어부가 되게 하리라 하시니 그들이 곧 그물을 버려두고 예수를 따르니라 거기서 더 가시다가 다른 두 형제 곧 세베대의 아들 야고보와 그의 형제 요한이 그의 아버지 세배대와 함께 배에서 그물 깁는 것을 보시고 부르시니 그들이 곧 배와 아버지를 버려두고 예수를 따르니라(마 4:18-22).

이 말씀을 붙잡으면서 포기를 생각하고 있는데 사역자들의 화제가 바뀌었다.

"그건 그렇다 치더라도 당장 선교 현장에서 오는 실제적인 문제는 또 다른 것들이 있지 않느냐는 거지. 이유 없이 당하고 억울하여 밤을 새고……."

"하긴 나도 되게 당했지. 협력 선교사가 오자마자, 당신은 그동안 뭘 해 놓았냐고 다짜고짜 따지고 드는데 할 말이 없더라고. 그러고는 현장 사정도 모르면서 후원 교회에 연락하여 나에 대해 추적해 보라고 편지를 쓴 거야. 부동산과 돈에 대한 의혹이 있다나 어쨌다나."

"그래서 어찌 됐어요?"

"사실을 알고 나서 후원회에서는 노발대발하며 협력하라고 보낸 선교사를 당장 잘라 버렸지 뭐. 협력하라 했더니 가서 문제만 만든다고."

밥술을 뜨며 듣고만 있던 태국 선교사가 말했다.

"뭐, 현장에서 생기는 문제가 한두 가지겠어? 내가 아는 선교사는 궁궐 같은 집에 살면서 골프에 정신이 나가 있던걸."

필리핀 선교사도 한 수 거들었다.

"우리도 마찬가지야. 한 선교사는 현지인과 여자 관계가 복잡해 이혼했는데, 그나마 교통사고로 죽었지. 지금 사모가 혼자 아이들 교육 때문에 선교한다고 남아 있는데 생활이 말이 아니야."

"강의에서는 이전에 다루지 않았던 부정적인 부분을 일방적으로 다루었지만, 항상 다 그렇지는 않지. 나를 후원하는 후원회 일이라 말하기 쑥스럽기는 하다만 사실이니 말하는데, 연세 드신 목사님들이 해발 2,600미터인 고산 지대에 심장 박동기를 끼고 목숨 걸고 선교부를 이끌고 세 번 넘게 방문하셨어. 그때 선교지 구석구석을 다니시며 기도해 주시더라고. 어려운 상황에서도 계속 후원하고 계시지. 교단은 다르지만 정글 깊숙이 들어가 원주민들과 살면서 순수하게 선교하는 분들도 계시고. 명예나 돈에 상관없이 신학교에서 강의하고 문서 사역을 하며 신학 교재와 성경공부 교재 번역을 하는 헌신된 분도 계시고. 또 사역에 쓸데없는 욕심 부리지 않고 주신 달란트대로 말없이 성실하게 사역하는 분들도 많지."

"맞아, 케냐에서도 그런 분이 계셔. 평신도 선교사님 부부가 마사이 부족이 사는 곳 깊숙이 들어가 교회를 개척하고 있는데, 먹을 것이 없어 거의 실신 상태에 있을 때 아침에 일어나 보니 산짐승이 집 앞 나뭇가지에 뿔이 걸려 있어 잡아먹기도 했다더라고."

마음을 감격케 하는 훈훈한 이야기들이다. 별도의 후원회 없이 오직 믿음으로 하나님께 맡기고 생명 걸고 선교하는 분들이 지구촌 어디에나 있다는 말이었다. 욕심 없이 자신의 자존심, 명예, 돈, 세상적 삶, 가지고 있는 모든 것을 포기하고 선교하는 사람들에 의해 현대 선교는 하나님의 은혜 속에서 이어진다는 것이다. 아프리카, 아시아, 중남미, 중동 등지의 오지에서, 빈민촌과 마약촌에서, 정글과 고산에서, 찬바람 끊이지 않는 시베리아 벌판에서, 사모와 자녀들이 병들고 아파도 치료 한 번 제대로 못 받고, 원주민과 먹고 자며, 자녀들도 그들과 함께 학교에 다니며, 쓰러져 가는 원주민 집에서 힘겹게 살아가면서 주님의 복음을 눈물겹게 전하는 선교사들이 얼마나 많은가. 풍토병에 시달리고, 독신 선교사인 경우 그 외로움을 아무도 몰라주는 가운데 주님만 바라보며, 사선死線을 수도 없이 넘기면서, 복음을 위해 생명을 버리는 순수한 선교사님들이 적지 않다. 끝없이 이어지는 눈물겨운 간증들이었다. 내가 강의한 것에 대한 죄스러움이 천 근 무게로 가슴을 누르는 말들이었다.

이어지는 사례들로 가슴은 더욱 아팠다. 선교헌금을 드리려고 저금통을 깨는 주일학교 어린이들, 결혼 반지, 전세 자금, 사는 집, 퇴직금 전액, 생활비의 30퍼센트 이상을 드리는 성도님들. 남편의 죽음 앞에서 눈물로 드리는 아내의 헌금. 중노동으로 힘겨운 생활을 하면서 조금씩 모은 돈을 몽땅 선교비로 내놓으며 선교에 동참한 분들. 어려운 교회 살림에도 이름 없이 교회 예산의 60퍼센트 이상을 선교비로 쓰며 눈물겹게 사역을 하시는 목사님들과 성도님들의 교회를 많이 보았다는 이야기였다. 새벽과 밤마다 교회에서 산에서 철야기도와 금식기도로 선교를 위해 눈물의 기도를 드리는 순수한 열정이 선교를 지속시키는 원동력이 된다는 말이었다. 개인의 명예와 총회의 명예를 걸고 하나님 앞에서 순수하고 알찬 선교를 위해 자비를 들이고 많은 오해를 받으면서도 시간을 내어 애쓰시는 목사님들도 드러나지 않게 많다는 얘기다. 나이에 아랑곳하지 않으며 명분을 포기하고 생명의 위기를 수도 없이 넘기면서 오직 선교지의 영혼들을 위해 깨끗한 선교를 하시는 총회의 목사님들과 장로님들 그리고 선교 관련 사역자들이 우리가 아는 이상으로 많다는 것이다.

들을수록 부끄러웠고 쥐구멍에라도 들어가고 싶었다. 인정해야 할 말들이었다. 오늘의 내가 있기까지 우연히 내 능력으로 된 것은 아무것도 없음을 솔직히 자인했다. 하나님의 은혜와 더불어 모든 분들의 기도와 사랑의 헌신이 없었다면 한 발도 내디딜 수 없었던 선교 현장이 아니었던가? 그런데 나는 무슨 말을 그렇게도 자신 있게 했단 말인가?

욕심 없는 포기로 이어진 선교에 대한 감명 깊은 말들을 들으며, 이미 지나갔지만 포기를 강조한 내 강의가 너무 일방적이었음을 깊이 후회했다. 사실 그 강의를 한 때는 비평적인 눈으로 선교 현장을 보던 초년 선교사의 티를 벗지 못했다.

잉카 문명의 향이 고즈넉하게 퍼져 있는 안데스 산속의 인디오 부족을 대상으로 산과 계곡을 타고 정글을 헤집고 다닌 지 20여년이 지난 지금, 겁 없이 무딘 검을 휘두르던 햇병아리 선교사 시절의 외침을 다시 생각해 본다. 그리고 현역 선교사로서 선교지에서 하나님의 부름을 받아야 된다고 각오를 다지며 선교 후반부 사역에 대한 계획을 재정비해 본다. 선교의 기본 원칙과 전략과 전술까지 과거의 사역을 토대로 더욱 치밀한 계획을 세워야겠다고 생각하며, 20여 년 전을 회고한 나의 눈은 황해노회 후원으로 대한예수교장로회 총회에서 주는 94번째 총회 파송장을 받았던 인천을 향해 달려가고 있었다.

한국 선교 역사에서 가장 크게 빛을 발한 아펜젤러 선교사와 언더우드 선교사가 도착한 인천의 제물포 항. 그 항구의 물결이 바로 옆에서 찰랑이며 닿는 곳에 있는 인천중앙교회. 봄의 향을 짙게 내뿜는 4월의 포근함과 따스

함처럼 언제나 온화함을 주던 사랑의 공동체였다.

그 옆으로 옹기종기 모여 앉은 내 고향 영종도와 용유도, 덕적도. 산으로 들로 냇가로 바다로 뛰어다니며 토끼 잡고, 꿩 잡고, 종이배 띄우고, 바다에서 낚시하고, 소라, 조개, 낙지, 숭어, 새우 등을 잡고 놀던 내 고향. 기도의 부모님, 누이, 형제들 그리고 벗들의 푸근함이 깃든 곳. 섬 마을들을 포근히 감싸고 끝도 없이 품어 온 황해처럼, 초년 전도사 시절부터 선교사로 파송 받을 때까지 나를 품어 준 황해노회.

1987년 이곳 인천에서 대한예수교장로회 총회장 목사님을 비롯한 임원들과 선교국장, 황해노회 증경 노회장님들과 원근 각처에서 오신 목사님들과 장로님들 그리고 많은 성도님들이 우리 가족을 위해 뜨겁게 기도해 주셨다. '이기제, 박미숙 선교사 볼리비아 파송 예배'를 하나님께 감격스럽게 드린 후, 나와 사모인 박미숙 선교사, 일곱 살 난 딸 주리, 네 살 된 아들 강호는 길게 이어지는 눈물 방울을 고향 앞바다에 뿌리며 조국의 푸른 하늘을 날았다.

목사님, 볼리비아는 저주받은 땅이래요

1987년 4월 19일 주일 새벽 1시.

마침 그날은 예수님께서 죽음의 치욕을 물리치고 승리의 손을 높이 드신 부활 주일이었다. 김포공항에서부터 앙증맞게 부둥켜 안고 온 작은 가방을 놓지 않던 아들 강호와 딸 주리, 나와 사모는 볼리비아 라파스 공항에 발을 디뎠다. 그 얼마 전 러시아 대사가 해발 4,000미터의 고산지대에 적응하지 못해 급사했다는 바로 그곳에!

13세기 마야와 아스텍으로 이어지는 중미 문명과 달리 몽골 계통의 민족이었지만 15세기를 기점으로 남미 전반을 장악한 잉카 문명의 본산지요 '높은 페루'(오늘날의 페루는 '낮은 페루')로 알려진 나라 볼리비아. 이 나라 사람들은 잉카의 후예답게 해발 4,000미터의 경사진 계곡에 도시를 이루어 천혜의 방어 진지를 구축하고 특유의 문화를 이루고 살고 있다. 과거 중남미는 국적 불명의 유럽인 침략자인 콜럼버스에 의해 난도질 당하기 시작하여 스페인 시골 태생인 피사로를 중심으로 한 침략자들에게 잇따라 억압과 착취를 당했다. 그 때문에 안데스 산족 마을 사람들은 고유의 종교와 자유 그리고 조상의 땀이 서린 삶의 터전을 잃어버렸고, 지금까지 풀지 못한 한을 가슴 깊이 응어리로 지니고 살아왔다. 우리 가족은 바로 그 슬픔의 대륙 남미 가운데서도 가장 가난한 나라 볼리비아에 도착한 것이다.

라파스 공항에 내리면서부터 휘청거리던 다리는 자꾸 옆으로만 향했고, 입에서는 납덩이를 씹는 듯한 느낌이 계속되면서 두통이 심하게 왔다. 함께 내린 어린 주리는 더욱 심했던가 보다. 구토 끝에 호흡을 제대로 가누지 못하더니 새파랗게 질려 있었다. 나와 사모는 각자의 고산병 증세를 살필 겨를도 없이 주리를 안고 공항 응급실로 뛰었다.

말이 응급실이지 뭐 하나 제대로 갖춘 게 없는 곳이었다. 허둥대며 들어가니 잔뜩 인상을 지푸린 직원이 귀찮아하며 굼뜬 눈을 옆으로 굴린다. 촌각을 다투는 상황에서 그 굼뜬 눈동자를 닮은 손과 발은 의료용품들을 마냥 뒤적거리다가 산소 호흡기를 겨우 빼내어 우악스럽게 주리의 코에 대 주었다.

주리가 간신히 의식을 회복하여 출구로 나왔더니, 가지고 간 짐들이 수난을 당했다. 경기 침체의 한계를 넘은 볼리비아는 화폐 개혁을 앞두고 최악의 경제 위기를 겪고 있었다. 그런 시기에 공항 세무직원들이 외국에서 들어온 짐을 가만 놔둘 리 없었다. 굶주린 늑대 앞에 나타난 토끼 새끼나 마찬가지였다. 허나 우리가 한국에서 가지고 간 물건들이래야 중고품에다 늘 입던 옷가지들이 전부였으니, 번득이던 눈은 이미 실망의 눈빛으로 변해 있었다. 우리가 자리를 비운 사이 가방 밑창까지 뒤져 먹을 것을 찾던 그들은 외국에서 들어온 짐이 뭐 이런 짐이 다 있누, 하는 식으로 귀찮다는 듯 통과시켜 주었다.

싸늘한 공기를 온몸으로 느끼며 공항 밖으로 나왔다. 차로 9시간 넘게 걸리는 코차밤바에서 곡예하듯 고산을 넘어 오셨다는 김 집사님이 나와 계셨다. 해발 3,500미터의 낮은 곳까지 비탈진 곡면 도로를 좌우로 내려가는데 느닷없이 김 집사님이 던진 한 마디, "목사님, 볼리비아는 저주받은 땅이래요." 실망할까 봐 그랬는지, 볼리비아와의 첫 대면에서 한바탕 겪은 고산병 증세 소동에 괜시리 미안해서였는지. 저주받은 볼리비아라니……. 그래서 이렇게 나무가 없는 계곡만 펼쳐져 있으며 날씨까지 을씨년스럽고 삭막하다는 것이다. 하긴 볼리비아뿐만 아니라 안데스 산맥 전역에 얽힌 이야기를 하려면 노아의 대홍수 때로 한참 거슬러 올라가야 한다.

남미의 허리 노릇을 하는 안데스 산맥의 지붕에 앉아 있는 볼리비아는 지금도 해발 5,000미터 이상인 곳에서 삼엽충, 조개, 물고기 등의 화석이 흔하게 발견된다. 해발 4,000미터 이상에 있는, 충청남도만 한 세계 최대의 담수호 티티카카Titicaca 호수 역시 염분이 가득한 곳으로, 바닷물고기가 살고 있다. 노아의 대홍수 당시의 지질 변화로 생긴 것으로 알려져 있다. 전라남도와 비슷한 크기의 소금바다로 세계적인 관광지가 된 우유니Uyuni 사막의 소금층을 보면 볼리비아가 저주의 땅이라는 말을 듣는다 해도 그리 섭섭하지 않으리라는 생각이 들었다.

그 옛날 노아 시대에 노아 가족을 제외한 모든 사람들이 포기의 결여로 재앙에 휩쓸리지 않았던가? 대홍수의 현장을 묵상하며 "오직 각 사람이 시험을 받는 것은 자기 욕심에 끌려 미혹됨이니 욕심이 잉태한즉 죄를 낳고 죄가 장성한즉 사망을 낳느니라"(약 1:14-15)는 말씀을 되새겨 본다. 그리고 다시 한 번 묵상해 본다. 욕심은 죄와 사망의 원천이라는 것을……

자연 환경은 그렇다 치고, 남미에서 가장 천대받으며 동서남북 어느 지역이나 페루, 칠레, 아르헨티나, 파라과이, 브라질 등의 이웃에 뜯기고 심심풀이로 먹는 오징어처럼 몸뚱이가 잘려 나간 바다 없는 나라. 지금도 멸시와 수치심 가운데 소리 한 번 제대로 지르지 못하고 아픔을 속으로 삭이며 사는 나라. 가진 자는 가진 자대로 더욱 갖고자 하고, 못 가진 자는 마약과 도둑질, 강도질, 게으름과 눈치로 꿈을 잃은 나라. 그런 나라니 저주 받은 나라라고 하는 김 집사님의 첫 마디 말은 가뜩이나 고산병 증세로 두통과 구토에 힘겨워 하던 나와 우리 가족 모두에게 덮치는 무거운 바위처럼 다가왔다.

아무리 자려고 해도 잠이 오지 않는 첫날의 깊고 깊은 밤, 두통 중에 나는 하나님께 간절히 기도드리며 아침을 맞았다. 밖으로 나와 보니 산자락마다 계절에 맞지 않는 꽃들이 피어 있었다. 가까이는 작은 아이들, 그 다음은 노인들, 그 다음은 청·장년들이 순서를 맞추어 형형색색의 옷차림으로 희귀한 꽃밭을 수놓고 있었다. 아침의 노천 화장실 모습이었다. 그렇게 갖가지 연령층이 적당히 걸친 옷을 입고 일을 보고 있었던 것이다. 심지어 아낙네들이 대소변을 보고 나서 뒷처리를 하지 않고 그대로 일어나 걸어가는 희한한 광경을 목격했다. 적어도 한 나라의 수도라는 도시의 한복판에서 그렇게 속 시원하게 아침을 맞는, 천연덕스럽기도 하고 자연스럽기도 한 모습과 마주하는 것은 상당한 문화 충격이었다. 썩히고 삭힌 현지인 음식을 먹는 것도 난관이지만, 우선 배설하는 방식에 어떻게 적응해야 한단 말인가? 그러나 앞으로 조금씩 자연인으로 돌아가야 할 내 모습을 그리며 그들의 가식 없는 삶에 순수함을 느꼈다.

바쁜 일정에 쉴 틈도 없이 목적지인 코차밤바 행 비행기를 타려고 해발 4,000미터의 라파스 공항으로 다시 올라갔다. 두통과 어지럼증이 계속되는 가운데 비행기는 더 높이 올랐다. 저 멀리 산에 터 잡은 하얀 만년설이 내려다보였다. 산과 산이 이어진 곳에 가끔씩 떡잎 같은 호수가 자리를 차지하고 있었다. 인적 없는 산, 고요가 세상을 덮은 어둠의 산들…… 흔적 없는 쓰라림들이 골짜기마다 숨을 죽이고 있는 모습으로 느껴져 안쓰러운 마음에 기내의 공기는 탁하게만 느껴졌다.

비행기가 출렁이며 시골 간이역쯤 되는 코차밤바 공항에 도착했다. 해발 2,600미터, 두통과 어지럼증은 한결 덜했다.

버림으로
이어진
선교

거지 황제

부활 주일 아침이다. 공항에 마중 나오신 이규종 집사님과 인사를 나누고 바로 한인 교회로 갔다. 가정 교회로 시작되었다는 한인 교회는 당시 월세를 지불하고 얻은 창고를 일부 개조하여 예배당으로 삼고 있었다. 많이 모일 때면 18명이 출석하는 교회다. 사실 18명이면 코차밤바에 이민 온 한인 대다수가 모이는 것이다. 그동안 이 집사님이 이곳에 온 뒤로 교포 사회에서 희생적인 삶을 살며 교회를 섬긴 결과다. 그래서 한인 교회는 교민회와 교회가 분리되지 않고 교포 사회의 울타리 역할을 하고 있었다.

어려운 나라에서 고단한 이민 생활을 해온 사람들을 보면서 안쓰럽기도 하고, 힘들어 하는 모습을 한눈에 보게 되니, 첫날은 설교 시간에 말씀 몇 마디 전하자 그저 눈물만 흘렀다. 앞으로 내가 계속 지고 가야 할 짐이요, 안고 가야 할 아픔이었다.

험한 산악과 정글로 이루어진 볼리비아는 지형과 국가적인 특수 상황 때문에 다양한 부류의 사람들이 이민을 왔다. 러시아 혁명 이후 그곳을 피해야만 목숨을 건질 수 있는 많은 사람들이 피신처 삼아 이 땅에 들어왔다. 히

틀러의 무모한 행각에 동행했던 사람들도 그가 죽고 제3제국이 와해된 뒤 이곳으로 숨어 들어왔다. 러시아의 위성 국가나 아랍계 나라에서 온 사람들도 많았다. 체 게바라가 중남미 공산 혁명을 위해 이곳 볼리비아 코차밤바에 본부를 두고 전투를 벌이다 사망하기도 했다.

그런 틈바구니에서 현지인 잉카의 후예와 침략자인 스페인의 후예가 함께 살아가는 '남미의 거지촌' 볼리비아에서의 이민 생활이란 말처럼 녹록치 않았다. 그 비참함이나 수치심은 형용할 수 없을 정도였다. 짐을 다 풀기도 전에 가족 모두가 보따리를 이고 지고 이 마을 저 마을로 행상을 다녀야 했고, 지역 장날을 기억해 뒀다가 목숨 걸고 넘어야 하는 고산 바윗길을 걸어서 지나야 했다. 자연재해와 함께 곳곳에서 틈을 노리는 도둑과 강도의 칼침과 총질에서 자녀들을 보호하기 위해 어버이는 생명을 걸어야 했고, 부모님을 모시기 위해 자녀들은 밤샘을 하며 먼지 속 재봉틀 앞에서 휜 허리 한 번 제대로 펴지 못했다.

어렵사리 시작된 이민 생활이니 이민 교회가 교회다울 리 없었다. 창고로 쓰던 예배당은 폭 5미터, 길이 7미터 정도의 공간이었다. 입구에는 폭이 1미터쯤이나 되는, 열기도 힘든 문짝이 달려 있었다. 직사각형 벽면의 삼면이 막히고 서쪽으로는 열 수도 없는 창문 하나가 있었다. 천장은 포대자루를 이어 붙이고 석회칠을 했는데 쥐들이 자기네 운동장처럼 쓰고 있었다. 그러다가 터진 곳으로 쥐가 떨어지기도 하고 지붕에서는 비가 새어, 얼룩진 천정의 단색 화폭에는 쥐똥과 오줌으로 묘하게 칠해진 그림이 드러났다. 여기저기 금이 가고, 들떠 있고, 갈라진 바닥에 물이 스며 오르고 기울어진 벽에 색 바랜 창틀……. 그야말로 폐허가 된 창고의 모습 그대로였다.

성도의 교제라기보다는 살기 힘든 교포들의 하소연을 위한 자리라고 보는 것이 더 어울릴 것 같다. 모임이 끝나면 으레 뒤편으로 몰려가 담배를 태우는 모습이 자연스러웠고, 새벽까지 나누는 대화는 누구네 집에서 화투를 치고 누가 얼마를 땄네, 하는 가십거리들이었다. 밤새 원주민 여자들과 술을 퍼마시고 어느 집에서 어떻게 했다는 이야기를 영웅담처럼 떠벌리고, 술김에 싸우다 코피가 터졌다느니 하는⋯⋯. 쉴 새 없이 이어지는 말들을 따라가다 보면, 한국의 야당 누가 어떻고 여당의 누가 어떻다며 논평이 벌어졌다. "왕년에 내가" 하며 번져 가는 이야기 속에는 한때 서울 일류 대학 안 나온 사람이 없고, 중소기업 사장 아닌 사람이 없으며, 군대는 특공대 출신이며, 어깨로 지내지 않은 사람들이 없고, 가족 친지들은 한결같이 정·재계에서 한가닥 한 사람들뿐이다.

침묵으로 한숨 지으며, 저렇게라도 해야 어렵고 쓸쓸한 이민 생활의 고달픔을 달랠 수 있을 거라고 이해하면서도 한편으로는 안타까운 슬픔이 무겁게 마음을 짓눌러 오는 것은 어쩔 수 없는 목회자의 심정인가 보다.

소망 없이 마음의 아픔만을 호소하는 저들을 위해 비행기를 탔고, 저들보다 더 아픈 가슴과 영혼을 안고 살아가는 잉카 후예의 짐을 대신 지기 위해 왔으니, 기대는 포기로 지워 버리고 바닥부터 출발해야 한다는 각오를 다졌다. 기대하면 기대한 것 이상으로 상처받을 것을 감지한 나는 아무것도 없는 상태, 모든 것을 포기한 상태에서 사역을 시작했다. 새벽기도와 금식기도, 철야기도로 밤낮이 따로 없는 생활이었다. 그나마 있는 교회 건물은 밤마다 철야기도가 멈추지 않는 영적 전투장이 되었다.

아침을 적당히 해결하고 심방과 전도를 위해 하루 일과를 시작하면 제일 먼저 눈에 띄는 것이 길거리에 있는 거지 떼와 마약 중독자다. 거리마다 길

목마다 젖먹이 어린이들은 깡통을 받쳐 들고 있었고, 한두 살 위로 보이는 아이들은 깡통도 없이 새까만 손을 벌리며 달려들었다. 그 뒤에서 어린 자식들을 통제하며 거지 황제 노릇을 하는 그 어미가 눈에 띈다. 그 옆으로 줄줄이 이어진 가족 거지 떼를 보고 있노라면, 자식을 구걸하는 도구로 삼는 어미의 처지가 불쌍하기는 했지만, 이런 사람들에게 어떻게 구제 사역을 해야 할 지 고민이 되었다. 나중에 안 사실인데, 시골에서 빈둥대는 철부지 어린 것들을 친자식인 양 데리고 와서 거지 훈련을 시킨 다음, 수입(?)은 서로 나눠 가진다는 말에 내 고민은 더욱 커졌다.

소위 해방신학을 완성하고 발전시킨 주인공들이 만들어 낸 남미 빈민촌의 현실을 목도하면서 참을 수 없는 울분을 느꼈다. 그들이 사회 관행을 부수고 깨뜨리기 전에, 국가의 무상 증여로 개인이 차지한 부동산이나 동산을 우선적으로 국가에 환원시킨 다음 신학을 논할 일이다. 자신들이 가지고 있을 것은 그대로 다 가지고 있고 내놓을 것은 하나도 내놓지 않으면서, 다른 가진 자의 소유를 내놓으라고 칭얼대고 시비 걸고 총칼 들이대며 협박하고 충돌하는 그들의 신학 사상과 실제 모습의 차이를 지켜보면서, 위장술에만 능한 그들의 실체에 분노가 치밀고 구역질이 느껴졌다.

복음 증거와 구제 또는 사회정의 실현이라는 균형 잡힌 거창한 선교 이론을 말하기에 앞서 선교지는 일단 못 먹고 굶어 죽을 수밖에 없는 현장이다. 그래서 늘 긍휼의 마음으로 배고픈 이들을 먼저 살리고 보아야 했다. 매일 줄줄이 늘어나는 거지들에게 동전 몇 푼, 빵 몇 개를 주다 보니 밀려드는 무리에 나는 그만 거지 황제가 되었다. 내적인 갈등도 있었지만 경제적으로 아무리 어려워도 우선 해야 할 일부터 해야겠기에 몇 안 되는 여전도회 회원과 새벽에 빵과 차를 주기로 하고, 교도소에는 매주 1회 아침 식사를 제공하면서 전도했다.

지붕 밑에서 다 해진 시멘트 포대를 뒤집어 쓰고 자다가 부스스 일어나 빵과 차를 마시며 연신 고마워하는 사람들, 적당히 걸친 옷을 입은 채 웅크리고 있다가 찢어져라 하품을 하며 때가 까맣게 낀 손으로 빵을 받아 쥐며 감사해 하는 사람들, 끙끙 앓는 소리를 하며 간신히 고개를 들고 힘들게 차를 받아 마시는 늙은 거지들, 겨우 요것뿐인가 하는 표정으로 시큰둥하게 받아먹는 거지들 등 참으로 가지각색이었다.

걸인들은 그렇게라도 끼니를 때우고 그 흔한 바나나와 코카 잎을 씹으면서 죽지 않고 살아갈 수 있지만 교도소는 그렇지 않았다. 교도소 안에도 개인 방들이 있고 돈만 있으면 얼마든지 좋은 방을 차지할 수 있었다. 개인 방이래야 허름한 옛날 시골 화장실 정도였지만 먹을 것도 얼마든지 시켜 먹을 수 있었다. 다만 돈이 없을 경우가 문제였다. 방이 없으면 교도소 안의 마당 구석에서 이불도 없이 자면서 굶어야 했고 때로 병이 나도 몸으로 때워야 했다. 교도소에 들어오는 사람들 중 형편이 넉넉한 사람들이 어디 있겠는가? 절도, 사기, 강간, 폭력, 살인 등으로 입소한 사람들이니 무슨 대책이 있겠는가? 그나마 일주일에 한 번 요기를 시켜 주는 한인 교회의 식사 봉사가 그들에게 유일한 소망의 날이었다. 허기를 채워 주고 말씀을 들으라고 하니 모두가 고분고분히 따랐다.

재소자들의 게으름과 무감각한 삶 그리고 배고픔만 해결하려는 약삭빠른 계산을 보면서 주는 자로서 속 타는 거부감도 있었다. 그렇지만 그저 주는 자가 아니라 가진 것을 나누는 자로서 이들을 보살피고 돌봐야겠다고 생각하면서 다시 마음을 낮추었다. 그렇게 때마다 속으로 실랑이를 벌이며, 구제를 넘어선 참 나눔의 삶을 위해 발버둥쳐야 했다.

나눌수록 생각이 깊어졌다. 내 것을 가지고 나누는 것이 아니라 하나님의 것을 하나님의 자녀들에게 주고 있는 거라 생각하니 홀가분했다. 그것은 누림도, 나눔도, 섬김도 아닌 일이었다. 빚을 진 종으로서 꼭 해야 할 일이 있다면 이는 마땅히 빚을 갚는 일이다. 그동안 구제 사역을 내 것을 남에게 주는 것으로 착각하고 있었다는 것을 뒤늦게나마 알고 뉘우치게 되었다.

한 발 더 나아가 복음 증거와 구제라는 이분법적 논리에 많은 갈등을 느끼던 중에, 자신을 낮추어 민중의 한 사람이 되신 예수님을 더 깊이 생각하게 되었다. 그리고 예수님처럼 순교적 선교사가 되지 못하는 자신을 보면서 많은 눈물을 흘렸다. 삶을 통해 충분히 검증하지 않은 선교 이론을 체질화해 가는 과정은 처절하고 치열하기만 했다.

해가 뜨고 아침이 되면 시내 한복판에 비쩍 마른 소가 끄는 달구지들이 무거운 모래나 짐을 싣고 힘겹게 지나가는 모습이 눈에 띈다. 이 거리에서는 상상할 수 없는 많은 일들이 벌어진다. 어머니와 아들이 함께 도둑질을 하는 어느 모자가 있었다. 아무리 경찰에 신고해도 다음 날이면 풀어 주곤 하니 참다 못한 동네 사람들이 그들을 묶어 동네 한복판에 앉히고 휘발유를 뿌려 불태워 죽였다. 시위대를 진압한답시고 무장 군인들이 기관총을 난사해 대낮에 수십 명씩 사망자가 발생해 시신이 다리 밑에 깔리고 시궁창에 버려져도 정부나 국민들은 눈 하나 꿈쩍하지 않는다. 마음에 철벽을 두르기라도 했단 말인가? 과거에 사람들을 한 다발씩 묶어 헬리콥터에 태워 정글 속에 던져 버리거나 집단 사형시킨 일이 비일비재하여 서로 죽고 죽이는 일을 그렇게 특이한 사건으로 보지 않는다고 하니, 현실이 이해가 되기도 했지만 해도 해도 너무 지나쳤다.

그 때문에 없는 살림에도 집집마다 권총이나 장총을 두 자루 넘게 가지고 있다는 사실을 거리낌 없이 말하는 교민 사회에서는 웬만한 사고는 사고로 여기지도 않았다. 털렸다는 말은 일상 용어이며, 잔챙이 도둑부터 싹쓸이 도둑까지 줄줄이 이어지는 사고 현장의 모습을 보고 들을 때마다 마음이 천근만근 무거웠다.

일단 시위가 시작되면 한인들은 비상 조직망을 가동한다. 주로 시장 쪽에서 시작된 시위는 시내 중앙으로 이어지는 큰길을 막고 진행되고, 시위대는 시내 중앙에 집결하여 시위를 벌인다. 제일 먼저 시장 쪽에서 상점을 열고 있는 사람이 문을 닫으면서 다음 사람에게 다른 점포도 문을 닫도록 계속 연락한다. 그렇지 않을 경우 시위대가 들이닥쳐 유리를 깨고 물건을 훔쳐가는 일이 생긴다. 심하면 불을 지르고 사람에게 상해를 가하는 일도 벌어진다. 한인들이 외국인이어서 더욱 민감하게 반응하는 것일 수도 있다.

문제는 현지인들이다. 이들은 그래도 한인과 달리 시위대의 규모를 보면서 적당히 대처한다. 때로는 문을 닫지 않는 경우가 생긴다. 사실 그때가 더 위험하다.

한번은 시위대가 시위를 벌이는데 한 포목점 문이 열려 있었다. 뛰어 들어간 시위대 일부가 옷감을 가지고 도망치면서 장사하던 점원과 부인에게 폭언을 하고 구타했다. 시위에 동참하지 않았다는 이유였다. 그러자 화가 난 주인이 휘발유를 가게에 뿌리고 불을 붙이고는 문을 걸어 잠가 버렸다. 상점에 들어와 물건을 훔치고 폭행하던 자들이 까맣게 시체로 변하고 말았다.

상점 문을 닫아도 마찬가지였다. 차에 연결한 체인을 잠가 놓은 문짝에 연결하고 액셀러레이터를 밟는다. 떨어져 나간 문짝과 함께 주인을 잃은 귀금속 상품들은 도둑들 차지가 된다. 절도, 강간, 마약 사건, 살인 등이 이렇

게 코앞에서 수도 없이 일어나니 내가 무슨 영화에 나오는 배우 같은 느낌
까지 든다. 여자들도 작은 핸드백에 손바닥보다 작은 호신용 권총을 늘 가
지고 다니는 것을 보면서 생명을 이미 저당잡힌 것 같아 차라리 마음을 편
히 먹었다. 자전거 하나 빼앗으려고 귀밑을 송곳으로 찔러 죽인 다음 시신
을 시궁창에 내던지고, 후줄근한 빨래 몇 개 걷어 갔다고 동네 청년들이 몽
둥이로 도둑을 세 명씩이나 때려 죽여 시궁창에 던져 버리고, 라디오 훔치
다 붙들려 동네 사람들에게 맞아 죽은 현행범을 그대로 길바닥에 던져 버리
고, 가스통 훔쳐 가다가 붙잡힌 범인의 손발을 묶고는 말에 매달아 4킬로미
터 넘게 끌고 다니다 때려 죽이고, 마약 재배자들의 시위 현장에 군부대가
나타나 총을 쏘아 수십 명씩 사상자를 내고, 이번에는 피해자들이 다시 군
부대를 습격해 사상자를 내고…… 날마다 벌어지는 이런 전쟁 같은 상황에
서는 인간이 인간으로서의 가치를 생각한다는 것 자체가 우스운 일처럼 느
껴진다. 차량 사고로 사망자가 발생했을 경우 쌍방과실 정도로 지나치는 것
이 상례처럼 돼 있다. 벌금으로 미화 100달러 정도 부과되면 차라리 황송한
대우이니, 자식이 병으로 죽을 때보다 양 한 마리 잃어버릴 때 더 눈물을 흘
리는 사정도 알게 됐다.

　바로 코앞에서 벌어지는 죽음의 현장들을 눈으로 확인하며 시신들을 볼
때마다 끔찍하다기보다 그저 망연자실해진다. 서로의 욕심이 불러 온 죽
음의 현장에서 환난의 골짜기가 떠올랐다.

　아골 골짜기에 묻힌 아간과 그의 가족들도 이렇지 않았던가? 여호수아
7장 21절에서 아간은 여호수아 앞에서 "내가 노략한 물건 중에 시날 산의
아름다운 외투 한 벌과 은 이백 세겔과 그 무게가 오십 세겔 되는 금덩이 하

나를 보고 탐내어 가졌나이다"라고 고백했다. 결국 탐심이 그로 하여금 도둑질을 하게 했다는 말이다. 그 결과 그와 그의 가족은 "이익을 탐하는 모든 자의 길은 다 이러하여 자기의 생명을 잃게 하느니라"(잠 1:19)는 말씀과 같이 인생의 마지막을 비참하게 마치지 않았던가?

버리지 못하고, 빈 마음을 갖지 못하고, 포기하지 못해 끝내 버림받은 나라의 한 단면을 길거리와 산에서 그리고 교회가 있는 마을에서 보고 들으며 나는 '포기의 선교'에 관한 생각을 다시금 가다듬게 됐다.

어느 날 교인의 가게를 심방한 일이 있다. 허름한 차림새의 한 청년이 불쑥 들어와 말을 건넸다.

"이거 얼마죠?"

"어느 거요?"

"여기 있는 거, 이것 말이오!"

주인에게 보이지 않게 몸으로 물건을 가리고 값을 물어 보니 주인은 그에게 가까이 걸어 나올 수밖에 없어 물건을 보고 가격을 말해 주었다. 필름 한 통을 들고 있던 청년은 한 손으로 주머니에서 돈을 꺼냈다. 그런데 주머니에 있던 동전 대여섯 개가 바닥에 떨어지며 가게 안에 흩어졌다.

"어!"

청년은 허리를 굽혀 부리나케 돈을 줍고 주인 또한 얼떨결에 동전을 찾기 시작했다.

"여기, 여기 있어."

곁에 있던 나까지 합세하여 부지런히 동전을 찾았다.

"저기, 저쪽으로 굴러갔어요."

"어디, 어디요?"

동전 몇 닢 찾는 사이, 기회를 엿보던 다른 청년이 들어와 돈 통을 챙겨 달아나고, 필름 한 통을 들고 있던 청년 역시 동전을 찾는 척하다가 언제인지도 모르게 사라졌다. 뛰어나가 소리치니 길 건너 멀리서 우리의 모습을 보고 가소로운 듯 웃으며 성호를 긋고는 튀었다. 자기네가 섬기는 신이 도와주어 도둑질을 잘해 거금(?)을 손에 쥐게 됐다고 순간적으로 감사를 드린 것인지……. 하기야 건축업을 하던 어떤 장로가 건축 자재를 70퍼센트 정도만 쓰고 빌딩이 무너져 내리지 않게 기도했다는 것과 무엇이 다르겠는가?

도둑질과 강도 사건, 마약 거래 그리고 거기에 배경음처럼 기관총 소리가 울려 퍼지는 일상의 모습이 가슴을 아프게 했지만 우리에겐 해야 할 일들이 있기에 당장 예배당 수리부터 했다. 우기라 주변 정리부터 해야 했다. 우선 비가 예배당 안으로 들어오지 않도록 배수로를 만들려고 곡괭이질을 했다. 고산지대라 몇 번만 곡괭이질을 해도 숨이 가쁘고 넘어갈 듯한 것이 꼭 일하기 싫어 꾀를 부리는 것 같았다. 본디 시골 출신이라 삽질, 괭이질, 낫질, 지게질 등에 자신이 있었지만, 해발 2,600미터에서는 일하는 데도 이방인이었다.

예산이 변변치 않은지라 몸으로 때우고, 재료도 주변에 있는 것으로 적당히 쓸 수밖에 없었다. 뙤약볕에 지붕 위에 올라가 삭은 기와를 들추고는 임시로 비닐을 깔고 다시 덮었다. 서까래를 바로 잡고, 천장은 포대 자루의 일부를 뜯어내고 임시로 덧붙여 석회칠을 했고, 벽과 바닥의 부서지고 떨어져 나간 곳만 우선 시멘트로 발라 페인트 칠을 했다. 화장실도 다시 만들었다.

교회 이름도 깨끗이 새로 써 놓으니 분위기가 많이 달라졌다. 금식기도, 철야기도 그리고 새벽기도로 이어지는 일과 속에서 낮에는 종일 뙤약볕에서 중노동을 하다 보니 그렇지 않아도 신경 많이 쓰지 마라, 과로하지

마라는 말을 수도 없이 들어왔는데 그만 몸이 견뎌내지 못하고 한계를 드
러냈다. 그 바람에 나는 8주가 넘게 고산병에 계속 시달리는 신세가 됐으
니……

높은 곳의 깊은 아픔

하루 종일 먼지를 뒤집어쓰고 뙤약볕에 지친 몸을 이끌고 집에 도착했다. 집으로 들어서는 문은 아래쪽이 삭아 기울어져 있다. 힘주어 밀면 삐익 소리가 나며 문이 열린다. 이리 패이고 저리 패여 갉아 먹힌 나뭇잎처럼 된 시멘트 층계를 돌아 올라가면 색 바랜 유리창이 달린 기울어진 문이 또 하나 나온다. 삐걱거리는 문고리를 당기고 들어가면 퇴색되어 뒤틀린 마루가 있고, 그 왼쪽으로 또 다른 마루가 나온다. 썰렁한 마룻바닥에 허름한 스펀지로 적당히 만든 매트리스 외에 아무것도 없는, 삼면이 석회로 막힌 방이다.

간신히 들어와 마룻바닥에 고꾸라지듯 눕는 나를 보고 사모가 놀란 것은 말할 것도 없고 주리와 강호도 이미 고산병으로 초주검이 되어 있다. 애처로운 눈길로 흐느껴 우는 사모는 그렇다 치고, 네 살배기 강호와 일곱 살 된 주리는 언제부터인가 죽음을 앞둔 아빠를 보는 듯 주눅 든 표정으로 여위어 가는 나를 바라 보고 있다.

가슴의 통증은 바로 누워도 엎드려도 내내 그칠 줄 모르고 계속됐다. 가슴 위쪽도 아니고 등쪽도 아닌 중간쯤에서 칼끝으로 온 가슴 속을 찌르고 후비고 도려내는 것 같다. 찢어지지 않는 생살을 억지로 찢는 듯한 통증이 그치지 않았다. 지옥의 고통이 이보다 더할까 하는 생각이 들 정도였다. 뜨거운 물수건과 차가운 물수건을 대어 보고, 바로 누워 보고 엎드려 보고 옆으로 누워 보아도 헛수고였다. 가슴을 두들겨 보고 찬물과 뜨거운 물을 번갈아 마셔 보며 집에서 할 수 있는 모든 것을 다 해 보아도 차도가 없었다.

아무것도 먹지 못하고 고통만이 지속되는 고산에서의 길고 긴 밤과 낮, 협심증이라면 가끔은 아픔의 끝이 있고 숨 돌릴 틈도 있다던데 나는 도대체 무슨 병이기에 이리도 끊임없는 아픔에 시달려야 하는가? 입과 입술이 타고 목이 타서 소리가 갈라졌고, 숨이 가쁘기만 했다.

해발 2,600미터의 고산에서 2주일 넘게 먹지도 못한 몸은 탈진하여 누운 자리에서 팔을 움직이기도 힘들었고 발을 옮겨 놓기도 수월치 않았다. 누워 있고 엎드려 있어도 내가 도는 것인지 지구가 도는 것인지 모를 만큼 머리가 빙빙 돌았고 그러다가 온몸이 머리에 맞추어 돌았다. 좌우로 위아래로, 어떤 거대한 기계에 붙들린 듯 온몸이 도는 것만 같았다.

왼쪽 귀에서는 이상한 소리가 계속 들렸다. 어디서 나는 소린지 알 수 없었다. 소리 나는 쪽을 보면 아무것도 없는 벽뿐이었다. 귀를 손으로 틀어막아 봐도 계속 소리가 났다. 다행히 귀가 아프지는 않았다.

가슴의 통증은 이제 머리까지 번져갔다. 뒷머리가 또 빠개지는 것 같았다. 커다란 망치로 맞는 것 같기도 했고, 가시 방망이에 눌리는 것 같기도 했다.

고통은 왜 이리 겹쳐서 오는지 모르겠다. 베개를 높여도 보고 낮춰도 보고 평평하게도 해 보고 머리를 몸체보다 낮춰 봐도 효과가 없었다. 누워 보나 엎드려 보나 모로 누워 보나 역시 마찬가지였다. 사도 바울의 고통은 불에 달군 송곳으로 찌르는 듯한 고통이었다고 하던데 나도 그에 못지않았다.

언제까지 이 고통의 시간이 이어질지 아득하기만 했다. 그런 상황에서

“내 은혜가 네게 족하다”고 하신 그분의 말씀에 대해 나는 사도 바울처럼 대답하기 어려웠다. 인내의 한계를 넘어선 아픔을 이를 악물며 참았다. 그런다고 고통이 그칠 리는 만무했다. 빠개지는 가슴앓이와 후비고 찌르는 두통, 이러한 나의 고통은 어느 선에서 멈출 것인가.

이제는 소화 기능의 마비가 왔다. 먹는 것도 없지만 그나마 입술 축이느라 마신 물까지 설사로 나왔다. 화장실에 갈 수도 없어서 사모의 부축을 받아 간신히 기어서 다녀왔다.

4주 넘게 밤낮 구별 없이 이어지는 고통에 몰골이 말이 아니었다. 그저 악몽이었으면 좋겠다. 가시나무 위에 누워 있다면 차라리 나을 것 같다. 이대로 죽음이 온다면 소원이 없겠단 생각마저 들었다.

그러나 혹독한 고문은 그것으로 끝나지 않았다. 죽음의 한계를 벗어난 아픔은 이제 손발의 뒤틀림과 마비로 번져갔다. 가슴, 머리, 배에 이어 손과 발에 이상이 왔다. 손가락, 발, 종아리들이 내 의지와 상관없이 뒤틀리다가 마비됐다. 그대로 두면 온몸에 그러한 현상이 올 것 같았다. 아픔도 아픔이지만 전신이 굳어 버린 듯한 심리적 고통과 충격에 이게 죽음인가 보다 하는 생각을 여러 번 했다. 근육 통증이 오고 손이 마비되고 종아리가 다시 마비됐다. 풀리지 않는 통증과 함께 종아리 속에 딱딱한 돌덩이가 들어 앉은 기분이었다.

지칠 대로 지쳐 있는 나보다도 사모가 더 지쳐가는 게 문제였다. 나는 고통을 몸으로만 감내하지만, 사모는 육체적으로 시달려 피곤하고, 옆에서 지켜보면서 정신적으로도 괴로우니 그 고통이 나보다 몇 배는 더할 수밖에 없었다.

아마 그때 흘린 눈물을 받아 놓았더라면 얼마나 되었을까? 머나먼 이국

땅에 도착하자마자 그야말로 초상집 분위기가 되고 말았다. 고국을 떠난 몸이라 더 그랬던 건지.

나 자신이 그렇게 되고 보니 거의 대부분 한 번쯤 겪는 고산병으로 고생했을 이민자들의 고독과 외로움을 뒤늦게나마 이해할 수 있었다. 그런 와중에 처자식을 먹여 살려야 했던 그들의 부담감은 얼마나 컸을까?

그들은 아파 누울 수도 없었을 테니 차라리 내 고통은 행복한 축에 든다고 할 수 있다. 그나마 다행인 고통이라고 생각은 하면서도 낮 시간 내내 시달린 통증은 밤이 되면 증상이 더해 해가 떨어지면 공포스럽기까지 했다. 온몸이 마비되는 듯한 고통의 한계를 참는다는 것은 쉽지 않았다. 썰렁한 마룻바닥에 깐 매트리스 위에 시체처럼 누워 있는 나를 내려다보는 사모의 눈에는 하루 종일 눈물이 맺혀 있었다.

몇 주일이 지나도 아무것도 먹지 못하니 기운이 있을 리 없었다. 소리라도 칠 수 있는 아픔이라면 좋으련만 그러지도 못하고, 찢어지는 가슴앓이는 계속 속으로만 파고들었고, 빠개지는 두통은 머릿속을 내내 송곳으로 후벼 대는 듯했다. 귀에서 들리는 윙 하는 소리는 신경을 날카롭게 했고, 지구를 몇 바퀴씩 도는 듯한 어지럼증, 떴다가 사라지는 별들, 설사, 마비와 통증. 이 모든 고통을 한 사람이 한꺼번에 겪고 있으니 지옥이 이렇지 않을까 싶었다. 어둠, 냄새, 정신적 고통, 희망이 보이지 않는 고통……. 오직 고통 속에서 고통만을 생각하는 영원한 고통의 세계.

아! 나는 지금 얼마나 행복한가! 그래도 내게는 천국의 소망이 있고 회복의 희망이 있고 사역의 꿈이 있고 언제나 옆에 있어 주는 사모와 주리와 강호가 있고 기도해 주는 동역자들이 있으니, 나는 얼마나 행복한가! 억지로라도 행복을 누리려고 마음을 다잡아 보았다.

하지만 아픔을 이기는 행복한 선교사라는 꿈은 되살아난 아픔 속에서 길을 잃고 말았다. 침몰하는 낡은 카누처럼 신체의 모든 부분이 힘없이 무너져 내렸다.

총신대 대학원을 다닐 때, 청계산 기도원에 들어가 일주일 금식하면서 하나님께 올려 드린 기도 제목이 있다.

"주님! 이번 금식기도 기간 중에 주님이 당하신 고통의 10만분의 1이라도 느끼게 해주십시오."

지금 생각해 봐도 참 어리석은 기도였다. 하나님은 즉시 그 응답으로 고통을 주셨는데 머리털 모두가 불에 타서 부서지는 듯했고, 굴 속에 들어가도 바윗돌 위에 누워도 나무 그늘에 누워도 사그라들지 않는 극심한 아픔이 왔다. 그런데 볼리비아에 와서 겪은 고산병은 그때의 고통과도 비교되지 않는 죽음과 지옥의 고통이었다. 죽음을 앞둔 환자들이 이런 고통을 느끼며 죽음을 맞지 않나 생각하며 생사의 고비에 서 보니 새삼 후회되는 기억들이 눈앞에 어른거렸다. 사모와 자녀들을 먼 이국땅에 두고 훌쩍 떠나야 된다는 아픔 때문에 고통은 더하기만 했다.

무엇보다도 사모에게 미안했다. 전도사 시절에 결혼하여 사글세를 올려 달라는 주인의 말에 밀리고 밀려 스물여섯 번 남짓 이사하면서 셋방살이를 했다. 그나마 방이 좁아 본의 아니게 예배당 층계 아래 귀퉁이에서 자면서 살던 일. 아이들 과외라도 가르치면서 살림을 알뜰히 꾸리고 살아 온 사모의 모습이 떠올라 현재의 고통보다 진한 눈물이 흘러내렸다.

어린 시절 잘 먹이지도 입히지도 못하고 얻어 입은 옷으로만 지낸 주리와 강호에게 늘 아빠의 초라한 모습만 보인 것 같았다. 볼리비아가 어디인지도 모르고 무작정 나를 따라 온 아이들에게 해준 것이 없었다.

내가 죽고 난 다음 사모와 아이들은 과연 어떻게 될까? 깊은 바다에 침몰해 녹슬어 가는 폐선과도 같은 내 처지를 생각하니, 인간적인 슬픔으로 영혼마저 병들어 가는 듯했다.

그런 생각에서 현실로 돌아와 고난의 현장을 바라보면 그 아픔은 더욱 심해졌다. 먹을 수 없어 먹지 못하는, 아니 실은 먹을 것이 없어서 먹지 못하는 형편이었다. 병원에 가서 진단을 받아 본다거나 약을 쓴다는 것은 사치였다. 그런 남편을 물끄러미 바라보던 사모의 마음은 과연 어떠했을까?

일곱 살 난 어린 주리는 한시도 아빠 곁을 떠나지 못하는 엄마를 돕겠다고 나섰다. 키가 작아 설거지 통에 손이 닿지 않으니 의자를 가져다가 설거지 통 앞에 놓고 그 위에 올라가서 설거지를 했다. 네 살 박이 강호도 누나의 설거지를 돕는다고 옆에 섰다.

맥없이 쭈그리고 앉아서 아빠의 고통을 나누고 싶어 하는 온 가족의 모습을 흐린 눈으로 바라보았다. 고마움과 감격이 아픔 속에서 되살아났다. 가정의 애틋한 정과 그 포근함에 나 자신을 맡기고 싶었다. 돌아 누운 눈가에 고인 눈물을 닦을 생각도 하지 않고 베갯머리가 젖도록 그대로 놓아두었다.

'주님! 당신이 제게 주신 가정입니다. 돌보아 주소서! 지켜 주소서! 당신 뿐이옵니다.'

한인 교회에서는 우리 가정을 경제적으로 도울 수 없는 형편이었다. 비행기 표를 자비량으로 끊어서 와야 했을 만큼 후원회의 경제적인 지원도 기대할 수 없었다. 초기에 선교를 한다고 걸인들에게 빵조각을 조금씩 나눠 주면서도 사실 우리는 먹을 게 없어서 들에 나가 갓을 뜯고, 냇가에서 미나리과에 속하는 풀을 뜯어 간신히 하루하루 끼니를 이어갔다. 신문지를 밥상

삼아 깔고 가족들이 끼니를 때우는 모습을 보면서 인간의 한계와 무력감을 느끼는 한편 피해의식과 패배의식이 선교지에서의 첫 걸음을 물들이지 않도록 싸워야 했다.

고산병으로 8주가 넘게 고생하다 보니 8년도 넘는 세월을 보낸 듯했다. 병원 진료도 약도 없이 사모와 주리와 강호의 애틋한 사랑의 보살핌으로 내 몸은 극적으로 회복되었다.

모든 것을 상실하여 완전히 무기력하고 무능하고 아무것도 할 수 없다는 생각을 서슴없이 하게 되었다. 주님께서 과연 나를 통해 선교지의 영혼들을 온전히 세우시고 이끌어 가실 것인가, 하는 실낱 같은 기대만이 남았다. 모든 것을 포기하게 하시고 남은 것을 취해 가신 하나님 앞에서, 선명하게 이해되지 않는 그분의 침묵 앞에서 다시 한 번 한계를 절감했다. 그리고 처절하게 삭아서 녹아내린 자아의 모습 그대로 선교 현장에 자신을 붙들어 맸다.

포기를 강요당했고 또 포기할 수밖에 없는 초라한 자아가 주는 아픔 또한 매우 컸다. 선교에 그렇게 자신만만했던 30대의 패기와 야망 그리고 건강은 이제 형편없는 폐품이 되어 버렸다. 대학원 과정에서 선교학을 전공한 학력이나 로마 가톨릭에 대한 연구 논문을 비롯한 나의 모든 학문적 성취는 피폐해진 현실 앞에서 아무 쓸모없는 휴지조각에 불과했다. 나 자신을 포기해야 했고, 내게 힘이 될 수 있다고 의식했던 주변의 모든 것을 포기해야 했고, 마침내 살아 있다는 의식 자체도 포기해야 했다.

아담과 하와에게 선악과를 포기하라고 말씀하신 그분은, 아브라함에게 아들 이삭을 포기하라고 말씀하신 그분은, 제자들을 갈릴리 바닷가에서 부르시며 배도 그물도 부모도 포기하라고 말씀하셨다. 그리고 자신에게 가장 소중했던 아버지 하나님과의 관계를 포기하고 생명까지도 포기하신 예수님은, 잉카의 후예를 선교하는 데 가장 소중하고 먼저 해야 할 일이 바로 자아를 포기하고 주변의 모든 것을 포기하고 마지막 생명까지도 포기하는 것임을 깨닫게 해주셨다.

"엘리 엘리 라마 사박다니"(마 27:46).

이것이 그분의 마지막 아픔을 토해 낸 절규였으나, 선교사에게는 포기의 절정인 이 말씀이 선교의 출발이 돼야 할 것이다. 포기는 철저한 자기 순교이기 때문이다. 하나님 앞에서 자신을 완전히 죽이는 행위요, 완전한 제물이 돼야 했다. 모든 것을 포기하고 주님께 맡길 것을 요구하시는 그분 앞에서 이제 철저하게 파괴된 몸과 마음으로 새로운 용기와 열정을 주님께 공급받아야 했다.

"나는 아무것도 할 수 없습니다."

이것이 그분 앞에서 내가 드릴 수 있는 가장 진실한 고백이다.

배불뚝이 푸카라 아이들

8주가 넘게 계속된 고산병과의 싸움에서 겨우 회복의 기미를 보이기 시작한 나는 가난한 선교사로서, 모든 것을 포기한 선교사로서, 아무것도 할 수 없는 선교사로서 목표를 정해야 했다. 소망과 확신을 가지고 남쪽으로 10킬로미터가 넘는 질척이는 시골길을 휘청거리는 다리로 조심조심 걸음을 옮겼다.

빈 마음으로 찾아 들어간 마을에는 역시 모든 것을 잃어버렸기 때문에 서로의 마음을 더욱 잘 이해하며 사는 사람들이 있었다. 가진 자의 힘에 치이고 가난에 쫓기는 데다 어느 한 곳 의지할 데 없는 코차밤바의 변두리 지역 푸카라. 이곳은 코차밤바 경찰서에서 아예 전 지역을 붉은 색으로 표시해 둔 우범지역이다. 마약 제조, 절도, 강간, 살인 사건 등이 끊이지 않는 푸카라는 미래가 없는 곳임을 쉽게 알 수 있었다.

가난과 술 그리고 마약은 실과 바늘처럼 항상 따라다닌다. 길거리에 뒹구는 비닐 조각을 모아 울타리를 치거나 가시나무들을 둘러 담을 삼은 채, 천장도 없는 집에서 살아가는 사람들이 눈에 들어왔다. 돌과 흙으로 빚은 아궁이에는 가난이 밴 검은 냄비가 열기를 애타게 기다릴 뿐, 무엇인가를 끓인 흔적은 찾을 수 없었다. 흙바닥 그대로가 요고 하늘이 이불이며 별들과 달이 그들의 눈물, 한숨, 아픔, 고통의 친구였다. 불룩한 배, 움푹 들어간 눈, 도드라진 광대뼈에다 파리한 얼굴인 토착민들은 외국인인 나를 잔뜩 경계하고 있었다.

쉽게 닿지 않는 마음의 거리를 좁히기란 어색하고 힘겨운 일이라는 것쯤은 잘 알고 있었다. 그래도 아이들은 아이들대로 나는 나대로 서로의 호기심과 관심이 전달되어 스스럼 없이 마음을 열게 했다.

시궁창 같은 개울에서 멋쩍게 나온 아이들은 처음 보는 외국인인 나를 맞아 어색하긴 했지만, 냉랭하게 지나치고 싶지는 않았나 보다.

"이름이 뭐니?"

"어디 사니?"

"누구와 사니?"

대답 없는 아이에게 촌스럽기 그지없는 질문들을 하며 물고기를 맨손으로 잡으려는 심정으로 다가갔다.

속으로는 연신 주님을 부르면서 여전히 대답 없는 아이에게 질문을 던졌다. 어색하게 흐르는 공기를 가르는 소리가 뒤에서 들려왔다.

"왜 그러니?"

아카시아 가시 같은 낯선 음성에 돌아보니 잔뜩 경계하며 나를 응시하는 한 아이가 있었다. 함께 나타난 키 작은 꼬마 군인들도 나를 그저 한 마리 멧돼지쯤으로 보는 것 같았다. 잡혀서 그대로 먹잇감이 될지, 덤비면 피해야 할지 얼른 계산해야 했다. 공격적인 눈빛은 아님을 확인한 후 긴장을 풀고 다가갔다.

"안녕? 네 동생들이니?"

“네, 그런데 당신은 누구시죠?”

“으음……. 저, 나는 선교산데 처음으로 이곳에 와서 전도를 하고 있어.”

“어디서 오셨죠?”

“한국에서 왔어.”

“그럼 가라테 할 줄 아세요?”

역시 아이는 아이였다. 소망이 없는 가난한 생활 중에 어쩌다 텔레비전에서 한 번 본 일본의 가라테가 그렇게 멋있었나 보다. 스프링 튕겨 나가듯이 올라오는 말에 일단 마음이 놓였다. 대화할 수 있는 상대들이 나타난 것이다. 코 흘리개 나이는 아니었고 중고등학생 또래였다. 맨발인 아이, 옷은 입은 듯 안 입은 듯 걸치기만 한 아이, 밤송이 머리에 헝클어진 머리카락이 그런대로 친근감을 주었다.

“가라테 하는 걸 어디서 봤니?”

“텔레비전에서요. 너도 봤잖아, 그때.”

“그래, 재미있든?”

“네, 무지무지 재밌었어요.”

“가라테 배우고 싶니?”

“네, 네, 네!”

뜻밖의 가라테 얘기로 일단 자연스럽게 아이들과 가까워졌다. 나는 이 아이들에게 태권도를 가르치기로 했다. 이제 어떻게 태권도를 징검다리 삼아 복음의 열매로 이어지게 할 것인가, 하는 과제만 남은 셈이다.

무작정 나가서 일단 대화의 맥은 뚫었는데 문제는 언어였다. 한국과 볼리비아에서 공부한 스페인어 실력은 아무리 생각해 봐도 허술하기 짝이 없었다. 그러나 이미 일은 벌어졌다. 용기를 내어 전에 가 보았던 기독교 서점을 다시 찾았다. 전도를 위해 준비할 수 있는 모든 책자를 구입하고 시청각 교재도 구입했다. 개인적으로 스페인어를 가르쳐 주는 메리놀 형제회 부설 어학원 교사인 빌마 선생님께 스페인어 회화 교습을 받고 별도로 주말에 전도할 내용을 함께 번역하고 연습했다. 집에 와서는 기도가 미진한 부분을 보충했다. 사전과 씨름하며 암송, 반복하고 또 반복하는 동안 일주일이 금세 지나가 버렸다.

다시 주말에 아이들을 만났다. 준비해 간 전도지를 나누어 주고 서툰 스페인어 실력으로 대략 뜻을 파악하며 일상적인 대화를 나눴다. 그들에게 들은 말은 모두 가슴 아픈 사연들 일색이었다. 전에 살던 광산촌에서 쫓겨난 이야기, 폐병에 걸렸으면서 병원에도 못 가고 술만 마셔 대는 아빠 이야기, 병든 엄마가 막노동판에서 힘들게 일하는 이야기, 어린아이가 어린 동생들을 돌보며 살아가는 이야기, 아파서 앓고 있는 동생들 이야기, 굶주리는 이야기 등 모두 슬프고 비참한 이야기들이었다.

미흡하나마 눈빛과 표정으로 이해하며 머리를 쓰다듬어 주고 가슴으로 안아 주는 동안 그 아픔들이 내게 가슴 깊이 와 닿았다. 원래 가르치기로 했던 태권도는 뒷전이고 첫 시간은 아이들의 이야기를 듣는 것으로 끝났다. 그 짧은 시간에 나눈 대화의 아픔을 여운으로 남기고 다음주에 다시 모일 것을 약속했다.

그때나 지금이나 늘 나보다 앞서 기도하는 사모에게 기도를 요청하고, 나는 매일 철야기도를 드리기 위해 교회로 갔다. 주리와 강호에게도 기도를 요청했고, 식사 시간마다 푸카라를 위한 기도가 식기도 대신 길게 이어졌다. 일주일 내내 우리 가정의 화제는 푸카라, 푸카라, 푸카라뿐이었다. 주리와 강호도 뭔가 도취한 듯한 아빠의 모습에 흥미를 느꼈나 보다.

"아빠, 그렇게 푸카라가 좋아?"

"그럼, 좋고말고."

"애들이 아빠 좋아해?"

"그럼, 좋아하고말고."

"여자 애들도 있어, 아빠?"

"그럼, 주리랑 비슷한 아이들도 있지."

주리는 이미 가 보고 싶어 하는 눈치고, 시골 분위기와 동물들을 좋아하는 강호는 시골이라는 데 구미가 잔뜩 당기는 눈치다. 무엇보다 초주검이 되었다가 살아난 남편이 생기를 되찾은 모습에 사모는 안도의 눈물까지 흘렸다.

다시 일주일이 지났다. 긴장과 기대 그리고 전에 없는 설렘을 안고 같은 요일, 같은 시간에 그 장소로 갔다. 전도지와 스페인어 성경, 기타와 복음송가 책을 준비하고, 편한 운동복 차림에 운동화를 신고 모자를 눌러썼다.

도착한 장소에는 그 옛날 청계천 다리 밑 아이들을 연상케 하는 아이들 열 명 정도가 나를 기다리고 있었다. 지난 일주일은 바다낚시할 때 물고기를 낚는 것과도 같은 기다림과 긴장의 시간들이었는데, 막상 당일이 되고 보니 마음이 편안했다. 하나님의 은혜라고 생각했다. 한 번 안면이 있었던 것이 여유를 갖게 한 것 같다. 어느새 반갑다고 뛰어 오는 아이, 멋쩍어하며 멀리서 기다리는 아이도 있었지만, 매달리는 아이까지 있었던 것은 그런대로 큰 수확이었다. 난민촌에도 끼지 못할 가난뱅이 마을에서 자란 굶주린 아이들의 세계에서 이제 나는 가라테 스승이자 철부지들의 대장이며 공식

명칭은 선교사로서 본격적으로 발을 들여놓게 된 것이다.

흙길을 조금 올라가서 잔디가 제일 잘 자란 곳을 찾아 어설픈 모임을 가졌다. 아직 완전히 회복되지 않은 몸이었지만 기다리는 아이들을 보니 힘이 나고 용기도 살아났다. 현장에서 주님께 다시 기도를 드렸다. 이 아이들이 주님을 알고 가까이 할 수 있게 해달라고 간구했다.

"자, 이제부터 운동을 시작하자. 먼저 운동 순서를 가르쳐 줄게. 운동에는 움직이지 않고 하는 운동과 움직이며 하는 운동이 있단다. 이 둘 가운데 먼저 움직이지 않고 하는 운동을 잘해야 한단다."

더듬는 스페인어인데도 고개를 끄덕이는 몇몇 아이를 보니 용기가 솟았다. 말보다는 내가 먼저 시범을 보이고 한 아이 한 아이 일일이 자세를 고쳐 주며 친절한(?) 사범의 모습으로 제자들을 보살폈다. 아이들이 태권도가 무엇인지 모르고 있었던 것이 다행이었다. 가르치는 대로 따라하는 순진한 나이였기에 더욱 다행한 일이었다.

이렇게 주말마다 운동을 통한 선교가 이어졌다. 모일 때마다 먼저 잔디 위에 줄을 맞추어 무릎을 꿇게 했다. 건조하고 따가운 햇볕의 열기가 만만치 않았다. 장미나 카네이션을 미국 마이애미 주로 수출할 만큼 코차밤바의 대낮 뙤약볕은 강렬했다. 까까머리 아이들을 풀밭에 무릎 꿇고 앉힌다는 것은 무리였지만, 돈도 내지 않고 자기 마을에서 태권도를 배우는 덕에 생각보다는 잘 따라 주었다.

"지난번에 배웠던 운동의 기초를 다시 반복하자. 먼저 줄을 맞추어 무릎을 꿇고 예쁘게 앉아 보자."

평소 무릎 꿇고 앉는 문화가 아닌 볼리비아에서 무릎을 꿇게 하니 그 자체가 아이들에겐 고역이었다. 이어서 눈을 감으라고 했다. 아이들은 엉거

주춤한 자세로 내가 전하는 복음에 귀 기울였다.

"지금부터 내 말을 잘 듣고 깊이 생각해 주길 바란다."

구멍가게 같은 기독교 서점에서 마련한 사영리 소책자는 스페인어가 서툰 내게 든든한 디딤돌이 되었다. 지난주에 나눠 주었던 사영리를 확인하고 없는 아이들에게는 다시 나눠 준 다음, 미리 부탁했던 헨리에게 읽고 느낀 점을 말하게 했다. 포토시라는 광산촌에서 신앙 생활을 한 헨리는 하나님께서 내게 보내 준 귀한 동역자가 되었다. 대충 뜻을 알아들은 아이들에게 내가 다시 한 번 사영리를 읽어 주고 모자라는 스페인어로 힘겹게 해설을 곁들였다.

"하나님께서는 너희를 참 좋아하신단다. 큰 집에 사는 부자들은 너희들이 냄새 나는 거지들이라며 피해 가고, 더럽다고 멀리하고 침을 뱉기도 하지만, 하나님은 집도 없고 배고픈 너희들을, 엄마 아빠가 너희를 사랑하는 것보다 더 사랑하고 좋아하신단다. 그런데 어느 날부터 그 하나님이 너희에게 사랑을 주지 못하게 되셨어. 그것은 바로 너희들이 지은 죄 때문이야. 죄가 뭐냐면, 너희들이 학교 갔다 와서 먹을 게 없다고 속으로 엄마 아빠를 미워한 때가 있었지?"

"네에, 흑흑……."

작은 소리로 대답하는 아이들은 흐느끼며 말을 잇지 못했다. 그간의 배고팠던 서러움이 아픔으로 다가온 걸까? 아니면, 없는 감자를 달라 했던 자기를 안고서 울음을 삼킨 엄마가 떠올라서였을까? 아니, 성령님께서 어린이들의 마음을 감동시킨 거라고 생각해 보기도 했다.

"선교사님, 저는 배가 아플 때 약도 안 주던 엄마를 속으로 많이 미워했어요. 그것도 죄인가요?"

“그래, 그런 게 바로 죄야!”

“그런데 하나님은 그런 것 때문에 우리에게 사랑을 주지 못하시는 까닭이 있나요?”

“선교사님이 한 가지 예를 들어줄게. 너희들이 냇가에서 흙을 가지고 노는데 엄마가 부르셨어. 엄마는 감자를 삶아 놓고서 너희들과 저녁을 먹으려고 준비하신 거지. 너희들은 배가 고프기도 하고 엄마가 부르니까 손발도 제대로 씻지도 않고 엄마에게 달려갔어. 가 보니 맛있는 감자가 있었지. 그래서 그 감자를 막 집으려 하는데 엄마가 못하게 말리셨어. 왜 그러셨을까?”

“……”

“아, 손을 씻지 않아서요!”

허름한 옷차림에 유난히 눈이 동그랗고 깜찍하게 생긴 제니의 대답이었다.

“맞아, 제니가 아주 대답을 잘했어. 감자를 먹기 전엔 먼저 손을 씻어야 했던 거야. 손을 깨끗이 씻지 않고 흙 묻은 손으로 감자를 먹으면 어떻게 될까?”

“배가 아파요!”

다들 자신 있게 합창했다. 준비해 간 노트를 보며 암송했던 내용을 최대한 활용하면서 입보다는 손과 발 그리고 온몸으로 땀 흘리며 복음을 진했다. 스페인어가 서툴렀지만 아이들은 고개를 갸웃거리면서도 잘 듣고 이해했다. 하나님의 은혜를 다시금 절감했다. 이어지는 성경 이야기 속에서 아이들은 울기도 하고 웃기도 하며 주님을 알아갔다. 그리고 그 작은 마음에 주님을 초대하기 시작했다.

가진 것이라고는 가난과 배고픔뿐인 아이들. 오랜 탄광 생활에 폐병 환자가 되어 탄광에서 쫓겨난 뒤로 병원에도 못 가 보고 심한 기침과 가슴앓이로 고통의 세월을 보내는 아빠. 남편과 자식들 먹여 살려 본다고 일자리를 찾아 나서지만 그렇게 쉽게 얻어지지 않는 일자리에다. 그나마 어쩌다 들어온 중노동판에서 하루 종일 시달려 파김치가 되어서는 감자 몇 톨 가지고 귀가하는 엄마. 다섯 살도 채 안 된 아이가 간신히 걸음마를 하는 코흘리개 동생을 안고 업고 여기저기 다니며 나뭇가지를 모아 놓고 엄마를 기다리는 모습. 배고파 칭얼대는 어린 동생을 달래고 달래다 마침내 함께 울면서 엄마를 찾는 아이들. 칭얼대던 동생은 이제 배고픔에 지쳐 잠이 들고, 어린 동생을 품에 안은 다섯 살배기 후아나는 눈물을 훔치며 엄마가 더디 오는 줄 알면서도 빨리 오리라 생각하는데……. 날마다 그렇게 사는 아이들을 만나면 품에 꼭 끌어안고서 그저 함께 눈물만 흘리게 된다.

이곳 아이들은 어찌 그리 심성이 고운지, 어쩌면 그리도 맑은 눈망울을 가지고 있는지 감사하기만 하다. 고산병으로 몸이 약해 있어도 맑고 고운 심성의 아이들을 만나면 기쁨이 넘쳐 흘렀다. 운동을 가르친다고 하면서 울기도 하고 웃기도 하며, 가난이 밴 서러움을 기도와 말씀 그리고 찬양으로 녹여 갔다. 어쩌다 한 녀석이 "목사님, 진짜 태권도에 그런 게 있어요?" 하고 물으며 웃음 짓는 모습에 한참 깔깔거리기도 했다.

토요일 오후마다 열린 잔디 모임은 얼마 가지 않아 큰 호응을 얻게 되었다. 비닐 집에 사는 아이들뿐만 아니라 이웃 동네 아이들까지 모이기 시작해 이제는 어린이 반과 청년 반을 나눠야 했다. 쉰 명이 넘는 청년들이 모임에 참석했기 때문이다. 그래서 청년 모임 한 시간 반 전에 어린이들을 가르치고 그 다음으로 청년들을 가르치는 식으로 토요일 오후 일정이 짜여졌다.

여러 부류의 청년들이 모여들었다. 순수한 청년들이 있는가 하면, 그 반대의 유형, 말하자면 푸카라 지역에서 온갖 못된 짓을 하는 청년들도 많이 모였다. 그중에는 술, 담배를 하는 것은 물론이고 마약을 제조하고 판매하는 청년들도 있었다. 선교사가 갑자기 동네 불량배들의 대장이 된 꼴이었다. 덕분에 동네를 지날 때마다 깍듯이 인사를 받고 최소한 '주먹'으로부터는 안전한 가운데 복음을 전하게 됐다.

짧은 시간에 무술 고수가 되고 싶어 하는 아이들에게 기본이 중요하다고 가르쳤다. 첫째가 정적인 운동임을 강조하면서 성경공부와 찬양, 기도 등으로 모임 시간의 처음을 먼저 하나님께 드렸다. 실제 운동 시간에도 기본 동작이 중요하다고 가르치면서 한 가지 동작을 계속 반복시켰다. 태권도는 기본적인 발차기와 방어 자세를, 유도는 낙법과 기본적인 업어치기를, 복싱은 주먹 쥐는 법과 스텝과 방어와 공격의 기본 자세를, 쿵후는 발동작 중심의 자세를, 합기도는 단전호흡과 기본 기술을 가르쳤다. 검도는 발 동작, 손 동작 등의 기본 동작을 연습시키며 무술과 예의에 대해 각별히 지도했다.

그러던 어느 날 평상시와 같이 둥그렇게 둘러앉아 예배를 드리고 운동을 하려는데 분위기가 싸늘해졌다. 평소에 보지 못한 청년들이 우리를 둘러싸고 있었던 것이다. 어림잡아 40명은 되었다. 갑자기 돌변한 심상치 않은 분위기에 무슨 일인지 물으니 그중 한 청년이 한쪽 어깨를 늘어뜨리고 턱을 치켜들고는 자기네도 운동을 배우러 왔다고 한다. 늘 예배드리던 아이들은 앉은 채로 겁을 먹거나, 울상을 짓거나 당황해하는가 하면, 새로운 침입자들을 웬만큼 알고 있다는 듯 앉아서 경계하는 등 각기 다른 반응을 보였다.

일단 기분이 썩 좋지 않았다. 하나같이 거들먹거리는 태도가 마음에 들지 않았고, 떼로 몰려 온 것이 더욱 기분을 언짢게 했다. 어차피 시비를 걸러 온 모양인데 그대로 물러설 수도 없고 갑작스러운 일이라 무턱대고 덤빌 수도 없었다. 잠시 생각을 가다듬고 있는데 겁에 질린 한 아이가 울음을 터뜨렸다. 우악스레 둘러선 것도 공포를 자아냈지만, 자리를 비집고 들어오다 앞에 앉아 있던 아이를 밀치면서 그 아이가 그만 밟히고 만 것이다.

"야! 너희들! 배우러 왔으면 먼저 나에게 이야기하고 허락을 받은 다음에 배우는 게 순서 아니냐?"

곱지 않은 눈으로 훑어보면서 내 말에 시비를 걸 작정인 그들은 "그렇습니까? 죄송하게 됐습니다. 몰랐습니다" 하며 점잖게 다가올 기색이 아니었다. 실실 비웃으며 몸을 틀고 웅성대는 침입자들 때문에 겁먹고 앉아 있는 아이들에게 나는 계획에 없던 말을 엄숙하게 내던졌다.

"오늘은 바로 대련으로 들어간다!"

그들 가운데 대장 격으로 보이는, 턱을 빼들고 건들거리는 건달 녀석에게 앞으로 나오라고 손짓했다. 평소와 다르게 돌변한 선교사의 태도에 그간 함께했던 청년들이 다들 놀라는 표정이었다.

"너 운동 좀 해 봤느냐?"

"그렇수다, 가라테 검은 띠는 벌써 땄는데, 왜 그러슈?"

위아래로 훑어보며 빈정대는 말투는 이미 당신 따위는 여럿 덤벼도 별 볼일 없다는 태도다.

가라테만 할 줄 아느냐고 물으니 그렇다고 한다. 가라테 말고 어떤 자세라도 좋으니 능력껏 공격해 보라고 했다. 녀석, 쾌재를 부른다. 그와 인사를 나누고 대련 아닌 대련을 시작했다. 엉성한 자세는 동네 아이들 막싸움 자세지 결코 운동을 한 폼이 아니었다. 그렇지만 나보다 목 하나는 넘게 크고 다부진 몸매가 상대를 위축시키기에 부족함이 없었다. 이미 시작된 시합이니 질 수도 없는 상황이었다. 만일 패자가 되기라도 하면 다시는 이곳에 발 들여놓기가 쉽지 않을 거라는 위기의식이 마음을 긴장시켰다. 상대도 무슨 까닭인지는 모르겠으나 긴장하고 있기는 마찬가지로 보였다. 선교지에서 대련이 아니라 대놓고 싸움을 하게 생겼으니, 죄스럽기도 하고 마음이 혼란스러웠다. 건달 대장의 빠르지 않은 발놀림과 둔하게 움직이는 손놀림을 보았다. 빠르게 파고 들어가 치고 나오든가 아니면 공격의 틈을 주고는 청년의 힘을 이용하는 게 낫겠다 싶었다. 서로 상대의 발놀림과 손놀림 그리고 눈동자를 주시하며 탐색하다 먼저 공격을 허락했다. 발차기래야 높이 올라가지도 정확하지도 않은 것은 물론 속도나 파괴력이 있는 것은 더더욱 아니었다. 이미 이긴 싸움이라 판단하고 여유롭게 계속 기회를 주었다. 구태여 힘들일 필요를 느끼지 않았다.

"얏!" 짧은 단음과 함께 공격의 기회를 준 다음 허점을 노렸다. 상대의 오른쪽 발이 들리면서 들어오는 앞차기에 재빠르게 오른쪽 발로 발목을 막는 동시에 얼굴을 돌려 차는 나의 주특기를 발휘했다. 제대로 맞았다!

"억!" 비명을 지르며 얼굴에 손을 갖다 댄 후 드러난 청년의 널찍한 배는 이미 2차 공격의 목표 지점이었다. 무방비 상태의 배를 다시 왼발로 걷어차니 청년은 배를 움켜쥐고 앞으로 고개를 떨구었다. 구부리고 있는 청년의 얼굴을 걷어차기에는 너무 심하다는 생각이 들었다. 더는 기회를 주지 않고 업어치기로 내던지고서 다시 일어나기를 기다렸다. 단순 동작에 망신당한 청년은 바닥에 뒹구는 몽둥이를 들고 달려들었다. 한 마리 미친 곰이 따로 없었다. 다시 들어오는 몽둥이 든 손을 발로 걷어차고 파고드니 이번에는 몽둥이를 집어던지고 힘에는 지지 않겠다는 듯이 내 어깨를 움켜쥐었다. 오른손으로 움켜쥔 상대의 손을 싸잡고 왼손으로 팔목 관절을 받친 다음 몸을 틀어 겨드랑이로 들어가면서 어깨에 상대방 팔을 얹어 놓고 일단 팔목 관절이 부러지지 않을 만큼 꺾어 조금 심한 고통을 주었다. 이어서 밀어 버릴까 하다가 꿇어 앉히고 제압하니 비명을 지르며 죽겠다고 발버둥쳤다.

"계속할 테냐?"

"아, 아니. 내, 내가 졌습니다."

청년은 꺾인 팔을 잡고 비틀거리며 들어갔다. 기세가 오른 아이들은 응원단으로 변하여 활기차게 손뼉을 쳐 대며 아우성이었다. 대장의 어이없는 패배에 실망의 빛을 감추지 못한 패거리는 그에게 달려가 아프다는 팔을 만져 주며 야단들이었다.

"다음은 누구냐?"

매섭게 쏘아보는 나의 눈길에 청년들은 서로 눈치를 보면서 피하기에 바빴다. 작은 키에 깡마르고 다부지게 생긴 데다 눈빛이 매서운 청년 하나가 나왔다. 빠르게 보였으나 힘으로도 충분한 상대였다. 손을 별로 쓸 필요 없이 들어오는 앞차기를 의식하며 그대로 뒤돌려 차기로 얼굴을 가격하니 나가 떨어졌다. 운동화도 벗지 않은 상태에서 맞은지라 타격이 심했을 것이다. 쓰러진 청년 곁에 다가가 보니 입 언저리가 터져 초주검이 되었다. 한 방으로 끝난 게임에 아이들은 박수를 치면서도 염려가 됐는지 쓰러진 청년에게 몰려들어 그것 보라는 듯이 내려다보고들 있다. 그러자 또 다음 상대로 뚱보 한 명이 몸으로 안 되겠다 싶었는지 몽둥이를 들고 나왔다.

"맨손으로 할 거냐? 아니면, 무기를 쓸 거냐?"

날카로운 물음에 주춤하던 뚱보는 슬그머니 몽둥이를 버렸다. 평소에 검도 기본 자세를 아이들에게 가르쳐 준 게 소문이 났나 보다. 나도 어느 정도 지친 터라 오래 끌 수 없었다. 이제는 대련이 아니라 이판사판 싸움이었다. 자세도 아닌 자세를 취하고 어설프게 달려드는 상대는 일단 접근하는 게 목표인 듯했다. 적당한 거리를 유지하기 위해 왼손으로 잽을 계속 넣다가 파고들면서 옆구리 아래쪽에 주먹을 한 방 먹이고, 내 오른쪽 다리를 상대의 오른쪽 다리 뒤쪽으로 걸고서 손으로 목 부분을 밀어 뒤로 넘어뜨렸다. 다시 일어나 달려드는 상대에게 이제 결판을 내야겠다 싶어 왼쪽 옆으로 피하면서 배를 걸어차니 "헉" 소리와 함께 쓰러졌다.

"와, 와! 짝짝짝……."

해발 2,600미터의 고지대에서 고산병 증상이 아직 가시지 않은 가운데 청년 세 명을 차례로 상대하다 보니 지칠 수밖에 없었다. 다행히 더는 나오지 않아, 주눅이 든 패거리 청년들을 따로 불렀다. 나무 그늘로 데리고 가서 음료수를 마시며 말을 건넸다. 얻어맞고 멋쩍어하는 청년에게 "많이 아프냐?" 하고 물으니 침을 퉤 뱉는다. "예, 좀 아파요!" 그 옆에 팔을 꺾인 청년에게도 물으니, "아까는 팔이 부러지고 빠지는 줄 알았어요"라며 야속하다는 듯 툴툴거린다. 갈비뼈와 배를 얻어맞은 뚱보 청년은 "아휴, 갈비뼈가 나갔나 봐요"라며 맞은 부위를 만지면서 엄살을 부렸다.

"처음 보는 얼굴들인데, 도대체 어디서 온 거냐?"

"성당에 다녀요, 수녀님이 보내서 왔어요."

"왜 수녀님이 우리 모임에 너희들을 보낸 거지?"

"가서 방해를 놓으라고 했어요."

그동안 전도를 하고 청년들 모임을 가지면서 아직 가톨릭 측과는 어떤 관계도 없었는데 그런 말을 들으니 속이 편치 않았다.

"그래, 이제 어떻게 할 거냐? 계속 이렇게 떼 지어 와서 방해할 참이냐?"

"아니오, 다시는 안 그러겠어요. 그리고 다음부터는 토요일마다 이곳에 와서 모임에 참석하겠어요."

"왜, 또 나하고 싸우려고?"

"아, 아뇨. 그냥 선교사님이 맘에 들어요."

"그렇게 맞고도 내가 맘에 들어?"

"네, 맞고 나서 콜라 얻어먹는 것도 좋구요."

깔깔대며 웃는 아이들과 함께 역시 젊은 게 좋구나, 하는 생각이 들었다.

한편으로 이렇게 선교를 하는 것이 좋은 건가, 하고 자문해 보았다. 사실 선교라고 하면서 쓸데없는 자존심 때문에 대련 아닌 싸움을 치른 것도 사실 아닌가. 그래서 모든 일이 끝나 후련하고 아이들 앞에서 체면은 섰으나, 마음은 편치 않았다. 자존심의 포기가 커다란 위기를 맞은 순간이었으니 말이다. 이게 아닌데, 하면서도 일단 집회에 나온다는 청년들을 생각하면서 어떻게든 가는 데까지 가 보자고 마음을 다독거렸다. 집에 돌아와 기도드릴 때나 예배당에 나가 철야기도, 새벽기도 드릴 때나 머리에 떠오르는 것은 온통 그 청년들 모습이었다. 결국 그렇게 행동한 자신에 대해 눈물로 회개했다.

"주님, 왜 이리 저를 초라하게 만드십니까? 제가 할 일이 복음을 전하는 것인데 주먹은 웬 주먹이며 발길질은 또 뭐란 말입니까?"

회개를 하면서도 한편으로는 내게 주신 재능을 전도에 사용하는 게 과연 잘못일까 하는 의문도 생겼다. 결국 운동이 아니라 내 마음이 문제라는 것을 알게 됐다. 깨끗한 마음으로 운동에 임하고 이를 전도에 응용해야 했는데 그렇지 않은 것이 문제였다. 콜라 한 잔 사는 것이나 선교사의 직분을 활용하는 것이나 시간을 활용함에 있어, 마음이 얼마나 비어 있는가, 자신을 포기하는 기도와 성결과 헌신이 따르고 있는가 하는 점을 살펴야 했는데 그렇지 못했다. 이제 남은 것은 내 기질을 버리는 기도를 새롭게 드리면서 전과는 달리 섬기는 자세로 신앙 지도를 해야 한다는 것을 깨달았다. 운동의 차원이 달라진 것은 말할 것도 없었다.

같은 자리, 같은 시간, 같은 대상인데 전과 같지 않게 나눔이 아닌 섬기는 자세로 가르치는 운동이 청년들의 마음을 움직였다. 그 후 그 청년들은 토요일마다 착실하게 모임에 나와 주었다. 우리 사이에 우정이 싹텄고 신실한 신앙인으로 발전했다. 현재 그 청년들 중에 몇몇은 치과 의사가 되었고, 해군장교가 되었고, 아르헨티나에 가서 법학을 공부하고 결혼하여 잘 살고 있다. 가끔 우리 선교부에 방문해 그때 일을 이야기하며 한국말 흉내를 내곤 한다.

"선교사님, 푸카라에서 '뚠뚠보'가 왔대요."

선교부에 찾아온 한 손님이 사무실 직원에게 자기 이름보다는 '푸카라의 뚠뚠보'라고 자신을 소개했다. 나가 보니, 결혼하여 이젠 믿음직한 남편이자 아빠로서 부인과 아이까지 데리고 선교부를 찾은 것이었다. 잘 자라 준 아이들과 청년들이 고맙고, 그 길을 인도하신 하나님께 감사하다.

사실 당시 우리가 사역하던 푸카라 지역에는 로마 가톨릭 수녀 양성소가 있었고 미사 보던 곳이 있었다. 물이 귀한 지역이라 가톨릭 교회에서는 땅을 파서 동네 사람들에게 물을 제공하고 운동장을 만들어 청년들에게 개방하기도 했다. 신부는 그곳에 살지 않았지만 교육 사역과 미사 등의 일로 상주하는 것처럼 그곳에서 시간을 보냈다.

볼리비아의 역사를 잉카 문명과 그 이전을 아우르는 초기 역사, 그 이후 스페인 정복의 역사 그리고 스페인으로부터 해방된 뒤의 역사로 나눠 본다면, 오늘날 이곳 볼리비아의 산족 마을에 산재해 있는 로마 가톨릭은 스페인 정복 당시 침략자들과 함께 들어온 외래 종교다. 그래서 그 바탕에 공포의 종교라는 특성이 자리 잡고 있다 보니 형식과 마음이 양분된 가운데 혼합된 형태가 되었다. 현재 이곳 로마 가톨릭의 모습이 그러하다.

그 때문에 성당 미사에 참석하고 두 손 모아 절은 하지만, 마음은 토속신앙 속의 신들을 경배하고 있었다. 몸은 성당에 마음은 파차마마에 가 있는 미사 또는 제사라고 할까? 또 로마 가톨릭의 문화 정책은 기본적으로 지난날 로마 제국이 화려한 세계 정복을 이룰 때와 같이 정복지의 전통 문화에 대한 흡수 정책을 포교 활동에 적용했던 것이 돌이킬 수 없는 실수였다. 그 실수가 그대로 이어지는 가운데, 지금은 종교와 관련된 토속 문화 행사를 로마 가톨릭이라 명명하는 혼합주의가 탄생하게 되었다.

그 한 예가 '우르쿠피냐'라는 국가적인 문화 행사이자 종교 행사다. 이 행사는 내가 사는 동네에서 매년 8월 15일에 시작하여 일주일간 열리고 그 여운은 한 달 이상 지속된다. 전국에서 사람들이 모여 들고, 대통령과 정부 각료들이 참석하며, 전 세계의 가톨릭 신자나 신부, 수녀들이 오기도 한다. 태양신과 축복의 신인 파차마마를 섬기는 제사장들과 그 신봉자들도 온다. 평균 50만 명 이상이 모인다고 하니, 볼리비아 전 인구를 800만 명 정도로 추산할 때 만만치 않은 규모의 사람들이 국내외를 막론하고 한 곳에 모여 치르는 커다란 행사이다. 이 우르쿠피냐 행사를 통해 중남미 로마 가톨릭의 실체를 파악할 수 있다.

우르쿠피냐 행사에 얽힌 전설은 한 양치기 처녀로부터 시작한다. 어느 날 냇가 건너편에 살던 한 처녀가 양 떼를 몰고 오늘날 갈보리 산이라고 하는 산에서 양을 쳤다. 그 처녀는 양털로 옷을 만들 실을 감기도 하고 무리에서 떨어져 나가는 양들을 한 곳으로 몰며 이 산 저 산 다녔는데 갑자기 하늘에서 어린아이를 안은 고운 여인이 내려왔다. 놀란 처녀는 멀찍이 떨어져서 그 여인과 아이를 보며 양 떼를 몰고 다른 데로 갔다. 저녁이 되어 집에 돌아와 부모님께 낮에 있었던 일을 전하니 부모님은 허깨비를 본 것이라며 믿지 않았다. 다음 날 궁금하기도 하고 설레기도 한 처녀는 여인과 어린아이가 나타났던 곳으로 다시 양 떼를 몰고 갔다. 두리번거리는 처녀 앞에 전날 나타났던 아름다운 여인과 그 품에 안긴 아이가 하늘에서 내려와 바위 위에 앉았다. 한번 경험했던 일이라 전날과 달리 그렇게 놀라지는 않았다. 고운 여인과 예쁜 아기의 신비함에 매혹된 처녀는 부드럽고 사랑스런 모습으로 손짓하며 오라는 그 여인에게 다가가 아기를 자세히 봤다. 그리고 감탄했다. "이렇게 예쁠 수가!" 맑은 눈과 코, 귀, 웃는 모습을 보며, 함께 웃기도 하고 안아 보기도 했다. 어린아기와 해 가는 줄 모르고 즐겁게 놀던 처녀는 다시 해질 무렵 집에 돌아와 부모님께 말했다. 전날과는 다른 반응이었다. 정신이 멀쩡한 딸이 아이와 놀았다고 하니 계속 아니라고 우길 수만도 없는 노릇이었다. 그날 저녁 밥상을 물린 처녀의 아버지는 그 부족의 부족장을 찾아가 전날부터 딸아이에게 있었던 일을 상세히 이야기했다. 부족장 역시 의심은 갔지만 행여 마을에 어떤 기적이 나타나기를 기대하면서 마을 사람들을 불러 모았다. 마침 그 무렵 집 나간 아이들이 돌아오지 않고, 양 떼가 자꾸 없어지기도 하고, 전에 없던 병자들이 많이 생기기도 하여 마을이 뒤숭숭하던 때라 어떤 돌파구를 찾고 있었다. 마을 사람들은 부족장의 말을 귀담아 듣고 한 목소리로 찾아가 보자고 했다.

　다음 날 처녀는 다시 그 산에 올라갔다. 역시 그 여인과 아이가 나타났다. 처녀는 달려와 부모님께 말했고, 그 소식은 부모님을 통해 부족장과 온 마을 사람들에게 전달되어 모두가 산으로 달려가 보았다. 하지만 아무것도 보이지 않았다. 처녀는 당황해하며 서 있기만 했다. 궁금해하던 부족장이 처녀에게 물어 보니 울먹이며 하는 말이, 내려왔다가 없어졌단다. 거짓말을 한 게 아니냐고 질책하며 마을 사람들은 모두 헤어졌다. 다음 날도 똑같은 일이 일어났고, 딸은 마을 사람들로부터 거짓말쟁이로 낙인찍혔다. 그 다음 날 울먹이는 부모의 말을 마지막으로 들어 보자며 사람들은 다시 산으로 올라갔지만 역시 아무것도 보이지 않았다. 세 번씩이나 어른들과 부족 사람들을 속이게 된 딸은 정말 난감했다. 부모도 마찬가지였다. 부족 사람들 모두 화가 날 만도 했다. 거짓말한 딸과 가족에게 사람들이 돌을 들어 내려치려는 순간, "우르쿠 피냐! 우르쿠 피냐!"라는 외침이 들려 왔다. "마이? 마이?" 토속어인 케추아어로 '우르쿠urqu'는 언덕이라는 뜻이고 '피냐 piña'는 있다는 뜻이다. '마이'는 케추아어로 어디라는 뜻이니, "저기 언덕에 있다!"고 외치는 처녀의 소리에 "어디 있느냐?" 하고 마을 사람들이 물은 것이다. 깜짝 놀란 사람들이 보니 정말 한 여인이 바윗돌 위에서 어린아기를 안고 있다가 일어나서 산 쪽을 향하여 안개가 사라지듯이 걸어갔다. 쫓아가 보니 여인과 아기는 점점 멀어져 보이지 않았고, 여인이 앉았던 바위 위에는 커다란 망토가 놓여 있었다. 이후 그 바위와 망토는 그들에게 축복을 주는 신비의 물건으로 신성시되었다. 사람들은 해마다 그 바위신과 망토신을 위해 술을 붓고 춤 추며 제사를 지냈다. 복을 달라고 빌었음은 물론이고 그때부터 기적이 일어나기 시작했다. 지병으로 고생하던 사람이 거뜬히 낫고, 집 나갔던 자녀가 돌아오고, 길 잃은 양 떼도 돌아오는 등 마을에

su
strucci on
COBOCE
EMENTO

좋은 일들만 생겼다고 한다.

이 소식을 전해 들은 다른 부족들이 모여들었고, 그 말은 전국적으로 퍼져 500킬로미터가 넘는 먼 지역에서도 사람들이 몰려오는 사태가 벌어졌다. 그들은 그 돌 앞에 제사를 드리고 술을 붓고 춤을 추고, 여인이 앉았다는 바위의 돌을 쪼개어 축복의 신을 모시는 파차마마의 제사장들에게 가지고 갔다. 그들은 돌에 안수를 받게 하고는 집으로 가지고 가 모셔 두고 매일 제사를 드렸는데, 복을 비는 대로 또 복을 받았다고 한다.

이러한 의식의 순서나 그 준비는 매우 진지했다. 먼저 500킬로미터가 넘는 거리를 걸어서 온다. 성산이라 부르는 산에 오르기 전에 목욕을 한다. 죄를 지으면 온전히 복이 내리지 않는다며 정결 의식이 철저했다. 돌을 쪼갤 때는 먼저 개인적인 제사를 위해 술을 붓고 절을 한다. 그리고 깨끗한 마음으로 돌을 내리친다. 이때 마음에 죄가 있거나 마음이 깨끗하지 않은 사람은 아무리 힘 좋은 장사라도 돌이 쪼개지지 않고, 힘 없는 어린아이라도 죄가 없고 마음이 깨끗하면 돌이 크게 쪼개진다고 믿었다. 사람들은 돌이 크게 쪼개진 만큼 복을 많이 받는다고 굳게 믿고 있다.

이런 행사가 계속 행해질 때 스페인이 중남미를 침략했고, 동시에 로마 가톨릭이 정치 안정을 명분 삼아 군대와 함께 최일선에서 침입해 왔다. 로마 가톨릭 교단에서는 어디서나 쓰던 문화 흡수 정책을 중남미에도 그대로 적용한 것이다. 가톨릭에서는 전설처럼 내려온 우르쿠피냐Urqupiña 민중 축제를 스페인어 발음인 우르쿠피냐Urkupiña로 고치고 로마 가톨릭에서 정한 마리아 승천일인 8월 15일을 중심으로 정부와 결탁하여 우르쿠피냐 행사를 주관했다.

이후 킬랴콜료Quillacollo의 뒷산 이름은 갈보리산이 되고, 여인은 마리아로, 아이는 예수님으로 둔갑했다. 돌을 캐 온 사람들은 먼저 땅의 신이며 풍요의 신이며 축복의 신인 파차마마를 섬기는 파차마마 제사장들에게 돌을 두 손으로 받쳐 들어 축복을 받는다. 그런 다음 바로 옆에 서 있는 가톨릭 신부가 다시 그 돌에 성수를 뿌리며 축복 기도를 해준다. 그 돌은 파차마마 제사장들과 로마 가톨릭 신부들에게 두 배(?)의 축복을 받는 것이다. 바윗돌이 다 쪼개지고 없어지면 다른 산에서 바윗돌을 가져다가 또 채워 넣는 것이 시의 연중 주요 사업 계획의 하나다. 요즘은 우르쿠피냐 행사 때가 되면 동네 청년들이 망치를 들고 산에서 대기하며 기다렸다가, 몰려드는 사람들이 돌을 캐 달라고 하면 즉각 쪼개어 주고 돈을 벌기도 한다. 바야흐로 이제는 청년들이 복을 나누어 주는 때가 왔나 보다. 이것이 어머니와 어린이 경배 사상에서 파생된 문화 행사의 일면이다.

사실 어머니와 아기 이야기는 고대 바벨론에서부터 널리 알려져 왔고 이것이 국교적 경배로 발전했다. 바벨론에서는 어머니 여신 세미라미스Semir-amis가 아들 담무스를 팔에 안고 있는 것을 볼 수 있다. 바벨론 백성들이 여러 지역으로 흩어졌을 때 그들은 거룩한 어머니와 아이를 경배하는 전통도 가지고 갔다. 그 어머니 여신은 나라마다 다른 이름으로 불렸다. 중국에서는 싱무Shingmu, 독일에서는 헤르타Hertha, 스칸디나비아 반도에서는 디사Disa, 인도에서는 인드라니Indrani, 그리스에서는 아프로디테Aphrodite이다. 에베소 지역에서는 위대한 어머니가 다이아나Daiana라고 알려져 있고, 수메르에서는 나나 Nana라고 불렸으며, 고대 로마 시대에는 경배자들 사이에서 베누스Venus라 불렸고, 그 아이는 유피테Jupiter로 알려졌다.

세미라미스 여신은 바알의 부인이며 하늘의 처녀 황제인데, 임신하지 않았으되 자녀를 가졌다고 전해진다. 바벨론에서부터 여러 국가로 각기 다른 이름과 형태로 확산된 이 거짓 경배는 결국 로마와 로마제국 전역에서 국교의 한 형식으로 자리 잡았다. 거룩한 어머니에 대한 경배가 매우 두드러지던 이 시기에 때맞추어 구주 예수 그리스도께서 교회를 세우셨다.

그 후 3~4세기쯤에는 초기 믿음에서 떨어져 나가 배도에 빠져 들었다. 이 배도가 임했을 때 수많은 이교주의가 그리스도교와 혼합됐다. 회심치 않은 이교도들이 스스로 교회에 입교했고, 많은 이교 의식과 관행이 계속 행해졌다. 대개는 그들의 몇몇 신조를 유보한 채 교리와 유사하게 보이도록 변경하는 식으로 허락받은 경우가 허다했다. 그중 하나가 어머니 경배였다. 이미 알려진 여신 이름 대신 마리아라는 이름만을 부르게 했으므로 어머니 여신에 대해 기도하고 경배하는 것 자체는 계속할 수 있도록 허락받은 것이다.

431년이 되자 에베소 회의에서 어머니 여신 숭배는 공식적인 교리가 되었다. 당시 에베소에서는 다이아나를 오래전부터 동정녀 어머니 여신으로 경배해 왔다. 다이아나는 자연계의 생식력을 대표하여 많은 젖가슴을 지닌 것으로 묘사된다. 이 여신은 머리에 바벨탑의 상징인 탑 모양의 면류관을 쓰고 있다. 배도한 지도자들은 여러 가지 방법으로 마리아를 이교도의 여신과 비슷하게 만들고 신의 수준까지 높이려 했다. 이교도가 여신상이 있었던 것처럼 왕관을 씌우고 보석으로 단장한 마리아 상을 만들었다. 실제로 예수님의 어머니 마리아는 부자가 아니었는데 말이다.(눅 2:24)

가톨릭에서 이러한 역사적인 모순을 지니는 어머니 숭배사상을 문화 흡수라는 차원에서 포용하여 포교하다 보니, 많은 사람들이 로마 가톨릭에 대한 구체적인 교리와 삶의 모범에서 동떨어지게 되었다.

　　청소년들을 중심으로 한 우리 모임은 그 후 더욱 많은 수가 모였고, 적잖은 흥미를 불러일으켰다. 연합 체육대회라도 열리면 종합 우승은 언제나 푸카라 교회 차지였다. 물론 모두가 계속 출석하기를 기대하는 것은 쉽지 않았다. 각자 상황이 달랐기 때문이다. 결석한 아이에게 이유를 물어보면 청년기에 접어든 아이들은 대부분 "차파레에 춤을 추러 갔다"고 했다.

　　차파레Chapare는 전라남도만 한 정글 지역이다. 이 지역은 중남미에서 가장 순도 높은 코카인의 원료가 되는 나무를 심고 거두며 정글 깊숙한 데서 마약을 만들고 판매까지 하는 것으로 널리 알려져 있다. 그래서 우모파르 (UMOPAR, Unidad Móvil Policial para Áreas Rurales, 직역하면 '시골 지역 기동순찰대'로, 마약 단속 전담 특수 경찰)라는 마약 단속반이 중무장하고 정글용 차량을 타고 다니며 경비를 서고 단속한다. 헬리콥터가 항상 두세 대씩 떠서 순찰하고, 아마존 강에는 최신 무기로 무장한 초고속정 보트로 정글을 24시간 엄중 순시고 있다. 그때나 지금이나 볼리비아에서 가장 큰 문제가 코카인이다. 그래서 항상 시위가 일어나고 미국이 개입되고 많은 사람들이 죽고 다치는 사고가 일어난다. 이런 지역에 '춤을 추러 간다'는 것은 마약을 만들러 간다는 뜻이다.

　　마약을 만드는 과정은 이렇다. 땅을 파서 비닐을 깔고 물을 붓고 원료인 코카 잎을 넣고 밤새 밟는다. 그렇게 나온 코카 물을 다시 걸러 내어 가성 소다와 석유 등을 넣고 화학처리를 하면 마약이 만들어진다. 이때 생긴 마약은 두 가지로 분류된다. 하나는 크리스탈이라는 덩어리 마약이다. 또 하나는 폴보(코카인 가루를 칭하는 은어로, 원래는 모기처럼 사람을 무는 벌레를 말한다)라는 분말 마약이다. 크리스탈 마약은 분말 마약보다 세 배 넘게 비싸다. 원산지에서 단속반인 우모파르가 있는 지역을 한 군데 통과할 때마다 가격이 오르고 국경을 넘을 때쯤이면 부르는 게 값이다. 이런 과정에서 코카 잎을 밤새워 밟는 과정을 빗대어 붙인 말이 '차파레에 춤을 추러 간다'이다.

일자리는 쉽게 나지 않고 일거리가 없는 많은 청년들은 먹고살아야 한다는 단순한 생각에 쉽게 마약을 접하고 그 세계에서 영원히 헤어 나오지 못하게 된다. 길거리에서 마약을 사고 파는 실정이니 마약을 입에 대는 것은 극히 평범한 일상사가 되었다.

보름이나 한 달 가까이 보이지 않다가 갑자기 나타난 청년들은 우선 분위기부터 달라진다. 분수에 맞지 않은 옷단장을 하고 돈도 헤프게 쓴다. 그대로 그들은 동경의 대상이 되고, 아직 잘 모르는 순진하고 배고픈 청년들을 유혹하기에는 매력적인 힘이 충분히 있다.

그래서 우리의 선교는 로마 가톨릭과 술, 강도, 강간, 가난과 싸우는 한편, 마약과는 또 다른 전투를 해야 하는, 그야말로 입체적인 전투를 예상하게 됐다. 앞날에 놓인 그 높은 고지를 정복하기 위해 기도로 준비하면서 여러 가지 자료를 모았다.

뙤약볕 잔디에서 시작된 선교는 그나마 비가 오지 않을 때나 가능했고, 비 오는 날이면 외양간에서 성경공부를 하고 찬양을 드렸다. 덕분에 함께 모인 소, 닭, 오리, 강아지들도 사람들이 드리는 예배에 참석하게 되었다. 소똥으로 범벅인 외양간에 엉거주춤 앉아 찬양을 부르며 예배드릴 때면 왜 그리 눈물이 쏟아지는지……. 설움의 눈물이기도 하고 감사의 눈물이기도 했다.

비 맞은 돌멩이를 주워 놓고 의자로 쓰면서 소똥 냄새 맡으며 흐르는 눈물을 감추지 못하고 목 놓아 기도 드리고 찬양하는 선교사, 몸에 걸칠 것 하나 없이 찾아와 비 맞고 소똥에 발가락이 뒤범벅이 된 신발 없는 아이들, 이런 우리의 찬양을 하나님은 과연 어떻게 들으셨을까? 언제나 아이들 마음에는 화려함보다 훨씬 소중한 순수함과 순결함이 흘러 넘쳤다. 굶주림, 헐벗음, 천대, 비웃음, 버림받음이 외양간 속에서 예수님 한 분의 사랑으로 버무려져 피어나는 향은 무엇보다 진한 감동의 향이었다. 가끔 준비해 온 빵을 느닷없이 나타난 들개들에게 빼앗겨 아쉬운 입맛을 다시는 허기진 아이들을 보면서 가슴 아파하기도 했다. 꼬리를 빼고 빵을 물고 달아나는 개를 한 손으로는 바지춤을 잡고 다른 한 손을 휘저으며 맨발로 죽기 살기로 쫓아가는 아이들을 보고는 배꼽이 빠져라 웃기도 했다. 그럴 때면 웃다가도 나도 모르게 눈물이 흘러나오는 것을 주체할 수 없어 하늘을 응시하며 목으로 눈물을 삼키곤 했다. 가난이 주는 아픔은 굶주림으로 끝나는 게 아니었다. 그렇다고 한으로 끝나는 것도 아님을 알려 주고 이 가난을 극복하도록 돕고 싶은 심정을 주님은 아실 것이다.

못에 찔린 후안의 고백

집회에 나오지 않은 청·장년과 아이들을 찾아 심방을 하다가 후안이라는 아이가 몹시 아프다는 것을 알게 됐다. 간신히 비를 막을 정도인 비닐 움막에 누워 있던 후안은 초등학교 3학년 또래였다. 주위에서 아무도 돌봐 주는 사람이 없어 아픈 다리가 방치된 채 고통 중에 있었다.

건축 공사장에서 끼니를 때우는 정도의 막일을 하다가 발에 못이 찔려 치료도 못 받고 집에 누워 있은 지 일주일 넘게 방치되어 있었다. 이미 부을 대로 부은 다리는 고름이 흐르고 파리 떼는 제철 만난 듯 떼거지로 달라붙어 있었다. 먹을 것이 없으니 계속 굶주렸을 테고, 사는 것이 그러니 치료 한 번 받는다는 것은 오히려 사치스러운 일이었다. 통증으로 힘들어하는 아이를 간신히 들쳐 업고 4킬로미터 넘게 떨어진 거리의 한 병원으로 옮겼다. 임시 치료를 마치고 나온 의사는 분을 참지 못하고 내게 욕부터 해 댔다. 도대체 어떻게 했길래 어린아이를 저렇게까지 방치했느냐고 말이다.

'아니, 의사가 치료나 하면 될 일이지 욕은 무슨 욕인가? 아이에 대해 마음이 아프다면 내가 더 아픈 법이지 의사가 더 아프다는 건가? 자기는 치료만 열심히 하면 되는 게 아닌가?'

화가 나서 의사에게 따졌다.

"이보시오. 아이가 아픈 것에 당신이 왜 화를 내는 거요? 나는 선교사로 심방을 하다가 뒤늦게 알게 되어 이렇게 데리고 온 거요. 그건 그렇고 아이는 상태가 어떻소?"

"아, 보호자가 아니었군요. 이거 죄송하게 되었습니다. 더 두고 보아야겠지만 균이 발 깊숙이 파고 들어갔습니다. 일단 입원시키고 내일 다시 오시지요."

급한 김에 병원에 데리고 오긴 했지만, 문제는 돈이었다. 얼마 안 되는 돈이어도 걱정이 이만저만이 아니었다. 내 주머니 사정이야 뻔했고 도움을 청할 데도 없어 무거운 발길을 돌리고 말았다.

집에 오는 길에 으레 하던 대로 김 집사님 댁을 방문하였다. 집사님은 내 얼굴이 밝게 보이지 않았던지 무슨 일이 있었냐고 거듭 물었다. 별것 아니라고 했더니 "목사님, 요즘 푸카라 선교는 어때요?" 하며 화제를 돌렸다.

"예, 잘 돼 가고 있어요."

"한번 가 본다고 하면서도 이 핑계 저 핑계로 가 보지도 못해서 죄송해요. 얼마 되지 않지만 아이들 빵이라도 좀 사서 주세요."

먹고살기도 힘들고 아이들 학비도 힘든 집사님 사정을 뻔히 아는 터라 거두라고 해도 막무가내였다. 주머니에 넣어 주며 눈물을 훔치는 집사님의 모습에, 나도 왜 그리 눈물이 흐르던지. 미안해하는 집사님과 통곡하며 기도를 드리고 사정 이야기를 하니 집사님은 못내 가슴 아파하며 안타까워했다. 돈 많이 벌어 굶주린 아이들 원 없이 먹이며 살피고 싶단다.

일주일 넘게 걸린 후안의 치료가 끝났다. 치료비는 남지도 모자라지도 않게 일용할 양식처럼 총신 74동기들의 선교비로 충당되었다. 헌 운동화 한

켤레를 후안에게 선물로 주면서 함께 기도드렸다. 손과 발에 못 박히신 예수님의 이야기도 들려주었다. 발에 못이 박힌 경험이 있는 후안은 예수님의 고통을 실감나게 들으며 작은 입으로 고백했다.

"선교사님, 고맙습니다! 저도 이제부터 선교사님처럼 십자가에 못 박히신 예수님을 전할게요. 사실 저는 그동안 선교사님께서 항상 들려주셨던 예수님에 대해 잘 몰랐는데 제가 이렇게 못에 박혀 고생하다 보니 예수님의 고통이 참으로 크셨겠구나 생각하며 많이 울었어요."

작은 입술에서 흘러나오는 아이의 말은 내가 겪은 어떤 체험보다 가슴을 저미는 감동으로 느껴졌다. 어디선가 가시 바람이 불어왔다. 이젠 그 가시 바람을 따뜻하게 맞이할 수 있는 때가 오려나 보다. 어디를 가든 예수의 향기로만 남고 싶다. 사랑하는 후안의 마음에 그분의 향이 계속 피어나기를 바라는 기도를 드렸다.

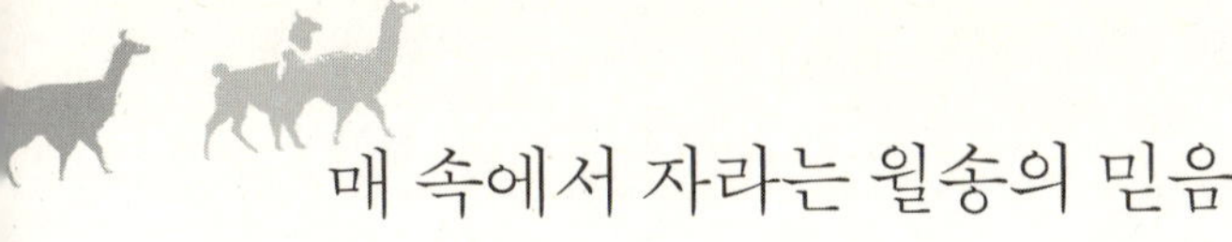

매 속에서 자라는 월송의 믿음

아이들은 학교가 끝나면 곧장 집으로 가지 않고 우리가 사글세로 얻은 집까지 걸어서 찾아왔다. 10킬로미터가 넘는 거리인데도 하루도 빠지지 않았다. 아이들은 주는 대로 끝도 없이 먹어댔다. 사모는 살림이 어려워 주리와 강호에게 다 떨어진 옷을 기워 입히고, 그 흔한 운동화도 제대로 사 주지 못해 해어져 발가락이 나올 때까지 꿰매 신기며 두 아이를 키우는 형편인데도 그 아이들에게는 아낌없이 퍼주었다. 물로 배를 채우는 것보다는 밥이며 감자를 먹는 것이 푸카라의 아이들에겐 적지않은 기쁨이었다. 사모의 사랑이 담긴 따스한 밥과 삶은 감자가 그동안 못 먹어서 배불뚝이가 된 아이들을 든든하게 먹어서 배 나온 아이들로 만들었다.

그러던 어느 날, 월송과 미겔과 헨리가 문을 두드렸다. 늘 그렇듯이 허름한 옷차림에 핏기 없는 얼굴들, 처진 어깨에 가난이 밴 모습이어도 만나면 언제나 반가워했는데, 왠지 표정들이 심상치 않았다.

"안녕하세요, 선교사님?"

"오, 잘들 있었니? 어서 들어와."

머뭇거리는 아이들을 안으로 들이고 살피니 월송이 다리를 저는 것이 분명했다.

"월송, 왜 다리를 저니?"

고개를 숙이고 대답을 못 하는 월송. 그간 보아 온 아이들의 습관으로 볼 때 분명히 문제가 있다는 신호였다. 어깨를 흔들며 우는 월송을 곁에 있던 두 아이들이 위로해 주었다. 무슨 내용인지는 모르나 아픈 마음을 건드린 것을 후회하면서 조용히 지켜보았다. 월송은 눈물을 훔치며 밥을 먹었지만 입을 열지 않았다.

"말씀드려. 선교사님이 궁금해 하시잖아!"

답답함을 참고 있던 헨리가 평소 급한 성질대로 한마디 했다.

"……."

역시 침묵 속에 다시 눈물을 보이는 월송을 바라보며 쉽지 않은 질문을 던졌다.

"집에서 무슨 일이 있었지?"

"네, 선교사님. 흐, 흑흑……. 엉엉……."

목 놓아 우는 아이의 어깨 위에 손을 얹고 한동안 침묵이 흐른 후 아이의 아픈 사연을 듣게 되었다.

그날도 토요일 집회를 마치고 집에 갔는데, 늦게 돌아온 아버지는 늘 그렇듯이 술에 취한 모습이었다. 하루 벌어 한 식구 먹이기 힘든 상황에서 매일 만취된 아버지의 횡포는 어린아이들에게 공포의 대상이었다.

스페인이 볼리비아를 정복하고 포토시에서 막대한 금·은을 캐 갔는데, 당시에는 포토시에 은화를 만드는 공장까지 있었으며 잉카의 후예인 볼리비아 고산족들이 그곳에서 강제 노역을 당했다. 주인이 노예가 되고 침략자들이 주인이 된 셈이었다. 안전시설이 전무했고, 노동의 대가가 제대로 분배되지 않는 착취 그 자체였다.

이러한 광산촌의 열악한 현실은 해방 후에도 전혀 개선되지 않았고, 노동자들은 죽지 못하여 일하고 있었다. 월송의 아버지는 어린 시절부터 포토시 광산촌의 갱 깊숙이 들어가 시설이 미비한 작업장에서 30년 넘게 일하다가 폐병에 걸리고 말았다. 결국 직장에서 떠밀려 나오게 됐고, 연금은 물론 그동안 일한 봉급조차 받지 못하고 쫓겨났다. 정신적으로나 육체적으로 황폐해진 아버지는 모든 것을 포기한 모습이었으며, 그나마 어머니가 손가락이 저리고 아픈 데도 남의 집 잔일을 하며 어렵게 벌어 온 돈으로 술을 마셨다. 그것도 성이 안 차면 외상 술까지 마셨다. 빈민촌에서 흔히 볼 수 있는 풍경이었다.

술에 취한 아버지는 월송을 불러 세워놓고 느닷없이 때렸다. 발길질과 주먹으로는 성에 차지 않았는지 전깃줄로 묶어놓고 몽둥이로 닥치는 대로 때렸다. 아무것도 주지 않는 선교사가 하는 집회에 참석한다는 게 매질의 이유였단다. 아무것도 주지 않는다는 말과 집회라는 말을 마음에 담으며 월송의 다리와 등, 어깨의 상처들을 보았다. 비명을 지를 뻔했다.

"어쩌면 이렇게까지 잔혹하게……."

온몸에 피멍이 든 월송을 보면서 모두들 흐느꼈다. 떨리는 손으로 약을 발라 주면서 내 마음은 쓰리고 서럽기만 했다.

아무것도 줄 수 없는 선교사…….

광산촌에서 쫓겨나와 먹지도 입지도 못하는 형편인지라 누군가의 도움이 필요한 저들이지만, 당장 먹을 것을 해결해 주지 못하는 선교사는 그저 별 볼 일 없는 거렁뱅이 선교사에 지나지 않았다.

받는 것에 익숙한 저들에게 무엇인가 주어야 할 선교사가 아무것도 줄 수 없는 선교사로 비치고 있는 초라한 모습을 생각하니 너무도 서러웠다. 당시 초기 선교사들은 누구나 겪은 일들이었겠으나, 어려운 형편에 이리저리 빌린 돈으로 비행기 표를 마련해 왔고, 볼리비아에서 처음 구한 거처도 싼 집이라 하여 일단 얻어 놓고 보니 술집 앞이었다. 먹을 것도 제대로 없었으며 어디든 걸어서 다녀야 했고, 뒤늦게 도착한 짐에 딸려 온, 한국에서 쓰던 중고 자전거를 타고 선교를 하던 때였다.

새벽부터 오전, 오후, 밤늦게까지 이어지는 숨가쁜 사역을 맨몸으로 버티며 철야예배와 새벽기도 그리고 금식 아닌 '굶식'으로 버티던 날들이었다. 그러던 차에 굶주린 사람들에게 아무것도 줄 수 없는 한국의 비쩍 마른 선교사의 볼품없는 모습은 그들에게 최소한의 기대마저 없애기에 충분했으리라.

월송을 안고 함께 서러운 눈물을 흘리며 아픈 상처를 어루만져야 하는 초라하고 못난 스승은 제자와 한없는 아픔을 그대로 삭여야 했다.

"미안하다 월송. 그래서 아버지께 뭐라고 말씀드렸니?"

"저는 아무리…… 아무리 매를 맞아도 선교사님이 하시는 집회에 계속 나가겠다고……."

월송의 말에 또다시 흐르는 눈물을 손으로 닦으며 들썩이는 어깨를 어루만지면서 우린 참 많이도 울었다. 서럽기도 하고 초라하기도 하고 능력 없음에 한스럽기도 해서…….

명예를 포기하고, 돈을 포기하고, 건강을 포기하고, 가진 것을 모두 포기하는 것이 선교의 기본이라는 말은 항상 그렇게 맞는 말 같지는 않다고 거듭 생각했다. 없음으로 인해 당해야 하는 또 다른 고통을 포기라는 편리한 말로 덮어버리기에는, 그리고 아픔을 달래기에는 현실적으로 부족한 면이 너무나 많았다. 최소한의 가진 것이라도 있다면 이렇게까지 서러운 일은 겪지 않을 텐데, 하는 생각도 해 보았다. 그렇지만 그것도 생각뿐, 포기의 선교를 포기한다고 별다른 수가 있었던 것도 아니었다. 현실을 현실로 받아들이는 수밖에 더 이상 뾰족한 수가 없었다.

그러나 분명한 사실은, 주님의 고난을 말해 주기에는 아직 어린 나이인 월송에게 주님은 찾아 오셨고 그의 눈물을 씻어 주셨으며, 멍든 마음도 아픈 어깨와 등도 '의인이 당하는 핍박'이라는 말로 위로가 되었다는 것이다. 그 후에도 계속되는 아버지의 핍박과 가혹한 매질을 참아 내면서 월송과 우리는 눈물의 기도를 드리며 신앙의 뿌리를 깊게 뻗어 갔다.

찬란한 아침을 만나기 전에
어둡고 차가운 긴 밤을 맞습니다.
이젠 끝없이 이어질 고통의 시간에
칠흑의 밤과 사귀는 방법을 알아보아야겠습니다.

칸차이를 키우는 아이들

잔디에서 시작된 푸카라의 맑고 깨끗한 모임은 자전거포를 하는 교인의 창고를 월세로 빌리면서 새로운 모임 공간을 마련하게 됐다. 말이 월세지 실제로는 거저 들어가 예배를 드리는 거나 마찬가지였다. 역시 용감한 청년들과 함께 창고 안의 수북한 먼지를 다 털고 수리한 뒤 예배당 문 위에 벽돌을 쌓고 시멘트를 발랐다. 쪽나무를 싸게 구입하여 장의자와 강대상을 만들었다.

찬 없는 밥이지만 사모는 매일 점심 때마다 밥을 지어 날랐다. 주리는 과일 주머니를, 강호는 물통을 가지고 교회 앞 밭두렁에 앉아 함께 감사드리며 식사를 했다. 망치질을 하다 망치에 손등을 찍고, 굳으면 돌덩이 같아지는 에우칼립토 나무를 들지도 않는 톱으로 썰며 땀을 흘린 후 밭두렁에 앉아 감사기도를 드리고 먹는 밥맛은 꿀맛이었다.

어렸을 때 시골에서 모내기철에 논에 들어가 모를 심는다고 무논에 주저앉고 쓰러지면서도 기다렸던 것은 어머님께서 머리에 이고 오시는 점심이었다. 그때 그릇 수북이 퍼주시는 밥을 먹고 논두렁에 누워 자던 기억이 새롭다. 이곳 볼리비아에서는 감자와 옥수수로 광주리를 채운 푸짐한 상을 함박웃음으로 맞이하며 밭두렁에서 맛있게 먹었다.

서툰 작업에 손가락이 멍들고 찔리고 피가 났지만 모든 것이 감사하고 또 감사하기만 했다. 가진 것 없이 내딛는 첫 시작의 땀냄새가 꽃향기보다 낫다는 것을 청년들은 잘 알고 있었다. 남들은 별 볼 일 없고 초라한 건물을 짓는다며 용쓴다고 하겠지만 우리 마음에는 기쁨과 감격이 넘치고 있었다. 이제는 목요일마다 기도 제목의 하나였던 "주님, 이번 주말에는 비가 오지 않게 해주세요"라는 간구를 더 이상 드리지 않아도 되었다. 노천이나 외양간에서 드리는 예배는 그런대로 진지한 은혜의 기쁨이 있었으나, 비가 오면 피해야 할 장소가 필요했고, 소도 자기 집에 들어가야 하니 어디를 가나 짐승과 함께 예배드릴 수밖에 없었다. 그런 가운데 이제는 비가 와도, 아무리 해가 극성을 부려도 문제없이 예배를 드릴 수 있게 되어, 밀물따라 오고 썰물따라 가던 믿음의 식구들도 한곳에 정착할 수 있게 되었다. 그뿐 아니라 어린이, 청년, 장년 들이 더욱 밀려들어 이들을 감당하기에는 장소나 사역 면에서 부족함을 느끼는 뜻하지 않은 일도 벌어지고 있었다. 당시 교단 성경 교재도 찬송가도 없었고 무엇 하나 준비된 것이 없던 홀로서기 선교였기에 자연스레 협력 사역의 필요가 대두되었다.

우선 지도자가 없는 것이 큰 문제였다. 지도자를 먼저 세우고 교회를 개척하는 것이 장기적으로 볼 때 합리적인 선교 방법이었다. 전도와 함께 본격적으로 제자 삼는 사역을 이제 적극적으로 확장시키며 눈앞에 당면한 문제들을 함께 해결해 가는 시스템이 필요했다.

신앙, 기도, 전도, 말씀, 지도력, 나이, 교회 출석 등을 참고하여 기도드리며 제자를 세울 준비를 했다. 헨리, 윌송, 미겔 등 주로 사역 초기에 함께 눈물 흘리며 개척했던 청년들을 먼저 선정하여 일일이 점검했다. 한 사람씩 불러 우리 모임에서 지도자의 필요성과 중요성, 지도자의 자격과 준비할 일 등을 말하며 권면하자 모두 흔쾌히 감사해하며 받아들였다. 일주일 특별 기도를 드리고 지도자로 임명한 뒤 다른 청년들에게도 알렸다.

매주 월요일과 목요일 저녁은 지도자를 위한 특별반 모임을 갖기 시작했다. 당시 월세로 있던 우리 집은 이제 지도자 양성소 역할까지 맡게 되었다. 일단 교재를 사서 나누어 주었다. 말씀을 가르치기 전에 먼저 간절히 기도드렸다. 회개 기도와 섬기는 자세를 특별히 강조했다. 모일 때마다 회개 기도를 드릴 때는 선교사가 뒷전으로 밀릴 만큼 다들 열심이었다.

성경공부의 필요성과 방법, 각 과의 핵심 내용과 전반적인 줄거리를 반복하여 가르쳤고, 배운 것을 집에서 일주일간 적어도 열 번 이상 읽고 정리하여 발표하게 했으며, 각자 돌아가면서 짝을 지어 가르치고 질문도 하게 했다. 오르간과 찬양은 사모가 직접 개인 교사로 나섰고, 아코디언과 기타는 내가 기본부터 가르쳤다. 매주 이틀은 밤늦게까지 이어지는 기도와 성경 지도, 찬양과 음악 실기 등으로 생기 넘치는 저녁이 되었다.

다섯 번 이상 성경을 가르쳐도 이해가 안 되는 아이들, 시창은 되나 악보가 까막눈인 아이들, 오르간, 기타, 아코디언 등을 가르쳐도 기초가 모자라는 아이들, 배우려는 의욕은 있지만 생각처럼 되지 않아 안타까워하는 아이들. 이들 때문에 더 절실하게 기도하는 사모의 모습을 보며 앞으로 할 일이 참 많고 힘들겠다는 생각을 했다.

'언제쯤 기타를 치며 찬양을 인도할 수 있을까?'

멀게만 느껴지는 아이들의 모습에 답답하기도 했지만, 기도드리며 열심히 배우고 익힌 제자들에게 또 제자가 생기기도 했다. 그렇게 배운 아이들

중에는 스위스를 비롯한 유럽 각지를 다니며 공연하고, 볼리비아 내에서 찬양단과 음악 팀을 만들어 연주하는 이들도 나왔다. 이 찬양 팀들 가운데 '칸차이(빛)'라는 팀은 볼리비아 전국 찬양 중창 대회에서 1등을 했고, 이들의 노래를 카세트테이프로 만들어 전도용으로 사용하기도 했다.

가르치는 것은 최상의 배움이라는 말이 있다. 남을 가르쳐야 하니 먼저 내가 탁월해야 한다는 부담감으로 치밀하게 준비하고 가르치자 제자 팀의 열기는 갈수록 뜨겁고 활발해졌다. 제자들은 자진하여 기도를 드리고 봉사 모임을 만들고 전도하는 등 앞장서서 헌신했다. 자연스럽게 윌송과 헨리는 훗날 신학교에 입학했다.

나 자신도 기다려지는 제자 모임이 되었고, 없는 살림에 허리가 휘는 사모 역시 기쁘고 감사해하며 모든 제자 사역을 함께 감당해 주었다. 덕분에 주리와 강호는 제자학교의 분위기 속에 오르간을 치고 기타도 만지작거리며 청강생으로 참석하기도 했다. 모든 순서가 끝나면 빠지지 않고 나오는 사모의 푸짐한 감자와 옥수수 요리는 늦은 밤에 즐기는 황제의 밥상이었다.

배불리 먹고 트림을 하는 제자들과 지프차에 올라탔다. 늘 정비소 신세를 지는 브라질형 포드 지프차는 가능하면 몰지 않고 자전거로 다녔는데 함께 가야 하는 제자들이 있을 때면 타곤 했다. 먹은 밥이 다 소화될 정도로 뒤에서 밀고 간신히 시동을 걸어야 차가 앞으로 나갔다. 짐칸이 개방된 지프차는 도심을 지나 바로 비포장 도로로 빠지면서 푸카라의 입구에 놓인 다리에 도착했다. 차 안에서 드리는 찬양에 하늘의 별들이 반짝이며 무언의 반주를 넣어 주었다. 그 맑고 시원한 달은 커다란 눈을 깜박이지도 않고 미소 지으며 우리를 지켜보았다.

안데스의 깊은 산골 바위틈에 핀 작은 선인장 꽃과 같은 삶을 살아가는 제자들의 모습을 보고 있노라면 마음이 저린다. 척박한 가정에서 늘 가시 돋친 마음으로 자라는 아이들이 한 송이 꽃을 피우기 시작했다. 거지 꼴이니 누가 봐 주지도 않고 보살피지도 않고 알아주지도 않지만, 그렇게 그들은 태양을 바라보며 눈물과 웃음을 나누는 선인장과 같이 예수님만 바라보고 작은 믿음의 꽃을 바위틈에서 피우고 있었다.

저들은 오늘밤 또 집에서 아픔을 감내해야겠지만 내색도 하지 않고 오히려 고난을 은혜로 승화시키는 기도를 차 안에서 드리며 눈물을 흘린다.

"주님! 언제까지 저 어린아이들이 아빠의 매질을 견뎌야 합니까? 믿음의 몸 위에 떨어지는 바윗덩이 매는 그 무게가 너무 크지 않습니까? 그러나 주님! 저는 주님의 뜻을 알고 있습니다. 이길 수 있는 믿음을 주시든가 아니면 매질을 그치게 해주시옵소서!"

밤길에 시속 20킬로미터도 안 되는 속도로 차를 몰며 집으로 왔다. 그러다 보니 마약 단속 경찰관에게 붙들리는 일도 비일비재했다. 당시에 푸카라는 마약을 만드는 장소로 찍혀 경찰의 집중 단속을 받는 지역이었다. 그런 곳에서 낯선 외국인이 밤늦게 지프차를 몰고 다니며 누군가를 기다리거나 찾는 듯 서행하며 후미진 골목길을 달리니 의심받을 만도 했다.

오토바이를 타고 달려온 한 경찰관은 나를 확실한 마약 밀매자로 의심했다. 집까지 따라와서 선교사라는 것과 틀림없는 한국 출신 목사라는 것을 확인하고는 씁쓸한 얼굴로 죄송하다는 말을 남기고 어둠 속으로 사라졌다.

동료로 지내다가 이제 동료들의 지도자가 된 제자 양성반의 아이들은 눈속 추위에서 자라는 겨울 나무처럼 단단하게 성장했다. 언젠가 올 따스한 봄날을 소망하면서 얼음 위를 걸어갔다. 매일의 삶이 기대에 차 있고 소망에 따라 움직이므로, 현실적인 어려움이 결코 그 목줄을 조일 수 없었으리라. 땀 흘리며 운동할 때 몸이 강해졌고, 높은 산을 계속 타고 다닐 때 다리에 힘이 더해갔다. 폭풍을 역풍으로 이용하여 나아가는 돛단배처럼 아이들의 신앙은 굳게 다져졌고, 점차 힘 있는 발걸음들이 되었다.

가진 것 없는 초라한 월세 방 선교사 집에서의 모임은 그렇게 하나님의 인도하심 속에서 맑고 깨끗한 아이들의 순수한 열매를 얻었다. 푸카라 마을 사람들도 우리를 보는 시각이 달라졌다. 이제 더 이상 가진 것 없다는 것을 들먹이는 사람들이 없어졌을 뿐만 아니라, 가난하고 버려진 아이들을 바른 길로 인도해 준다며 감사 인사를 해오는 부모들이 많아졌다. 집에 있는 아이들을 교회에 보내고, 안 나가면 도리어 야단을 치는 부모도 있었다. 덕분에 나는 선교에 대한 확신이 생겼다. 이럴 때 그림자처럼 동행하는 교만도 생겨 밤마다 교만의 찌꺼기를 걷어내고, 빈 마음에 포기의 그릇을 마련하기 위한 씨름을 해야 했던 것도 사실이다. 뭔가 된다 싶으면 자기 것으로 돌리는 못된 속성은 언제나 없어질까? 사역을 이끌어 가시는 하나님은 이런 초년 선교사를 과연 어떻게 보실까?

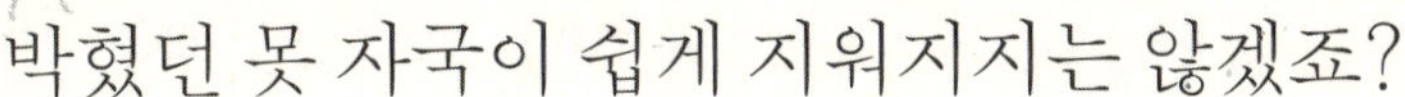

박혔던 못 자국이 쉽게 지워지지는 않겠죠?

사역이 확장되면서 언어에 대한 갈증이 갈수록 더해갔지만, 생각만큼 쉽게 풀리지 않아 무척 고민했다. 그러던 차에 선교지의 내 사정을 잘 알고 있는 총신 74 동기 목사들이 다들 어려운 사역을 하면서도 헌금을 모아 보내 주었다. 국제언어학원의 정규 과정 등록비 일부에 해당하는 금액이었다. 우리 부부는 형편상 함께 배울 수 없어서 내가 먼저 6개월 과정을 마친 후 사모인 박 선교사가 공부하기로 했다.

코차밤바에 있는 국제언어학원은 남미의 어떤 곳과도 비교가 안 될 만큼 수준과 실력을 갖춘 학원이다. 그 때문에 유럽, 미국, 아시아 등지에서 몰려오는 학생들이 줄을 이었다. 스페인어, 케추아어, 아이마라어 등의 책을 출간한 실력 있는 강사들이 강의를 맡았고, 부대시설로는 두세 명이 들어가기 알맞은 강의실, 최신식으로 지은 기숙사, 널찍한 정원, 수영장, 테니스 코트, 주차 시설 등이 매우 잘 갖추어져 있다. 세계 각국에서 오는 학생들은 수녀, 신부, 개신교 선교사들이 대부분이었다. 이들은 하루 4시간씩 6개월 수업을 마친 후 자기 사역을 위해 중남미 각국으로 흩어졌다. 그 후 1~2년 정도 현장 실습을 하고 중급 과정에 올라가도록 커리큘럼이 마련돼 있다.

코차밤바 지역에 국제언어학원이 위치한 까닭이 있다. 볼리비아는 남미에서 정치·경제적으로 가장 뒤처진 나라이지만 지리적으로는 남미의 한가운데에 있다. 그러므로 이곳은 국제적인 학원을 유치하기에 지정학적으로 매우 유리하다. 비록 실패로 끝나긴 했지만, 지난날 체 게바라가 중남미를 사회주의화하려 했을 때 그 근거지를 코차밤바에 두려 한 것도 우연은 아니었다.

두세 명의 학생에게 교사 한 사람씩 붙어서 수업을 했다. 회화 중심에 문법과 독해를 곁들였다. 정해진 일정과 교과 과정이 있지만 교재를 일찍 마치면 그 후에는 복습을 하거나 자유 회화 교육이 이뤄지는데, 이때는 주로 일대일 교육이었다. 그때쯤이면 교사들도 많이 친해져서 서로 속엣말까지 자유롭게 나누게 된다.

국제언어학원에 등록하기에 앞서 나는 따로 시간을 내어 언어 교육을 받은 바 있다. 그게 도움이 되었나 보다. 일반 과정 수강생보다 먼저 교과 과정을 마치고, 나는 주로 상담자가 되어 그들의 말을 들어주고 공감하며 위로해 주는 역할을 하게 됐다. 개신교 선교사이자 목사라서 그런지 모두들 부담 없이 속 얘기를 내게 털어놓았고, 별로 전문적이지도 않은 나의 위로와 방향 제시에 힘을 얻으며 좋아했다. 자기들끼리도 서로의 고민을 깊이 공유하게 되어 교육 시간에는 앞다투어 상담식 교육이 이뤄졌고 본격적인 상담도 곧잘 하게 되었다. 어쩌다 집에 초청하여 없는 반찬에 식사를 할 때는 대화가 한층 깊어졌다.

마리아 엘레나는 이곳에서 나에게 회화를 지도하는 교사였다. 백인 계통이며 나이가 지긋하고 귀티 나는 여성이었다. 메리놀의 여자 강사들 대부분은 이혼한 사람들이었다. 코차밤바의 직장들 중에 월급이 최상위권에 속하며 학력도 높고 외국인을 많이 상대한 탓인지 겉멋이 들어 보이기도 했다. 엘레나도 이혼녀였다. 줄담배를 피우고 한숨이 많은 그녀는 얼굴에 수심이 가득했다. 피아노 연주 실력이 뛰어나 레슨도 했으며 스페인 유학까지 다녀왔다고 했다. 나도 음악을 좋아하고 신학교 다닐 때 피아노를 가르쳐 본 경험이 있어 엘레나와 음악에 관해 자주 이야기하면서 음악의 역사와 수도사들의 음악 이야기까지 다양한 주제의 대화를 나누었다.

엘레나는 볼리비아의 상류층에서 자랐다. 그녀는 경제적으로나 부모님의 학력 수준으로나 남부럽지 않은 가정에서 대학 졸업 후 유학을 다녀왔다. 남편은 의대를 졸업하고 아버지의 개인 병원을 유산으로 받았다. 그는 매우 가정적이고 헌신적인 남편이었다고 한다. 차파레의 정글 오지까지 들어가 의료 봉사를 할 만큼 나름대로 봉사 의식도 있는 의사였다. 엘레나는 아버지의 별세 이후 형편이 어려워진 친정의 여동생을 불러 함께 살게 되었다. 동생은 대학을 다니며 집안일을 도왔다. 메리놀에서 강의를 마친 후 엘레나는 외국 기업에서 출장 온 사람들을 가르치기도 했다. 밤늦게까지 가르치다 보니 어쩌다 그들과 식사도 하고 때로 약한 술도 한두 잔 하게 되었다. 선생과 제자 사이지만 서로의 자녀 문제 등 가정사까지 부담 없이 나누었다. 규칙적이지 않은 병원 생활에서 늦게 들어온 남편은 아내를 기다리다 쓰러져 잠들기 일쑤였고, 역시 늦게 들어온 엘레나는 그렇게 쓰러져 자는 남편이 때로 안쓰럽기도 했단다. 그런 세월이 흐르면서 여동생은 형부의 말 상대가 되기도 했고, 어쩌다 아이들이 그룹 과제물을 하기 위해 반 친구들을 만난다고 밤에 나갔을 때는 둘만의 시간을 갖게 되기도 했다. 한편 엘레나는 외지에 출장 와 있는 사람에게 언어를 가르치는 한편, 그들의 외로움을 들어주며 때로 위로와 격려도 해주었다. 시간이 흐르면서 남편은 여동생과, 엘레나는 출장 온 한 외국인과 함께하는 시간이 많아졌고, 서로가 그러한 개인적인 시간들을 은근히 바라게 되었다. 각자 문제를 느끼지 못한 상태로 만남을 지속하면서 별다른 생각 없이 서로 부적절한 관계가 깊어갔다. 그러면서도 엘레나는 남편과 동생의 관계가 전과 같지 않다는 것을 직감적으로 알 수 있었다고 했다.

서서히 의심이 쌓이기 시작했다. 해결책으로 동생을 친정으로 보내려 하니 남편이 반대하고 나섰다. 어려운 친정 살림을 생각해서 불러온 동생이니 대학은 졸업시킨 다음에 내보내자는 게 남편의 생각이었다. 도우려고 데려온 동생을 명분 없이 보낼 수 없다는 얘기였다. 가정 문제가 그렇게 미묘하게 흐르면서 엘레나는 출장 온 외국인에게 마음이 끌림을 억제하기 힘들었고, 남편도 그러한 관계를 눈치채고 말았다. 남편이 가끔씩 던지는 말 속에서 엘레나는 부끄럽기도 하고 수치스럽기도 했다. 아직은 어리지만 아이들은 부모의 미묘한 감정 변화와 집안 분위기를 싫어하게 되었다. 때로 아이들이 투정을 부릴 때면 남편에게 받은 스트레스를 엉뚱하게 아이들에게 퍼붓기도 했단다.

급기야 여동생은 남편의 아이를 갖게 되었고, 두 사람은 아예 집을 나가 동거를 하기 시작했다. 그녀도 한껏 취한 술기운에 출장 온 사람과 외박을 했고, 집에까지 데리고 들어오진 않았으나 호텔에서 만나는 빈도가 잦아졌다. 얼마의 시간이 흐르자 출장 온 사람은 엘레나의 마음에 깊은 상처만을 남기고 미련 없이 떠나 버렸다.

그 뒤, 경제적으로나 정신적으로 견디기 힘든 기나긴 세월이 흘렀다. 그녀로서는 버티기 힘든 나날이었다. 이미 남편에게 창녀 취급을 당하고 있었고, 여동생에게도 마찬가지였다. 그녀는 내면에서 쌓여가는 배신감과 수치심과 자책감의 고통스런 감정들을 다스리기가 어려웠다.

더욱이 마음을 아프게 한 것은 자라나는 아이들이었다. 아이들은 아빠와 이모의 관계는 물론 엄마의 문제도 알고 있었다. 볼리비아의 이혼 부부가 흔히 그렇듯이 학교를 다닐 때는 어머니와 살다가 주말에는 남편에게 가서 지내는데, 그때 많은 이야기들이 오가게 마련이다. 일주일에 한 번씩 보는 자식들에게 남편과 여동생은 의도적으로 잘해 주었고 먹을 것, 입을 것, 용돈까지 얹어 주는 등 사랑 넘치는 아빠와 엄마로 둔갑했다. 물론 자신에 대해서는 끝까지 냉정을 유지하면서 말이다. 활기 넘치는 주말을 보내고 엘레나의 집에 오면 초상집 같은 분위기에 힘들어 했다. 사춘기로 접어든 아이들은 자기 표현을 하기 시작했고, 때로 대들기도 했단다. 해명하고 감싸 줄 만한 마음의 여유도 기력도 없던 그녀는 감정이 이끄는 대로 말하고 행동했다. 아이들이 그런 엄마를 이해하고 좋아할 리 없었다. 점차 엘레나를 멀리하고 겉돌기 시작했다. 밤마다 술과 담배만이 그녀를 위로하고 감싸 주는 벗이 되었다. 그러다가 밝아오는 아침은 상쾌하지 않았고, 늘 피곤하여 일에 의욕도 없었다. 아이들은 술과 마약을 하기 시작했다. 폭력을 휘두르며 여자 아이들과 춤 추고 놀러 다닌다는 말을 학교로부터 곧잘 듣게 되었다. 아이들은 자신의 반항을 당연하게 생각했다. 성적은 자꾸 떨어지고, 자주 돈을 요구하며, 그 누구의 말도 듣지 않고 걷잡을 수 없이 돌변하더라는 것이다. 이미 돌보기 어려운 지경에 이른 아들은 술, 여자, 폭력, 마약으로 몸이 상하기 시작했고 고등학교도 졸업하기 전에 아이를 임신시켰다.

남편에게 배신당하고, 곁길로 접어든 자식에게 멸시와 비웃음을 당하면서 늘 마음속에 도사리고 있던 자괴감으로 그녀의 몸과 마음은 분노와 실의로 만신창이가 되었다. 간신히 메리놀에 다니는 것만으로도 본인에게는 커다란 기적이라고 한다. 돌아올 수 없는 남편에 대한 분노로 가득한 가슴에 이제는 엄마를 비웃는 자식을 감당해야 했다.

나이 든 지금 엘레나는 두통을 견디고, 혈압을 조절하며 당뇨와도 싸우고 있었다. 매일 입에 털어 넣는 약을 볼 때마다 후회를 쏟아 내지만, 이미 다 지난 일이기에 한숨과 눈물만 나온다고 한다. 보람 있게 살려고 했던 삶에 닥친 아픔들은 누구에게도 쉽게 말할 수 없는 문제였다며 길게 담배 연기만을 내뿜는 그녀의 눈에는 고통과 슬픔이 어려 있었다. 고독한 여인, 쓸쓸한 노인이 다 된 엘레나의 아픔을 어루만지며 나도 모르게 한숨이 나왔다.

나는 엘레나에게 사마리아 여인과 대화하는 예수님 이야기, 간음한 여인의 이야기, 탕자의 이야기, 주님의 용서와 사랑 이야기, 빈 마음과 포기에 관한 이야기를 들려주었다.

"그렇지요? 선교사님. 선교사님의 말씀에 감사드려요. 내가 내 문제와 가정 문제를 혼자 해결하지 못하고 있지만, 행여 해결했다고 해서 박혔던 못 자국이 쉽게 지워지지는 않겠죠? 그러나 이제부터는 모든 걸 비우고 조용히 인생을 정리하며 죽음을 맞아야 할 것 같아요. 좋은 말씀 잊지 않을게요."

유언처럼 말하는, 이제는 할머니가 다 된 엘레나는 애처로운 안개 속을 저벅저벅 걸어 들어가는 듯했다.

자유함으로 포장된 방종이 주는 아픔을 담배 연기 속에 묻는 가련한 여인의 쓰라린 과거가 내게는 또 다른 아픔으로 와 닿았다. 이젠 인디오들의 가슴에 다시는 이런 아픔이 오지 않도록 속히 복음을 전해야겠다고 다짐하며 무릎을 꿇었다.

"주님, 빈 마음, 포기의 말씀이 안데스 계곡마다 맑은 생수로 흐르게 하소서!"

차파레 밀림 속의 마약 동네

푸카라 교회가 계속 부흥되던 중 하루는 젊은 청년들이 나오지 않았다. 여러 가지 이유가 있기는 했지만, 대부분이 차파레에 갔다는 얘기를 들었다. 차파레는 당시만 해도 코카인의 온상이었다. 콜롬비아, 페루, 볼리비아는 중남미에서 마약의 삼각지라고 불린다. 그중 볼리비아, 특히 바로 우리가 사는 지역인 코차밤바에서 코카인을 재배하고 제조하여 국내외로 판매한다. 코차밤바에서는 특별히 차파레라고 하는 아마존 상류의 정글 지역에서 코카인을 재배한다. 차파레는 전라남도만 한 크기의 정글 지역이다. 이곳의 각종 과일과 물고기, 야생 짐승들은 전국적으로 판매되고 있으며 이 정글에서는 최고 품질의 코카인이 가장 많이 생산되고 있었다.

코카나무는 정글 어디서나 심기만 하면 잘 자라기 때문에 검은 돈을 마련하는 수단으로 이용되었다. 정글 깊숙이 사는 원주민들은 거의 나체로 지내는 사람들이 많다. 이들은 강에서 물고기를 잡아먹고 과일을 따 먹으며 활로 짐승을 잡아 생활하는 부족들이다. 원주민 부락에서 사냥 팀을 짜면 카누에 다섯 명 정도가 한 조가 되어 나선다. 보통 보름에서 한 달 가량 물고기를 잡아 강가에서 말리고, 벌집에서 채취한 꿀을 저장하여 먹을거리를 마련한다. 어느 원시 사회에서나 흔히 볼 수 있듯이 불을 신처럼 귀하게 여겼고, 맨발로 다니며 바가지 대용으로 거북이 등을 썼다. 이런 사람들이 살고 있는 지역에 코카나무를 심어 마약을 만드는 범법자들이 들어간 것이다.

코카나무는 심으면 3년 정도 지난 후부터 소득을 올리게 된다. 잎은 한국의 아까시나무와 흡사하고, 한국인의 보통 키 정도로 자란다. 한번 심으면 8년에서 12년 정도까지 계속 소득을 올릴 수 있는데, 1년에 두 차례 정도 잎을 따서 말리면 그대로 돈이 된다. 이곳에서 쉽게 돈을 많이 벌 수 있는 가장 흔한 방법이 바로 마약 생산이다. 이렇다 보니 차파레 정글에 사는 원주민치고 코카인의 원료가 되는 코카나무를 심지 않는 사람들이 거의 없었다. 한때 정글에서 마약 황제라고 불린 수아레스는 국가를 상대로 당당하게 자기 주장을 폈다. 볼리비아의 빚을 다 갚아 줄 테니 코카나무 심는 것을 제한하거나 막지 말라고까지 했다고 한다. 그리고 마약 단속반 우모파르를 더 이상 차파레에 주둔시키지 말라고 했다. 최신형 중장비로 무장한 마약단은 육로로 마약을 빼내기도 하고 비행기를 동원해 나르기도 했다. 교묘한 방법을 총동원하여 마약 밀매 작업을 하는 지역이 바로 차파레다. 이러한 곳에 우리 청년들이 들어간 것이다.

현재는 아예 드러내 놓고 마약을 만드는 지경에 이르렀다. 이제는 '차파레 춤'도 추지 않고, 코카 잎을 기계로 썰어 세탁기로 걸러 가정이나 이동형 차량에서 마음 놓고 마약을 만들어 판매한다고 하니, 앞으로 마약 문제는 갈수록 심각해질 것으로 보인다.

아무튼 우리 청년들이 이곳 은어로 '춤추러 갔다'고 표현한 바로 그런 일이 벌어졌다. '차파레에 춤추러 갔다'고 하면 마약 만드는 데 갔다는 말이다. 그 청년들은 보통 한두 달이나 석 달쯤 지나면 이전과는 판이한 모습으로 나타난다. 우선 외모가 많이 달라진다. 새 옷을 사서 입고, 먹을 것도 집안에 들여 놓고, 돈을 쉽게 쓰는 생활에 젖어들기 시작한다. 푸카라의 빈민굴에서는 꿈 같은 현실이 벌어지는 것이다. 그러니 가난에 찌든 많은 청년들이 호기심을 갖는 게 당연하며, 총기와 살인 사건이 수없이 나는 위험지대에 목숨 걸고 들어가는 상황이 벌어지고 만다.

이제 푸카라의 선교 저항 세력은 로마 가톨릭이 아니라 마약 산업이 되었다. 나는 심각한 고민을 할 수밖에 없었다. 사실 이곳에 올 때만 하더라도 로마 가톨릭에 관한 자료와 대응책은 나름대로 가지고 왔는데 전혀 생각지도 않게 선교 현장의 복병으로 마약 문제를 만난 것이다.

국가적 차원에서도 볼리비아의 정치가들이 제일 골치를 앓고 있는 것이 마약 문제였고, 국제적으로도 해결하기 힘든 난제였다. 마약 단속반이 경찰 특수 부대의 하나로 편성돼 있고, 볼리비아 군경 합동으로 하늘에는 정찰기가, 강에는 쾌속정이 24시간 감시 체제로 곳곳에 진을 치고 단속하며 급습하고는 있지만, 잡아도 잡아도 끊임없이 이어지는 것이 마약 제조와 판매였다.

사실 더 큰 문제는 단속반원들이 단속 중에 손에 넣은 마약을 뒤로 빼돌려 팔아먹는 일이다. 단속을 위해 파견나간 일개 분대가 엄청난 마약을 빼앗아 도주했다는 소식을 심심찮게 듣게 되니, 그 뿌리를 제거하기란 실로 만만찮은 과제였다. 원주민들은, 우모파르가 마약 단속을 하면 정글의 모든 새들이 코카나무를 심는다는 말을 한다.

정글 원주민들과 그 정글에서 마약을 재배하고 제조하며 판매하는 마약 관계자들 그리고 마약이 전 세계에 미치는 치명적인 폐단을 생각하노라면

잠을 설치기 일쑤였다. 그 검은 산업이 푸카라의 청년들에게도 손을 뻗치고 있는 현실을 목도하면서 선교사로서 고통스럽지 않을 수 없었다.

부통령까지 개입된 마약 사건이 일어난 적도 있다. 3톤이나 되는 코카인을 비행기로 나르다 발각됐다는 것이다. 마약이 이 나라에 얼마나 심각한 문제인지 알려주는 단적인 예다. 이제는 마약과의 한판 승부에 도전장을 내야 했다. 당시만 해도 한국 사람이 차파레에 들어간다는 것은 생각조차 하기 힘들었다. 목숨을 건 모험인 만큼 결단을 내리기가 어려웠다. 이민 온 한인들 중에도 차파레에 들어간 사람은 찾아보기 힘들었다. 그렇기에 한인들 간에 차파레는 그저 막연하게 무성한 숲과 다름없는 신비의 지역일 뿐이었다.

그러던 중 푸카라 교회에 로베르토라는 청년이 방문했다. 그의 가족은 우리 교회에서 많은 교제를 나누었지만, 정작 로베르토는 처음 보는 청년이었다. 로베르토는 당시 차파레의 치모레라는 지역에 있는 농업전문대학교 졸업반 학생이었다. 그 학교는 캐나다의 후원으로 차파레에 농업을 진흥시키기 위해 세워졌다. 한편으로는 코카인 재배를 줄여 보자는 선한 의도도 있었다. 방학을 맞아 돌아온 아들은 아버지의 인도로 교회에 나온 뒤 나와 많은 대화를 나누었다. 로베르토는 차파레에도 전도를 하자고 제안했다. 국가에서 농업학교 졸업자들에게는 한 사람당 20헥타르의 땅을 주며 자신도 배당을 받았다고 했다. 그러면서 그 땅에 교회도 짓고, 자신의 땅으로 가는 중간지점에 사는 원주민들에게 복음을 전하고, 가능하면 원주민 마을에 교회도 세우자는 것이다.

한국에서 볼리비아로 그리고 볼리비아에서도 코차밤바로 보내신 하나님의 뜻을 다시금 생각해 보았다. 사역 초기에 이곳을 로마 가톨릭의 선교 지역으로만 생각했는데 바야흐로 나에게 또 하나의 세계가 열리고 있었다. 하나님께서는 코카인을 재배·생산·판매하는 중심 지역으로 나를 인도하고 계셨다. 가톨릭과의 관계에서도 힘이 벅찬 것이 사실이다. 그러나 여기 머물지 말고 마약 재배 지역인 아마존 상류의 정글로 가라는 음성을 들려주고 계셨다.

문제는 코카 재배에 대한 정글 원주민들의 인식이 일반인들과 전혀 다르다는 점이다. 원주민은 코카 재배를 일상의 중요한 부분이자 생활 수단이라고 생각한다. 그렇다 보니 코카는 생필품으로 분류되어 있을 뿐만 아니라 사람들도 그런 현실에 아무런 죄의식을 느끼지 않았다.

그럴 만한 사연이 있었다. 코카에 대한 그들 나름의 역사가 있기 때문이다. 코카는 원래 신비의 나뭇잎이었고, 태양신이나 풍요의 신 파차마마에게 드리는 최고의 제물이었다. 이 역사는 잉카 이전으로 거슬러 올라가 잉카 문명이 남미를 장악했을 때부터 현대에 이르렀다. 그뿐 아니라 시골이나 도시에서 노동으로 살아가는 하층민들은 코카 잎을 씹으며 일하는 것을 당연하게 여길 만큼 그들에게는 하나의 식품이다. 일하기 전에 씹고 일하면서 씹으며 휴식시간에도 씹어 댔다. 그러니 거의 하루 종일 코카 잎을 씹고 있는 셈이다. 또한 코카 잎은 차의 원료여서 코카차로 만들어 팔기도 한다. 원주민들은 목욕할 때도 코카 잎을 따서 탕에 넣어 사용한다. 몸에 어떤 증상이 있을 때 코카 잎은 만병통치의 약제로 쓴다. 물론 미국을 대표하는 3대 기호품의 하나인 코카콜라의 주원료도 이곳에서 재배하는 코카 잎의 성분과 같은 것이라는 사실을 알 만한 사람들은 다 안다. 최근 볼리비아 정부는 코카 재배 양성화 프로그램의 일환으로 '코카코야'라는 음료를 개발하여 미국의 코카콜라에 맞서고 있다. 이곳에서 가톨릭 신부로 사역하는 사람들이나 로마 가톨릭의 지도자로 있는 사람들도 심심찮게 코카를 씹는 것을 볼 수 있다. 그러니 한마디로 코카는 현지 원주민들에게는 전혀 문제되지 않는, 하나님께서 주신 자연 식품이자 약재이며 생활필수품의 하나로 인식되고 있다. 그러던 것이 독일 식품 연구자들의 연구에 의해 차파레의 코카 성분이 밝혀졌고 마약단에서 본격적으로 이 일에 손대기 시작했다.

내가 마약 운반책(?)이 될 뻔한 순간을 넘긴 아찔한 기억도 있다. 급한 일로 공항에 가서 산타크루스 행 비행기를 타기 위해 줄을 서고 있는데 어떤 부인이 헐레벌떡 뛰어와 자기 물건을 좀 들어 달라고 했다. 허름한 검은 비닐 봉투에 꽃이 담겨 있었다. 아는 사람이 비행기에 탔는데 그만 그 비닐 봉투를 잊고 탔다는 것이다. 그래서 표와 짐을 검사하는 곳을 통과하면 그 사람이 기다리고 있기 때문에 건네주면 된다는 것이었다.

직감적으로 느낌이 좋지 않아 못하겠다고 하니 다시 내 뒤에 선 사람들에게 계속 같은 말을 했다. 그때 뒤에는 브라질 유학생들이 있었는데 그들은 다 알고 있다는 듯이 웃으며 적당히 거절했다. 몇 사람 더 하다 안 되니 그 부인은 부리나케 밖으로 뛰어나가 버렸다. 나중에 브라질 학생들이 내게 잘 했다며, 저 여자는 마약 중간상인이고 가끔 저런 경우가 있다고 이야기해 주었다.

이런 경험 때문에 모르는 사람은 아무리 나이가 들었거나 어리거나 아프더라도 차에 태워 주면 안 된다고 생각하게 되었다. 실제로 우리가 훗날 교회 부지를 구입한 푸카라의 땅 주인이 억울한 일을 겪기도 했다. 그는 트럭 운전사로 산타크루스에서 물건을 가져다가 코차밤바에 팔고 있었다. 어느 날 차에 태워 달라는 사람이 있어 태워 주었는데 오는 도중에 그만 마약 단속반 우모파르에 걸려 버렸다. 아무리 공범이 아니라고 해도 결국 5년 이상

의 징역형을 선고받게 되었다. 울면서 억울해하던 그의 모습이 지금도 기억
에 생생하다.

이러한 마약 소굴로 전도를 떠나자는 로베르토의 말을 들으며 기도했다.
새벽마다, 밤마다, 철야 때마다 계속된 기도 제목은 "주님, 제가 정말 가야
하는 곳입니까?"였다. 생각은 하고 있었으나 아직 준비가 되지 않았기 때문
이다. 선교 사역 초기에 하나님께서는 코차밤바 제일의 우범지대이며 가난
에 찌든 지역으로 인도하시더니, 이제는 코차밤바의 가장 커다란 마약 온상
지로 인도하고 계셨다. 가난과 싸우며 그들 속에서 함께 아픔을 나누고 감격
의 눈물을 참 많이도 흘렀다. 이제 새롭게 시작하는 마약촌 선교를 하나님께
서는 과연 어떻게 인도하실지, 미래의 계획들로 마음이 설레었다. 당시 우
리가 섬기던 마이요로차에 있던 교회에서 새벽기도를 마치고 나오면, 거의
날마다 마약을 하는 청년들을 교회 문 앞이나 길거리에서 흔하게 볼 수 있었
다. 그들 속으로 뛰어들어야 할 때가 된 것이다.

로베르토와 날짜를 정하고 차파레로 향했다. 한국에서 쓰던 배낭에 옷가
지와 텐트, 세면도구 등을 넣고 자전거를 실었다. 고산병으로 두 달 넘게 죽
음의 문턱에서 헤매다 살아나온 터라 음식물은 당근, 토마토, 달걀, 과자 몇
봉지가 전부였다. 차파레 행 종점에서 차에 올랐다. 자전거는 차의 위 칸에
싣고 차의 맨 끝자리를 잡아 둘이 앉았다. 의자는 물론 통로까지 발 디딜 틈
없이 승객들을 채우고 나서야 굼뜬 시동이 걸렸다. 차에서 나는 냄새와 원
주민에게서 나는 냄새가 섞여 코를 자극했다. 이제 어지간히 향수냄새처럼
느껴질 때도 됐건만, 견디기 어려운 재래식 화장실에 앉아 있는 기분이었
다. 운전 기사는 라디오를 틀었다. 잡음이 뒤섞인 고성의 삼류 음악을 들으

며 깊은 숲으로 들어갔다. 그런대로 주변 경치와도 어울리는 음악이었다. 가는 도중 30분 정도마다 차에서 내려 냉각수를 붓는 기사의 수고에 비하면 편리한 여행을 만끽하고 있는 자신이 조금은 미안스럽기도 했다.

해발 2,600미터를 출발하여 비포장도로로 3,900미터의 산을 넘어 해발 300미터 정글 지역까지 내려가는 계곡 여행은 차라리 꿈속의 여행이라 할 만했다. 동화에서나 나오는 광경이 눈앞에 펼쳐졌다. 이 여행은 말 그대로 구름 위에서의 신선놀음이었다. 산 정상을 지나면서 정글의 더운 기운과 고산의 찬 기운이 만나는 곳은 항상 구름과 안개 그리고 비가 기다리고 있었다. 우리가 탄 차는 절뚝거리면서 숨 가쁘게 산을 넘더니, 다 떨어진 군화를 신은 지친 병사처럼 터덜터덜 바위산을 내려갔다. 거대한 구름을 두른 산은 저 아래로 신비한 그림을 펼쳐 보였다. 브레이크 타는 냄새가 코를 진동시키는 와중에도 그 구름 위를 여유롭게 지나갔다. 사진에서나 보던 구름 속으로 들어가며, 때마침 우리를 기다리던 안개와 비를 과감히 돌파했다. 깊숙이 내려다보이는 아찔아찔한 계곡에 이르면 머리가 쭈뼛 서면서 바짝 긴장되기도 했다. 1년 전 우기에 이곳을 지나던 버스가, 굴러 온 바윗덩이에 부딪혀 계곡 아래로 떨어지면서 승객 전원이 사망한 사고가 있었다. 바로 그 사고 지역을 지나갈 때는 등에 한기를 느꼈다. 조각난 시체를 끌어내 포대 자루에 담아 실어 올리던 텔레비전 속 장면들이 현장을 지나면서 선명하게 떠오르니 꺼림칙할 수밖에!

돈키호테의 용마 로시난테와도 같은 용감한 차는 비틀거리면서도 질척이는 길을 탓하지 않고 아래로 아래로 흐르는 물처럼 달려 내려갔다. 정글에 도착하기도 전에 이미 더위가 몸을 휘감았다. 정글의 첫 마을인 빌라 투나리 지역을 통과했다. 드디어 정글 평원의 모습이 보이기 시작했다. 이어서 상거래가 제법 있는 시나 와타, 정글 지역의 행정 중심지라는 치모레, 이 비로가 사마라는 마을을 지났다. 10여 시간을 커다란 상자 안에 갇혀 있다가 마침내 사흐타라는 곳에 내렸다. 아마존 강 상류에 속하는 이초아 강변에 내린 것이다. 강폭이 1킬로미터가 넘는 이초아 강변을 따라 계속 위로 올라가야 했다. 앞이 보이지 않을 정도로 쏟아지는 폭우는 차에서 내리자마자 온몸을 적셨다. 얼음장같이 차가운 장대비는 몸뿐만 아니라 가지고 간 배낭과 일용할 양식까지 한 순간에 무용지물로 만들었다.

"이 선교사님, 들어가시겠습니까?"

주변을 둘러보니 정글에 들어가지 않는다고 한들 비를 피할 곳이 없었다.

"물론이지. 가자, 앞장서라!"

단호한 내 말에 의외라는 표정으로 로베르토가 앞장섰다. 갑자기 불어온 차가운 비바람으로 이미 체력은 바닥났고 온몸은 그야말로 초주검이 되었다. 줄기차게 퍼붓는 빗속에서 배낭을 메고 자전거를 끌며 보이지도 않는 정글 길을 가다 보니 아무래도 나무 아래에서 쉬며 지친 몸을 달랠 수밖에 없었다. 원래 무게의 몇 배가 된 배낭을 다시 짊어졌다. 한국에서 이곳까지 주인을 따라 이민 온 충실한 종 자전거는 타고 가는 것이 아니라 끌고 가야 했다. 구덩이에 빠지고 넘어지며 짐짝처럼 된 자전거를 이끌고 사투를 벌였다. 이제 해도 지고 정글의 밤은 점점 깊어갔다. 언제 그렇게 억수같은 비가 왔냐는 듯 하늘은 맑게 갰고 달빛 또한 청아했다.

"아직 멀었니?"

"네, 거의 다 왔어요. 조금만 가면 부족들이 사는 마을이 나와요."

그 조금이라는 시간은 여섯 시간쯤이라는 사실을 그때서야 알게 되었다. 이정표가 있을 리 없는 깊은 정글에서 부족을 찾아내는 로베르토의 기억에 새삼 놀라며 여장을 풀었다.

마을 회관 역할을 한다는, 풀로 엮은 조그만 지붕 아래 텐트를 쳤다. 저녁 식사라기보다는 새벽 야식을 토마토로 대신 하고 누우니, 머리 위로 달빛이 비쳤다. 그림에서나 나올 법한 나뭇가지에 달빛이 아름답게 걸려 있었다. 비 온 뒤 바라보는 정글의 달빛……. 투명하기가 수정 빛과는 비교가 되지 않았다. 간간이 주변에서 들리는 풀벌레 소리와 멀리서 들리는 야생 짐승의 울음소리가 화음을 이뤘다. 자연이 주는 아름다움이란 정말 귀하고 소중한 것들뿐이다. 이 아름다운 자연의 깊은 곳에서 전 인류를 파멸시킬 수 있는 마약이 재배·제조·판매된다는 사실이 안타깝고 서글프기만 했다. 그런 느낌이 선교의 사명을 다지는 동기가 되었다. 언제나 병처럼, 혹처럼 달고 다니는 고향 산천이 눈앞에 아른거렸다. 정글의 한복판, 마약 재배 소굴 지역의 한가운데서 기도를 드렸다.

"주님, 저를 이곳까지 인도해 주셨습니다. 왜인 줄 알고 있습니다. 할 일이 무엇인지도 알고 있습니다. 인내와 능력을 주시옵소서!"

어느 정글 지역이나 그러하듯이 모든 곤충은 나름대로 제 생명을 유지하기 위해 독을 지니고 있거나, 소리로 적에게 심리적 부담을 주기도 한다. 이들은 독자적으로 살아가기도 하지만 집단을 이루기도 한다. 정글의 고요 속에서도 삶의 경쟁은 치열했다.

갑자기 밀려온 여독에 젖은 몸과 옷가지를 추스를 새도 없이 깊은 잠에 잠깐 빠졌다가 또다시 밝고 맑은 아침을 맞았다. 온몸에 깊숙이 스며드는 순한 공기를 한껏 마시며 텐트를 접고, 달걀과 토마토로 간단히 아침을 챙겨 먹고 다시 출발했다.

반나절쯤 지났을까, 이제는 길도 없는 정글로 접어들었다. 바닥의 땅도 보이지 않을 만큼 가시거리가 매우 짧아졌다. 나뭇잎 사이로 하늘이 보일락 말락한 깊고 깊은 정글이었다. 치솟은 나무와 풀 그리고 덩굴을 헤치고 풀벌레와 짐승의 울음소리 속을 지나는 동안 자전거는 이미 거추장스러운 짐이 되었다. 일단 나무 밑 풀 속에 자전거를 감추어 두고 둘이서 계속 걷기만 했다. 인적이 드문 정도가 아니라 아예 사람을 볼 수도, 앞을 가늠하기도 어려운 정글이다 보니 걷는 게 불안하기만 했다. 앞장서 가자니 대나무 숲을 지날 때는 이곳의 정글에서 쉽게 볼 수 있다는 표범이나 뱀 등이 언제라도 달려들 듯했고, 다시 뒤에서 걷자니 머리 뒤에서 무엇인가가 덮쳐들 것만 같았다. 그래서 정글 여행은 세 명 정도면 딱 좋겠다는, 지극히 이기적이면서 합리적인(?) 생각도 해 보았다.

대낮인데도 어둠침침한 정글 길을 긴 칼로 된 마체테로 풀을 쳐 가면서 나아가는데 갑자기 누군가가 내 모자를 벗겼다. 그렇지 않아도 긴장된 가운데 느닷없이 모자를 잡아당기니 심장이 벌떡 뛰면서 소스라치게 놀랐다. 알고 보니 대나무 짓이었다. 높이 뻗은 대나무 마디에 고양이 발톱 같은 가시가 있는데 그 가시가 내 모자를 빼앗은 것이다. 놀란 나를 보고 배꼽 잡고 웃어 대는 로베르토의 밉살스런 모습을 보면서 함께 너털웃음이 나왔다. 다시 숲을 헤집고 길을 만들며 앞으로 나아갔다. 한참을 갔는데 앞서 가던 로베르토가 갑자기 낮은 포복 자세로 엎드리며 손짓했다. 엉겁결에 나도 자세를 낮추고 속삭이듯 빠른 소리로 물었다.

"무슨 일이냐?"

"냄새가 안 나세요?"

"무슨 냄새?"

"잘 맡아 보세요."

동물적 감각을 지닌 로베르토가 마약 제조범들이 우글대는 지역에 접근한 것을 알아챈 것이다. 냄새만으로 그들의 위치와 하는 짓을 알아내는 로베르토를 보고 다시금 놀라며 긴장했다.

"이곳에서 오른쪽으로 500미터도 못 되는 지점에서 마약을 만들고 있어요. 들키면 우리는 이 정글에서 죽어요. 벌레나 새 소리가 다시 시끄럽게 들릴 때까지 조용히 있어야 해요."

침묵한 채로 그렇게 있으니 꼼짝없이 송장 신세였다. 아득한 세월과도 같은 15분을 보내고서 우리는 다시 출발했다. 벌레야, 새들아, 제발 그치지 말고 울어만 다오……. 우리는 계속 무언의 신호를 보냈다. 경계 조와 작업 조로 나뉜 마약 단속반이 들이닥칠 때면 일단 총기로 사생 결투를 벌이기에, 그들에게는 자신을 발견한 사람은 모두가 적이었다. 일단 총기에 난사되면 그 시체는 하룻밤을 넘기지 못하고 짐승과 벌레들의 요깃거리가 되는 것은 두말할 나위가 없었다. 그래서 술을 먹고 정글에서 잠드는 것도 자살 행위나 다름없었다.

극적인 탈출극이 끝나니 이번에는 강물이 우리를 기다렸다. 건너야 할 강폭이 50미터가 넘고, 깊이는 가슴을 넘어 목을 삼킬 정도였다. 비온 후라 급류로 이어지는 강물을 건너는 데도 많은 용기가 필요했다. 아마존 강 상류에는 피라냐라는 물고기가 서식한다. 손바닥만 한 크기의 물고기가 수백 마리씩 떼 지어 다니며 황소 한 마리 정도는 순식간에 먹어 치운다. 그 외에 전기뱀장어와 독 있는 물고기들이 헤엄치는 곳에 맨몸으로 들어가자니 쉽지 않았다. 목적지까지는 강을 건너는 길뿐이라는 로베르토의 말에 어느 정도 정글 여행에 익숙해진 나는 모험심으로 도강을 시도했다. 미래에 대한 기대감 때문일까? 갈수록 친숙해진 험난한 여정은 피곤하긴 했지만 순간순간 즐거움을 선사했다.

다 왔는지 묻는 내게 로베르토의 답은 언제나 한 가지였다.

"조금만 가면 돼요."

그래서 별명을 '조금만 가면 돼요'로 부르며 다시 얼마나 가면 되는가, 하고 물으면 역시 조금만 가면 된다고 할 답변을 자연스레 기다리면서 정글의 깊은 맛에 심취했다. 그리고 그 조금만 가면 된다는 시간의 정체는 처음의 6시간과는 비교가 안 되는 2박 3일이었다는 것도 알게 됐다. 장소와 상황에 따라 편리하게 변하는 볼리비아의 시간 개념을 새로 익힌 것이다.

이곳 잉카 부족은 딱히 시간을 표현하는 언어가 없다. 어릴 적 시골에서 잔치나 생일 초대를 할 때 "내일 오시래요"라든가 " 아침에 오시래요"라는 정도가 우리와 맞는 표현 형태다. 그러니 시간 약속 자체에 대한 기대를 하지 않는 것이 편하게 사는 방법임은 두말할 나위도 없다. 긍정적인 의미로 보자면, 시간에 매여 살기보다는 목적이나 일 자체를 중시한다고 해석할 수도 있겠다. 예배를 드리는 것이 중요하지 구태여 시간을 꼭 지킬 필요는 없지 않은가, 하는 생각이 사고의 저변에 흐르고 있다고 보면 어떨지 모르겠다. 늦는다는 것은 당연한 일이고 자기네는 여유롭게 인생을 즐기며 살아가는 거라며 맞서기도 한다.

오랜 강행군에다 초반부터 시작된 설사로 기진맥진하여 이젠 더 이상 걸을 수 없는 지경에 이르렀다. 다시 돌아갈 일이 슬슬 걱정되었다. 전도를 하기도 전에 이렇게 초주검이 되었으니, 부족 전도 장소는 자칫하면 시체 처리 장소가 될지도 모를 노릇이었다.

드디어 부족 마을에 도착했다. 풀잎으로 엮은 지붕과 통나무 하나로 발

디딜 자리를 만들어 세워 놓은 사다리, 탁 트인 2층 단칸집들……. 눈에 들어오는 모든 것은 내가 원시 사회에 와 있구나, 하는 생각이 들게 했다. 무더위에 옷 자체가 귀찮은 물건이 되었으니 나 자신부터 솔선하여 옷을 벗어야 하는 자연스러운 상황이 연출됐다. 거의 시체가 다 되어 부축을 받으며 부족 마을에 들어서니 먹을 것이라고 주는 것이 한국의 아카시아 잎 같은 것 십여 개다.

"삼키지는 말고 씹다가 뱉으세요."

조금 씹으면 한결 나으리라고 자연 처방을 내려 주었다. 거의 실신 상태에서 약초를 씹어 보았다. 입에 넣고 씹다 보니 어금니 있는 부분에 미세한 마비가 왔다. 조금 있으니 거의 초주검이던 몸이 회복되었다. 일단 설사가 멈추고 두통이 사라졌다. 허기진 가운데 탈진해 있었는데 약간의 힘이 솟는 것이 느껴졌다. 그늘 밑에서 휴식을 취하고 있노라니 언제 아팠느냐는 듯 온몸이 정상으로 돌아왔다.

"내가 씹은 것이 무슨 약초입니까?"

"금방 씹은 거요? 그게 바로 코카 잎이에요."

알고 보니 코카인의 원료인 코카 잎이었다. 하나님께서 주신 코카 잎 자체에 문제가 있는 것은 아니었다. 본의 아니게 마약의 원료가 되는 코카 잎을 난생 처음으로 거의 혼미한 상태에서 받아 먹고 코카 잎의 힘을 경험하게 되었다.

이곳에서 코카 잎은 만병통치약이자 생활필수품이다. 씹고 바르며 붙이기도 하고 차로 마시기도 했다. 목욕할 때는 탕에 넣기도 하고 약제로 쓰기도 하고, 거의 대부분의 노동자들이 코카 잎을 씹으며 2주 이상 아무것도 먹지 않고도 일하는 데 지장을 느끼지 않는다고 하니 일터에서도 필수품으로 애용될 수밖에 없었다.

코카 잎의 위력을 경험한 후 전도지를 주고 기도드리며 부족원들과 성경 말씀을 나누었다. 그들이 하나님의 말씀을 단순하게 받아들이는 모습을 보면서 감격과 감사가 일었다. 사람들이 그리운 부족이라 그런가 아니면 구경거리가 생겨서였을까? 무엇보다 하나님의 은혜가 작용했을 거라고 생각한다. 주님께서 가라고 하신 이유가 바로 이것이었음을 알게 되면서, 정글을 헤치고 고생하며 온 것에 큰 위로를 받았다.

마을 사람들도 우리에게 작은 고추 몇 개를 선물로 내밀었다. 점심으로 먹는데 1센티미터도 안 되는 작은 고추를 함께 먹어 보라는 것이다. 맵고 짠 것이야 한국에서부터 익숙한 터라 마음 놓고 덥석 한 입 문 것이 문제였다. 입으로 들어간 고추는 입안을 별천지로 만들며 눈물을 쏙 빼게 했다. 이 고추 신고식은 부족의 독특한 인사법이었다.

신고식을 마치고 다시 기도와 말씀의 시간을 마련했다. 한 차례 소나기가 지나갔다. 시원한 바람이 더위를 가라앉히며 말씀을 나누는 데 더없이 좋은 쾌적함을 선사했다. 나뭇잎에 구운 물고기와 산에서 잡은 멧돼지 고기, 빠질 수 없는 바나나 등 푸짐한 음식을 가운데 두고 부족원들의 잔치가 벌어졌다. 사냥 나간 사람들, 물고기 잡으러 간 사람들, 과일 따러 간 사람들, 모두 속속들이 모여들어 독특한 손님(?)의 말씀을 들었다. 풀벌레 소리는 배경 음악이 되었고, 멀리서 들리는 짐승들의 울음소리는 그대로 천상의 화음을 이루었다. 맑고 청아한 달빛과 수없이 박혀 있는 별들의 축하 속에 그분의 음성은 더할 나위 없이 아름답고 귀하게 선포되었다. 그 무엇과도 비교할 수 없는 영혼의 생수였다. 달처럼 맑고 아름다운 부족원들 마음 속에 구원의 말씀이 들어갔다. 고요함 속에서 그분은 자신의 소리를 들려주었다.

우리는 그 고요한 말씀을 순하게 받아들였다. 어느 누가 이처럼 아름다운 모습을 그림으로 그릴 수 있으며 글로 표현할 수 있을까? 자연과 사람과 말씀의 동화! 너무나 아름답고 편안한 밤에 기도를 드리며 그들의 고운 마음을 내 작은 가슴에 담았다. 서로가 좋은 추억을 간직한 채 다시 올 날을 기약하며 아쉬운 작별을 했다.

되풀이되는 깊은 정글 여행은 이제 어느 정도 익숙해졌다. 강물을 건널 때도, 대나무 숲을 지날 때도, 수도 없이 행군하는 개미 떼도, 수백 마리가 넘는 독거미와 독지네 떼도, 무리 지어 강가를 날아다니는 오리 떼도, 하늘을 메우듯 날며 폭풍우 같은 소리를 내는 벌 떼도, 암벽이 무너지는 듯한 소리를 내며 숲속을 헤치고 나무 사이를 뛰노는 원숭이 떼도, 이제는 모두 친구들로 보였다.

숨겨두었던 자전거를 찾아 타고 비좁은 길에서 페달을 밟았다. 샛강으로 이어지는 비탈길을 미끄러지듯이 내려오는데 앞에 통나무 같은 것이 있었다. 피할 수도 없고 하여 아차 하는 순간 그냥 지나치려는데 멀리서 통나무로 보이던 게 갑자기 눈앞에서 구렁이로 변하는 것이 아닌가. "악!" 소리와 함께 자전거는 구렁이의 점잖은 몸뚱이 한가운데를 밟았다. 그렇게까지 놀라지 않아도 될 것을, 코 앞에서 벌어진 상황에 갑자기 나의 자전거는 초고속으로 내달렸다. 뒤에서 로베르토가 허겁지겁 달려와 물었다.

"어떻게 그렇게 빨리 달릴 수가 있어요? 아프고 힘도 없으시다면서?"

"뒤에 오면서 아무것도 보지 못했니?"

"아니오, 아무것도 없었는데요."

엄청나게 큰 뱀을 밟았다고 이야기해 봤자 웃음만 살 것 같았다.

"구렁이가 비 온 후 일광욕 하러 나오셨더라" 하고는 계속 자전거를 몰았다. 이번에는 위치를 바꿔, 로베르토가 앞장서게 해서 일단 뱀과의 대면을 피했다.

아마존 정글에 사는 뱀들은 여러 종류가 있다. 그중 대표적인 것이 아나콘다다. 보아과의 이 큰 뱀은 짐승을 통째로 삼킨 다음 강물 속으로 들어가 소화를 시킨 후 다시 사냥에 나선다. 나무 위에서 사는 뱀들은 나무와 나무를 날아다닌다. 날개가 있는 게 아니고 꼬리로 나무를 감고 있다가 공격 목표물이 나타나면 반동을 이용해 5미터 넘게 날아가서 먹이를 잡는다. 방울뱀은 지천으로 깔려 있다. 로베르토는 수없이 많은 독사들의 이름을 들어가며 각각의 특징에 대한 설명을 늘어놓았다.

정글의 적이 어디 뱀뿐이겠는가! 모든 생물이 자기 보호와 공격에 필요한 독이 있고 색이 있는가 하면, 다양한 조화 속에 다채롭게 살아가고 있다. 우리는 냇가에 앉아 토마토를 먹기도 하고, 다시 물고기를 잡기도 하고, 길가에 있는 바나나, 귤 등 각종 과일을 먹고 즙을 내어 마시기도 하다가 원주민을 만나면 전도지를 주고 복음을 전했다.

한번은 나무 아래서 쉴 겸 로베르토와 이야기를 나누고 출발하려는데 청바지 왼쪽 다리 부분이 빨갛게 염색돼 있는 게 아닌가! 깜짝 놀라 살펴보니, 붉은 개미 떼에게 청바지가 완전히 점령당한 것이었다. 물속으로 뛰어 들어 간신히 쫓아내고 나와 살펴보니 하필이면 내가 서 있던 곳이 개미 집 아래였을 게 뭐람? 정글의 개미들은 나무 위에 집을 짓는다. 습기가 많고 비가 많이 오기 때문에 땅에 짓는 경우가 드물다. 나무 위에 짓는 집들은 매우 튼튼하다. 심지어 차가 빠져서 나오지 못할 경우 개미집을 이용해 차를 빼내

기도 한다.

청바지를 청색으로 되돌려 놓고 정글 여행을 계속했다. 배낭을 강변에 걸쳐 놓고 자전거를 깨끗이 씻은 후 강물에 들어갔다. 아마존 강 최상류의 이 초아라는 강에 몸을 던지고는 지나간 며칠을 돌아 보았다. 그리고 다시금 선교 계획과 전략을 살폈다. 이제 시작된 사역이니 하나님의 특별한 인도하심을 위해 기도드리고, 구체적인 전략을 세워 다시 지역 답사를 오기로 했다.

드디어 정든 집에 무사히 돌아왔다. 며칠 사이 행색이 말이 아니었던가 보다. 놀라는 가족, 한인, 현지인들과 많은 대화를 나누면서 차파레의 선물 꾸러미를 밤이나 낮이나 할 것 없이 풀며 그 묘한 맛을 즐겼다. 온몸이 무방비 상태에서 모기를 비롯한 정글 벌레들에게 집단 공격을 당한 후유증도 있었다. 아무리 목욕을 하고, 약을 발라도 가려움증이 가시지 않았고 피멍이 들고 계속 간지러웠다. 처음으로 코차밤바에 있는 재래식 증기 목욕탕에 가 보았다. 습탕에 들어가서 숨 막히게 있어도 보고, 뜨거움을 잘 견디지 못하는 체질인데도 건탕에 들어가 땀을 내 보기도 했다. 그러고는 밖으로 나와 소금으로 온몸을 마사지하고 다시 샤워를 하고 또 반복했지만, 가려움증이 해소되리란 기대는 착각에 지나지 않았다. 결국 가려움을 받아들이기로 하고 살살 긁어 주니 그 맛(?)이야말로 세상의 어떤 청량수보다 시원한 맛이었다. 가려울 때 긁어 주는 맛이 그렇게 맛 나는 것인 줄 왜 진작 몰랐을까?

정글을 다녀온 후유증과 멋진 기억은 한달 넘게 이어졌다. 덕분에 기도 제목도 아주 현실적인 것들로 정리되었다. 차파레 선교는 영적인 면과 육적인 면 모두를 해결해야 하는 대전제가 필요했다. 영적인 면에서는 교회를 세우고, 고등 성경학교 수준의 교육 기관을 설립하자는 계획을 세웠다. 육적인 문제 해결을 위해 농업학교를 세우고, 코카의 대체농 연구 개발을 통해 모델이 될 수 있는 농원을 경영하고 장려하자는 구체적인 계획을 세웠다. 그리고 사역의 핵심부는 안전지대인 차파레의 중앙 지역에 설치하기로 했다. 계속 현지 답사를 하며 전도 및 성경공부에 필요한 모든 자료들을 닥치는 대로 모았다. 시내에서 구할 수 있는 유엔과 미국 파견 국제 마약 단속반의 활동 실태, 차파레 지역의 특징, 지리적 특징과 기후·습도·지질·지역에 맞는 농산물과 앞으로 재배할 수 있는 특용 작물 등도 면밀히 조사했다.

차파레 지역 마약 단속부대를 방문해 부대장을 만났다. 극비리에 부대 1급 상황실에 들어가 부대장의 현황 보고를 들었다. 중남미 코카인 실태와 마약 제조, 판매 루트 등과 마약 밀매자들의 조직과 마약 유출 경로, 마약 밀매 대책 등에 관한 전반적인 보고였다. 마약 중독자들을 돌보는 기관에 들어가 현지 실태를 알아보기도 했다. 이 모든 자료들은 엄청난 것이었다. 우리가 이 일에 손댄다는 것이 결코 만만치 않은 사역임을 알 수 있었다. 한 가지 다행스러운 것은 이런 자료들과 현지 상황을 통해 볼 때 우리가 세운 마약 특수 지역에 대한 선교 전략이 그리 틀리지 않았다는 점이다. 한번 시도해 볼 만하겠다는 확신이 들었다.

이제 남은 것은 기도를 통해 하나님께서 어떻게 이 사역을 진행시키실 것인지에 대한 기대감이었다. 그동안 선교 사역을 돈으로 시작한 적이 없었기에 기도와 실천으로 헌신한다는 선교 원칙을 차파레 선교에도 그대로 적용했다. 단골 메뉴인 금식기도, 철야기도 그리고 새벽기도를 무기로 마약의 깊은 늪지대를 헤엄쳐 나갔다. 배낭과 텐트만으로 시작한 전도는 차파레 전 지역을 파악하는 데 큰 도움이 되었다. 해가 지면 길가든, 학교든, 마을 회

당이든, 깊은 정글 어느 곳이든 나의 텐트는 조그마한 구석을 차지하고 두려움 없이 밤을 새웠다. 생각할수록 정말 하나님의 은혜였다. 그 많은 마약 밀매자에게 당할 수 있는 위기가 얼마든지 있었는데 순간순간 피할 길을 내시며 극적으로 살려 주셨다. 맹수나 독벌레, 뱀이나 악어 등의 공격도 숱하게 있었을 텐데 이 모든 위험도 극적으로 피할 수 있었다. 우기라 도로가 무너지는 일도 많았으나 이 또한 단 한 차례도 겪지 않았다. 많은 사람들이 극도로 기피하는 지역이며 그만큼 위험한 사역이다 보니, 외길타기 사역이고 홀로서기 사역이었다. 오히려 동료 없이 진행한 마약지대의 정글 선교에서 나는 외로움 가운데 하나님과 깊이 교제할 수 있었다. 맑고 아름다운 달빛의 밤이든, 빛줄기 하나 없는 밤이든, 찌는 더위가 가신 밤이든, 쏟아지는 폭우로 질척이는 밤이든 내게는 언제나 감격의 밤이었다.

“나의 등 뒤에서 나를 도우시는……”

“저 멀리 뵈는 나의 시온성……”

“하늘 가는 밝은 길이 내 앞에 있으니……”

“넘지 못한 산이 있거든 주님께……”

“내 인생 여정 끝날 때……”

늘 입속에서 떠나지 않는 찬양들이었다. 하늘의 별과 풀 속의 그 무수한 풀벌레들과 정글의 숱한 나무들과 때 묻지 않은 대지의 어둠에서 드린 찬양은 그 깊이와 감격이 달랐다. 그렇기에 외로움의 눈물보다는 감사가 넘쳤고 감격의 눈물이 끊이지 않았다.

하나님께서 나를 얼마나 많이 사랑해 주시는지 깊이 느낄 수 있었다. 벼랑 끝에서 성경 말씀을 나누게 하셨고, 정글 속 나무 그늘에서 함께 기도드리게 하셨고, 온갖 과일을 나무에서 따 먹게 하신 것 모두 감격의 순간들이었다. 그렇게 주님은 여러 가지 모습으로 창조 세계의 보화를 보여 주셨다.

카누를 타고 그 안에서 점심거리로 잡아 올린 파쿠, 피라냐 등 싱싱한 물고기들을 고추장 풀어 찌개로 만들었다. 이제는 형제가 된 부족장이나 부족원들과 함께 먹었다. 그들과 한데 어우러지는 생활을 하면서 반갑게 인사를 나누는 사이가 된 것이다. 헤어짐이 아쉬움을 낳고 그 아쉬움은 다시 작은 아픔이 되어 찾아왔다. 깊어가는 밤에는 시간 가는 줄 모르고 그들과 말씀을 나누기도 했다. 시간을 물어보면 밤 9시나 10시라고 했는데 다시 확인해 보면 어느새 12시나 새벽 1시가 되는 게 다반사였다.

천연의 자연 속에서 물고기와 짐승을 잡아먹으며, 산중의 갖가지 과일이나 꿀 등을 먹으며, 나뭇잎으로 만든 움집에서 사는 그들의 모습은 자연 그 자체의 삶이었다. 도심의 공해 속에 사는 사람들에게는 불편하게 보이겠지만 그들은 결코 그렇지 않으며 오히려 자연스럽고 소중한 삶을 누리고 있었다. 그들의 문화는 계속 이어져야 할 가치가 있다. 현대 문명의 편리를 앞세운 경쟁 문화가 이 정글을 엄습하지 않기를 기도했다. 현대 문화와 원시 문화의 공존에 대한 신중한 정책과 대안이 필요하다. 흡수 통합이라는 폭력적인 문화 정책은 이제 지구상에서 사라졌으면 한다.

정글에서는 치약도 약이지

정글 깊숙이 들어가는 카누 선교 일정은 일주일 넘게 이어졌다. 남미 정글
에 마지막 남은 부족인 유키 부족은 화살로 물고기를 잡고 짐승을 사냥하며
꿀을 따서 주식을 해결했다. 유키 부족을 만나기 위해 카누를 타고 아마존
상류에서 내려갔다. 굽이쳐 흐르는 강물 위에서 강가 양쪽으로 병풍처럼 서
있는 거목들의 사열을 받았다. 풀과 거목 위에 앉아 환영의 노래를 부르는
새들의 지저귐이 수풀에 가득했다. 날개짓을 하는 작은 새들, 물 마시러 온
멧돼지 어미와 새끼들 그리고 산양들, 느긋하게 햇살을 즐기며 늘어질 대로
늘어져 졸고 있는 악어, 강물에 실려 떠내려가다 물 속에 박혀 있는 통나무
위에 올라가 햇살을 받으며 젖은 등을 말리는 거북이 떼, 아무에게도 보인
적 없는 자태를 감출 듯 내보이며 서 있는 수많은 꽃님들……. 그 모든 것들
이 참으로 조화로웠다.

강변 선교에서 으레 볼 수 있듯이 어떤 부족은 한데 모여 살기도 하지만,
군데군데 떨어져 자기들만의 영역을 지키고 살아가는 부족도 있다. 카누를
타고 가다가 강변에 대고 어느 집에 들어갔다. 특이하게도 이 집은 부족이

함께 사는 것도, 개인이 혼자 사는 것도 아니었다. 일가친척이 모여 살고 있었다. 네 가족이 사는데 식구들의 모습이 그리 밝지 않았다. 다들 벗은 몸에다 맨발이었다. 집은 정글의 풀로 이어 만든 지붕과 목조 기둥을 세운 2층집이었다. 우기에 물이 차면 아래층에서는 생활하기가 곤란하여 2층을 올린 것으로, 짐승과 독충의 피해를 막을 수 있고 더위를 피하는 데도 요긴했다.

한 아이와 인사를 나누고, 내 소개를 한 후 물었다.

"무슨 일이 있니?"

"삼촌이 아파요."

"어디 계시니?"

"저기요."

아이가 손짓하는 곳으로 가 보니 가족 몇이 둘러 앉아 있고, 삼촌인 후안은 그 가운데 누워 있었다. 불편해 보이는 다리에 나뭇잎을 붙이고 덩굴로 싸맸는데 상처가 퉁퉁 부어 있었다.

"왜 그렇습니까?"

"자르던 나무가 부러지면서 그 밑에 있던 후안의 다리를 덮쳤어요."

"다리에 감은 이건 뭐죠?"

"풀을 이겨서 붙인 것인데 전혀 부기가 가라앉지 않고 통증이 점점 더하다고 하네요."

말도 못 하고 끙끙 앓던 후안은 참혹하기 그지없는 일주일을 보낸 상태였다. 뼈에 이상은 없지만 무릎관절을 심하게 다친 듯했다.

"혹시 약 있으면 좀 주실 수 있으세요?"

내게 정중히 요청해 왔지만 공교롭게도 가진 약이 하나도 없었다. 약까지 챙겨서 정글 선교를 하지는 않던 시기였다. 일단 알겠다고 하고 무조건 카누 쪽으로 왔다. 약이 있을 턱이 없는데 카누에 간들 무슨 소용이 있으랴만, 생각할 시간을 벌고 기도해 보기로 했다. 위기 상황에서 그 자리를 피하여 기도드리다 보면 문제가 해결되기도 했던 경험이 있었다.

"약이라……. 옳거니! 가지고 있는 약이 있긴 있구나!"

배낭을 뒤져 세면도구 통의 치약을 꺼냈다.

"치약도 약은 약이지!"

기막힌 발상이었다. 치료할 수 있으리란 믿음을 가지고 환자에게 갔다. 먼저 환부의 나뭇잎들을 걷어내고 치약을 발랐다. 기도를 드리며 내가 가진 모든 기술인 마사지와 지압을 동원하여 최선을 다해 아픈 곳을 어루만져 주었다. 선교사가 약을 가지고 환자를 치료하는 의사로 변모한 순간이었다.

"주여, 믿습니다. 수일 내에 낫게 해주시옵소서."

그렇게 기도드리고 나서 의사(?) 선생님의 처방은 계속되었다.

"계속 하루 한 번씩 약을 발라 주시고, 지금 제가 했던 것과 같이 마사지와 지압을 해주세요. 지압이나 마사지는 아주 아픈 부위는 피하고 그 주위를 단계적으로 해주세요. 오른쪽 발이 아프니까 왼쪽 발도 함께 해주세요. 그리고 매일 조금씩 굽혔다 폈다 하세요. 물론 기도는 더욱 열심히 하시구요."

기도가 무엇인지 전혀 모르는 사람들에게 억지 요구를 한 셈이었다. 지금 생각해 보면 참으로 어처구니없는 처방이었다. 그런데 나중에 다시 가서 확인해 보니 아파서 누워 있다시피 한 후안이 싱글싱글 웃으며 걷고 있는 게 아닌가! 완치된 것이 틀림없었다. 그 후 이 마을에 들릴 때마다 푸짐한 과일, 나뭇잎에 구운 물고기와 멧돼지 요리 등으로 극진한 대접을 받았다. 서로가 부담 없이 교제하면서 하나님을 찬양하고 말씀을 나누었다.

그들은 심성이 맑고 순한 자연인들이다. 서로 나누며 살고, 욕심 없이 살고, 자연이 주는 대로 균형을 잃지 않고 살아간다. 포기가 무엇인지 모르지만 포기하는 삶을 이미 살아가는 사람들이다.

정글의 강변 선교는 적어도 해 지기 전까지 부족 마을이나 집에 도착해야 한다. 어쩌다 늦어지기도 했다. 달빛 아래서 카누를 타고 가다 보면 위치를 알 수 없어 걱정되기도 했다. 카누를 댈 곳이 마땅치 않기 때문이며, 잘못 댔다가는 야생 동물들의 공격을 받기 십상이었다. 어느 정글에서나 쉽게 들을 수 있는 이야기들이지만 차파레도 예외가 없었다.

"지난 주에는 화장실에 간 옆집 부인이 호랑이에게 물려 갔어요."

"어린아이가 숲 속에서 놀다가 갑자기 들이닥친 호랑이에게 물려 갔어요."

"밤중에 맹수가 열 마리가 넘는 돼지들을 물고 갔어요. 나와 보기는 했지만 어쩔 수 없어 보고만 있었어요."

정글에 사는 짐승들은 대부분 야행성이다. 쉴새없이 들리는 소리를 가만히 귀 기울여 보면 공포를 실감할 수 있다. 가까이는 풀벌레 소리, 멀리서는 야생 짐승들 소리가 정글의 밤을 수놓는다. 그 짐승들은 한 번에 5미터 이상을 뛰고 수영도 무척 잘하기 때문에 강가에 카누를 잘못 매 두었다가는 그대로 호랑이 밥이 된다는 점을 유념해야 한다. 현지인들이 호랑이라고 부르는 동물은 나중에 알고 보니 표범이었다. 이곳 말로는 '티그레tigre'다.

한번은 카누를 몰던 형제가 갑자기 기겁을 하면서 강 가운데로 급히 카누를 몰고 갔다. 대체로 카누는 물이 깊다고 생각되는 부분의 물줄기 흐름을 보고 감각적으로 모는 것이 상식인데 그런 원칙을 무시한 것이다.

"왜 갑자기 중앙으로 몰지?"

"목사님, 안 들리세요?"

가라앉은 소리로 다가오는 짐승들에 소름이 쫙 끼치는 것을 그때서야 느꼈다. 낮에 볼 때는 맹수의 발자국을 그냥 지나칠 수 있지만, 어둠 속에서는 위험천만이다. 기껏 지니고 있는 방어 무기래야 요리용 식칼 정도였다. 짐승이 덮친다면 실로 아찔한 순간이 아닐 수 없다.

호수나 강변 늪지대를 조금 이해하다 보니 마음이 편치 않았다. 이렇게 간신히 카누를 몰고 가는 가운데 다른 쪽에서 카누를 몰고 가는 사람을 발견한 적이 있다. 한때는 정글 깊숙한 곳에서 사람을 만나는 것이 두렵기도 했는데, 늦은 밤 강변에서 카누를 타고 있는 사람을 보면 그렇게 반가울 수 없었다. 가까이 가서 보니 물고기와 씨름한 후 간신히 잡아 싣고 도착한 직후였다. 열 시간 넘게 실랑이를 벌이다 건졌다는 물고기는 90킬로그램이 넘는, 카누만 한 크기의 메깃과 물고기였다. 손바닥이 다 갈라지고 피멍이 들었는데도 큰 고기를 낚았다는 기쁨에 전혀 피곤한 기색 없이 좋아하던 원주민 카를로스를 보며 이젠 마을에 왔구나, 하고 마음이 놓였다. 그가 카누를 대는 자리에 우리 카누를 대고 짐을 풀고 강둑에 올라가서 부족 마을로 들어갔다. 방금 만난 원주민이지만, 경계심이 들지 않았다.

마을 한 귀퉁이에 있는 집 아래 텐트를 치고 그 밤은 그렇게 기도와 찬양을 드리며 포근하게 잠들었다. 다음 날 아침에 모여든 아이들과 청·장년들에게 준비한 전도지를 나누어 주고 복음을 전했다. 이때면 으레 빼놓지 않는 사탕과 과자도 효과적이었다. 맨발로도 편하게 지내며, 거북이 등가죽으로 물을 담고, 맑고 푸른 하늘을 지붕 삼는 그들에게 마을 앞을 지나는 강은 삶의 젖줄이었다. 배고플 때면 바나나, 귤 등 각종 정글 과일들이 먹을거리가 되고, 물속의 돌핀이나 여러 물고기들은 어린아이들의 친구이자 구경거리가 된다. 나무와 나무를 오르내리는 원숭이들이 이웃이고 친구이며, 풀벌레로부터 시작하여 온갖 새들과 짐승들의 울음소리와 바람소리, 물소리는 마음을 차분하게 해주는 교향곡이다. 바람소리, 풀벌레 소리, 새들의 소리, 야생 짐승들의 소리, 물소리……. 그런 소리들이 어우러져 내는 화음은 여느 작곡가가 만든 곡보다 아름다운 음악이며, 전문 연주자가 내는 악기 소리보다 풍성한 울림이 있다. 자연과 그렇게 어우러져 욕심 없이 사는 삶이 얼마나 경이로운지!

분초를 다투는 일들에 숨이 막히고 시간의 종이 되어 버린 현대 문명의 일그러진 삶에 비해 그들의 삶은 시간을 초월하고 주도하면서도 여유를 잃지 않았다. 제도나 문화로 말미암은 구차한 속박의 틀을 멀리하고 자연과 더불어 사는 평안을 누리고 이웃끼리 도우며 사는 기쁨을 흉내라도 낼 수 있다면…….

정글 선교나 4,000미터 이상의 산중에 사는 고산족 선교를 하며 항상 느끼는 것이 복음 외에는 내가 그들에게 줄 것이 없다는 점이다. 선교사라고 하지만 마치 맑은 물속에서 평화롭게 헤엄치며 노는 물고기들 속에 폐수를 잔뜩 지고 들어가는 죄인과 같다는 생각을 할 때가 한두 번이 아니었다. 과연 저들의 삶에 무엇을 더해 줄 수 있으며 나는 대체 어떤 존재란 말인가? 문명과 성장을 이야기하는 현대 문화는 저들의 자연스런 문화와 비교해 볼 때 모든 것이 낫다고 할 수 있을까? 이는 모든 선교사들의 공통된 질문일 것이다.

결국 내 것도 아니고 우리 것도 아닌 하나님의 것, 즉 구원의 복음만을 전해야 한다고 마음을 다지게 되었다. 그들의 소중한 문화를 그대로 인정하며 문명의 공해를 강요하지 말아야 한다. 온갖 쓰레기로 가득한 내 마음이 순수한 그들에게 들킬까, 더러운 문화의 군더더기가 행여 저들의 삶의 현장에 떨어질까, 두려운 마음으로 조심스럽게 카누의 방향을 잡았다.

포기하는 삶을 살아야 한다는 주장은 저들에게는 꺼내기조차 부끄러운 말이었다. 평생 맑고 푸른 하늘에서 사는 것이 체질화된 산새들에게 더럽고 냄새 나는 물속에서 살면 안 된다며 그 이유를 설명하고 필요성을 강조하는 것이 얼마나 어리석은가? 내가 늘 마음 속에 품고 있는 포기라는 단어도 이 사람들 앞에서는 한낱 퇴물로만 여겨진다.

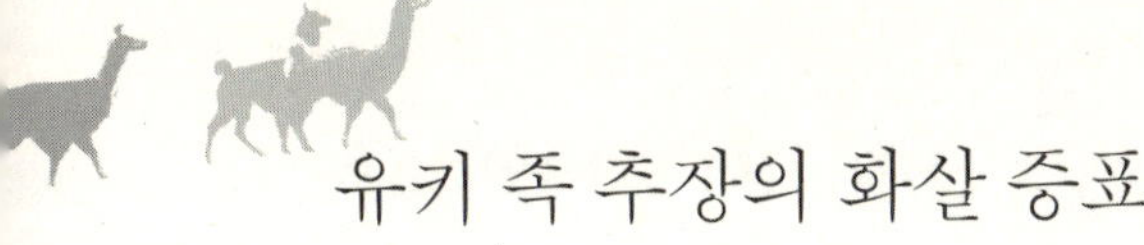

유키 족 추장의 화살 증표

정글 선교를 계속하며 만나는 자연의 아름다움을 찬양하며 하나님의 경이로운 작품에 감탄했다. 우리의 카누는 아마존 하류에서 올라온 돌핀과 함께 춤을 추며 물놀이를 했다. 아마존강에서 좀체 사람들을 두려워하지 않는 물고기가 돌핀이다. 가까이 와서 한껏 뛰어올랐다가 다시 물속으로 술래잡기 놀이를 한다. 가족이나 친구들인 듯한 대여섯 마리 돌핀의 환영을 받으며 카누는 그들과 함께 강줄기를 타고 내려갔다.

커다란 강줄기를 벗어나 다시 좁고 낮은 강줄기를 택했다. 유키 부족이 산다는 마을에 들어가기 위해서였다. 이번에도 만만치 않은 강줄기였다. 우기에 쏟아진 비로 떠내려 오다 중간에 걸린 거목들이 잔뜩 진을 치고 있었다. 육지의 거목 사이를 비집고 나가는 것과는 또 다른 난관이었다. 그렇게 강줄기에 쓰러져 있는 거목들을 뚫고 앞으로 나아갔다. 적진 깊숙이 파고드는 특수부대 요원들처럼.

안간힘을 쓰며 나아가는데 맞은편에 세 명의 원주민을 태운 카누가 눈에 띄었다. 그들은 가까이 다가오며 정지 신호를 보냈다. 적당히 팬티 같은 것만 걸친 근육질인 데다가 손에는 키보다도 긴 활이 들려 있었다.

"너희는 누구냐?"

무표정한 사나이들이 거칠게 물었다. 이곳에서는 처음 만나는 사람들에게 으레 호의적으로 인사를 건네는데 그렇지 않아 당혹스러웠다.

"선교사다!"

"무엇하러 이곳에 들어왔느냐?"

원주민의 날카로운 질문 속에 우리는 이미 침입자로 판명돼 있음을 직감했다. 원시림에 사는 사람들일수록 자기네 영역이 뚜렷하고, 그 영역에 사전 연락 없이 들어가면 침입자로 여겨진다. 외모를 보아하니 만만한 사람들이 아니었다. 손에 든 활 외에도 카누 안에는 우리 키보다 큰 각종 화살과 활이 여럿 실려 있었다. 탄탄한 근육질에 부릅뜬 눈들은 첫 대면에 상대방을 제압할 만큼 위압적이었다. 이곳 정글 지역에서 가장 포악한 부족이라는 사실을 이미 들을 만큼 들어 잘 알고 있었다.

"선교사로서 당신들 부족을 방문하려고 왔다. 당신들을 돕고 싶은 것뿐이다. 절대로 당신들에게 해를 끼칠 사람이 아니다."

상황이 급박할 때면 동원하는 비상 무기인 기도를 속으로 올렸다.

'주님! 유키 부족입니다. 위험을 물리치게 해주시고 저들의 마음을 녹여주시어 복음을 증거하는 데 어려움이 없게 해주세요.'

계속 속으로 기도드리며, 호의의 제스처를 보냈다.

"봐라! 우리에게는 아무런 무기도 없고 먹을 양식과 당신들에게 줄 약간의 선물만 있을 뿐이다. 필요하면 가져도 좋다."

먼저 사탕을 입에 넣어 보였다. 그러고 나서 그들 손에 설탕과 사탕을 쥐어 주니 대번에 효력이 나타났다. 원시 부족 사람들은 꿀을 유난히 좋아한다. 그들이 꿀처럼 달콤한 사탕을 마다할 리 없었다. 입에 문 사탕으로 얼굴

표정이 달라지는 것을 보면서 안심하던 우리에게 일단 경계의 태도를 늦춘 그들 중 하나가 활을 들고 카누 앞으로 오면서 말했다.

"나는 유키 부족 추장이다. 우리는 지금 사냥하러 가는 길이다. 한 달 넘게 걸릴 것이다. 강을 따라 계속 들어가면 왼쪽에 마을이 나올 것이다. 내가 허락했다고 하고 들어가라."

그는 가지고 있던 활과 화살을 우리에게 증표로 건네주었다. 모세는 하나님께 호렙 산에서 지팡이를 받아가지고 애굽으로 떠났는데, 나는 유키 부족 추장으로부터 활과 화살을 증표로 받고 부족 마을로 들어가게 된 셈이다.

제일 커다란 활과 화살을 증표로 받아든 나는 추장에게 감사의 인사를 하고 부족 마을로 향해 갔다. 강가에는 카누 하나가 누워 있는데 어린아이 둘이 카누 안의 물을 거북이 등으로 만든 바가지로 퍼내고 있었다. 카누를 강가에 대니 기다렸다는 듯이 부족 청년들이 나타났다. 경계 태세가 분명했다. 추장의 증표인 활과 화살을 보여 주며 말했다.

"우리는 선교사로, 당신들 추장의 허락을 받고 왔다. 다른 목적은 없고 방문차 왔으며, 도울 수 있는 일이 있다면 돕기를 원한다."

"고맙다. 안내할 테니 따라와라."

우리의 말보다는 추장의 화살이 더 효과적이었다. 안내된 곳은 나뭇잎으로 엮어 기둥과 지붕만 있는 조그마한 집이었다. 꼬치꼬치 캐묻는 질문에 갑자기 그들 앞에서 죄인이 된 기분이었다. 어디서 왔느냐? 왜 왔느냐? 무엇하는 사람이냐? 어떻게 이곳을 알고 왔느냐? 얼마나 머물 계획이냐……? 일차 검문검색이 끝나고 부족 마을에 들어갈 수 있는 허락을 받았다.

유키 부족은 유라카레 부족과는 또 다른 생활을 하고 있었다. 우선 마을을 이루고 있기는 했지만 사는 모습이 더욱 자연스러웠다. 길을 만들었다기보다는 다니다 보니 길이 된 것이었고, 나뭇잎으로 지은 집들도 한결같이 자연에 가까운 집들이었다. 잉카 문명이 각이 있는 직선의 문화라면 그 이전의 문화라고 할 수 있는 이곳 원시 문명은 각이 없는 곡선의 문화라고 할 수 있다. 유키 부족의 삶이 바로 그러했다. 한결같이 반나체의 몸인 데다가 신발은 귀찮은 천덕꾸러기처럼 보일 만큼 자연에 동화된 부족이었다.

앞서 가는 안내자나 뒤따라 오는 원주민이나 모두 활과 화살로 무장했다. 영락없이 우리를 포로로 잡아 가는 듯한 분위기였다. 늘어뜨린 머리와 배불뚝이 코흘리개 아이들이 눈에 띄었다. 정글은 시도 때도 없이 비가 쏟아진다. 그동안 익숙해진 정글 폭우가 그날따라 매섭게 쏟아지기 시작했다. 한 가지 감사한 일은 비 때문에 정글의 무법자인 모기들의 공격이 둔해진 것이다.

그 빗속을 뚫고 웅크린 채 걸어가는 한 노파가 있었다. 헝클어진 머리는 허리 끝까지 내려오고 걸친 것이라고는 거의 없는 몸에 맨발인 할머니가 조심조심 수그려서 가슴에 품고 가는 것이 있어 자세히 보니 불씨였다. 30센티미터 정도 길이의 막대기 세 개에 불을 붙이고 그것을 쉴 새 없이 불어 불씨를 살리면서 가고 있었다. 그 노파에게 불씨는 바로 그가 섬기는 신이며 실용품이기도 했다. 물속에서 살다시피 하여 항상 축축한 곳에 있는 그들에게 불은 그만큼 귀하고 소중한 것이다. 그렇게 생각하면서도 역사를 뒷걸음질하여 내가 원시 사회에 들어와 있구나, 하는 묘한 느낌을 받았다.

가지고 간 사탕은 단맛만큼이나 그들의 마음을 달게 만드는 도구가 되었다. 경계의 눈빛이 변하여 조금이나마 다가갈 수 있게 되자 바로 복음을 전했다. 순수한 아이들은 어디서든 잘 보여들었다. 전체 서른여덟 가정이 지구상에서 생존해 있는 부족 구성원의 전부라는 유키 부족. 커다란 나무 밑에서 주님을 찬양하고 기도드리며 예수님의 사랑 이야기를 들려주었는데, 많은 부족원들이 감격의 눈물을 흘렸다. 그렇게 시간이 흘러가는 가운데 우리는 주님 안에서 하나가 되었고, 경계의 눈빛은 더 이상 찾아볼 수 없었다.

청아한 달빛과 별빛만큼 주님의 사랑 이야기는 깊은 밤을 아름답게 수놓았다. 정이 든 그들은 저마다 개인적인 부탁을 전해왔다.

"선교사님, 얼마 전에 호랑이가 나타나서 저희 집에 있는 개를 물어 갔어요. 개 한 마리 가져다 줄 수 있어요?"

"선교사님, 아이들이 사냥을 나가서 두 달이 지났는데도 아직 돌아오지 않았어요. 돌아오게 좀 해주세요."

"딸아이가 나갔는데 한 달이 되어도 돌아오지 않아요. 어디 있는지 알아봐 주시겠어요?"

날이 저물고 하늘에 처연한 둥근달이 떠오를 때면 집 나간 자식 기다리며 모정을 드러내는 것은 동서고금 어디서나 마찬가지인가 보다. 막내 자식을 알지도 못하는 볼리비아에 보내 놓고 어머님은 저 둥근달이 뜰 때마다 내가 얼마나 보고 싶으실까 생각하니, 마을 사람들의 사연이 하나같이 남의 일 같지 않게 여겨졌다. 유키 부족을 만나러 오다가 들른 마을에서 치약으로 환자를 치료한 적이 있는데 이제는 만능 해결사가 되어 달라는 부탁이었다. 나로서는 이들에게 할 수 있는 일이 아무것도 없다. 바로 그때가 선교사의 주특기가 나오는 순간이다. 하나님께 맡기고 기도드리라고 권면해 주었다. 기도가 무엇인지 모르는 그들에게 다시 기도 이야기를 하는 동안 밤은 점점 깊어 갔다.

고요한 자연의 넓은 자락 위에 깔려 있는 하나님의 진귀한 창조물들을 음미하며 그분의 은혜를 찬양했다. 주신 자연, 주신 영혼, 주신 사랑에 감사드리며 평생 이렇게 살았으면 하는 간절한 바람을 가져 보았다. 마약의 소굴인 정글 한 구석에 있는 고요한 평화의 동산이 더 이상 무너지거나 침해당하지 않고 하나님의 말씀으로 아름답게 보존되기를 기도했다.

아침 일찍 찾아온 부족 아이들과 작별의 인사를 나누고 차마 뒤를 돌아보지 못하고 떠났다. 주체할 수 없는 눈물을 보이지 않으려고 했다. 안아 주고, 쓰다듬으며 느낀 아이들의 온기를 그대로 간직한 채 카누에 올랐다. 거북이 등으로 만든 바가지로 카누의 물을 퍼낸 다음 강줄기의 흐름에 올라탔다. 햇빛 쏟아지는 정글의 아침 속을 군악대처럼 짖으며 내달리는 원숭이들의 환송과 끝없이 펼쳐진 거목들의 사열을 받으며 카누는 나아갔다.

"주님! 오늘은 이곳, 내일은 저곳, 주님의 복음만을 전하렵니다."

아마존의 늑대 피라냐 매운탕

변화무쌍한 날씨에 그대로 적응해야 하는 원시림 선교이긴 하지만, 카누를 위협하는 폭우의 침입은 만만치 않은 기세였다. 비막이라도 할 요량으로 가지고 다니던 비닐도 아무 쓸모가 없었다. 온몸이 빗물에 흠뻑 젖었지만 카누에 고이는 물을 퍼내는 것이 급선무였다. 강한 폭우 속에 흔들리는 카누……. 필사적으로 물을 퍼내는 가련한 선교사의 싸움이 계속되었다. 한국에 있을 때 많은 사랑을 베풀어 주신 이문숙 권사님께 받은 손목시계를 폭우의 강물에 그만 수장시키고 말았다. 쉴 틈 없이 물 퍼내기를 하던 중에 카누가 한번 기우뚱했다. 급기야 강물 속에 몸이 처박히고 말았다. 보기와는 달리 거친 물살 때문에 수영을 할 수 없었다. 거추장스러운 옷과 운동화는 이미 사치품이었다. 이런 경우를 대비해 유키 부족을 비롯한 정글 부족들은 옷이나 운동화를 거추장스러워 하는가 보다. 이제 남은 것은 어느 정도나 강물에 떠내려가느냐였다. 널려 있는 나뭇가지에 몸이 찢기지 않기만을, 그리고 아마존의 늑대라 불리는 피라냐 떼에 걸리지 않기만을 바랄 뿐이었다. 물살 따라 통나무 있는 데로 다가가서 간신히 나뭇가지를 붙잡았다. 다행히 가시가 없는 나무여서 무난히 오를 수 있었다. 화들짝 놀란 카누 아저씨가 빠르게 손을 내밀었다. 위험에 허덕인 순간은 그렇게 숨 가쁘게 지나갔다. 물속에서나 카누에서나 젖은 모습은 매한가지라 서로 바라보며 웃어 젖히고 다시 용감하게 앞으로 나아갔다. 이제는 진정 나 자신이 정글 부족들에게 구원의 카누 아저씨 역할을 해야겠다는 다짐을 다시금 새겨 보았다.

폭우가 지나가고 날씨가 개었다. 젖은 옷을 말린 다음 먹을 것을 찾으려니 준비해 온 식량도 변변치 않았고 그나마 먹을거리는 바닥나 있었다. 비상 수단을 동원해야 했다.

낚싯줄을 강에 던졌다. 우는 소리가 "빠가 빠가" 한다고 해서 이름을 빠가라고 지었다는 메깃과의 물고기 한 마리가 첫선을 보였다. 요깃거리로 그렇게 큰놈이 아니어서 다시 기회를 엿보았다. 이제는 그 유명한 피라냐가 등장했다. 낚아채기는 했지만 도중에 그만 줄을 끊고 달아나 버렸다. 피라냐의 이빨은 톱니 형이라 낚싯바늘도 특별한 것을 써야 하는데 일반 물고기용 바늘을 쓴 것이 실수였다. 낚싯바늘을 긴 것으로 바꾸었다. 아무리 톱니형 이빨인 피라냐라 할지라도 5센티미터 정도의 긴 철사로 이어 놓은 낚싯바늘을 끊고 달아날 수는 없다. 한꺼번에 물지 않고 뜸을 들이는 피라냐는 조심스럽게 바늘을 톡톡 치며 여유를 부리다가 무는 것이 특징이다. 잡지 못하면 요기를 할 수 없는지라 뭐든 잡아야 하는 내 눈은 여유로운 강태공의 눈이 아니라 바짝 힘이 들어간 전사의 눈이었다. 물 위에 튀어 오르는 금빛 피라냐의 모습이 아름답다고 느끼는 것도 잠시, 이제는 굶지 않아도 된다는 안도의 마음으로 바늘에 걸린 그놈을 힘껏 걷어 올렸다.

물을 끓이고 고추장을 풀고 소금을 넣어 요리했다. 빠가와 피라냐로 마련한 신선도 만점의 즉석 카누 요리! 무엇이든 끓여 입에 들어가기만 하면 세상의 어떤 요리보다 으뜸인 카누에서의 특별 메뉴는 그렇게 굶주린 배를 한껏 채워 주었다. 특별히 쫄깃한 피라냐의 별미는 다른 생선이 흉내낼 수 없는 독특함 때문에 즐겨 찾게 된다. 사실 피라냐의 생김새는 이빨을 제외하고는 그리 흉악하지 않고 오히려 예쁘다. 금빛 감도는 비늘로 몸을 치장한 피라냐를 관찰해 보면 나름대로 귀티가 나는 것을 발견할 수 있다. 몇 마리 더 잡아 충분히 요기를 하고 카누 여행을 계속했다.

경계가 심하지 않은 유라카레 부족 몇 사람이 모여 사는 곳으로 들어갔다. 첫 인상이 그리 낯설지 않았다. 친근한 분위기를 느끼며 안심하고 마을로 들어갔다. 촌장에게 인사하고 자신을 소개했다. 촌장은 감사한 마음으로 기꺼이 마음의 문을 열어 자리를 내어 주었다. 동네 꼬맹이부터 어른에 이르기까지 모이라는 명령이 전해져 모든 부족원들이 주님의 말씀을 들었다. 가지런히 앉아 말씀을 듣는 아이들과 어른들의 진지한 모습에 오히려 나 자신이 감동을 받아, 주님의 말씀을 전하는 동안 은혜가 차고 넘쳤다. 말씀을 마치고 나니, 감사하다면서 내게 원숭이 한 마리를 주었다. 정글에 들어가 밭을 일구다가 잡았다는 것이다. 뜻밖의 선물을 사모의 생일 선물로 주어야겠다고 생각하고 카누에 실었다.

결혼한 뒤로 평생 선물이라고는 받은 적 없는 사모는 흔치 않은 별종의 선물에, "정말 생일 선물로 가지고 오신 거예요?" 하며 의미심장한 웃음을 지었다. 들켰구나 싶어 잠깐 몸을 움츠렸지만, 처음 받는 선물에 감사해 하는 사모의 깊은 배려로 나의 가짜 생일 선물은 그 가치를 잃지 않았다.

"정글의 강줄기처럼 유연하게 휘어가는 사모의 비단결 같은 마음에 감사 드리나이다."

나는 너스레를 늘어놓았다. 선물로 마련한 원숭이가 아니라 원숭이가 생

겨서 선물을 생각했겠지, 하는 정도는 사모가 눈치로 모를 리 없었다. 결혼
생활의 초보도 아니고 내 속을 훤히 들여다 보는 아내이니 말이다.

우리의 용감한 카누는 또 다시 정글의 강변을 거슬러 올라갔다. 저녁노을
을 만끽하며 하늘, 강, 모래사장, 석양, 강변의 거목들을 누빈 카누는 자연
과 하나됨을 만끽하며 부족 마을에 이르렀다. 다시 만난 유라카레 부족 형
제들과 저녁 식사를 했다. 바나나와 물고기 요리로 배를 채우고 성경공부와
찬양의 시간을 가졌다. 밤늦게까지 이어지는 말씀의 은혜가 그렇게 달 수
없었다. 할렐루야를 부르고 기도드렸다.

때로 내가 선교를 하는 것인지 의문이 들 만큼 선교 중에 원주민보다 더
은혜를 받는다. 기도 중에, 말씀 증거 중에, 찬양 중에 감격하고 눈물 흘리
며 감동을 받는 경우가 부지기수다. 그것이 바로 깊은 정글 속 선교 현장에
서 하나님께서 부어 주시는 특별한 은혜이며 사랑이다. 이는 하나님의 임재
를 체험할 수 있는 좋은 기회가 되기도 한다.

홀로 하는 선교지만 외롭지 않고, 혼자 걷는 길이지만 많은 사람과 함께
걸을 때보다 더욱 놀라운 주님의 은혜를 만끽한다. 그러면서 외롭다는 말이
이해되지 않는 지경에 이른다. 분명히 고백하거니와, 홀로일수록 주님은
나와 더욱 가까이 계신다는 것을 느낄 수 있고, 그럴 때일수록 더욱 은혜가
넘쳤다. 깊은 시간 깊은 정글의 밤에 홀로 목적지를 향해 가노라면 주님의
은혜가 그렇게 감사하기만 했다. 주님은 공해로 찌들고 교통 체증에 시달리
는 도심보다 이곳 정글에 더 빨리 오신 것일까? 먼 타지에 보낸 자식 외로울
까 봐, 울창한 나무, 다양한 꽃, 짐승, 벌레, 맑은 달, 초롱초롱한 별 그리고
누구보다도 순수한 마음으로 사는 원주민들을 만나게 하시는가 보다.

불 꺼, 엔진 꺼, 밖으로 나왓!

맑은 밤길에 별빛처럼 쏟아지는 주님의 은혜에 감사드리며 운전해 가는데 갑자기 앞에서 순찰차 한 대가 달려왔다. 대여섯 명의 군인이 차에서 뛰어내려 정글 속으로 사라졌다. 긴장하면서도 운전대를 계속 붙잡고 있었다. 정지 신호를 보낸 야전군인 두 명이 다가오더니 총구를 내 앞에 들이대고는 명령했다.

"불 꺼, 엔진 꺼, 밖으로 나왓!"

세 마디의 차가운 말이 귓전을 때렸다.

"넌 누구냐? 어디서 오는 길이야?"

졸지에 죄인으로 몰렸다. 그들은 범죄자를 잡아 심문하는 경찰처럼 나를 몰아세웠다. 외국인이라는 것에 한껏 긴장했던 그들은 몸 수색과 차량 수색이 끝나자, 내가 목사요 선교사라는 것과 정글 집회를 마치고 집으로 돌아가는 길이라는 것을 알고는 맥이 빠진 듯했다.

그들은 우모파르였다. 역시 정글의 무법자로 알려진 마약 단속 특수 요원들다웠다. 우모파르는 볼리비아에서도 특별히 엄선한 정예요원들로, 특수 훈련을 받고 파견된 무장 경찰이었다. 언제나 실탄을 가지고 있으며 정글에서는 언제든지 사람을 쏘아도 아무 문제가 되지 않는 특권층이었다. 사람들을 다루는 것이 거칠기 그지없었다. 돈을 가진 원주민들을 붙잡으면 마약 판 것이냐고 다그치며 빼앗아도 말 한 마디 못하고 당해야 하는 경우도 있었다. 행여 쏘아 죽이고 나서도 마약 가지고 도주하는 것을 쏘았다고 하면 문제 삼지 않고 넘어가는 것이 그들의 공공연한 비밀이었다.

차량을 빼앗는 것도 그들에겐 쉬운 일이었다. 마약이 들어 있었다고만 하면 그대로 그 차량은 압수되었다. 이곳에서는 사람을 괴롭히는 방법으로 마약을 사용하기도 한다. 남의 집이나 차량에 고의로 마약을 조금 숨겨 놓고 신고하는 것이다. 즉각 출동한 단속반은 위치까지 알고 있는지라 현장을 검거하기는 어려운 일이 아니다. 곧바로 현행범으로 체포해 버린다. 무고죄라고 아무리 변명한들 차량이나 집에서 마약이 나온 이상 그것으로 상황 종료다.

사정이 이러하니 밤늦게 집회를 마치고 돌아가는 외국인 선교사의 신분이라는 게 실상 별 볼 일 없는 것이었다. 이미 그들은 신고를 받고 출동했고, 범인이 출몰하는 지점으로 급습하는 과정에서 하필이면 그 시간에 내가 차를 몰고 그곳에 간 것이다. 영락없이 현행범으로 추정하기에 의문이 없는 상황이었다. 새벽 1시가 넘은 시각에 정글 깊은 곳에서 운전하는 것 자체가 문제였다. 또 그렇게 늦은 시각에 위험 지역으로 차를 가지고 다니는 사람은 볼 수 없었다. 다행히 이전에 우모파르 부대에 방문한 적이 있다는 것과 부대장을 만난 적이 있다는 것이 참고가 되어 그들은 나를 통과시켜 주었다.

당시만 해도 마약 단속반과 마약 제조범, 밀매자들 사이에는 크고 작은 충돌이 잦았다. 상호 무차별 사격으로 우모파르는 물론 밀매자들까지 25명이 넘게 사망한 사고가 난 즈음이라 분위기가 매우 험악했다. 또한 끊이지 않던 시위는 무장 단속반을 초긴장 상태로 몰아갔다. 시위가 소강 상태에 접어든 다음, 돌로 막은 국도를 피해 200킬로미터 넘게 돌아갔다. 지금도 그렇지만 당시 밀매자들과 사회주의 성향을 띤 국회의원급 정글 지도자들은 주민을 선동하여 국도를 막고 코카나무를 계속 심게 해달라는 시위를 했다. 극렬한 시위대는 돌과 통나무로 길을 막고, 타이어로 불을 놓고, 심지어 지나가는 차에 돌을 던져 유리창을 깨고 바퀴에 펑크를 내곤 했다. 우모파르는 우모파르대로 신고에 상관없이 영장 없이도 얼마든지 가택 수사를 벌였고, 체포도 초법적으로 강행했다. 그러한 상황이다 보니 통계로 집계된 수보다 더 많은 사람들이 목숨을 잃었다는 이야기를 현지인들에게 심심치 않게 들었다. 우모파르의 병력으로 모자라다 보니 공수부대 요원을 급파했고, 탱크 부대가 다시 길을 막았다.

이런 상황 속에서 선교를 한다는 것은 결코 호락호락하지 않다. 국도를 막고 연일 시위를 벌이니 국가 경제도 심각한 타격을 입었다. 산타크루스와 코차밤바를 잇는 국도가 막히면서 온갖 문제가 쏟아진 것이다. 식품, 채소와 과일, 사료, 가스, 연료 등이 이곳을 거쳐 볼리비아 전역으로 운송되는데, 사료가 떨어지니 코차밤바에서 닭을 키우던 사람들이 닭 모이가 없어 닭이 죽자 수만 마리의 죽은 닭을 차로 싣고 시장과 의원들의 사무실 앞과 사무실 안에 던져 놓기도 했다. 문제는 이것으로 끝나지 않고 전국의 노동조합과 각 기관 대학까지 동조 시위를 하여 시골과 도시, 중소 도시, 탄광 마을, 농촌 할 것 없이 전국적인 시위로 확산되었다. 국가의 위기 대처 능력이 감당할 수 있는 수준을 넘어섰다. 전국의 교통과 모든 공공 기관이 마비되다 보니 다시 날뛰는 것은 도둑 떼였다. 시위를 한다면서 상점 문을 뜯고 들어가 물건을 훔치고, 보다 못한 포목상 주인이 화가 나서 절도범들이 있는 가게에 휘발유를 뿌리고 불을 지르는 바람에 모두 불타 떼죽음을 당하는 사고도 일어났다. 외국인들에게 적개심을 가진 시위대가 출입을 가로막는 불법을 자행하는 일이 다반사였고, 경찰의 보호도 한계가 있다 보니 자구책으로 많은 무기를 개인이 소지해야 했다. 한마디로 마약과의 전쟁이었다.

차파레에서는 상인들의 고발로 문제가 한층 심각했다. 아르헨티나로 수출해야 하는 바나나가 도로 마비로 그대로 썩고 말았다. 그 때문에 시위 주동자를 대상으로 상당한 액수의 돈을 배상하라는 고발장이 접수된 것이다. 시위대는 다시 그 바나나 밭을 습격했고, 바나나 밭은 수십 명의 군인들이 둘러싸고 경비를 서야 했다.

이러한 상황 속에서 차파레 마약 재배 지역에 선교를 한다는 것 자체가 무리였으며, 죽음을 각오한 사역이 아니라면 한 발도 진전시키기 어려웠다. 생명의 포기 없이는 계속할 수 없는 사역이었다. 사고가 났을 때 생명을 보장받을 수 있는 아무런 장치도 없었다. 자연의 위기도 문제였으나 마약 재배자들로부터, 혹은 이를 막는 우모파르로부터 언제 어디서 어떤 공격을 받을지 모를 총기 사고 위협이 늘 도사리고 있었다. 항상 번득이는 눈이 우리를 주시하고 있으며, 특히 외국인이므로 더욱 그러했다. 사실 우모파르의 대장은 볼리비아 사람이며, 실제로 단속을 돕는 미국이나 국제 마약 단속반은 낮에는 나타나지 않았고 총 들고 싸우는 병력도 없었다. 밤에 순찰임무를 위해 헬리콥터를 타고 왔다가도 그 밤에 바로 돌아가곤 했다. 이런현실에서 외국인을 대하는 차파레 현지인들의 시선은 우호적이지 않았다.

우모파르는 우모파르대로 마약 재배자들은 재배자들대로 외국인에게 항상 경계의 눈길을 보내고 있었다.

감사하게도 생명에 대한 포기가 가져다 주는 평안함과 감격이 있었기 때문에 그렇게 어려운 상황에서도 두려움 없이 견딜 수 있었다. 포기가 있었기에 마음의 고요를 느낄 수 있었고, 고요 중에 임재하시는 그분의 눈길을 느낄 수 있었다. 하나님의 역사는 모든 상황을 초월한 지속적인 사역의 연속이다. 그 사역은 기도와 헌신 속에 하나님의 특별한 은혜로 이어졌다.

문제가 있는 지역일수록 선교의 필요성이 더욱 절실해진다. 같은 정글 속에서도 한쪽에서는 최신 무기를 가지고 싸우는 사람들이 있는가 하면, 다른 한쪽에서는 맨발에 활로 사냥하며 원시적인 삶을 영위하는 부족이 있다. 특이하게도 정글 안에서는 이 두 가지 삶의 양태가 묘하게 조화를 이루고 있다.

찢겨진 산티다드 교회 서류

볼리비아의 어려운 상황에도 불구하고 한국에서 목숨 걸고 방문하신 목사님들과 장로님들이 계셨다. 볼리비아에 도착하자마자 고산병으로 한동안 병원 신세를 졌던 이범구 목사님, 유근언 목사님, 고산 지대 적응이 힘들어 가는 곳마다 산소통의 도움을 받아야 했던 장원모 목사님, 이종규 목사님, 선교사들이 늘 용기를 가질 수 있도록 격려하며 새로운 힘을 주신 이판규 장로님, 한상윤 장로님 등이다.

오시는 분마다 차파레를 방문하셨고, 정글 지역을 위해 함께 기도해 주셨다. 그분들의 간절한 눈물의 기도는 결국 차파레의 행정 중심지이며 우모파르의 본부 부대가 있는 치모레라는 지역에 교회를 세우게 했다. 맨바닥에 텐트를 치고 전도하던 지역의 부지를 매입하게 된 것이다. 하나님께서는 서울의 금성교회(이종규 목사님 시무)와 성락교회(원로 유근언 목사님, 오종걸 목사님 시무)를 통해 그 역사를 이루어 가셨다. 여러모로 어려운 시기에 많은 성도님들의 헌신은 정글 지역에 복음의 깃발을 높이 세우는 데 크게 일조했다.

그런데 땅을 매입하는 과정에서 문제가 생겼다. 당시만 해도 차파레는 법적으로 완벽한 서류를 갖춘 땅들이 거의 없었다. 볼리비아 정부는 포토시나 오루로시의 탄광촌 폐광으로 인한 도시 집중화를 방지하는 한편 미개발지역의 개발을 촉진하기 위해 정글에 들어가 사는 사람들에게는 조건 없이 땅을 빌려 주었다. 그런데 문제가 생겼다. 그렇게 땅을 이용하게 된 원주민들이 개발을 위해 일하기에는 힘이 부치는 데다가 그런 지역에서 일하는 것을 좋아하지 않다 보니, 개발도 하지 않고 명의만 가지고 있다가 땅을 되파는 소동이 벌어졌다. 우리가 사는 킬랴콜료 변두리의 경우 지금도 법적인 서류 없이 대충 쓴 종이 한 장 가지고 소유권을 주장하는 사람들이 있으니, 당시는 말할 것도 없었다. 땅을 사는 사람이 다시 땅 문서를 만들어야 했다.

또 서류를 만드는 과정에서 치모레 면사무소 직원이 문제를 일으켰다. 면에서 개인에게 서류 작성 일을 도급으로 주었는데 그 사람이 그만 서류를 가지고 사라져 버린 것이다. 전 주인에게 이미 돈을 지불한 마당에 서류가 없어졌으니 문제가 매우 심각했다. 면사무소 측은 서류를 가지고 도망친 도둑만 탓하며 자기네 문제가 아니라고 딱 잡아뗐다. 면사무소 직원이 도급으로 일을 맡겨놓고는 자기네 책임이 아니라니 더 이상 할 말이 없었다. 어쩔 수 없이 다시 방법을 찾아야 했다. 행정 책임자들이 걸핏하면 책임을 회피한다는 걸 잘 알고 있었지만, 헌금으로 사들인 교회 부지가 그대로 날아가는 판에 싸움이 불가피했다. 이제 또 다른 전투가 시작된 것이다.

구입한 부지에 텐트를 치고 날마다 문제 해결을 위해 온종일 뛰어다녔다. 뾰족한 대책이 서지 않았다. 간절한 기도 외엔 답이 없었다. 행정 책임자들은 아예 보이지도 않았다. 흔히 쓰는 지연 작전이었다. 시간을 끌다 지쳐 쓰러지면 그만이라는 식으로 어물쩍 넘어가려는 속셈이었다. 비슷한 처지에 몰린 사람들을 수소문해 보니 20여 군데가 넘는 부지에서 같은 문제를 겪고 있었다. 힘들게 협상을 벌이고 해결책으로 신문에 공고를 냈다. 현재 치모레에 있는 부지 매입자 가운데 서류 진행 중인 사람들은 신고를 하라는 공식 통고였다. 한 달 이내 접수하지 않을 경우 책임지지 않겠다는 내용도 있었다. 근거 서류 하나 없이 이전 주인을 대동하고 주변 주민들의 보증을 받아서 다시 서류 작업을 진행하다 보니, 이때다 싶은 면사무소 직원들은 서류 진행 건마다 가격을 정하고는 영수증도 없이 돈을 요구했다. 마지막으로 측량 기사가 측량 작업을 마치고 서류를 다시 완벽하게 갖추어 교회 부지로 등록하는 데 꼬박 6개월이 넘게 걸렸다. 그리고 다시 코차밤바 시에 등록하기까지 하루도 마음 편할 날이 없었다. 이제 와 생각하니 그 기간은 나의 군살을 빼는 기회였고, 하나님께 더욱 매달리며 오직 주님만을 믿어야 함을 깨우친 훈련의 시간이었다. 나중에 한국에 돌아와 함께 기도해 준 교회들을 방문한 후 깨달았다. 멀리 고국에서 새벽마다, 철야기도 때마다, 예배 때마다 올린 합심 기도가 있었고, 그 결과로 볼리비아의 정글에서 열매를 맺은 것임을……

과거 스페인의 중남미 침략은 출발부터가 탐욕에서 비롯됐다. 스페인 입장에 서 있거나 강자들의 주장에 맹종하는 학자, 역사를 제대로 이해하지 못한 학자들은 당시 스페인 사람들이 지녔다는 모험 정신이나 개척 정신, 교세 확장에 대한 사명감, 해양 기술의 발달 등을 구차하게 거론하며 복합적인 요인으로 중남미 정복의 구실을 찾았다. 하지만 결국 스페인 사람들이 저지른 행위의 결과를 놓고 볼 때 명백하게 드러나는 것은, 그 모든 설명들이 탐욕이라는 단어를 포장하기 위한 수사修辭에 불과하다는 점이다.

1492년 8월 5일, 세 척의 해적선 산타 마리아 호, 니냐 호, 핀타 호가

90여 명의 해적을 태우고 팔로스 항을 떠났다. 침략자 콜럼버스로 인해 아메리카 대륙은 탐욕의 노략질에 희생당하는 무대로 전락했다. 페르난도 데 로스 리오스Fernando de los Ríos는 "스페인의 군국주의자들에게는 권력과 부 축적 그리고 영토 정복이라는 확실한 목적이 있었다"라고 솔직하게 말하면서 스페인의 팽창주의 정책을 지적한 바 있다. 당시 콜럼버스는 침략을 돕는 세력에게 자신이 정복한 땅의 총독과 부왕의 직책을 세습제로 요구했다. 그러나 그의 요구는 거절되었고 대신에 대제독의 세습 지위를 약속받았다. 또 신대륙의 생산품과 상품 매매 대금의 십분의 일을 자신의 권리로 인정받는 것을 조건으로 그는 항해에 나섰다.

그 후 콜럼버스는 중미의 산토도밍고 섬 식민화에 본격적으로 착수했다. 1493년 그의 침략 이후 20년 동안 카리브 제도의 모든 섬들에서 황금이 약탈되었다. 카리브 제도의 황금으로도 만족하지 못한 그들 무리는 대륙으로 자리를 옮겼고, 황금향, 즉 엘도라도를 찾아 계속 침략 행위를 벌였다. 그러는 가운데 가톨릭 왕들(페르난도 2세와 이사벨 여왕)에게 노예 무역을 제안하기도 했다. 침략자들은 광맥을 찾을 뿐만 아니라 원주민들이 채취한 금을 약탈하며 본색을 드러냈다. 심지어 인디언이 사람인가 아니면 동물인가 하는 문제로 실랑이를 벌이기도 했다. 그들은 약탈과 정복으로 중남미 역사를 멍들게 하면서도 전혀 양심의 가책을 느끼지 않았다.

그중 중남미 침략의 주역이라 불리는 피사로는 스페인의 산골 오지 태생으로, 정규 교육도 받지 못한 하층민 출신이다. 그는 잉카 제국을 잔인하고 철저하게 파괴하며 권력과 재물을 모았다. 피사로가 잉카 제국을 침략할 당시 잉카 제국은 1525년 우아스카르가 제12대 황제로 취임했으나 이복형제인 아타우알파가 이에 반발하여 반란을 일으킴으로써 제국은 둘로 나뉘어 있었다. 수 년에 걸친 내전 끝에 아타우알파가 제13대 황제가 되었으나 현저하게 세력이 약해진 잉카 제국은 때마침 쳐들어온 피사로에 의해 손쉽게 정복되고 말았다. 수도 쿠스코가 무기력하게 함락되었고, 아타우알파도 생포되었다. 피사로는 포로가 된 아타우알파에게 목숨을 구하려면 몸값으로 가로 6.7미터, 세로 5.2미터, 높이 2.7미터의 방에 보물을 가득 채우라고 요구했다. 피사로의 요구대로 금과 은으로 방이 가득 차자 더 욕심이 생긴 피사로는 아타우알파 황제에게 동생 우아스카르의 암살죄를 씌워 처형했다. 피사로는 이렇게 잉카(케추아어로 황제, 왕)를 죽이고 제국을 멸망시켜 버렸다.

이런 역사 때문에 유럽의 많은 신교 국가들은 스페인을 일확천금을 위해 수단과 방법을 가리지 않는 잔인한 침략국이라고 비난해 왔다. 종교적인 면에서도 탐욕에 바탕을 둔 선교라는 오명을 피하기 어려웠다. 로마 가톨릭의 전파는 평화적으로 이루어진 것이 아니고 강요와 폭력에 의한 일방적인 선교였기 때문이다. 침략자들은 인디언들에게 개종을 강요했고 따르지 않을 경우 무참히 살육했다. 이들은 통역도 없이 공중 앞에서 이렇게 협박했다.

"만일 너희들이 그렇게 하지 않거나 고의로 그렇게 하는 것을 미룬다면, 우리는 신의 도움으로 너희와 충돌하게 될 것이다. 우리는 가능한 모든 방법으로 너희들을 로마 가톨릭 교회 및 우리 폐하의 법령과 지시에 따르게 하고, 여자와 아이들을 노예로 만들고 모든 재산을 빼앗을 것이다."

통역도 없는 상황이니 이건 마치 귀머거리에게 내 말을 따르지 않으면 죽이겠다는 협박과 마찬가지였다. 결국 처음부터 다 죽일 속셈이었던 것이다. 다만 양심의 가책을 벗어나기 위해 그 절차가 필요했던 것이다. 그 후 로마 가톨릭 교회는 국가와 밀착하여 많은 부를 축적했으며, 군부와 대지주와 더불어 중남미의 3대 세력으로 자리를 잡았다. 권력자들의 부의 축적은 그때나 지금이나 마찬가지다. 정글 구석에서 호시탐탐 기회를 노리고 있는 사람들도 그랬다. 본분을 잊고 비본질적인 재물로 많은 것을 채우려는 사람들을 정글 속에서도 자주 목격했다.

"은을 사랑하는 자는 은으로 만족하지 못하고 풍요를 사랑하는 자는 소득으로 만족하지 아니하나니 이것도 헛되도다"(전 5:10)라는 말씀을 가슴 깊이 간직하고 있었다면 그런 엉뚱한 욕심을 부리지 않았을 것이다.

법적 효력이 있는 교회 부지 서류를 어렵게 다시 구했다. 이어 본격적인 건축 작업에 착수했다. 교회 이름은 성락교회의 거룩할 성 자와 같은 '산티다드Santidad'로 정했다. 시멘트, 벽돌, 지붕 슬레이트 등을 코차밤바에서 조달하고 모래나 자갈, 나무, 돌 등은 차파레에서 조달했다.

코차밤바에서 함께 일하던 일꾼들을 데리고 와서 밥을 먹여 가며 건축했다. 나는 기본 설계부터 작업반장 일까지 도맡아 하면서 많은 은혜를 받았다. 하나님의 성전을 중남미 마약의 도성에 짓는다는 사실이 그렇게 감격스럽고 감사할 수 없었다. "하나님, 이렇게 주님의 전을 계속 지으면서 생애를 마칠 수 있으면 좋겠습니다"라는 기도가 절로 나왔다. 살아 있는 동안 죄악이 관영한 이런 곳에 십여 곳 이상의 교회를 건축하게 해달라고 기도드리기도 했다. 이제 이 성전을 중심으로 마약 지대 선교가 힘을 얻게 될 것이다.

교회 확장과 성경학교 운영 등을 생각하며 미래를 그려 보았다. 정글의 뙤약볕에서 땀으로 범벅이 되면서도 그저 기쁘기만 했다. 교인들도 틈틈이 나와서 일을 거들었다. 목공업에 종사하는 성도님은 문짝을 만들어 오기도 했고, 시멘트 일을 하는 성도님은 벽돌을 쌓았다. 어린아이들은 구경도 하고 놀기도 하며 잔심부름을 했다. 정글에서 일하다 온 성도님들은 과일 보따리를 가지고 와서 저녁에 쉬는 시간을 소중한 교제의 시간으로 만들어 주었다. 내벽 페인트도 칠하고 커튼 걸이도 만들어 설치하면서 감사하는 성도님들의 귀한 손길이 그렇게 아름다울 수 없었다. 주일마다 산속의 생화들이 강단을 장식했다. 자신의 것을 아까운 줄 모르고 내어 놓는 교인들의 순수한 헌신에 감사드렸다. 생활이 여유롭지 않은 그들이 하나님께 바치는 헌금과 시간, 가진 것 없지만 최선을 다하여 드리는 정성, 날이 갈수록 깊어 가는 신앙을 보며, 언제나 주님을 위해 나의 모든 것을 포기하게 해달라고 기도드렸다.

푸에르토 아우로라의
유라카레 부족

교회가 부흥하면서 푸에르토 아우로라라는 지역을 집중적으로 전도했다. 하나님께서는 그곳에도 교회가 세워지도록 은혜를 주셨다. 푸에르토 아우로라는 정글의 부둣가이며, 정글 깊은 곳에서 나와 사는 유라카레 부족과 고산에서 내려온 고산족이 함께 어울려 사는 지역이다. 우리는 주로 유라카레 부족이 사는 지역을 전도했다. 초기에는 발레리오라는 형제의 집에서 예배를 드리기 시작했다. 강가에서 물고기를 잡아 팔기도 하고 바나나를 재배하여 생계를 유지하는 발레리오 형제는 그 부족의 대표자 격이었다. 산타마리아라는 지역에 살다가 심한 홍수로 더 이상 계속 살 수 없어 생활 터전을 여기저기 옮겨 다니다 결국 이곳에 터를 잡게 되었다.

어느 선교지나 그렇듯이, 생활이 안정되지 않은 곳일수록 복음을 잘 받아들이는 경향이 있다. 일단 삶 자체가 불안하기에 뭔가에 의지하고 싶어 하고, 인간적으로 볼 때 외국인 선교사가 새로운 희망을 줄 수도 있다는 기대 때문이다. 조금은 어수선한 삶이 지속되는 가운데 발레리오 형제는 복음을 잘 받아들였고, 그 가족 역시 마찬가지였다. 친지들까지 복음을 받아들이는 데 어렵지 않았다.

산티다드 교회를 중심으로 제2의 산티다드 교회를 개척했다. 감사한 일은 발레리오의 장남이 우리 신학교에 입학하여 유라카레 부족 사람으로는 처음으로 하나님의 말씀을 받아들이게 된 사실이다. 과거에 이 정글에서는 유키 부족과 유라카레 부족이 걸핏하면 충돌을 빚었다고 한다. 자기 할아버지 때만 해도 호수를 중심으로 영토 확장과 고기잡이 등의 문제로 싸울 때마다 많은 사람들이 죽었다고 한다. 물론 무기는 주로 활이었다. 유키 족은 유라카레 족보다 포악하며 일을 하지 않고 주로 야생동물과 물고기를 잡아 먹었다. 그래서 유라카레 부족이 농사로 수확한 과일과 말린 물고기나 야생동물을 빼앗아 가기 위해 1년에 한두 번씩은 싸움을 벌였다. 카누를 타고 건너와 싸우기도 했는데 잘못하여 호수에 빠지면 피라냐나 악어의 밥이 되었고, 호수에 사는 구렁이들과도 생사를 다퉈야 했다. 당시에는 상대 부족의 모형을 만들어 놓고 화살을 쏘아 맞추면서 전투 훈련을 했을 만큼 서로 적대적이었다.

그러다 보니 자연스레 호수에 대한 전설이 많았고, 부족 사람들은 아직도 그 호수에 들어가기를 꺼렸다. 강을 타고 조금 내려가 전도를 하는데, 그 강변 마을 사람들은 머리가 드럼통만 한 구렁이가 호수를 다스린다고 믿고 있었다. 그들은 악어와 피라냐가 많아 감히 카누를 타고 강에 들어가기를 꺼렸다. 사실 호수 건너편에 살고 있다는 유키 부족에게 복음을 전하러 갔다가 포기하고 돌아온 일도 있었다. 무지가 낳은 용기를 한껏 뽐낸 셈인데, 아무리 생각해 봐도 지나친 욕심이었던 것 같다.

동행한 형제가 카누를 가지고 가기를 싫어하여 함께 걸어서 가기로 했다. 호수 주변은 길이 없어서 호수가의 늪지대를 중심으로 돌아가야 했다. 이곳 늪지대는 허벅지까지 빠지는 게 특징이다. 쉽게 발이 빠지는 가운데 그 넓은 호수의 늪지대를 반나절이나 헤맸는데 1킬로미터도 갈 수 없었다.

이곳에서 악어 사냥은 밤에 카누를 타고 나가 강변이나 늪지대에서 주로 한다. 악어는 강변으로 떠밀려 온 통나무들과 그 가지들이 많은 곳에 살고 있다. 그래서 소리 나지 않게 노를 저으면서 전등을 비추면 반짝반짝 빛나는 악어의 두 눈을 볼 수 있다. 준비한 몽둥이를 악어의 입에 옆으로 깊숙이 넣고, 타이어 튜브를 잘라 만든 고무줄로 악어의 입을 재빠르게 묶어서 잡는다. 악어 사냥으로 낚시를 이용하기도 한다. 굵은 통나무에 낚싯줄을 묶어 놓고 고기를 크게 썰어 던져 놓으면 밤에 악어가 먹고 낚시에 걸려 탈출하지 못하고 밤새도록 힘이 빠질 때까지 놓아 두었다가 아침에 건져 올린다. 그 외에 화살이나 작살로 잡기도 한다. 장마철에 악어들이 늪지대나 작은 호수에 있다가 물이 빠진 뒤에도 그대로 그곳에 있기도 하는데, 이때 작대기로 바닥을 찌르며 가다 보면 바가지를 찌르는 듯한 느낌이 오면서 쉽게 악어를 발견하고 잡을 수 있다. 작은 것은 손바닥만 하지만, 아마존의 악어는 5미터가 넘는 놈들도 많다.

해 뜰 무렵이나 낮에 등을 말리기 위해 강변으로 나와서 눈에 띄지 않게 앉아 있는 악어들을 종종 보는데, 온순한 것처럼 보이지만 물속에서는 그렇지가 않다. 허벅지가 쑥쑥 빠지며 가다 보니 순간적으로 다리 부분에 시비를 거는 것이 느껴진다. 툭툭 치는 감각이 다르고 뜯는 감각이 달랐다. 순간 긴장되면서 서둘러 밖으로 튀어나와 보니 피라냐의 일차 공격에 내 다리가 그대로 노출된 것이었다. 다행히도 악어나 뱀의 공격은 받지 않았다. 지나온 호수를 돌아보았다. 정글 속 호수는 고요하기만 했다. 속으로는 온갖 위험을 감추고 있으면서도 멋진 장관을 연출하는 호수가 저만치 멀어져 갔다.

오는 도중에 부족 중의 두 가정을 만나 복음을 증거했다. 어린아이를 안고 젖을 먹이던 부인은 20대 안팎으로 보였다. 남편은 사냥하러 나갔다고 하는데 며칠이 지나도 돌아오지 않아 걱정된다고 하면서, 손님이라고 바나나를 내어 놓았다. 사냥에서 잡은 물고기나 짐승은 강가에서 말린 다음 집으로 가지고 온다. 하루 이틀 사이에 남편이 돌아오지 않을 것을 뻔히 아는 부인이지만, 하루속히 돌아오기를 기다리는 마음은 어디나 마찬가지다. 그러한 부인에게 복음을 전하는 것은 일도 아니었다. 이미 걱정으로 마음이 열려 있고 무엇인가에 의지하고픈 마음이 가득했다. 예수님을 전하고 알기 쉽게 기도를 가르쳐 주면서 함께 기도드렸다. 그리고 어렵게 생각하지 말고 구원의 예수님과 이야기하듯이 매일 기도를 드리라고 말해 주었다. 산양과 원숭이, 정글 속 짐승들이 부족의 원주민들과 아무런 적대감 없이 가족처럼 함께 살아가는 그 가정에 이제 예수님까지 함께하시니 하나님 보시기에도 정말 아름답지 않을까.

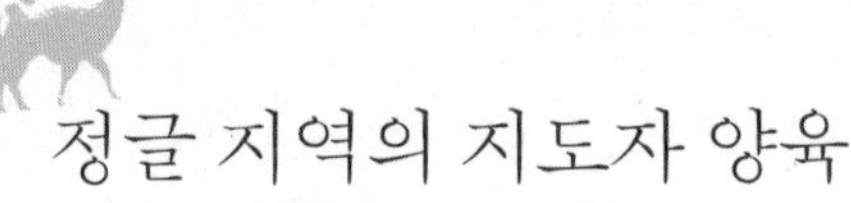

정글 지역의 지도자 양육

교회 개척으로 정글 지역에 복음의 열매를 맺게 하신 주님께서 평신도 지도자 훈련을 위한 고등 성경학교 교육을 시작하게 하셨다. 매일 교육할 수 있는 지역이 아니므로 방학 때 일주일 이상씩 새벽부터 밤늦게까지 집중 교육을 하고 보통 때는 2주에 한 차례 교육하는 과정이다. 학생들은 주로 장년 남자 교인들이다. 산티다드 교회와 아우로라 교회 그리고 다른 교단에서 찾아와 모두 여섯 명의 학생들이 강의를 들었다. 새벽 기도, 아침 식사 전 강의, 아침 식사, 오전 강의, 점심 식사, 오후 강의, 저녁 식사, 저녁 강의 등의 빡빡한 일과가 이어졌다.

정글에서 맞는 첫 새벽은 신선하기만 하다. 순하고 맑은 공기 속에서 드리는 새벽 기도는 고요와 침묵의 정글과 꽤나 잘 어울렸다. 제자들을 키우기 위해 갈릴리 바닷가와 요단강가에서, 들과 산에서 항상 애쓰셨던 그분의 일생을 생각하며 가만히 머리를 숙였다. 아마존의 깊은 정글, 아직도 활을 손에 들고 벗은 몸으로 자연과 더불어 살아가는 부족들의 순수함이 있는 곳, 동시에 마약 제조와 판매가 성행하는 이곳에 주님은 나를 보내셨다. 높은 산과 험한 계곡, 끝도 없이 펼쳐진 강과 평원이 있는 이곳은 누구도 깰 수

없는 정글의 법칙이 수천수만 년 전부터 내려오고 있었다. 나는 그 한복판에서 제자들을 키우기 위해 작은 출발을 하고 있는 것이다. 앞으로 저들이 이 정글 속에서 감내해야 할 몫이 얼마나 부담스럽고 힘겨울까? 저들을 통해 복음의 물줄기가 봇물 터지듯이 정글 곳곳으로 흘러가리라.

저들이 수직으로 솟은 산을 넘고, 다시 급하게 깎인 계곡을 타고, 하늘도 평원도 보이지 않는 깊은 밀림을 헤치고 들어가 영원히 목마르지 않을 생수를 전하는 일은 쉽지만은 않을 것이다. 나는 저들의 고통을 헤아릴 수 있기에 더욱 가슴이 저렸다. 기도가 끝나고 말씀을 들을 때는 머리보다는 가슴으로 받아들이는 제자들. 그들의 모습을 보면 투박한 내 영혼의 더러움을 발견하게 된다.

성경 전체 개요를 가르치고 한 단원씩 정리해 준 뒤 반복하여 질문하고 한 사람씩 발표하게 하여 말씀을 숙지시켰다. 무엇보다 삶의 변화를 위한 적용에 역점을 두어, 조직신학을 서론부터 종말론까지 다루었다. 수없이 이어지는 반복 학습으로 이해의 폭을 넓혔고, 예화는 주로 정글을 소재로 한 것들을 제시했다. 돌아오는 답변 역시 정글의 모습들, 알지 못하는 짐승들, 벌레들, 나무들, 계절에 따라 변하는 자연 등에서 이야기가 쏟아져 나왔다. 그렇게 살아 있는 예화는 제자들이 스승에게 제공할 몫이며 그들의 자랑거리이자 흥밋거리였다. 예화를 들을 때마다 신선한 주스를 마시는 듯하여 강의는 지루하지 않았다.

수천 마리 이상씩 새벽에 달음박질하는 원숭이 떼, 하늘을 덮는 벌 떼, 족히 10미터가 넘는 구렁이, 수도 없이 떼 지어 다니는 정글의 왕자 개미, 독거미, 독지네, 비 갠 다음 수십만 마리가 넘게 떼 지어 나와 수백 미터씩 길

을 가득 메우며 나는 나비 떼, 작은 카누에는 실을 수도 없는 거대한 물고
기, 악어, 거북이, 표범……. 밤은 밤대로 깊어가는 가운데 하나님께서 밤하
늘을 은하수로 수놓아 주셨다. 그 자연과 어우러지는 말씀이 청량함과 달콤
함을 더해 주었다. 각자 집에서 가지고 온 푸짐한 과일을 먹으며 사랑을 나
누는 깊고 깊은 밤. 정글의 향과 풀벌레들의 노래, 짐승들의 반주와 함께 우
리들의 교제는 친밀함이 가득했다.

어느덧 그들은 어엿한 교회 지도자들이 되어 아름답게 교회를 섬기고 있
다. 주변 부족들과도 연합 사역을 펼치며 연합회 회장으로, 정글 지역 지도
자로 곳곳에서 헌신하는 그들의 삶을 대할 때마다 감격의 눈물이 흘렀다.

기도와 현지 답사, 전도와 예배, 성경공부 그리고 지도자를 위한 신학과
정 교육까지 하나님께서는 많은 기도의 일꾼들을 택하셔서 영혼 구원의 사
역을 진행시켜 나가셨다. 딸 주리와 아들 강호 그리고 여러 청년들과 함께
방학 때마다 열리는 어린이와 청년들을 위한 수련회와 성경학교도 빼놓을
수 없는 소중한 시간이었다.

금식기도를 하고 적진 깊숙이 침투하는 선지 동산의 정예 용사들은 서두
르지 않고 침착하게 뿌린 복음의 씨앗을 가꾸어 갔다. 자신의 모든 것을 포
기하고 정글에 들어가 두려움 없이 복음을 전하는 제자들의 대견한 모습을
보면서 그분의 마음은 얼마나 기쁘실까 곰곰이 생각해 본다.

"주님, 당신은 이 정글 속에서 이루어지는 놀라운 일들을 잘 알고 계시
죠?"

코카인을 만들어 팔던 루이스,
신학교에 입학하다

정글에서 코카인을 만들던 루이스가 복음을 받아들인 새신자에서 이제 복음을 증거하는 전도자로 서기 위해 나를 찾아왔다. 포토시라는 광산촌에서 살다가 폐광으로 살 길이 막막해진 루이스는 막다른 골목에서 예수님을 만난 경우였다. 한쪽 다리를 심하게 저는 그는 완력이 남달리 좋고 폭력적인 기질이 있어서 마약의 세계에 쉽게 접근할 수 있었다. 손재주가 좋아 고품질의 마약을 많이 만들어 팔았다는 그는 늘 죽음의 공포 속에 살아야 했고, 떳떳하지 못한 자신의 삶을 짓누르는 자포자기의 절망도 많았으며, 모든 것을 잊기 위해 강물에 떠내려가는 낙엽처럼 인생을 팽개친 적도 있었다고 한다.

루이스가 그런 삶에서 전향한다는 것은 말처럼 쉽지 않았다. 우선 현재의 생활에서 벗어나더라도 다음 삶에 대한 구체적인 해결책이 없었고, 불구자로 냉대받은 자신이 무엇을 할 수 있을까 하는 패배의식이 용기를 가로막고 있었다. 또한 어렵지 않게 돈 버는 법을 알고 있는 자신이 그 세계를 쉽게 털고 일어나기에는 많은 결단을 요했다. 특히 어둠의 세력에서의 전향은 보복을 전제로 한 길이기에 두려움도 많았다.

늘 이런 갈등에 시달리던 루이스가 교회를 찾았는데, 그때 그는 주님을 만났고 나를 알게 되었다. 이제는 마약을 위해 생명을 거는 어리석은 삶에서 벗어나 주님을 위해 목숨을 거는 신실한 주의 종이 되겠다는 게 루이스의 새 꿈이었다. 심각한 표정으로 나를 찾아 온 루이스는 쉽게 말문을 열지 못했다.

“무슨 할 말이 있는 것 같은데 부담 갖지 말고 해보겠니?”

“감사합니다. 선교사님, 그럼 제 생각을 말씀드리겠습니다. 사실 신학교에 다니고 싶습니다. 저 같은 사람도 가능할까요?”

의외의 질문에 나는 믿기지가 않았다.

“너는 정글에서 마약을 하지 않았니? 그 문제는 다 청산되었는지 모르겠구나.”

“제가 결단만 내리면 그 다음은 과정만 남을 뿐입니다. 우선 제가 신학교에 입학할 수 있는지 알고 싶습니다.”

루이스는 이미 마음의 준비를 하고 기도를 드리고 왔으며, 마지막으로 입학 가능 여부를 물으러 온 참이었다.

“그곳에서 나오는 게 그리 쉽지는 않을 텐데 가능하겠니?”

“선교사님께서 두려워하지 마시고 허락만 해주신다면 제 문제는 스스로 잘 풀어 보겠습니다.”

두려운 마음을 갖지 말라고 한 것은, 루이스를 신학교 기숙사에 입사시키고 신학을 가르치고 교회를 섬기게 할 때 이미 마약 조직에서 떠난 루이스도 문제이겠거니와 나에게도 언제든지 문제가 찾아올 수 있다는 암시였다.

그 세계에도 나름의 등급이 있다고 한다. 푸카라 아이들처럼 일시적으로 들어갔다가 나오는 아이들은 중요하게 취급되지 않는데, 루이스의 경우는 깊이 들어간 상태라 그 세계에서 빠져나오는 게 그리 쉬운 문제가 아니었다. 여러 차례 생명의 위험을 겪은 나는 마약 조직을 잘 알고 있었다. 그동안 마약 퇴치를 위한 농원 선교, 교회 개척, 지도자 교육 등의 사역을 벌여 왔고, 마약 갱생원, 국내 마약 단속반, 국제 마약 단속기관 등과 연계하여 애써왔다. 사람이 쉽게 들어가지 않는 깊은 정글까지 들어가 복음을 전해 온 동양계의 내가 전국적인 조직망을 갖춘 그들 눈에 쉽게 포착되어 주요 타겟 인물로 지목되기도 했다. 그래서 죽음의 위기도 여러 번 넘겼다.

당시 차파레 지역 농원 선교와 개척 교회, 마약 갱생원 등을 위해 헌신하던 스웨덴 선교사 페드로가 있었다. 그는 나보다 다섯 살 많았고, 차파레 선교를 위해 동역하던 절친한 선교사였다. 비가 퍼붓던 어느 날 나와 페드로 선교사는 함께 지프차를 타고 사역지를 방문했다. 그런데 그때 멀리서 덤프 트럭 한 대가 무섭게 달려왔다. 차파레 정글 지역에서 흔히 볼 수 있는 차량이었다. 원목과 산타크루스에서 올라오는 각종 물건들을 실어 나르는 길이기에 늘 대형 차량이 다니는 지역이지만, 대개 대형 차량들은 그렇게 속도를 내지 않았다. 내리막길에서 무거운 짐을 싣고 달리는 것은 죽음을 자초하는 일이었다. 특히 빗길에서는 자살 행위에 가까웠다. 심상치 않은 차량으로 보이고 속도가 마음에 걸려 "선교사님, 조심하세요. 앞에서 오는 차가 아무래도 이상합니다"라고 주의를 환기시켰다. 일이 바빠서 달리는 것 같지도 않았고 음주 운전 같지도 않아 보였다. 난폭 운전에서 어딘가 고의성이 있는 것이 분명했다. 그동안 선교 현장에서 잔뼈가 굵은 페드로 선교사는 내 말을 심각하게 받아들이고는 조심스럽게 차를 한쪽으로 비켜서 길을 내주고 서행했다. 그 순간 달려오던 트럭이 그대로 우리 차와 정면충돌하고 말겠다는 듯이 순식간에 덤벼들었다. 충돌하면 차는 물론 우리 모두 살아남기 어려웠다.

"어, 어, 엇!"

파랗게 질린 페드로 선교사는 비명과 함께 급하게 오른쪽으로 운전대를 꺾었다. 덤프 트럭은 이미 지나가 버렸고, 우리는 길 옆 낭떠러지로 굴러 떨어지고 말았다.

"으음……. 선교사님, 괜찮으세요?"

"예, 저는 괜찮은데 선교사님은 어떠세요?"

"예, 저도 괜찮아요."

괜찮을 리 없는 몸을 겨우 추스르며 눈물을 훔쳤다. 간신히 피하여 목숨을 건진 우리는 서로 끌어안고 한참을 흐느꼈다. 앞으로 있을 어떤 고비도, 고난의 언덕도 잘 넘어가게 해달라고 기도드렸다.

그 후에도 이와 비슷한 상황은 수없이 일어났다. 뒤에서, 옆에서, 앞에서 달려드는, 살인을 목적으로 한 마약 세력의 노상 강도질은 수시로 생명에 위협을 가했다. 특히 비가 퍼붓는 한밤중에 번호판을 뗀 채 달려드는 차량들을 피해 낭떠러지로 구르고, 뒤에서 들려오는 총소리를 숨죽이며 듣고 있노라면, 카누 타고 활을 든 원주민들을 상대하는 것이 차라리 안전한 선교라는 생각이 들 정도로 공포스러웠다. 마약은 정글 깊숙한 곳의 코카나무에서만 만드는 것이 아니다. 해발 1,500미터 정도의 정글 초입에서도 생산되고 판매된다. 크리스탈 마요 지역은 해발 1,500미터 정도 높이에 있는데, 고산에서 정글로 내려가는 중간 지역이기에 산세가 험하고 계곡이 깊었다. 그 때문에 계곡 아래와 정상 부근에 코카나무를 심고 재배한다. 비포장 도로에 간신히 차량 한 대가 들어갈 수 있는 지역이다.

하루는 깊은 밤에 전도를 하고 나오는데 갑자기 갈림길에서 번호판이 없는 택시 한 대가 달려왔다. 일단 번호판 없는 차량이 깊은 밤에 마약 재배 지역에서 갑자기 나타나면 위험한 차량임을 파악하고 경계해야 한다. 달려오던 차량은 내가 탄 차를 한쪽으로 몰아붙이다가 멈춰 서더니 누군가가 뛰쳐나와 몸을 숨긴 우리에게 권총을 휘두르며 주먹질과 욕을 해 대고는 사라졌다. 뒤쪽 트렁크에는 문이 열린 채로 코카 잎을 잔뜩 실은 보따리가 눈에 띄었다. 마약 지대 정글 선교를 하고 오는 길에는 곳곳에 진을 치고 검열하는 마약 단속반과 늘 마주쳤다. 큰 트럭에 잔뜩 실은 바나나를 모두 바닥에 내려놓고 검열하기도 하고, 짐들을 다 열어보고 살피느라 대여섯 시간 이상이나 기다리게 하기도 했다. 물론 단속반이 이렇게 할 때는 일제 단속기간이기도 하지만, 주로 어떤 정보가 들어갔을 때 단속을 강화했다. 평소에는 간단한 차량 검사와 짐 검사 정도만으로 통과시킨다.

언젠가 혼자 정글 선교를 하고 돌아오던 때였다. 단속반이 모든 차량은 그냥 통과시켰는데, 내 차는 정차시키고는 운전석의 나를 별도로 불러냈다. 차체 밑부분부터 엔진 부분, 차량 내부 의자까지 뜯어 보며 차를 거의 해체하다시피 했다. 짐과 식기 뚜껑까지 열어 보며 샅샅이 뒤졌다. 마약을 가지고 나가는 수법들이 하도 다양하여 예상 밖의 수색에 걸려 든 꼴이었다. 마약 원산지의 운송 밀매 방법은 간교하기 이를 데 없었다. 가솔린 탱크의 반을 용접하여 반은 가솔린, 반은 마약을 넣기도 하고, 코카 잎 원료만 가지고 나가 시내 근교에서 마약을 만들어 팔기도 했다. 코차밤바 주변 마을 가운데는 마약으로 부자가 된 곳도 많고, 그렇게 번 돈으로 집을 짓기도 했다. 우리 교회가 사역하는 푸카라 지역도 그런 지역의 하나다. 산호르헤의 농원 경계 지역에서도 그런 짓을 하다 걸려 체포되는 마약범을 목격했다. 아직도 마약을 만들던 자리가 그대로 있으니, 사실상 마약은 우리 주변의 가장 가까운 곳에서 만들어 판매하고 있었다.

두 시간 이상 검열을 계속해도 아무런 단서를 잡지 못한 단속반은 아쉬운 듯 차를 다시 조립하고 짐을 싣게 했다.

"선교사님의 차를 철저히 수색하라는 명령이 내려져서 이렇게 검열했습니다."

"당신들은 나를 잘 알고 있지 않나요?"

전에 없던 검열에 기분 나빴고, 계속 의심받고 있다는 것에 더더욱 불쾌했다. 특별히 마약 단속반은 동료 관계였고 마약 퇴치를 위해 함께 애쓰던 가운데 이런 일이 벌어졌기 때문이다.

"잘 알고 있습니다. 그러나 선교사님도 아시다시피 우모파르에서도 단속반원이 마약을 단속한다 하면서 압수한 마약을 가지고 부대를 이탈하고 도주하는 걸 잘 알고 있지 않습니까?"

"이해합니다. 그런데 신고자가 대체 누구입니까?"

"그건 알 것 없고, 차 밑에 마약이 있었다고 했는데 찾아보니 없어서 의자 안쪽까지 뒤진 것입니다."

마약 밀매자들은 자신들이 지목한 사람을 제거하기 위해 무자비하게 총이나 화기로 공격하기도 하고, 차량 충돌 사고를 일으키기도 하고, 이번처럼 차에 마약을 몰래 숨겨 두고 단속반에 신고하여 마약 밀매자로 체포되게 하는 수를 쓴다. 정글 어느 지역에 차를 세워 두고 자리를 비운 사이에 이런 일이라도 당하면 꼼짝없이 마약 밀매자가 되는 것이다. 아마도 내가 선교지 주변 비포장도로로 깊이 들어갔다가 나오는 길에 누군가 숨겨 놓은 마약이 차에서 떨어져 나가 위기를 모면한 것 같다.

"항상 차를 세워둘 때 조심하십시오. 엔진 아래쪽에서 철사 줄이 발견되었습니다."

그 말을 듣고 다시 운전대를 잡으니 아찔하기만 했다. 철사 줄에 묶였던 것은 마약이 분명했을 것이다.

이러한 경험이 생생한 나로서는 루이스의 말이 충분히 이해되었다. 루이스도 문제고 나도 문제였다. 그러나 아무리 생명의 위협을 느끼며 살아야 하는 상황이라 해도 그런 문제 때문에 뒤로 물러설 수는 없었다. 물러설 것이라면 차라리 볼리비아 땅을 밟지 말았어야 했다.

또 다른 문제가 있었다. 당시 우리 신학교는 매우 까다로운 시험을 통과해야 입학이 허락되었다. 루이스는 늘 어둠 속에서 긴장된 생활을 해 오며 쉽게 돈을 벌어왔다. 그런 그가 과연 까다로운 입학시험을 이겨 낼 수 있을지 의문이었다. 우리 신학교는 4주 동안 입학시험을 치른다. 첫 일주일간 무조건 금식기도를 드린다. 이때는 아무것도 하지 않고 성경읽기, 기도, 찬양만 허용된다.

볼리비아에서 일주일 금식기도를 하는 것은 한국보다 더한 어려움이 따른다. 내가 사는 곳이 해발 2,600미터인데 볼리비아에서는 고산지대라 할 수 없지만 낮다고도 할 수 없는 지대다. 잘 먹어도 견디기 어려운데 툭하면 굶주리던 청년들이 처음 해보는 금식기도에 힘겨운 일주일을 보내리라는 것은 뻔한 일이었다. 그렇게 일주일씩 금식을 시키며 입학시험을 치르는 신학교는 볼리비아 어디에도 없었다. 교파를 초월하여 어느 목사나 선교사가 일주일씩 금식기도를 했는지 조사해 봐도 찾기 어려웠다.

그 다음 2주차 일주일은 금식과 함께 노방 전도를 하는 기간이다. 지친 몸에 2주째 이어지는 금식도 어려운데 아침부터 저녁까지 노방 전도를 하는 것이 시험이니 웬만한 사명감과 각오 그리고 인내가 없으면 엄두도 못 내는 과정이다.

그 다음 3주차에는 힘에 부치는 중노동을 시킨다. 금식 후 체력 관리를 위해 몸을 추스르지도 못한 이들이 하는 노동은 삽과 괭이로 땅을 파는 일이다. 2주 금식 후 뙤약볕 아래서 제대로 먹지도 못하고 8시간을 일하는 것은 과거 노예들도 해본 적 없는 고된 과제다.

마지막 4주차에는 아침부터 저녁까지 신학 공부를 시킨다. 그런 과정을 거쳐 시험과 상담에서 통과하면 합격시킨다. 일주일도 안 되어 80퍼센트 이상이, 2주차가 되면 90퍼센트 정도가 포기한다. 4주를 거치는 학생은 어느 정도 믿어도 되는 학생인데, 루이스는 그 과정을 모두 통과했다. 그해 두 명의 학생이 합격했다. 모두 다 포토시 출신이다.

시험을 치르면서도 사실 내 마음도 그리 편치 않았다. 평소 잘 먹지도 못한 저들에게 금식은 결코 쉬운 일이 아니란 것을 잘 알기 때문이다. 어려운 과정을 통과한 루이스와 루벤과 함께 하나님께 감사 기도를 드리고 이제 본격적인 신학교 훈련을 시작했다. 전원 기숙사에 입사한 그들은 새벽 4시에 일어나 새벽기도와 성경 읽기 그리고 매일 성경 암송, 오전 신학 강의, 오후 선교부 내에서의 중노동과 전도 등의 일정을 소화하고, 밤에는 예배가 있는 날(화요일 저녁, 목요일 저녁, 금요일 철야, 토요일 저녁, 주일 오전·오후·저녁 등)을 제외하고는 11시까지 도서관에서 공부를 해야 했다. 물론 빨래, 식사 준비 등도 스스로 해결해야 했다. 각자 교회를 개척하거나 어느 한 교회에 가서 헌신해야 했으며, 토요일에는 전 신학생이 노방 전도를 하고 각 교회에 가서 교회를 섬기고 주일까지 고단한 일정을 소화했다. 쉴 틈 없이 계속되는 사역과 수업 등으로 하루하루의 삶이 숨가쁘게 흘러갔다. 안데스 고산의 만년설 추위에 비견할 만한 냉혹한 훈련이었다.

초기에는 강한 훈련과 빡빡한 일정에 적응하기가 쉽지 않아 고민도 하며 기도 시간마다 울부짖던 루이스는 하나님의 특별한 인도하심 속에 단계적으로 삶의 변화가 일어났고 믿음의 뿌리를 깊이 내리기 시작했다.

당시만 해도 선교부의 일이라는 것이 기초 작업들이라 모두 거친 일투성이였다. 뙤약볕에서 땅을 파야 했고, 흙벽돌을 만들었고, 창고로 쓰던 낡은 건물을 수리했다. 최소한의 재료로 창고를 짓고, 짐승들이 해야 할 일을 그들이 대신 짊어지고 땀을 뻘뻘 흘리며 땅을 골랐다.

그 후 신학생들의 자립책으로 농원 사역을 시작했다. 70여 마리나 되는 소를 키웠고, 산란용 닭도 7,000마리 정도 키웠다. 초기에는 나뭇가지와 잎으로 우사를 만들었고, 소젖 짜는 기계가 따로 없어서 손으로 젖을 짰다. 물 탱크를 만들어 상하지 않게 보관했고, 먹이를 위해 낫으로 꼴을 베어 말리기도 했다. 모든 것이 충분한 준비에 의한 것이 아니다 보니 초창기에는 언제나 몸으로 때워야만 했다. 한국과 마찬가지로 볼리비아의 시골 생활도 아무리 일해도 표 안나는 일들의 연속이었다. 공부하랴, 사역하랴, 농원에서 일하랴, 그리고 나서 음식 준비, 빨래 등의 모든 일상의 일들을 처리하려니 하루하루가 고달픈 나날이었다. 그렇다고 먹을 것이 충분한 것도 아니어서 사명감과 헌신의 각오 없이는 견뎌내는 것이 여간 어렵지 않았다.

현재 아르헨티나에서 사역하고 있는 루이스는 아내가 간호사이고 슬하에 두 아이가 있다. 졸업 후 모교를 찾아온 루이스는 아내와 아이들을 내게 소개하면서 너스레를 떨었다.

"여보, 나는 이미 지옥 맛을 이곳에서 봤어."

"네?"

놀라는 부인 앞에서 껄껄 웃으며 과거에 이 선교사가 자신에게 했던 혹독한 훈련 이야기를 늘어놓았다. 무엇보다 힘들었던 것은 배고픔이었다고.

"너무 배가 고파서 소젖을 통에 담아 냉각시키느라고 물에 담가 둔 것을 새벽 1시에 일어나 빨대를 꽂아 훔쳐 먹기도 했어. 선교사님은 아직도 그 일을 모르시죠?"

"그때 날마다 우유 양이 줄어들고 있다는 것쯤은 알고 있었지."

"네에? 알고는 계셨군요!"

1리터라도 잘 관리하여 판매 후 수익금은 선교비로 써야 하는 때에 루이스뿐만이 아니라 헨리도 가담했거늘, 내 어찌 그들 공범(?)을 모를 리가 있으리! 이제는 모두 마음을 터놓고 서로 웃으며 추억을 회상했다. 때로 야속함을 느끼기도 했겠지만, 그 야속함 뒤에 아버지로서의 내 진심과 하나님의 은혜를 발견한 값진 훈련이었다고 다들 감사해 한다.

혹독한 기도 훈련, 성경 암송, 깊은 정글과 고산의 강행군 전도, 매일 이어지는 중노동……. 이제는 모두 옛추억이다. 언제 어떻게 될지 모르는 마약의 암흑 속에서 헤어나올 때만 해도 숱한 어려움이 따랐고, 신학 훈련 과정에서는 그 이상의 고통이 있었지만, 자신에게는 가장 소중한 훈련이었다고 고백하는 루이스. 답례의 선물로 초콜릿 상자를 내미는 그를 보니 눈물이 아른거린다.

사랑한다, 루이스!

마약의 재료인 코카 잎을 말리고 있다.

웬 양 떼냐?

어렵게 입학한 신학생들의 학교 생활은 쉽지 않았다. 매일의 일상은 물론, 특별히 강조되는 말씀과 기도, 전도는 더욱 그러했다. 지도하는 대로 나타나는 교육 효과는 신학생들의 전도 열기에서 느낄 수 있었다.

매주 토요일은 노방 전도의 날로 정해 기존 개척 교회나 개척 대상 지역을 위해 기도드리며 전도했다. 인천중앙교회에서 헌금으로 보내 준 미화 1,700달러로 1960년대식 브라질 지프차를 장만했다. 바야흐로 자전거 시대의 막이 내리고 지프차 선교 시대가 열린 것이다. 전도에 필요한 모든 기자재들을 차에 싣고 달렸다. 기자재라야 마이크, 앰프, 찬송가 괘도, 성경공부 교재, 전도지 등이었다. 비가 오면 위에서 새고, 바닥에서 물이 튀어 올라오고, 옆과 뒤에서 비바람이 들이치는 지프차. 그래도 우리에겐 소중한 애마였다. 평균 시속 40킬로미터 이상을 내지 못하고 일주일에 한두 번 이상은 꼭 손을 보아야 했다. 방금 먹은 밥이 소화가 다 될 정도로 뒤에서 밀며 몇 번을 다시 시동을 걸어야 간신히 움직이는 사고뭉치 차이기도 했다.

어느 주일 아침, 사모와 두 아이를 태우고 어렵게 시동을 걸어 교회로 달렸다. 달려 봤자 자전거 속도 정도였지만 늘 감사한 마음으로 차를 몰았다.

그런데 갑자기 오토바이를 타고 달려온 교통경찰 아저씨가 차를 세웠다.

"왜 그러십니까?"

"면허증 좀 봅시다."

"여기 있습니다."

"면허증 따신 지는 오래되셨는데 왜 아침부터 술을 마시고 운전을 하십니까?"

"……."

"왜 아침부터 음주 운전을 하시느냐 말입니다."

신경질적이며 시비조로 말하는 경찰관 아저씨의 눈에 이미 나는 음주 운전자라는 낙인이 찍혀 있었다.

"이보시오, 나는 목사요! 지금 가족들과 교회에 주일 아침 예배를 드리러 가는 길인데 술은 무슨 술을 마셨다는 거요?"

"아니, 술을 마시지 않았다는 거요?"

"멀쩡한 사람 보고 왜 술을 마셨다고 생트집을 잡느냐 말이오?"

"술에 취하지 않았으면 차가 곧바로 달릴 것이지 왜 오른쪽으로 갔다 왼쪽으로 갔다 하느냐 말이오?"

"……."

아무리 곧바로 가려고 해도 그렇게 되지 않는 차임을 알 턱이 없는 경찰관 아저씨는 한참 동안 설명을 듣고 혀를 차며 조심하라는 말을 남기고 떠났다.

경찰관 아저씨가 시비를 걸거나 말거나, 우리의 지프차는 매일 늙고 휜 허리를 펼 날 없이 주어진 사명을 잘 감당했다. 그 늙은 지프차에 승차한 전도 특공대원들은 마이크를 잡고 목이 터져라고 외쳐 댔다. 외칠 때마다 "직직"하며 요란하게 울리는 잡음도 아랑곳하지 않고 볼륨을 높였다. 복음송을 부르고 오라 오라 외치고 쪽복음을 나누어 주며 달리고 또 달렸다.

토요 전도는 일주일간 찬양, 성극 등을 미리 준비하고 특별 기도를 한 후 시작했다. 외침, 강권, 찬양, 기도, 연극, 성경공부, 예배 등의 전도 프로그램이 주로 나무 그늘 아래나 잔디에서 일사불란하게 이루어졌다. 신학생 1명이 20명 이상 전도하여 데려오지 못하면 자진해서 본부 신학교까지 걸어가야 하는 맹세도 받아 두었다.

한번은 벨랴 비스타라는 산기슭 마을 전도를 나가게 되었다. 산족 마을에 많은 사람들이 모여 사는 것도 아니니, 1인당 20명을 채울 수 없을 것은 불 보듯 뻔했다. 그럼에도 나는 신학생들 앞에서 준엄하게 명령했다.

"사람이 없으면 양이라도 데리고 와라!"

최선을 다하라는 명령에 순진한(?) 어느 제자는 정말로 15명의 어린아이와 5마리의 양 떼를 몰고 왔다.

"웬 양 떼냐?"

"목사님께서 사람이 아니면 양이라도 데리고 오라 하셔서……. 목사님 말씀처럼 성경에서 예수님은 목자이고 저희들은 양 떼라고 하셨잖아요? 그래서……."

어처구니없는 말에 웃음으로 답하고는 사람 양 떼, 진짜 양 떼를 앞에 앉혀 놓고 전도 집회를 시작했다. 아이와 청·장년별로 성경공부, 찬양, 성극 순서를 진행하고 이발까지 해주었다. 나무그늘 자갈밭과 잔디 위에 앉아 말씀을 듣는 그들이나 주님의 사랑을 눈물 흘리며 전하는 제자들이나 모두 아름답고 사랑스러웠다. 탕자의 이야기를 실제로 흐느끼며 성극으로 전하는 제자들의 모습에 함께 울고 웃으며 주님의 사랑을 나누었다. 그날 사람을 다 채우지 못해 양 떼를 몰고 온 그 신학생은 약속대로 10킬로미터 이상을 걸어 학교로 돌아왔다. 어느덧 저녁 식사 시간까지 넘기고 바로 자신이 섬기는 교회로 가서 성경공부와 예배를 드리고 밤늦게 기숙사에 들어가는 그 제자의 모습을 보면서 눈시울이 뜨거워졌다.

"굳세게 자라다오.. 주님, 그와 늘 함께해 주세요."

차 한 잔과 달걀 프라이를 빵에다 넣어 방으로 들고 가서 그 제자에게 들라하고 힘들지 않았는지 물었다. 오히려 눈시울을 적시며 감사하다고 고백하는 제자 앞에 나의 믿음이 초라해지는 것을 느꼈다.

사역 초기에 시내에서 월세로 살 때 야간 성경학교로 시작한 신학교는 이제 문교부의 정식 인가를 받고 신학교 부지를 구입하게 됐다. 창고로 쓰던 건물을 교실로 사용하다가, 본격적인 건축으로 선지 동산의 면모를 갖추었다. 하나님께서 신학교의 제자들을 성숙한 일꾼으로 양육시키셨다. 주말 전도에 많은 열매가 있었고, 방학 때는 금식 기도와 정글 전도, 고산지역 전도 그리고 연합 집회 등의 사역을 펼쳤다.

고산지역 전도는 주로 해발 3,500~4,500미터를 대상 지역으로 잡았다. 고산지역은 청정지대로, 몸을 물어 대는 벌레나 사람을 위협하는 짐승이 없었다. 현지인들은 대개 토종 인디오의 후예이며, 산과 계곡으로 이어지는 고산에 모여 사는 부족들이다 보니 폐쇄적이면서도 결속력이 강했다. 주식은 감자와 옥수수가 중심이고, 호수나 계곡을 끼고 있는 부족들은 냇가에서 투루차(송어)를 잡아 먹기도 한다. 보통 방학 중에 3박 4일이나 4박 5일의 집회를 열었다. 일단 고산의 부족에 들어가 집회를 하면 부족 사람들 거의 대다수가 나온다. 그중에는 교인이 태반이고, 외부인 구경하기가 어려운 산골 마을이기에 구경 삼아 온 사람들도 있다. 특별히 전도용 영화를 상영하면 온 마을 사람들이 다 모였다. 새벽 집회, 아침 식사, 오전 성경공부, 점심 식사, 오후 집회, 저녁 식사, 저녁 집회 등으로 이어지는 매일의 일과는 몇 시간씩 산을 넘어 오는 부족들과 함께 마을의 커다란 잔치가 되기도 했다. 말씀을 받아들이는 그들의 진지한 모습은 순박하고 때 묻지 않은 심성 그대로였다. 높은 지역의 강한 햇살 때문에 얼굴이 짙게 탄 모습이 더욱 순박해 보이고, 어린아이부터 할머니에 이르기까지 인디오 토속어인 케추아어를 쓰기 때문에 더욱 토속적인 분위기였다. 집들도 대개 흙벽돌로 올린 벽에 풀로 엮은 지붕이어서 자연과의 조화가 잘 이루어져 있었다.

그러한 곳에 복음을 전하고 교회를 세우고 지속적으로 훈련을 시킨 결과, 그곳 출신의 신학생이 배출되었고 그 신학생이 다시 고향에 가서 복음을 전하는 역사가 일어났다. 산과 계곡을 타는 데 익숙한 제자들의 발걸음은 늘 가벼웠다. 복음의 발걸음이 닿는 곳마다 눈물이 앞을 가렸다. 자신들의 잘못을 그리도 많이 고백하며 눈물을 흘리고 토속어로 찬양을 드리고 박수를 치며 할렐루야를 부르면서 기뻐하는 사람들……. 잡은 양고기를 먹으며 구운 감자와 옥수수를 놓고 산중 깊은 곳에서 함께 어울리다 보면, 이곳이 바로 천국이라고 착각할 때가 한두 번이 아니었다.

야성적인 정글 선교에 비해 고산지역 선교는 고요가 깃들어 있어 대조적인 분위기였다. 자연스러운 섬김이 살아 있고, 관심과 사랑이 남다른 집회였다. 가는 길이 험하고 여러모로 불편했지만 삶의 순수한 진액을 먹고 마시며 살아가는 부족들과의 만남은 큰 기쁨과 보람으로 다가왔다. 제자들은 그들에게 예수님의 사랑 이야기를 감격의 눈물을 흘리며 증거한다. 계곡 물이 맑은 소리를 내며 흐르듯, 맑은 하늘의 흰 구름이 소리 없이 흐르듯, 맑고 아름다운 발걸음으로 복음의 씨앗을 뿌려 가고 있다.

청각·언어 장애인,
신학교에 입학하다

신학교를 통해 이루어 가시는 하나님의 역사는 때로 우리의 생각과는 전혀 다른 일들로 나타났다. 기도와 말씀과 순종으로 뜨겁게 끓고 있는 신학교의 작은 솥 안에 또 하나의 새로운 자원이 추가되었다.

빈토라는 지역에 청각·언어 장애인만을 대상으로 운영하는 학교가 있었다. 그 학교의 교사 세 명이 내게 상담을 요청했다. 그중 두 분은 장애가 없는 일반인이고 한 분은 청각·언어 장애인이었다. 상담 중에 본인들 모두 신학교를 다니겠다는 뜻을 밝혔다.

비장애인 두 분은 고등학교를 나오고 특수 장애인들을 위한 교육을 받고 현재 특수 기관에서 일하는 교육자들이니 가능한 일이었으나, 나머지 한 분은 듣지도, 말하지도 못하는 중증 장애인이었다. 사명감에 불타는 그들의 요청은 간절했지만, 당시 우리 신학교는 장애인을 위한 특별 과정이 없었던 터라 난처하기만 했다.

"저희 학교에 오셔서 감사드립니다. 하지만 잘못 찾아 오셨습니다. 저희 신학교는 볼리비아에서는 유일하게 문교부 등록 신학교이지만 장애인을 위한 특별 과정은 아직 마련되지 않았습니다."

볼리비아의 신학교들이 종교청 산하 각 교단 직영이어서 졸업증서에 문교부 등록 번호가 명시되지 않는다는 것을 잘 아는 그들은 우리 학교가 유일하게 문교부 등록 신학교라는 것을 알고서 장애인을 위한 특별 과정을 허락해 줄 것으로 기대했다. 정중히 거절했지만 페루 출신의 교사 리타 씨는 내 말에 포기하지 않고 긍정적인 차원에서 지혜롭게 방법을 제시했다.

"선교사님, 저희는 들을 줄 알고 말할 줄 알고 수화도 가능하니 저희가 강의를 들으면서 동시통역을 하면 되지 않습니까?"

그럴듯했고 설득력도 있었다.

"그 말씀도 일리가 있습니다. 그런데 당신이 결석하게 될 경우는 어떻게 하지요?"

"염려 마세요. 그때는 파블로가 녹음기를 가지고 와서 녹음할 것입니다. 녹음한 내용을 듣고 저희가 다시 통역을 하겠습니다."

나를 합리적으로 설득하지 않으면 절대로 통하지 않으리라 예상하고 준비를 철저히 한 것 같았다. 결국 계획에 없던 장애인과의 첫 만남이자 또 하나의 사역이 시작되었다.

"학점을 주는 문제나 강의를 듣는 문제나 발표하는 문제 등 모든 진행에서 절대 예외를 두지 않겠습니다. 정상인과 똑같이 진행할 것이니 기도해 보시고 다음 주간에 다시 오셔서 시험을 치르십시오."

의외로 장애인 신학생은 잘 적응했고, 비장애인보다 더 좋은 성적을 거두었다. 이것이 동기가 되어 우리는 장애인들을 위한 기독교 교육학과를 새롭게 개설하고자 문교부에 신청했다. 그 후 우리 학교는 볼리비아 문교부 인가로 장애인을 위한 기사 자격증을 최초로 수여한 신학교가 되었다.

세월이 지나면서 장애인들의 입학이 늘고, 졸업 후 초·중·고등학교 교사로 취업하거나 교육청의 장애인들을 위한 부서에서 공무원으로 일하는 이들이 다수 배출되었다. 목사가 되어 복음을 전하는 장애인 졸업생들도 생기면서 하나님이 이들을 우리 학교에 보내신 은혜와 사랑을 더욱 깊이 깨닫게 되었다. 장애인은 늘 내적인 아픔이 있기에 의식적으로 가까이 한다는 느낌을 받을 때는 오히려 더욱 힘들어 한다. 조금은 거리를 두고 바라보면서 정상인과 같은 역할과 과제를 요구하며 그들에게 주님을 소개했다. 그리고 마음 깊숙이 자리 잡은 쓴 뿌리들을 주님 앞에 드러낼 수 있게 상담해 주었다.

장애인 제자들이 밝아지면서 교육의 중요성과 예수님께서 주시는 무한한 능력에 대해 다시금 생각하게 되었다. 그 후 하나님께서는 장애인을 위한 교회도 세우게 하셨고, 주일마다 장애인 성도들과 함께 드리는 예배로 영광을 돌리게 하셨다. 그들을 위해 마련된 공간은 투박했지만 순수함이 살아 숨 쉬는 공간이었다. 자연스러움과 땀내와 감동이 가득한 장애인 예배를 받으시는 우리 주님은 얼마나 기쁘실까?

돌이켜 보면 하나님의 섭리는 참 오묘하다는 생각을 하게 된다. 선교사로 오기 전 내가 소망하던 사역 가운데 하나가 소록도의 환우들을 위한 사역이었다. 하나님께서 이곳 볼리비아로 보내시어 장애인을 위한 신학교를 운영케 하시고 또 장애인 교회도 섬기게 하신 것은 소외받는 약자들을 위한 나의 소망을 기억해 주신 증거이다. 오히려 그들을 통해 위로를 받게 하심으로 선교지 사역을 풍성하게 이끌어 주셔서 감사하기만 했다.

힘겨운 매일의 일정 속에서도 모든 신학생들은 하나님의 은혜 가운데 기도와 말씀과 헌신으로 무장돼 갔다. 새벽부터 늦은 밤까지 이어지는 신앙 훈련이 현지인들에게는 예외적인 생활이었으나 하나님께서는 그들에게 인내할 수 있는 힘을 주셨다. 어려움을 극복하고 사명자의 길을 가는 제자들을 통해 영적 스승으로서 한없이 부족한 내 모습을 다시금 살피게 되었다.

3년의 전문대학 과정을 마치고 사각모를 쓴 제자들이 내게 가슴 뭉클한 기쁨을 준 것은 물론이고, 그들의 부모님이나 가족들도 이루 말할 수 없이 감격스러워 했다. 졸업식장은 온통 눈물로 젖어들었다. 기쁨의 눈물이요 감격의 눈물이요 성취의 눈물이기도 한 그들의 눈물은 여느 졸업식장보다 따뜻한 정이 흘러넘쳤다. 그들의 삶 속에 내가 얼마나 어우러져 있을지는 모르겠으나, 함께했던 우리의 시간은 영원히 잊지 못할 것이다.

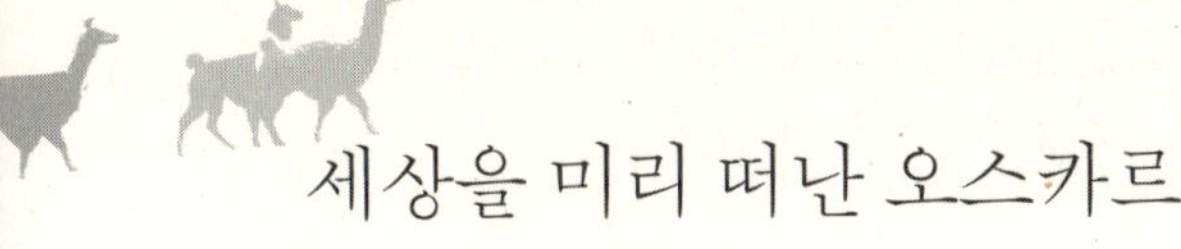

세상을 미리 떠난 오스카르

순수하게 말씀을 배우고 행하는 신학생들을 사탄이 가만 놔둘 리 없었다. 더군다나 선교지는 영적 전쟁터이니 말이다. 늘 가난하게 살아가는 사람들의 마음 한편에는 풍요에 대한 기대가 있는 것이 어찌 보면 당연하다.

오스카르라는 학생이 있었다. 산타크루스에서 온 그는 문제가 있던 학생이기에 사실상 입학이 허락되지 않았다. 코차밤바의 우리 신학교는 문제가 있는 학생이어도 입학하기만 하면 새사람이 된다는 소문이 있어, 타 도시인 산타크루스에서 부모님까지 찾아와 간곡히 부탁하기에 겨우 오스카르의 입학을 허락했다. 그런데 그게 문제였다. 오스카르는 생활 태도가 불량하여 늘 기도 제목에 올라와 있던 터에 그만 큰 소동을 일으켰다. 신학생들을 선동하여 선교부의 재산을 차지하려고 한 것이다.

볼리비아에서는 지역 정서상 여럿이 뭉쳐서 밀어붙이면 된다는 식의 우악스런 논리가 통했다. 포토시나 오루로 등 다른 도시에서 온 사람들이 때로 몰려들어 땅을 점거하고 철망으로 울타리를 치거나 돌멩이로 적당히 담을 만들기만 하면 자기 소유의 땅이 되는 일이 비일비재했다. 법 이전에 힘으로 밀어붙여 땅과 동산, 부동산을 차지하기란 이들에겐 쉬운 일이었다. 이러한 의식의 저변에는 인디오들이 원래 이 땅의 주인이기 때문에 어느 땅이든지 자신들이 들어가 살 수 있다는 생각이 자리 잡고 있었다. 또 하나님은 이 땅을 모든 사람에게 주시며 나누어 가지라고 했다는 주장도 덧붙였다. 따라서 나누어 갖지 않는 사람은 이들에게 으레 도둑 취급을 당했다.

도둑이 도둑질을 하고 나서 성당 앞을 지날 때 성호를 긋고 가는 것은 당연한 일이었다. 잡히면 "주면 될 것 아니냐!"라고 하는 것은 우습고 뻔뻔하다기보다 일상의 모습이었다. 구걸하는 거지에게 동전 한 닢을 주면 거지는 "하나님의 축복이 함께하시길……" 하며 손을 들어 축복해 주고, 주지 않으면 하나님의 것을 왜 나누어 먹지 않느냐는 비난의 말을 던진다. 가진 자는 죄인 취급당했고, 없는 자는 당당히 자기 권리를 주장했다. 구걸이나 강탈을 삶의 한 수단으로 여기면서 아무런 죄의식도 느끼지 않았다.

이러한 상황에서 헌금으로 마련된 선교부의 신학교 부지와 건물은 저들에게 군침 돋는 먹잇감에 지나지 않았다. 도둑이 도둑질하는 데 이유를 묻는 것 자체가 모순이었다. 남의 것을 탐내는 사람들이 으레 그렇듯이 문제를 일으킬 만한 일이 없어지면, 그 다음으로는 작위적으로 문제를 만들어 냈다. 새벽기도, 전도, 성경공부, 도서관 생활, 개인 식사 준비, 빨래 등이 너무 힘들다는 항변이었다. 물론 입학 전에 이런 것들에 대해서는 다들 숙지했고 내규대로 하겠다는 동의까지 한 상태였다. 하지만 이미 합리적 설득이 필요 없어졌다. 이럴 때마다 나와 사모는 다시 철야기도, 금식기도로 들어갔다. 그러한 혼란 속에서 월송을 비롯한 몇몇 학생들은 동요되지 않고 나를 옹호하며 변호에 나섰다.

“도대체 이 선교사님의 문제가 뭐란 말이냐?”

“…….”

“문제가 있다면 말을 해 봐!”

“…….”

“너희들이 만든 문제를 법적으로 푼다 해도 너희들에게 무슨 이득이 있겠냐? 우리가 공부할 수 있게 해주시고, 일할 수 있게 해주시고, 먹을 수 있게 해주시고, 늘 기도해 주시며, 옷, 넥타이, 구두, 운동화 등 자신의 모든 것을 우리에게 주신 분이 선교사님인 것을 너희들이 잘 알고 있지 않느냐? 이 선교사님이 사는 집은 우기마다 비가 새서 양동이를 놓고 받아야 하는 것도 알지 않느냐? 우리가 살고 있는 기숙사는 그래도 비는 새지 않는다. 나는 선교사님과 초기 개척 때부터 잘 아는 사이이기 때문에 보아 왔다. 선교사님은 처음에 우리가 사는 푸카라 빈민굴까지 걸어 오셔서 복음을 전하셨다. 그 다음 한국에서 중고 자전거가 와서 그것을 타고 하루에 수십 킬로미터씩 다니며 전도하셨다. 고산병으로 그렇게 힘드신데도 철야기도와 금식기도로 쉴 틈 없이 애쓰셨고, 항상 돈이 없어 온몸으로 일하시는 것을 나는 이 두 눈으로 똑똑히 보아왔다. 먹을 것이 없는 우리에게 선교사님 자신도 먹을 것이 없으면서 양식을 나누어 주신 것이 한두 번이 아니었다. 너희들은 모를 것이다. 차파레 마약 정글 지역에서도 텐트 하나만 가지고 그 위험한 마약 소굴에서 주무시며 전도하신 것을 상상도 못할 것이다. 너희는 산타크루스에 살았으니 알 것 아니냐? 차파레가 얼마나 위험한 지역이라는걸. 우리가 도서관에 있을 때 선교사님도 늘 함께 도서관에 계셨고, 새벽기도, 철야기도, 금식기도, 토요일 전도와 각종 집회에서 모두 앞장서셨다. 신학교 건물이나 기숙사를 수리하는 과정에서 이 선교사님보다 먼지를 많이 먹은 사람 있으면 어디 나와 봐라! 기도가 힘들고 공부가 힘이 든다는 말은 분에 넘치는 대우를 받으면서 하는 사치스런 말이 아니냐? 우리나라에서 어디 쉽게 일자리를 구할 수 있으며 잘 수 있으며 먹으며 공부까지 할 수 있느냐? 나는 지금의 생활이 그렇게 어렵다고 보지 않는다. 이것은 훈련이고 얼마든지 감당할 수 있는 과정이 아니냐? 솔직히 신학교 생활보다 너희들이 다른 데 목적이 있어서 아무 문제가 되지 않는 것들을 문제로 만들고 있는 게 아니냐? 이런 생활은 우리 선배들도 다 했고 우리도 지금 하고 있으며 후배들도 잘 하고 있지 않느냐? 나는 선교사님의 입장에서 말하는 게 아니다. 현재 상황에 대해 솔직하게 이야기해 보자. 그리고 문제가 있다면 얘기해 봐라."

"……."

묵묵부답으로 침묵이 흐르는 가운데 시간이 흘렀고, 자신들의 잘못을 고백하는 학생들이 나왔다.

주동자 오스카르는 양심의 가책을 받고 자신의 잘못을 인정하고 산타크루스로 돌아갔다. 돌아가기 전 오스카르는 늦은 밤에 나를 찾아왔다.

"선교사님, 죄송합니다."

"뭐가? 이제 다 끝난 이야기니 잊어버려라. 그리고 다시 출발하면 될 것 아니냐."

"아니, 그게 아니고……."

오스카르는 그간의 사정을 말하면서 브라질 선교사에 대한 이야기를 들려주었다. 당시 브라질 선교사 알레한드로는 우리 신학교에 출강하고 있었다. 장로교 교단 선교사이고 교리적으로 문제가 없어 강사로 초빙했다. 주경신학 쪽을 맡겼는데 초반부터 강사료가 얼마냐며 돈 얘기부터 꺼냈다. 그 후 교무를 담당한 아구스토에 대해 부정적인 말을 계속하면서 학생들에게까지 험담했던 것을 알고 있었다. 결국 아구스토를 내보내고 자기가 그 자리에서 월급을 받으며 일하면 어떻겠느냐고까지 했지만 나는 허락하지 않았다. 그는 침례교 신학교에, 부인은 같은 신학교 음악과에 다녔다. 그리고 하는 일 없이 교회 한 곳을 개척한다는 명분으로 셋집을 얻어 많은 시간 보내며 볼리비아 아이를 양녀로 삼기도 했다. 아이를 양녀로 삼을 때 선교비를 더 많이 받을 수 있다는 숨은 계산이 있었던 것이다. 이런 사람에게 오스카르가 말려들어 문제가 생긴 것이다.

오스카르를 생각하면 지금도 마음이 아프다. 그는 고향으로 돌아가는 길에 차량 사고가 나서 세상을 떠나고 말았다. 가슴이 쓰라렸다. 탈취를 목적으로 선동을 일삼다가 뜻대로 되지 않아 신학교를 포기하고 나간 청년이니 이미 신학생이 아니었지만, 그가 죽었다는 소식을 듣고 사모와 다른 신학생들과 함께 조문하러 갔다.

자식의 죽음 앞에서 통곡하는 어머니를 위로해 드렸다. 과거 제자였던 오스카르에 대한 아픔과 후회가 마음을 난도질했다. 자식의 잘못을 아들의 친구들에게 들은 오스카르의 어머니는 대신 사과했다.

여호수아 7장의 아간과 사도행전 5장의 아나니아와 삽비라가 생각났다. 하나님의 명령을 어기고 전리품의 일부를 훔친 아간의 죄로 이스라엘이 아이 성에서 참패하고 36명이나 죽었으며 자신도 죽음을 맞지 않았던가! 아나니아와 삽비라도 그렇게 처참한 최후를 맞았다. 인간의 소유욕은 집요하고도 과감하다. 욕심으로 추해지는 인간의 참모습을 여실히 살펴볼 수 있는 일이었다. 무소유의 삶을 사는 사람은 얼마나 행복할까 하는 안일한 생각도 들었다.

　그리고 월송과 뜻을 함께한 제자들의 모습에서 그나마 뿌린 씨앗에 대한 열매를 볼 수 있었다. 배신으로 인한 아픔이 하나님의 은혜로 회복되면서 제자들을 향한 신뢰와 소망을 더욱 깊이 갖게 되었다.

　역사적으로 아메리카는 교황에 의해 스페인 왕실 소유의 땅으로 인정되었다. 아메리카의 농지와 지하자원이 모두 스페인 왕실에 귀속되었다. 따라서 국왕은 스페인의 중세 장원제도와 비슷한 제도인 봉토제도를 통해 침략자들에게 땅을 분배해 주었고, 이들은 다시 토지를 경작자에게 분배했다. 스페인은 세비야에 '가톨릭 통상부'와 '인도 위원회'를 설치하여 신대륙을 통치했다. 가톨릭 통상부는 본국과 식민지의 모든 통상 활동 및 경제 업무를 총괄했고, 인도 위원회는 식민지의 비경제 분야, 즉 정치, 사법, 종교상의 모든 업무를 관장했다. 스페인은 아메리카를 누에바에스파냐, 페루, 누에바그라나다, 라플라타의 4개 부왕령으로 나누어 통치했다. 부왕령은 인도 위원회의 추천에 의해 왕이 임명한 부왕들이 통치했다. 이 부왕들은 스페인 국왕의 대리인으로서 관할 지역 내 정치, 경제, 행정, 군사에 대한 모든 권한이 있었다. 즉 식민지 행정관의 임명권을 비롯한 군사, 재정 등 식민지 전반에 걸친 모든 권한이 주어진 것이다. 3백여 년에 걸친 스페인의 식민 통치 기간 동안 부왕이나 총독은 대부분 페닌술라레스(이베리아 반도 본토에서 태어난 스페인 사람)로, 국왕의 신임이 두터운 측근들만 임명되었다. 철저하게 본국 중심의 중앙 집권적 통제에 의한 식민정책을 추구한 것이다.

　개인적인 욕심의 역사는 현재뿐만 아니라 이미 과거로부터 이 땅 깊숙이 뿌리 내리고 있었다. 사탄은 이 역사를 언제까지 이어갈 것인가? 그리고 언제까지 멸종되지 않는 씨앗을 뿌릴 것인가? 구석구석마다 깊이 스며 있는 탐욕과 물불을 가리지 않는 욕심의 역사는 어떤 방법으로 대처해야 하는가?

가슴에 아픔을 안고 빈 마음, 포기의 마음이 수놓을 세상을 가만히 그려 보았다. 욕심의 역사가 고스란히 활보하는 세상에 포기의 마음으로 뛰어들어 변화시킬 제자들의 미래를 한껏 축복해 주었다.

사탄 숭배자들의 회심

볼리비아는 노아의 대홍수 이래 안데스 산을 중심으로 꽤나 높은 산들이 키 재기를 하는 나라다. 이곳의 선교 사역도 넘으면 또 넘어야 할 높은 산들이 계속 나타난다.

어느 날 새벽기도를 마치고 신학교를 돌아보던 나의 눈이 휘둥그레졌다. 전날까지 멀쩡했던 모든 유리창이 밤 사이 산산조각이 나 폐교가 된 모습과 다름없었기 때문이다. 돌멩이로 깬 것이 아니고 각목 같은 것으로 깬 것이 틀림없었다. 건물 벽이 흰색인데 모든 벽에 붉은 색 페인트로 굵게 사탄의 모습을 그린 끔찍한 낙서들이 신학교 전체를 참혹하게 만들었다. 2층 계단 위의 난간 벽은 붉은 페인트를 칠한 것이 아니라 페인트를 부어 흐르게 하여 마치 사탄이 입을 벌리고 피를 계속 흘리는 모습과도 같았다. 깨진 유리창 너머로 보이는 교실은 바닥에 흩어진 유리조각들로 엉망이었고, 네 다리를 모로 뻗고 입을 반쯤 벌리고 피 흘리며 죽은 개까지 던저져 악취로 진동하고 있었다. 잔인하게 짓밟힌 현장을 보면서 분노가 차올랐다. 내가 아직도 미숙한 선교사라 그런지 모르지만 극심한 분노를 억제할 수 없었다. 그동안 선교 현장에서 일방적으로 이런저런 일들을 당하고만 살았다는 억울한 기억들이 한꺼번에 되살아나면서 인간적인 갈등이 생겼다. 과연 내가 어디까지 참아야 하는가? 이렇게 신학교 건물이 심각하게 훼손될 만큼 현지인의 마음을 아프게 한 적이 있었나? 경찰에 신고는 하지 않기로 했다. 그들이 신고자에게 돈이나 타 내려는 것에 익숙해 있다는 것 정도는 익히 알고 있었다. 이 산은 내가 홀로 올라야 할 높은 산이었다.

돌이켜 보면 신학교 건물을 세우기까지 많은 어려움이 있었다. 하나님의 특별한 은혜가 없었다면 결코 지을 수 없었다. 아무것도 없는 상태에서 전혀 예기치 못한 분들의 건축헌금이 이어졌다. 지금 생각해 봐도 기적 같은 일이었다.

황해노회(당시 선교위원회 위원장 이범구 목사님)의 모든 교회들이 기도드리며 특별히 편성된 예산으로 부지를 구입했다. 시내에서 11킬로미터 떨어진 폭포콜료라고 하는 지역이다. 선교 본부의 위치로는 매우 적합한 곳이었다. 고속도로를 끼고 조금 들어간 데다가 사방이 트여 있고 주변이 시끄럽지도 않았다. 코차밤바의 큰 문제 가운데 하나가 물인데, 이 지역은 코차밤바에서 가장 수맥이 좋은 지역이다. 주인이 은행에 담보로 잡힌 땅이었는데 이자를 지불할 수 없어 급하게 매물로 나와서 가격도 매우 낮았다. 부지에는 기존 건물들이 있었고 지하수를 파서 물이 잘 나오고 있었다. 은혜 가운데 부지를 구입했지만, 신학교를 건축하기까지는 많은 어려움이 따랐고 적잖은 기간이 소요됐다.

우리 신학교는 초기에 다른 용도의 건물을 수리하여 사용했다. 철망을 만드는 조그마한 창고로 쓰던 곳을 병아리 사육장으로 사용하다가 신학교로 썼다. 이후 하나님께서는 이범구 목사님과 미국의 이익관 목사님(로스앤젤레스 대흥교회 담임)을 들어 쓰시면서 김진실 권사님을 통해 미화 1만 달러를 헌금케 하시어 전혀 알지 못하는 권사님의 후원으로 신학교 건축의 첫걸음을 인도하셨다. 일단 설계도를 그리고 시에서 건축 허가를 받아 기초 공사를 시작했는데, 재정 문제로 공사가 중단되는 일이 벌어졌다. 다시 할 수 있는 것은 기도뿐이었다. 조금씩 들어오는 선교비와 개인 생활비는 모두 건축비로 썼다.

황해노회의 간절한 기도와 헌금 그리고 총신 74동기 목사님들의 헌금과 한상조 목사님, 이길호 목사님, 오천인 장로님, 고향국 전도사님, 한상윤 장로님, 우종윤 장로님, 김윤찬 집사님, 유동현 장로님 등 헌신된 분들과 함께 전혀 알지도 못하는 분들이 보내 주신 헌금으로 1층에 2개의 사무실과 6개의 교실, 식당과 취사실, 2층에 예배실과 2개의 사무실 그리고 3층의 기숙사와 게스트하우스 등을 지을 수 있었다. 건축 기간 내내 무릎으로 살아야 되는 나날이었고, 뼈를 깎는 아픔과 긴장의 연속이었다. 다시 시작된 고산병과 과로와 정신적인 고통에 시달리느라 건축 현장에서 집으로 오는 데 50미터도 못 걷고 쓰러진 일도 있었다. 한국에 방문했을 때 동기인 정병엽 목사님의 말이 생각났다.

"이 목사, 교회 하나 하나님께 헌당해 드리는 데 심장 하나 떼어 냈어."

그만큼 어려운 건축 과정에서 일꾼들에게 여러 번 사기를 당할 뻔한 위기도 있었다. 그때마다 하나님께서 지혜를 주시어 헌금의 단 1달러도 헛되이 땅에 떨어뜨리지 않고 건축을 진행했다. 하나님과 기도의 동역자들께 감사드리지 않을 수 없었다. 시멘트 작업이 한창일 때 우기의 폭우가 학교 건설 현장을 피해 갔고, 완공되던 날 하늘에 무지개가 선명하게 반원을 그리며 지나가서 은혜와 감동이 더했던 기억이 선명하다.

그동안 10여 곳 이상의 건물들을 지으면서 많은 경험이 축적되었다. 이 곳에서 나는 건축 기사로 불리며 현지 건축 기사나 현장의 일꾼들을 어려움 없이 통솔할 수 있었다. 하지만 매번 몸으로 부딪치며 때마다 주시는 하나님의 지혜로 감당했던 당시는 매일의 삶이 긴장의 연속이었다. 질 좋고 싼 물건을 구입하기 위해 철물점, 목공소, 유리 가게, 페인트 가게 등을 자전거를 타고 헤아릴 수 없이 돌아다녔다.

건축이 끝나고 헌당식을 마친 뒤에는 신학교에서 집까지 쉬엄쉬엄 가지 않고는 견디지 못할 정도로 몸이 망가졌다. 각종 헌금과 무명의 헌신, 생활비 등으로 기적같이 이어진 과정 속에 탈진 상태가 되었다. 이같은 강행군 끝에 헌당한 신학교가 이렇게 치한들에게 농락당한 모습을 보니 경악을 금치 못했다.

'어떻게 받은 헌금으로 어떻게 지은 건물인데……'

끝없는 탄식과 아픈 마음이 견고했던 내 의지를 무너뜨리고 있었다.

그러나 반드시 내가 해결해야 할 문제였다. 볼리비아인들은 보복 심리가 강하다. 누구도 우리에게 정보를 제공하지 않을 것을 염두에 두었다. 사건 당일을 기준으로 누가 이런 짓을 했는지 추궁하기보다는 유리창 깨지는 소리를 혹 듣지 못했는가 하는 식으로 이웃들에게 유도 질문을 했다. 두세 집에서 답변해 주었다. 새벽 두세 시경이었다는 공통된 대답을 들을 수 있었다. 청년들이 네다섯 명이었으며 각목으로 유리를 깼다고 했다. 따로 내게 와서 가해 청년들을 알려 주는 사람도 있었다. 평소 좋은 이웃 관계를 유지했던 게 이처럼 고마운 결과를 낳았다.

혐의가 있는 청년 가운데 가장 쉽게 자백할 수 있으리라고 생각되는 산티아고를 조용히 불렀다. 이미 긴장하고 있던 산티아고는 자기는 아무것도 모르고 그 시간에 왜 자신이 신학교에 가겠느냐며 묻지도 않은 말을 하면서 무조건 안 가겠다고 버텼다. 신고 내용과 일치하는 심리적 변화였음을 직감하고 해결의 실마리를 잡았다는 안도감과 함께 계속 심문했다.

"내가 언제 너에게 신학교 건물 문제를 이야기했느냐? 그냥 함께 신학교에 가서 할 말이 좀 있다고 하지 않았느냐?"

"네? 아, 네, 그렇다면 여기서 이야기하시죠."

"여긴 사람들이 보고 있지 않니? 벌써 주변에서 다 알고 있는 일들이니 조용히 가서 이야기하는 게 나을 것 같은데……."

산티아고는 내키지 않는 축 처진 발걸음으로 아직 페인트칠을 새로 하지 않은 처참한 흔적이 그대로인 신학교를 나와 같이 한 바퀴 돌았다. 힐끔거리며 벽을 보고 있는 산티아고의 눈빛이 흔들렸다. 범인이 확실하다는 심증을 굳혔다. 이미 사태를 감지한 그는 긴장하며 사무실에 들어오기를 꺼렸다. 떠밀다시피 하여 사무실에 앉히고는 단도직입적으로 물었다.

"후안도 함께했다는 걸 알고 있다. 왜 이런 일을 했느냐?"

범행을 부인할 여유를 주지 않고 던지는 질문에 생각보다 순순히 자백했다.

"기숙사에 있는 신학생들이 너무 설치고 다니는 게 영 못마땅했어요."

"신학생들이 뭘 했는데?"

"공부나 할 일이지, 왜 자꾸 동네에 다니면서 전도를 하느냐 말이에요."

그동안 산티아고 무리의 청년들이 어떤 일을 해 왔는지는 잘 알고 있던 터였다.

"그것은 피차 마찬가지 아니냐?"

“뭐가 마찬가지예요?”

“네가 나보다 더 잘 알 텐데! 너희들도 모임이 있고 계속 그 모임으로 다른 청년들을 끌어들이지 않았느냐?”

“그건 다른 거죠.”

“그건 그렇다 치자. 그런데 문제가 있으면 학생들이 문제지 건물이 무슨 문제가 있느냐? 이 건물이 학생들 것도 아니고, 무단 출입은 어떤 처벌을 받는지 너도 알지 않느냐?”

볼리비아에서는 무단 가택 출입을 한 사람을 주인이 사살해도 법적으로 문제가 되지 않았다.

“게다가 이런 일까지 저질러 놓았으니 부모님께 알려야겠고, 동네에도 알려야겠으며, 법적으로 이 문제를 해결할 수밖에 없다. 어떻게 하면 좋겠느냐?”

고개를 떨어뜨린 산티아고는 이미 체념한 표정이었다.

“…….”

“좋다. 생각할 시간을 주지. 함께 행패 부린 친구들에게 잘 말하여 문제를 풀도록 해 봐.”

산티아고를 보내고 기도드리며 생각해 보았다. 선교 본부가 있는 곳에서 150미터 정도 아래에 사탄 숭배자들이 모이고 있다는 것을 많은 사람들이 알고 있었다. 특히 청년들이 하얀 모자를 쓰고 마약을 하며 깊은 밤에 은밀하게 자기들끼리 모임을 갖고 있었다. 근방 여러 곳에서 이런 모임이 계속 번져간다는 소식을 접하면서 우려하며 기도하던 중에 이런 일이 벌어진 것이다.

산티아고가 간 지 사흘이 지나 그를 비롯해 세 명이 함께 상담을 요청했다. 호기가 등등하여 오후 늦게 찾아온 그들은 함께 온 것이 큰 의지라도 되는 듯 대담하게 덤볐다.

"만일 이 목사님께서 우리를 괴롭히면 청소년 보호단체에 고발할 겁니다. 그리고 다른 동네 친구들과 계속 목사님을 괴롭힐 수도 있습니다."

강한 인상을 주는 각진 얼굴의 카를로스가 당당히 드러낸 공갈과 협박이었다. 자신들이 벌인 죄악이 눈앞에 드러났는데도 이렇게 뻔뻔하게 말하며 적반하장으로 협박을 늘어놓는 데 더 이상 분노를 참을 수 없었다.

"야! 너희들, 내 성격이 어떤지 익히 들어서 잘 알고 있을 거다. 여러 말 할 것 없이 결판을 내자. 자, 누가 덤빌 거냐?"

호통을 치며 벌떡 일어나 팔을 걷어붙이자, 녀석들이 꼬리를 내렸다.

"아, 아니에요. 그게 아니고……."

"아니긴 뭐가 아냐! 여러 말 말고 빨리 나왓!"

선교사가 해야 할 행동과 말은 아니었으나, 이미 마음의 평정을 잃고 눈에 불을 켠 나는 앞뒤 가릴 것이 없었다. 다행히도 정식 결투 신청에 청년들이 고분고분한 태도를 보였다. 난색의 표정 너머로 그들의 또 다른 모습을 보며 나는 계속 다그쳤다.

"빨리 정햇!"

"아……. 저, 그런 게 아니고, 목사님, 저희가 잘못했어요."

"뭘 잘못했다는 게냐?"

"실은 저희 두목의 명령이었어요."

"두목이 누군데?"

"……."

고개를 떨어뜨리고 눈물까지 흘리는 그들에게서 일말의 진정성을 발견했다. 순간 나는 극단적인 언어 표현을 자제했다. 오히려 그들의 갑작스런 변화에 화를 내던 내가 이상하게 여겨졌다. 다시 자리에 앉으며 속사정을 들었다. 예상했던 대로였다. 신학생들이 전도를 하며 너무 설친다는 항변이었다.

"우리 신학생들이 전도를 하는 게 최근 일만은 아니었다. 토요일마다 전도하러 나가는 걸 너희도 알고 있지 않느냐?"

"알고 있죠. 그런데 왜 청년들에게만 하느냐 이거예요. 특별히 여자들에게만요⋯⋯."

"전도를 하는데 언제 남자 여자 가려 가며 하더냐? 어른 아이 차별 안 하고 전도하는 것을 너희도 잘 알지 않느냐?"

"그래도⋯⋯."

"왜, 그중에 너희 애인이라도 있었느냐?"

"아, 아니요. 저희는 아니고 두목 애인이⋯⋯."

결국 사탄 숭배자들의 모임에서 모든 문제가 비롯한 것이었고, 그중 여자 문제도 개입되어 이 지경에 이른 것이다.

"우리 신학생들 중에 따로 너희 두목 애인과 사귀기라도 했니?"

"아니요, 그렇지는 않고. 그냥 부수라고 해서⋯⋯."

"좋다, 약속하자. 오늘은 이걸로 끝내고 내일 이 시간에 너희 두목을 내가 좀 보잔다고 전해라. 그렇게 할 수 있지?"

"네, 그런데 두목이 올지는 모르겠어요."

"그건 두목이 알아서 할 일이고, 너희는 전하기만 해!"

"알겠습니다."

청년들을 보낸 후 맞이한 밤은 지루하고 힘겨웠다. 그야말로 영적 전투의 현장이었다. 그동안 볼 수 없었던 사탄 숭배자들과의 대결 구도에 들어서게 된 시점이라 긴장도 되었다. 상대는 같은 동네에 살면서 군중 심리에 물불을 가리지 않는 청년들이다. 결코 만만치 않았다. 하나님의 특별한 은혜와 인도하심 없이는 이기기 힘든 싸움이다. 얍복 강에서 치른 야곱의 씨름이 이곳에서 다시 재현되었다. "아무것도 염려하지 말고 다만 모든 일에 기도와 간구로, 너희 구할 것을 감사함으로 하나님께 아뢰라"(빌 4:6)는 말씀을 계속 외우며 밤새워 기도드렸다.

"주님, 주님의 능력과 인도하심의 은혜를 간절히 구합니다. 깨어진 유리, 페인트칠로 농락당한 벽, 죽은 개를 보셨죠? 질 수 없습니다. 만일 당신이 이 문제에 개입하지 않으신다면 저는 어찌 해야 할지 모르겠습니다. 하여간 어떻게 해서든 저는 이 문제를 풀어야겠습니다."

하나님께 기도를 드린다면서 실은 떼를 쓰고 있었다. 선교사가 하나님을 협박하고 있으니……. 문제가 생길 때마다 이 모양이니 하나님도 참 한심한 녀석이라며, 골치 아프지 않으셨을까?

다음 날 저녁, 약속된 시간에 그들은 나타나지 않았다. 긴장했던 마음에 허탈함만 감돌았다. 그런데 해가 지고 집에 돌아와 저녁 식사를 든 후 그 청년들이 찾아왔다. 나가 보니 먼저 왔던 청년들과 함께 두목이라는 청년이 와 있었다. 낯익은 청년이 아닌가! 그는 어릴 때 나한테 운동을 배운 적이 있는 녀석이었다.

"네가 두목이냐? 너 전에 내게 운동을 배우지 않았느냐?"

"네, 어렸을 때 그랬습니다."

일이 쉽게 풀릴 것 같았다.

"네가 이 아이들에게 신학교에 가서 유리창 다 깨고, 페인트 칠하고, 죽은 개까지 교실에다 집어 던지라고 했느냐?”

“네.”

일단 두목 외에 나머지 청년들은 밖으로 내보냈다.

“왜 그런 일을 저질렀지?”

그는 이미 내가 알고 있던 내용을 대답했다.

“그래, 앞으로 이 일을 어떻게 할 작정이냐? 이미 다 알았으니 너희 부모님께 알려야겠고 수사할 것도 없이 경찰에 넘겨야겠는데 그렇게 하겠느냐? 손해 배상을 하지 않겠다면 법원까지 갈 수 있는데 거기까지 갈래?”

한참을 심각하게 생각하던 그도 별 수 없었던가 보다.

“목사님, 제가 잘못했습니다. 해결 방법이 없을까요?”

“글쎄, 지금 네게 말한 그게 해결 방법인 것 같은데.”

“아니요, 그 방법 말고요. 사실 요즘 저는 밤마다 잠을 제대로 자지 못하고 있어요. 특히 어젯밤에는 정말 괴로웠어요. 커다란 불구덩이에서 온몸이 타오르는데 정말 뜨거워서 참기 어려웠어요. 아무리 빠져나오려 해도 안 됐어요. 깨어 보니 꿈이었지만 지금도 너무나 생생해요.”

말이 엉뚱한 방향으로 흘렀다. 간밤에 내가 밤새워 씨름하던 시간에 이 녀석은 지옥 불구덩이 체험을 단단히 했구나! 그러면 그렇지, 하나님이 기도 응답으로 주신 기회였다!

“해결 방법이 있다. 내가 하라는 대로 하겠느냐?”

“네, 선교사님.”

내 호칭이 목사님이 되었다 선교사님이 되었다 하는 것으로 보아 그가 얼마나 긴장하고 있는지 알 수 있었다.

“좋다. 약속을 하자. 너희가 잘못했다는 대가로 앞으로는 교회에 나와라.

대신 그간의 일들에 대해서는 불문에 부치겠다.”

“예?”

“왜, 어려울 것 같으냐? 너 어제 밤새 지옥을 체험했다며?”

“예…….”

“그 문제를 해결하려면 교회에 나오는 수밖에는 다른 방법이 없어. 알겠니?”

“교회에 나오면 밤마다 겪는 제 고통이 없어지나요?”

“야, 내가 장담한다니까! 만일 한 달이 지나도 고쳐지지 않으면 그땐 모든 걸 책임질 테니 염려 마라.”

“좋습니다. 그럼 그렇게 하겠습니다.”

“밖에 있는 청년들도 다 함께 교회 나와야 하는 거니까 그렇게 알아라!”

“네, 그렇게 하겠습니다.”

두목의 결정에 한 마디도 이의를 제기할 수 없는 것이 그들의 세계라 이후의 문제는 쉽게 풀렸다.

“고맙다. 모든 걸 잊자. 그리고 기도드리자. 내가 기도드리는 대로 따라 하면 된다!”

너무나 쉽게 무너진 그들의 자존심에 욱하는 반항도 있을 법한데 그들은 약속을 지켰고, 군 입대 전까지 사탄 숭배 지역에서 벗어나 교회에 나왔다. 푸카라 교회 개척 당시에는 로마 가톨릭에서 보낸 많은 청년들이 우리 교회에 나오더니 이번에는 사탄 숭배 모임의 청년들이 집단으로 교회에 나오는 일이 벌어졌다. 하나님의 섭리는 이렇게 예측할 수 없는 가운데 뜻밖의 결과로 드러난다. 이러한 변화가 처음부터 계속 이루어지고 있으니, 어떤 경우에라도 선교는 하나님이 하시는 일이라고 고백하지 않을 수 없다. 문제의 청년들이 교회에 나오면서 전도의 열기는 더욱 고조되었고, 찬양과 예배를 통해 더욱 많은 청년들이 모여들었다. 교회는 질과 양에서 계속 성장해 갔고, 초기의 예배 처소보다 훨씬 넓은 신학교 예배실로 옮겨야 할 정도로 부흥되었다. 이 모든 것이 기도의 열매이고 은혜의 결실이었다.

    타는 목마름이 있으련만
    날카로운 아픔도 있으련만
    바위 틈새의 선인장은
    가시에 둘러싸여
    평생을 살면서
    아무도 봐 주지 않는
    한 송이 고결한 꽃을 피워
    은은한 향기를 품어낸다.

고난의 아픔 속에 성숙해 가는 선교의 열매를 바라보며 조용히 두 손 모아 기도드린다.

세르히오 목사를 용서하며

세르히오는 문디알 교단의 3년제 신학교를 졸업한 현지인 목사였다. 청년
들을 지도하면서 협력 사역자가 필요하던 차에 이곳의 토속어인 케추아어
에 능한 세르히오 목사를 동역자로 초빙했다. 소속된 문디알 교단의 교회
담임목사님을 만나 자세한 말씀을 드렸다. 그렇지 않아도 그 교회에서 세
르히오 목사의 임기가 끝나가는 시기라 새로운 임지를 위해 기도 중이었는
데 잘 되었다며 흔쾌히 허락해 주었고 본인도 동의했다. 동역하기로 한 그
주간부터 일주일간 금식기도를 드렸다. 세르히오 목사는 그 기간 동안 내가
철야기도를 드리던 잉카냐다 기도 동산에서 기도를 드렸다.

세르히오 목사는 사역 초기에 사람들이 보는 앞에서 충성을 다했고 성실
했다. 전반적인 선교 전략에 대해 나와 늘 함께 이야기를 나누었고, 실제 사
역에 있어서도 가족처럼 친밀하게 동역했다.

내 생활비를 줄여 가며 현지인 사례를 하려니 선교지에서의 생활은 더욱
궁핍해졌다. 당시에는 한국에서 가지고 온 중고 자전거를 타고 고단하게 선
교를 하고 있었다. 하루에 수십 킬로미터를 밤낮을 가리지 않고 시골과 도
시를 넘나들며 다니다 보니 세르히오 목사의 심사도 복잡했을 것이다. 한국

이라는 작은 나라에서 온 삐쩍 마른 선교사가 자전거로 다니며 식탁과 침대 하나 없는 월세 집에 살면서 선교를 한다고 하니 참 한심해 보일 만도 했을 것이다. 더구나 그가 있던 문디알 교단은 미국에 본부가 있어서 교역자에 대한 대우가 좋았다.

한 예로, 어느 날 세르히오 목사와 같은 교단의 현지인 목사가 나를 불렀다. 그리고 자기 창고로 데리고 가더니 오토바이를 내게 보여 주었다. 오토바이가 두 대 있었는데, 본인은 지프차를 타고 다닌다고 했다. 그러면서 오토바이 하나를 나에게 팔 수 있다는 것이다. 내가 자전거를 타고 다니는 것이 그렇게 초라하고 안쓰러워 보였던가 보다. 오토바이 하나는 새 것이고 하나는 중고였는데 중고라고 보기 어려울 정도로 말끔했다. 값을 물으니 싼 가격에 주겠다며 흥정을 했다. 아무리 싼 가격이라 해도 오토바이를 장만할 형편이 아니기에 나는 기도해 보겠다고 하고는 그곳을 나왔다. 물론 나중에 안 일이지만 오토바이나 지프차는 본부에서 선교용으로 보내 준 것이었다.

이렇게 교단의 생리나 선교부의 지원 규모를 알고 있는 세르히오 목사가 기대감을 갖고 나를 돕기 시작했으나 막상 현실을 알고는 실망하지 않을 수 없었다. 부교역자로 살던 세르히오 목사 자신보다 선교사의 삶이 더 못한 처지였으니 말이다. 그에게는 비록 변두리이기는 하나 자기 땅과 집이 있었다. 형님 소유였지만 타고 다니던 차도 있었는데, 해외에서 파송받아 온 선교사라는 사람이 형편없는 살림에 몸으로 부딪치며 사역하고 있으니 무엇을 생각했을지 짐작이 간다.

푸카라 지역은 광산촌 폐쇄로 갈 곳 없는 사람들이 마구잡이로 들어와서 가시나무로 둘레를 치고 다 떨어진 비닐로 하늘을 간신히 막고 살던 빈민촌이라, 도로도 제대로 닦여 있지 않았다. 한국의 논두렁 밭두렁 길 같아 자전거를 타고 다니기에 그리 어렵지 않았으나, 우기가 되어 비가 오기 시작하면 차라리 운동화를 벗고 맨발로 걷는 것이 나았다. 현지인들이 맨발로 사는 터라 선교사가 맨발로 다닌다 해도 이상할 게 없었다. 현지인들의 경제적인 어려움을 가까이 보면서 선교사인 내가 줄 수 있는 것은 고통을 함께 나누는 마음뿐이었다.

세르히오 목사는 선교사들의 상반된 모습을 보고 갈등을 느낀 것 같다. 과거에 본 선교사들의 화려함에 물들어 있다가 순수한 마음으로 가난한 고원 지대로 옮겨 왔지만, 사명감이 없던 그로서는 견디기 힘들었을 게다. 나와 사역하기 전에 일주일 금식기도를 부탁하니 순종해 주었고, 비를 맞으며 함께 철야기도를 드리고, 매주 금식기도도 같이 드리면서 어느 곳이든 전도 여행에 동행했다.

이곳저곳 물불 가리지 않고 뛰어다니며 선교를 하던 어느 날, 이상한 소문이 들려왔다. 세르히오 목사가 앞장서서 이기제 목사가 이단이라고 비난하고 다닌다는 얘기였다. 볼리비아에 없는 새벽기도를 신학생들에게 시키고 금식기도, 철야기도를 드리는 것도 이단이 되는 요인이라는 것이다. 금식기도나 철야기도에 대해 이미 성경공부를 했고 세르히오 목사 본인과 교인들이 모두 함께하고 있는데, 말도 안 되는 이유로 이단이라고 비난하니 무슨 영문인지 자세히 듣고 싶었다.

당시 나는 선교사들과 사역하던 현지인들이 문제를 일으킬 때 선동하기 위해 쓰는 상투적 방법에 아직 익숙하지 않았다. 이곳에서는 교단을 옮기는 것을 크게 문제 삼지 않는 게 통례여서 교회를 옮기고 교회 간판을 다른 교단으로 바꾸는 것을 어렵게 생각하지 않았다. 사실 나 또한 다른 교단 교회로부터 교회 간판을 바꾸고 우리 교단으로 옮기고 싶다는 말을 여러 번 들었다. 허락만 한다면 즉각 처리되며, 지금도 마찬가지다. 교단을 옮기는 까닭으로는 경제적 요인이 가장 많았다.

눈물 흘리며 일구어 가던 교회의 부흥 시기에 세르히오의 이단 선동은 큰 파문을 일으켰다. 아직 뿌리내리지 못한 교인들은 장마철에 떠내려가는 가랑잎처럼 이리저리 떠밀려 갔다. 교인들과 세르히오가 다른 교단으로 갈 경우 그에게 주어질 경제적인 풍요와 그 교단의 여러 특혜들이 그의 눈을 흐리게 했을 것이다. 가난한 그들에게 빵은 그 무엇보다 힘 센 괴물과 다름없다. 그 빵의 힘은 결국 교인들과 교역자를 흔들어 놓았고 나와 같은 사람을 이단으로 몰기에 충분했다.

결국 교인들을 하나님의 자녀로 섬기고 세우는 것이 아니라 돈의 종이 되게 하는 술수였다. 성직을 이용하여 제사법의 규례를 어기고 제물을 강제로 빼앗고, 회막문에서 수종 드는 여인들과 동침했던 엘리 제사장의 두 아들 홉니와 비느하스와 같은 모습이었다. 냉담해져 가는 교인들과 멀어져 가는 세르히오의 배신에 괴로워 하며 용서가 얼마나 힘든 것인지 뼈저리게 느꼈다. 시간을 끌어서 해결될 수 없는 문제에 직면하여 문제 해결의 지혜를 구했다.

무엇보다 기도가 절실했다. 늘 그랬듯이 철야, 금식, 새벽기도를 세 끼 밥그릇 수보다 더 많이 올린 것 같다. 날마다 교회에서 밤새워 기도드리고 낮에는 집집마다 심방을 했다. 전에 없이 냉랭해진 교인들의 심방은 참으로 힘겨웠다. 사역 초기 맨바닥에서부터 코흘리개 어린아이들을 품고 시작한 교회가 이제 어느 정도 부흥되어 청년, 장년들이 교회를 위해 봉사하고 청년 연합회, 여전도회 연합회 등의 교제를 통해 경제적으로는 어려워도 영적으로는 감사와 감격이 넘치는 교회가 되었건만, 역시 선교사는 영원한 이방인이라는 말이 처절하게 실감되었다. 심방을 하려고 문을 두드리면 아이들을 시켜서 아예 만남 자체를 거부했고, 앞으로 집에 찾아오지 말라고 박대하기도 했다. 순수한 교인들은 말씀도 순수하게 받아들였지만, 무엇이 이단인지도 모르면서 이단이라는 음모에 쉽게 휩쓸려 배신감을 안겨주었다. 교회를 다른 교단으로 옮길 경우 경제적인 혜택이 보장된다는 세르히오의 말에 현혹되어 마음은 이미 다른 곳에 가 있었다. 가련한 영혼들, 불쌍하기 그지없는 영혼들…….

배신에 대한 아픔이 보복 심리로 변해 가기 시작했다. 이런 상황에서라면 당연한 일이었다. 매일 가련하고 불쌍한 영혼들을 현장에서 확인하며 저들을 더 이상 방치할 수 없다는 보호 본능이 일었다. 예수의 핏값으로 세워진 교회를 지켜야 한다는 의무감이 의분을 일으켰다. 생각 같아서는 세르히오를 산속 깊은 데로 데리고 가서 비겁하게 뒤에서 이단이니 뭐니 하지 말고 남자답게 깨끗하게 한판 붙고 끝내자고 하고 싶을 만큼 고통스러웠다. 하지만 그렇게 해결할 문제가 아니었다.

한국에서 목회하시는 목사님들이 떠올랐다. 다들 얼마나 피곤하실까? 인천중앙교회에서 부목사 시절, 그와 비슷한 경험을 겪은 적이 있다. 그렇지만 현재 볼리비아에서 교단을 책임지고 있는 나 자신이 이런 상황에 놓이고 보니 그 무게와 고통은 다른 어떤 경험과도 비교되지 않았다. 타민족이라서 그럴까? 조국과 멀리 떨어져 있어서 그럴까?

인간적인 감정을 삭이고 기도로 평정을 찾고서 교인 대표자들과 세르히오 목사를 불렀다. 세르히오 목사와 잘 알며 뒤에서 그를 조종한다는 목사도 불렀다. 녹음기까지 준비해 우리가 왜 이단인가 하는 문제에 대해 공개토론을 하기로 했다. 먼저 일문일답 식으로 토론을 시작했다.

"세르히오 목사님, 당신은 문디알 교단 신학교를 졸업했지요?"

"예, 그렇습니다."

"문디알 교단은 사도신경, 웨스트민스터 신앙고백, 대소요리 문답을 믿고 있지요?"

"예, 그렇습니다."

"그렇다면 이단이 무엇이라고 생각하십니까?"

"성경에 없는 것을 가르치는 것을 이단이라고 생각합니다."

"제가 성경에 없는 것을 가르친 것이 있던가요?"

"없습니다."

"그렇다면 성경을 가르칠 때 성경적으로 가르치지 않던가요?"

"아닙니다."

"그렇다면 제가 이단이 아니지 않습니까?"

"예에, 예. 그, 그러나……."

"그러나 무엇입니까?"

"아, 예. 그러나 그게, 저……."

"천천히 말씀해 보세요."

달리 할 말이 없던 세르히오의 모습을 보면서 나는 차분하게 조직신학 서론부터 종말론에 이르기까지 강의와 변증을 계속했다. 마지막으로 성경적 입장에서 본 교단의 교리를 다시 이해시키고 일문일답으로 중요한 것들을 확인했다. 교인들 앞에서 할 말을 잃은, 세르히오를 비롯한 그들은 자신들의 잘못을 변명해야 했다. 이단이 무엇인지 분별조차 하기 어려운 남미의 교역자들은 성경적인 답변을 할 수 없었다. 질문마다 걸리는 엉터리 답변들에 오히려 교인들이 당황해 하고 웃기도 했다. 그리고 내가 다시 해명해 가며 차분히 토론을 진행했다. 증거 자료로 삼기 위해 녹음기를 준비하고 변호사를 부르고, 증인으로 현지인 지도자들까지 세운 자리에서 말문이 막혀 답변의 여지가 없어지다 보니, 세르히오 목사는 "이 선교사, 다음에 다시 봅시다"라는 말을 남긴 채 물러갔다.

수백 년의 종살이를 통해 보복 심리가 가슴 깊숙이 자리 잡은 산족 인디오 후예들의 삶은 애처롭기만 했다. 세르히오의 삶도 그랬다. 토론회 때는 예의상 반박을 하지 않았다는 말로 시작하는 또 다른 음모가 꾸며졌다. 이번에는 예의바른 사람으로 자신을 치장하고는 지난번보다 더 철저한 계획을 세워 여러 교회를 다니며 교인들을 충동질했다. 감사하게도 모든 사람들이 그의 말에 동조한 것은 아니었다. 오히려 반박한 교인들도 있었고, 내게 찾아와 그런 실상을 말해 주는 이도 있었다.

집요하게 파고드는 사람 앞에서 한국 선교사들이 포기하고 무너진 예도 있었다. 교활함과 욕심으로 똘똘 뭉친 세르히오에 맞서 오직 기도만으로 싸워야 하는 전쟁이 시작되었다. 새벽과 철야 금식기도를 계속하며 몸부림치던 내 기도는 처절하기만 했다.

"주님! 제가 그동안 선교를 해 오면서 제 욕심으로 주님의 것을 챙긴 일이 있다면 이 자리에서 당장 저를 죽여 주십시오."

혈투에 가까운 기도였다. 돌이켜 볼수록 결백하다고 자부했다. 헌신적으로 사역을 했다고 생각했으며 욕심 없이 가진 것 다 주었다고 자신 있게 말할 수 있었다. 목숨을 내어 놓고 결백을 주장할 만큼 비장한 각오가 필요했고 심각했다. 먹을 것, 입을 것이 없는 것은 물론이고, 고단한 선교에 내 모든 것을 내어 놓고 살아가던 때였다.

"저의 결백이 확실하다면, 이제 세르히오에 관한 것입니다. 만일 세르히오가 하는 짓들이 자기 욕심에 의한 것이고 지금도 그렇다면 당장 그를 죽여 주십시오."

그의 결백을 캐묻는 기도였고 보복의 감정이 서린 기도였다. 나는 이 기도가 과연 합당한지 확인하려고 시편을 읽었다. 다윗이 드린 기도 중에 저주의 기도가 있다.

그들을 정죄하사 자기 꾀에 빠지게 하시고 그 많은 허물로 말미암아 그들을 쫓아내소서(시 5:10).

악인의 악을 끊고 의인을 세우소서(시 7:9).

악인의 팔을 꺾으소서. 악한 자의 악을 더 이상 찾아낼 수 없을 때까지 찾으소서(시 10:15).

그들이 하는 일과 그들의 행위가 악한 대로 갚으시며 그들의 손이 지은 대로 그들에게 갚아 그 마땅히 받을 것으로 그들에게 갚으소서(시 28:4).

내 생명을 찾는 자들이 부끄러워 수치를 당하게 하시며 나를 상해하려 하는 자들이 물러가 낭패를 당하게 하소서. 그들을 바람 앞의 겨와 같게 하시고 여호와의 천사가 그들을 몰아내게 하소서(시 35:4-5).

멸망이 순식간에 그에게 닥치게 하시며 그가 숨긴 그물에 자기가 잡히게 하시며 멸망 중에 떨어지게 하소서(시 35:8).

성경의 이 구절들만 몇 번씩 읽으며 망하고 죽게해 달라는 기도를 드렸다. 어떻게 시작된 선교이고 이제 겨우 결실을 맺어가는 선교인데 이렇게 음해와 악의로 깨진다니 도저히 용납할 수 없었다. 오해, 질투, 버림받음, 소외, 배고픔, 육신적인 아픔, 배신, 증오, 용서, 사랑, 감사, 감격, 은혜, 고통의 회전會戰으로 현재에 이르렀다. 성장과 성숙의 단계에 온 지금 때맞춰 오는 사탄의 치졸한 공격에 결코 뒤로 물러설 수 없었다.

"주님! 당신은 의인의 편에 선다고 하셨고 악인을 멸한다고 하시지 않았습니까? 왜 아직도 세르히오가 저렇게 설치고 다니게 내버려 두십니까? 이제 많은 교인들이 흩어지고 있습니다. 단 한 사람의 음모로 주님의 교회가 이렇게 분열되는데 언제까지 침묵만 지키시려 합니까?"

주님의 인내가 내 눈에는 침묵이요 무관심으로만 보였다.

"저를 죽여 주시어 이곳 볼리비아에서 떠나게 하시든가 아니면 선교지를 망가뜨리는 세르히오를 죽여 주십시오!"

내 입술에는 생사를 넘나드는 절박한 기도와 분노에 넘치는 기도뿐이었다. 기도가 끝난 뒤에도 용서할 수 없는 증오가 머릿속을 가득 맴돌았다. 내가 얼마나 그를 믿고 함께 사역해 왔는데, 또 믿었기에 많은 권한까지 주어 양 무리를 키우도록 이끌었는데, 가진 것은 없지만 줄 수 있는 것은 다 주었다고 생각했는데, 이렇게까지 철저하게 배신할 수 있을까?

분을 더 이상 견디지 못하고 다시 세르히오를 찾아갔다. 집 앞에 웅크리고 있는 세르히오를 보니 도저히 가까이 가서 이야기할 용기가 나지 않았다. 가까이 가면 주먹이 먼저 날아갈 것 같고 욕부터 퍼부을 것 같았다. 힘들게 참고 참으며 결국 발길을 돌렸다. 세르히오는 어떤 식으로든 문제를 풀고 해결해야 할 대상이었다. 그러면서도 힘겨운 발걸음은 교회로 향하고만 있었다. 다시 무릎 꿇고 기도드렸다. 고통과 아픔으로 얼룩진 마음으로 하나님께 울부짖으며 항의만 반복하는 기도였다.

"하나님, 언제까지 이렇게 응답이 없으실 겁니까? 어디까지 참아야 하는 겁니까? 억울합니다. 너무나 억울합니다. 그리고 너무 비참합니다. 주님!"

겨우 잠이 든 나는 꿈을 꾸었다. 실험실에서 쓰는 유리병이 보였다. 독사 한 마리가 병 속에 들어 있는데, 나오려고 몸을 뒤틀며 몸부림쳤다. 그러나 병은 단단히 막혀 있어 아무리 독사가 몸부림쳐도 나올 수 없었다. 한참 동안 보고 있자니 몸부림치던 독사가 독의 진액을 한껏 내뿜는 것이었다. 그런데 내뿜은 그 독으로 인해 제 자신이 녹아 버렸다.

잠이 깬 나는 마음에 평안을 느낄 수 있었다. 꿈속에서 본 독사의 교훈으로 이제 이길 수 있다는 확신이 생겼다. 남이 망하는 것을 보고 마음의 평안을 느끼는 자신이 한심하기도 했지만, 그때는 그것이 유일한 도피처이기도 했다.

그러나 그 평안도 잠시뿐, 현실은 딴판이었다. 현지인 교인들과 교회들 그리고 신학교 교수들과 공모한 세르히오는 이제 신학교까지 와서 거짓말로 신학생들을 충동질하기 시작했다. 나는 한편으로는 이긴 게임이라 안심하면서도 한편으로는 계속 증오심이 생겼다.

다시 그를 찾아갔다. 과거부터 지금까지의 사실을 말하면서 그와 솔직하게 이야기를 나누었다. 교회를 위해 이제는 모든 음해를 중단하고 다시 시작하기를 권고했고, 세르히오에게 약속을 받아 냈다. 그러나 앞에서는 그러마 하고 뒤에서 여전히 계속되는 세르히오의 공격은 종잡기 어려운 럭비공과도 같았다. 분노와 증오, 배신과 이어지는 거짓 고백, 참기 어려운 모멸감의 연속이었다.

그 후 문제는 더욱 불거졌고 해결의 실마리가 잡히지 않았다. 그렇지 않아도 증오의 불길이 꺼지지 않는 불꽃으로 계속 타오르고 있었는데 그 속에 휘발유를 부은 격이 되었다.

"오, 주님, 저는 어찌해야 좋습니까? 언제까지 당신의 침묵만이 계속될 것이며, 저는 이렇게 고통을 당해야만 합니까?"

증오로 몸부림치며 밤을 새우는 것이 하루이틀이 아니었다. 사람이 사람을 미워한다는 것이 이렇게 힘이 들 줄이야! 그것도 선교지에서 선교사가 현지인 목회자를 이렇게까지 증오하고 있으니 말이다. 한도 끝도 없이 이어지는 증오의 연속, 무한대로 펴져 가는 분노의 폭은 내가 감당할 수 있는 한계를 훌쩍 넘어섰다. 두통, 소화불량, 불면으로 하루하루가 괴로웠다. 견딜 수 없는 증오와 육체적인 고통은 선교 초기의 고산병 증세를 다시 불러일으켰다. 그 끔찍했던 가슴 통증, 밤낮없이 이어지는 고통에 비명을 지르며 쓰러질 때마다 자신이 너무나 비참했다. 서럽기도 하고 억울하기도 하고 한스럽기도 했다. 내가 도대체 잘못한 것이 무엇인데 이렇게까지 처참하게 쓰러져야 하는가? 밤낮을 가리지 않고 찾아오는 가슴앓이, 두통, 소화불량, 불면은 한동안 계속됐다. 고통의 깊이도 더해 갔다. 무너지는 육체로 마음도 서서히 무너져 내렸다. 배신과 증오 그리고 육체적인 고통은 나를 초토화시켰다.

마음의 고통은 세르히오나 그 외의 사람들에게 노출되지 않았으나, 육체적인 고통의 모습은 바로 저들에게 전해져 비방과 조소거리가 되어 회심의 미소를 짓게 할 것을 생각하니 참을 수 없는 모멸감과 분노가 더해졌다. 더 이상 참는 것은 어려운 일이었다. 엉뚱한 생각도 하게 되었다. 만일 하나님이 죽이지 않으신다면……? 그까짓 거 이제 막가는 것 아닌가?

최악의 상황까지 생각한 나는 분노와 복수의 칼날을 시퍼렇게 갈고 있었다. 증오로 타오르는 불길은 좀처럼 쉽게 꺼지지 않았다. 생각할수록 성난 불길은 더욱 훨훨 타오르기만 했다. 나의 기도 제목은 나를 죽여 주시든가 아니면 그 악당을 죽여 주시든가 하는 기도뿐이었다.

이제 내 머릿속에 있는 세르히오는 목사나 협력자가 아니라 사탄의 화신이고 악마의 자식이었다. 용서할 수 없는 증오의 대상이며, 하나님이 아니면 꼭 내 손으로 복수해야 할 대상이었다. 배신에 따른 분노와 증오는 나의 모든 것을 잠식했고, 잠이 깨어 다시 잠들기까지 온통 세르히오에 대한 증오가 떠나지 않았다. 그리고 어떻게 보복할 것인가만 생각했다. 세르히오는 하루에도 수없이 내 손에 죽어져 나갔고 잔인하게 토막 나서 버려졌다. 정신적으로나 육체적으로 나는 죽어가고 있었다.

이제 마지막 생각을 정리하고 어렵게 몸을 추스리고 일어났다. 휘청거리는 다리를 끌고 힘겹게 용기를 내어 다시 세르히오를 찾아갔다. 집 가까이 가니 마음이 요동쳤다. 쉽게 끝낼 수 있을까, 하는 의문이 들었다. 해질 무렵 마당에서 아이들과 함께 있는 세르히오에게 다가갔다. 악수를 하고 잠시 다른 곳에 가서 이야기를 좀 하자고 했다. 차갑고 심상찮은 나의 분위기에서 세르히오는 직감적으로 뭔가 느낀 것 같다.

"왜 그래요? 여기서 이야기해요."

"아니다. 잠시면 되니 좀 나가자."

침착하게 이야기하는 내게 살의가 있었던가 보다. 그는 아이들과 부인을 함께 데리고 가겠다고 했다.

"둘이 이야기하려고 좀 가자는데 부인은 왜 데리고 가는 것이냐?"

그러나 세르히오는 완강했다. 같이 가더라도 부인은 아이들과 다른 데서 놀게 해도 된다는 것이었다.

"그럴 필요 없다. 나는 너를 잘 알고 너도 나를 잘 아는 입장이다. 더 이상 교회를 소란하게 하지 않는 게 좋겠기에 마지막으로 말하는 것이니 그리 알아라. 이미 우리가 이단이 아닌 것은 너도 인정했고 교인들도 그렇게 했다. 녹음기도 있고 증인들도 있다. 이제 더 이상 그런 유치한 말로 교인들을 농락하지 말고 새 출발을 하는 것이 좋을 듯하여 이렇게 찾아온 것이니 잘 생각하고 기도하기 바란다. 너의 새로운 출발을 기다리겠다."

마지막 통고를 한 것이라고 생각했다. 이제 그 다음은……? 나는 다시 교회에 들어가 무릎을 꿇었다.

"주님! 당신은 아십니다, 저의 전후와 지금의 모든 상황을요. 이제 더 이상 무엇을 요구하시는 겁니까? 저의 마음과 육체는 이미 상할 대로 상했고 회복의 기미는 사라졌습니다. 저를 거두소서."

엘리야가 로뎀나무 아래에서 올린 고백이 나의 고백이 되었다.

흐르는 눈물 속에 나는 깊은 잠에 빠졌다. 다시 꿈을 꾸었다. 나는 어느 높은 절벽에서 두 손과 두 발을 벌려 넓은 바위를 부여잡고 있었다. 바위는 내가 잡기에는 폭이 넓어 잘 잡히지 않았다. 평지에 놓인 게 아니라 깊은 절벽에 깎아 세운 바위에 부둥켜안듯이 매달려 있던 나는, 위로 오를 수도 아래로 내려갈 수도 옆으로 갈 수도 없었다. 아래는 끝을 알 수 없는 낭떠러지였고 저 멀리 깊숙한 곳에서도 계곡 물이 흐르고 있었다. 움직일 수는 없고 힘은 점점 빠져 가면서 입으로는 아무 소리도 낼 수 없었다. 떨어지면 죽는다는 생각만이 머릿속에 가득했다. 주변은 끝없이 이어진 절벽이고 입도 떨어지지 않기에 누구에게 도움을 청하지도 못했다. 어둠이 짙어가는 절벽의 중간에서 나는 그렇게 위기 속에 떨고 있었다. 그러나 장면이 바뀌어 나는 그 위기의 순간을 벗어나 누군가의 커다란 손에 잡혀 하늘을 날고 있었다. 내가 날고 있는 곳은 방금 전 내가 그렇게 힘들게 매달려 있던 절벽 바로 위였다. 비행기를 타고 아래를 내려다보듯 나는 편안한 마음으로 그곳을 날며 내려다보았다. 방금 전까지만 해도 공포의 계곡이었던 곳이 꽃이 만발한 계곡으로 변했다. 치솟은 바위들과 계곡 사이에 자라는 송림 그리고 그 아래로 맑고 깨끗한 물이 흐르는 깊은 계곡은 세상에서 보기 드문 아름다운 절경이었다. 그분과 함께 날며 꿈이 깨었다.

내가 처한 상황도 똑같았다. 내가 그 바위를 부둥켜안고 살아나려고 애쓸 때 곧 한계에 부딪혔지만, 나 자신을 포기하고 하나님께 모두 맡겼을 때 문제를 해결할 뿐 아니라 세상에서 가장 아름다운 장관을 여유롭게 구경할 수 있는 것이다.

자신을 포기한다고? 정말 그렇게 산다고 하면서 여태까지 살아오지 않았던가? 그렇다! 나의 의식 속에만 있던 포기가 실제 사역에서 나의 완전한 포기로 아직 의미가 확장되지 않았던 것이다. 그래, 내가 조용히 물러서자. 그러면 될 것 아닌가! 하나님 보시기에 내가 이 사역의 적격자가 아니라면 더 이상 미련 두지 말고 물러서자. 좋은 결론, 바람직한 결단이라 여기며 생각을 정리했다. 하지만 그래도 해결할 일은 또 있었다. 바로 세르히오에 대한 증오였다.

"주님, 이제 저는 모든 것을 포기합니다. 세르히오도요. 그 사람을 용서하게 해주세요."

세르히오를 사랑하게 해달라는 기도로 바뀌었다. 그런데 그 기도가 왜 그렇게 짧았던지, 마지 못해 드리는 단발적인 기도일 뿐이었다.

"하나님, 세르히오를 용서하고 사랑하게 해주세요."

내 입에서 나온 용서와 사랑의 기도에 놀라 얼른 다른 기도를 드렸다. 세르히오와는 전혀 상관없는 기도로 바로 넘어가면서 마음 한편으로는 정말 기도가 응답이 되면 어떻게 하지, 하는 걱정까지 생겼다. 기도를 드리긴 했지만 막상 그 기도가 응답되어 그를 정말 용서하고 사랑하게 된다면 너무나 억울할 것 같은 생각이 마음에 가득했다. 평생을 두고 용서하고 사랑하면 안 될 사람이라는……. 나는 첫 사역의 사명감 속에 속마음까지 모두 세르히오에게 내주었다. 준 것만큼 아픔도 컸다. 여러 번의 형식적인 기도와 순식간에 언급하고 마는 기도를 되풀이하는 동안 마음은 너무나 괴로웠다.

그러던 어느 날 마음에 안정이 찾아오며 세르히오를 용서하고 사랑한다는 생각이 들었다. 이러면 안 되는데, 라고 생각하면서도 밀물처럼 밀려오는 사랑의 파도 속에 내 감정을 버리고 세르히오 목사를 찾아갔다. 그는 할 일 없이 초라하게 마당에 앉아 있었다. 뜻밖의 방문에 놀라는 기색이 역력했다. 나는 약간은 어색한 분위기 속에서 조용히 다가가 포옹했다. 포옹은 꽤 길었다. 세르히오와 나는 마음으로부터 흐느꼈다. 그 눈물은 닫힌 마음의 뚜껑을 열어젖혔다. 결국 우리의 두 눈에서 뜨거운 눈물이 흘렀다. 한참이나 서로 흐느끼며 침묵 속에 마음의 교류를 나눈 다음 가벼운 마음으로 발길을 돌릴 수 있었다. 세르히오 역시 감사한 마음으로 인사하며 흐르는 눈물을 그대로 놔 두었다. 후련했다. 하늘을 나는 기분이었다. 배신, 분노, 기도, 용서로 이어진 세르히오 목사와의 단막극은 이렇게 사랑의 위대한 힘, 그분의 한없는 은혜로 끝이 났다.

문제가 해결된 뒤 세르히오는 나에게 찾아와 그동안 숨겨 둔 이야기를 들려주었다.

"선교사님, 정말 죄송합니다. 사실 저는 선교사님이 이단이라고 생각하지 않았습니다."

"그럼, 어떻게 생각한 거지?"

"이단이라는 말은 핑계구요. 저는 사실 돈이 필요했어요. 형님 차를 운전하다 어린아이를 치는 사고를 저질렀습니다. 운전면허도 없고 간신히 운전을 배우던 때라 무면허 운전 교통 사고로 크게 문제가 되었어요. 그래서 교통경찰에게 신고가 들어가 경찰서에 벌금을 내고 어린아이 치료비도 지불해야 했습니다. 그뿐 아니라 피해자 가족이 합의금까지 요구하여 참 난감했어요. 그럴 때 마침 선교사님도 잘 아시는 선교사가 저를 찾아왔어요. 그 선교사는 저에게 월 사례가 얼마인지 묻고는 자기에게 오면 그 두 배 이상을 주고 교회 차원에서도 많은 돈을 줄 수 있다고 하더군요. 그리고 그 선교사와 저는 개척 교회들을 다니면서 교인들도 만나 보았어요……."

줄줄이 이어지는 세르히오의 말은 온통 아픔을 주는 내용이었다. 이런 일이 있은 뒤 세르히오는 다시 정상적인 사역으로 돌아와 헌신하다가 계약 기간이 끝나 원래의 교단으로 복귀하고, 타리하라는 도시로 사역지를 옮겼다.

나는 세르히오를 통해 감당하기 어려운 배신의 아픔과 용서와 사랑을 체험했다. 하나님의 능력으로 그를 용서한 것을 지금은 의심 없이 받아들인다. 그 후 상처받은 영혼을 치료하기까지 많은 기도와 내적인 아픔이 있었다. 다행히 마지막 정리가 잘 되어 많은 교인들이 흔들리지 않고 자리를 지켜 주었다. 비 갠 뒤의 땅처럼 여러 교회들이 더욱 튼실해졌다.

역사는 탐욕이라는 인간의 죄성을 바탕으로 흘러왔다. 중남미의 역사도 탐욕과 맥락을 같이 하고 있다. 유럽의 백인들이 남미를 침략했을 때 이미 금속공예, 건축, 조각, 수학, 천문학, 의학과 같은 분야에서 놀라운 발전을 이루고 있었다. 그 대표적인 문명이 마야, 아스텍, 잉카 문명이다.

마야 문명은 기원전 100년경 중앙아메리카 북단에서 화려한 문화를 꽃피

웠으며, 신격화된 군주가 통치하는 강력한 중앙 집권 국가를 이루었다. 그 때문에 마야의 대집단은 오직 귀족과 사제를 부양하기 위해 열심히 일해야 했다. 농업 생산이 이루어졌지만 땅은 개인 소유가 될 수 없었다. 그들은 군주의 무궁한 번영을 위해 인간을 제물로 바치기까지 했다.

다음으로 아스텍 문명이 꽃을 피웠다. 이들은 멕시코 대중앙 고원의 남부에서 그 문명을 성장시켰다. 이들 역시 군주 중심의 통치 체제였으며, 이를 확고히 하고자 세습제를 택했다. 지배자는 원로 족장들이 왕가에서 선출했다. 아스텍의 종교는 다신교이며, 군주를 위해 피의 제물을 바치는 관습이 있었다.

잉카 문명은 유럽의 침략자들이 중남미에 도착할 당시 가장 큰 규모의 원주민 국가였다. 잉카의 영토는 약 95만 평방킬로미터로 에콰도르에서 칠레 중심부까지 펼쳐져 있었고, 동으로는 태평양에서 안데스 산맥 동부 경사면에 이르렀다. 지배자가 세습 군주로서 태양신의 아들로까지 여겨질 만큼 절대적 권한을 가지고 통치했다. 그들의 종교도 다신교였으며, 특히 태양의 신과 창조의 신인 비라코차의 숭배에 집중했는데, 부족의 신인 태양과 군주가 혈족 관계라는 원리에 기초하고 있었다. 이들의 종교 축제 때는 군주의 안위를 위해 인간을 산 제물로 바치기도 했다.

마야, 아스텍, 잉카 문명에서 볼 수 있는 공통점은 탐욕이다. 군주와 그 주변 사람들 몇몇의 일방적인 탐욕으로 많은 원주민들은 희생을 감수해야 하는 삶을 운명처럼 받아들이고 살았다.

그 잉카의 후예 세르히오도 탐욕 때문에 목사의 양심으로는 결코 할 수 없는 일을 저지르고 만 것이다. 그러나 욕심을 버리고 나와 함께 포기의 선교를 하면서 그는 다시 새롭게 되었다. 하나님 앞에서 자신을 깨끗이 유지하고 말씀에 순종하는 것이 사명자의 기본 자세라는 것을 이전의 그는 몰랐다. 아니, 알더라도 탐욕에 물들어 거부했던 것 같다. 그런 그를 인간적인 자존심을 포기한 채 억울함과 비참함까지 느끼며 사랑하고 용서해야 한다는 것이 그렇게 말처럼 쉽지 않았다. 주님은 내게 그렇게 할 수 있는 마음을 주셨고, 포기와 용서 후의 기쁨을 맛보게 하셨다.

1년 동안이나 시달리던 이 문제의 해결은 결국 자존심의 포기에 있었다. 포기 후 찾아오는 기도, 용서, 사랑, 감사, 감격의 은혜는 새로운 헌신의 밑거름이 되었다. 포기는 자기 순교다. 하나님 앞에서 자신을 완전히 죽이는 행위요, 하나님께 드리는 온전한 제물이 돼야 했다. 그렇지 않을 때 이미 그것은 제물이 아니고 포기와 버림이 아니다.

폭포수처럼 떨어지던 근심의 눈물을 한아름 흘려보내고, 가슴 조이는 순간들 속에서 빚어진 용서와 사랑의 열매들에 감사하며 세르히오 목사의 새로운 사역을 축복한다.

맨땅을 일구며

선교에서 영적 자립과 동시에 경제적 자립은 현지에서 풀어 가야 할 과제다. 아직은 농경 사회의 틀을 벗어나지 못한 볼리비아의 농촌을 살리기 위해 농원 선교를 계획하게 되었다.

목표를 세우고 기도드리던 중 라파스에 사는 김사묵 장로님이 코차밤바의 빈토 지역에 3,300평 정도의 땅이 있는데 사용해도 좋다는 소식을 전해 주셨다. 김 장로님이 전에 코차밤바에 살면서 사 놓은 땅이다. 그곳에는 집도 한 채 있었고, 펌프질을 하지 않아도 파이프로 물이 솟아 나와 농원 선교에 적격이었다.

시내에서 16킬로미터 떨어진 거리인데, 당시로는 시골이었다. 그곳에 먼저 옥수수를 심었다. 충분한 물이 있었기에 예상보다 좋은 결실을 거두었다. 다음으로 배추, 무, 양파, 깨, 시금치, 부추, 딸기, 호박, 고추 등을 심었다. 주로 한인들이 구입했는데, 점차 현지인들도 고객이 되었다. 형편이 넉넉한 사람들은 순수한 거름으로만 재배하는 외국인 농장의 신선한 야채들을 선호하기 때문에 믿고 사기 시작했다. 수익금은 씨앗 값을 제외하고 모두 선교비로 지출했다.

이렇게 시작한 농원 선교는 연못을 만들어 물고기도 기르고, 재래종 소도 사서 키우면서 점차 사역을 확장해 갔다. 몇 마리 안 되는 닭과 오리, 토끼 등도 키워 선교비에 보탰다. 차츰 땅도 구입했다. 30킬로미터 정도 떨어진 지역에서 대형 젖소 품종인 홀스타인 한 마리를 구입하여 키우기 시작했다. 베어 낸 에우칼립토 나무로 기둥과 지붕을 씌워 우사를 짓고 키운 마리아라 는 이름의 소는 극진한 사랑에 보답이라도 하듯 잘 자라 주었다. 특별히 소 에 대한 사모의 애착이 남달랐다. 소도 사모를 알아보고 가족처럼 지냈다. 한 마리로 시작한 소는 그 후 70여 마리에 이르렀고, 7,000마리가 넘는 산 란 닭들이 계사를 채웠다.

야채와 소, 닭이 있는 농원은 선교에 커다란 도움이 되었다. 야채를 수확 하고 소와 닭과 씨름하는 사모는 새벽부터 밤늦게까지 매일 고된 중노동을 감당해야 했다. 소 먹이 마련에 땅이 부족했던 터라 옥수수 대를 잘라서 말 려 먹이고, 젖을 짜고, 우유를 나르고, 치즈를 만들어 팔고, 달걀을 분리하 여 차에 싣고 나가 팔고, 병든 소와 닭을 관리하고, 전도하고, 집회 인도하 고, 제자를 양육하는 등 바쁘고 피곤한 일상이지만 기대와 보람으로 활기 찼다.

그러던 어느 날 새벽기도를 마치고 우사를 돌보는데 소가 쓰러져 있었다. 놀라 달려가 보니 이미 소는 죽어 있었다. 알고 보니 소의 먹이에 누군가 극 약을 넣어 먹인 것이다. 주변에 떨어진 풀을 보니 알파라는 소 풀에 극약을 넣고 붙들어 매어 담 너머로 던진 것을 밤에 소가 먹은 것이었다. 누군가 고 의적으로 저지른 짓이었다. 사모는 죽은 소를 붙들고 흐느끼며 애처로워 하 고, 주리와 강호도 울먹였다. 죽은 소는 소 장수에게 넘겨 주었다.

이튿날 사고는 또 일어났다. 역시 고의적인 만행이었다. 전날 일 때문에 감시를 하고 있었는데, 잠깐 자리를 비운 사이에 담 밖에서 던진 극약이 든 알파를 소가 또 먹은 것이다. 쓰러진 소 앞에서 살려 달라고 기도하며 울고, 죽은 소를 보고 슬퍼서 또 울었다. 죽은 소를 바라보며 그토록 슬피 울면서, 죽어 가는 영혼을 위해서는 그렇게 서럽게 울지 않았던 자신이 부끄러워 몹시 가슴 아팠다. 소의 죽음은 천하보다 귀한 영혼을 더욱 귀하게 여겨야 한다는 것을 상기시켜 주었다. 그러면서도 한편으로는 분노가 일었다. 우사 옆에 작은 기도실을 마련하여 그곳에서 철야를 했는데도 전혀 범행의 기척을 느끼지 못했기 때문이다.

다음 날은 바짝 긴장하며 우사 옆 기도실에 앉아 있는데 갑자기 양철지붕에 돌들이 떨어지는 소리가 요란했다. 소리 나는 쪽으로 뛰어가 보니 닭들이 난리였다. 닭들은 소리에 민감하기 때문에 큰 소리가 나면 한쪽으로 쏠려 그 밑에 깔린 닭들은 그대로 죽기도 한다. 놀란 닭들이 한쪽으로 몰려 이미 수백 마리가 죽어 있었다. 이해할 수 없는 상황에 우리 가족은 속수무책이었다. 한밤중에, 초저녁에, 새벽에 시도 때도 없이 계속되는 누군가의 공격으로 신경이 날카로워질 대로 날카로워져 거의 정신병자 같은 증상까지 나타났다.

문제는 거기서 끝나지 않았다. 급기야 벽까지 무너뜨리는 만행이 벌어졌다. 지금도 그렇지만 당시 벽은 흙으로 쌓은 것이라 콘크리트처럼 견고하지는 않아도 일부러 무너뜨리지 않으면 결코 무너지지 않았다. 그런데 누군가 가 벽을 10미터 이상이나 무너뜨린 것이다. 아침부터 무너진 벽을 부지런히 다시 쌓아 놓으면 그 밤에 또 벽을 무너뜨렸다. 이런 일이 있고 나서도 밤중에 누군가 폭약을 집에 던져 한밤중에 전쟁을 방불케 하는 폭음으로 소동이 벌어지기까지 했다. 도대체 영문을 알 수 없는 일들이었고 일방적으로 피해만 당하고 있었다.

한계를 느낀 나는 특별한 대책을 강구할 수밖에 없었다. 그동안 함께 일했던 일꾼들을 불러 농원 각 모퉁이에 잠복시키고 누가 나타나서 또 일을 저지르면 잡기로 하고, 완전 무장을 한 채 혼자 농원 주위를 순찰했다. 한 손에는 야구 방망이를 들고 허리에는 전투 요원들의 실전 무기까지 갖춘 내 마음은 비장하기까지 했다. 여차하면 극단적인 사고로 치달을 수도 있었다.

농원을 한 바퀴 도는데 한쪽에서 서너 명의 청년들이 불을 피워 놓고 둘러 앉아 있었다. 직감적으로 수상하여 그들에게 가까이 갔다,

"너희들 누군데 여기서 이 시간에 불을 피우고 있느냐? 다들 일어나!"

"아, 선교사님. 저희 모르세요? 저희는 여기 사는 친구들이에요."

자세히 보니 안면이 있는 동네 청년들이었다. 빗나간 예측에 기분이 상한 나는 다시 물었다,

"너희들 다른 청년들 보지 못했어?"

살기 넘치는 나의 목소리와 태도에 그들 역시 긴장하며 대답했다.

"못 보았는데요."

"너희들 똑똑히 들어! 누구든지 앞으로 우리를 괴롭히면 그때는 가만 두지 않을 거야. 그리고 이 동네 아이들이 아닌 다른 동네에서 온 청년들이 밤중에 이곳에 나타나면 내게 연락해라. 알겠지?"

"네."

돌아서 가려는데 왠지 그들은 뭔가 알고 있을 거란 예감이 들었다.

"너희들은 알고 있지?"

"네? 뭘요?"

불을 쬐고 있던 청년들이 일순 긴장했다.

"매일 밤 선교부에서 일어나는 일 말야."

"네, 들어서 알고는 있어요. 소가 죽었다면서요? 닭들도 죽고요."

"그래, 알고 있었구나. 누가 그랬는지 짐작이 가지 않니?"

"아니요, 전혀 몰라요."

"정말이에요, 저희는 전혀 모르는 일이에요."

강한 부정은 강한 긍정이라고 했던가! 너무나 강하게 부정하는 청년들을 보며 낌새가 이상하다 싶어 물고 늘어졌다.

"혹시 밤에 다른 데서 온 청년들은 보지 못했느냐?"

회유적인 질문에 그들은 다소 머뭇거리며 답했다.

"한 달 전부턴가 두세 명의 청년들이 가끔 돌아다니기는 했어요."

"전혀 모르는 청년들이었고?"

"예, 전혀 모르는 청년들이었어요."

"주변 마을 청년들도 아니고?"

"주변 마을 청년들이라면 저희가 거의 다 아는데, 밤에 다닌 그 청년들은 전혀 모르는 사람들이었어요."

다른 데서 온 청년들이라는 것은 분명했다. 외지에서 이곳까지 와서 우리를 괴롭히는 자들이 대체 누군가? 어디서건 이렇게까지 집요하게 보복을 할 정도로 감정을 상하게 한 사람이 없는데…… 곰곰이 생각해 보았다. 선교지, 개인적으로 만난 사람, 선교지 주변……. 차파레가 떠올랐고, 마약이 떠올랐다. 그렇다면 코카인? 그들에게 이미 표적이 된 것은 사실이나 이렇게까지 심각한 대상이 된 줄은 몰랐다. 그렇다면 한도 끝도 없이 이렇게 힘으로 맞서야 하는가? 후일 어떤 결과가 초래될까? 지금은 시작에 불과할 텐데, 사실 나는 마약 단속반도 아닌데, 왜 나에게 이렇게까지 마수를 뻗치는가?

그러고 보니 얼마 전부터인가 밤늦게 걸려 온 수상한 전화가 기억났다. 늦은 밤에 걸려 온 전화는 벨 소리만 들렸다. 누구냐는 물음에 대답도 없이 끊어 버리곤 했다. 처음에는 이상하다고만 생각했는데 계속 반복되면서 썩 마음이 편치 않았던 터였다. 누군가에게 우리의 모든 생활이 철저하게 감시 당하고 있는 것이 분명했다.

그날 완전 무장을 하고 서슬 퍼렇게 다니던 초저녁에는 이상이 없었다. 그리고 자정이 되어도 아무 문제가 발생하지 않았다. 일단 다음 날 일도 있고 하여 잠복근무(?)를 한 일꾼들을 귀가시키고 들어왔다. 다음 날 새벽, 우리 집 지붕에서 천둥 치는 소리가 또 들렸다. 참기 어려운 분노에 뛰쳐나가 보아도 잡히지 않는 그림자들. 밤마다 이어지는 잔인한 검은 그림자들의 놀이에 미칠 것만 같았다. 형체도 안 보이는 그들은 갑자기 나타나는 악귀와도 같은 존재들이었다.

그 후 만난 청년들은 좀더 솔직한 말을 들려주었다.

"그 청년들이 그러는데요. 선교사님께서 마약 갱생원에서 일하시고, 마약 단속반과도 관계를 맺으면서, 정글 깊숙이 코카나무를 재배하고 있는 유라카레 부족에게 전도를 한다면서요? 푸카라와 푸나타에서도 일하시고요."

"그래, 그런데?"

"조심하랬어요."

"그렇게 일하는 것이 뭐가 문제인데?"

"자기들이 전국적인 조직망을 가지고 있는데, 다 알고 있대요."

한마디로 다치지 않으려면 마약 일에 관여하지 말라고 경고했다는 것이다. 푸카라라고 하면 초기에 전도하던 곳이다. 코차밤바 변두리 지역인 푸카라는 마약의 원료를 가지고 와서 아이들이 마약을 만들던 지역으로, 단속이 허술한 허점을 최대한 이용한 장소다. 푸나타 역시 차파레에서 산을 넘어 코카 원료를 가지고 와서 시내 변두리 지역에 농사를 짓는다는 명목으로 마약과 관련된 일을 하고, 실제로 마약으로 현금을 많이 확보한 마을이다. 유라카레 부족은 강변 깊숙이 사는 원주민 부족이다. 단속이 강화되면서 원료가 되는 코카 잎을 마련하기 어려운 마약단은 유라카레 부족에게까지 손을 뻗쳐 원료를 조달했다. 그곳에 들어가 선교를 한 나는 코카 재배를 반대하는 입장이다 보니 당연히 표적이 된 것이다. 하나님께서 보내신 이 땅에서 하나님께서 원치 않으시는 것들과 정면으로 부딪쳐야 하는 내 삶은 고달프고 힘들었다. 언제 어떻게 될지 모르는 생명의 위협이 항상 코앞에서 도사리고 있었다.

한편 분노가 일기도 했지만, 생명을 포기하고라도 해야 할 일은 해야 한다며 마음을 다졌다. 다시 마음을 차분하게 가라앉히면서 앞으로 나아가야 했다. 분노의 한계를 넘기고 한밤중에 밖에 나와 어스름한 달빛 아래 무릎을 꿇고 기도드렸다.

"주님, 어찌해야 합니까? 제게 무엇이 문제입니까? 왜 이런 일이 생기는 것입니까? 아무리 지혜를 짜내어 대비해도 속수무책입니다. 이제 어찌해야 합니까? 당신이 주신 지혜로 시작된 농원이 아닙니까? 이익금은 모두 선교비로 지출하지 않았습니까? 농원 사역을 하면서 제가 개척, 전도, 양육, 기도, 말씀 묵상을 게을리 했습니까? 영혼을 멸망으로 몰고 가는 마약을 퇴치하려 한 것은 분명 하나님의 뜻이지 않습니까? 그 마약의 근원지를 복음화하려는 저의 계획과 현재 진행 중인 사역에 문제가 있습니까? 당신은 아십니다. 가르쳐 주시옵소서. 어찌 해야 하는 것입니까?”

그분은 계속 침묵하셨다. 고요한 달빛만이 초라한 내 자신을 보는 둥 마는 둥 비추고 있었다. 침묵의 기도는 하염없는 눈물로 흐르고, 길고 긴 밤을 지나 조용한 새벽을 맞았다. 다음 날 나는 다시 농원 한가운데 무릎을 꿇고 같은 기도를 반복했다. 그 다음 날도 그렇게 했다. 며칠이 지나자 더 이상 소란이 일지 않았다. 어느 순간 긴장도 누그러졌다.

그리고 그분의 짧고 명료한 음성이 들렸다.

“선교는 내가 한다”

나직한 한 마디였다.

다시금 주님을 위해, 사역을 위해 분노를 가라앉히고 생명을 포기하라는 말씀이었다. 일련의 시련은 언제까지 내 의지대로 생각하고 행동하는지에 대한 일종의 시험이었다. 그 시험에서 나는 여지없이 낙제생이 된 것이다. 재시험에서 간신히 과락을 면한 학생이었다.

풍요로울 때 겸손해야 하고 문제가 있을 때 조용히 무릎 꿇어야 한다는 깨달음을 삶으로 체화하는 데 그토록 많은 시간과 힘겨운 싸움이 필요했던 것이다. 어떤 상황이 벌어져도 빠른 시간 안에 포기하는 것이 문제 해결의 지름길이다. 목숨 걸고 선교사로 나와 순교자로 하나님 앞에 선다고 수만 번 다짐했던 나 자신이, 그 잘난 생명 하나 포기하지 못하는 모습을 보았을 때 너무나 한심하다는 생각이 들었다.

끝없이 흘러내리는 눈물을 주체할 수 없었다. 포기의 삶이 체질화돼야 하는데 여전히 부족하기만 한 자신을 추스르며 그분의 품에 안겼다.

"주님, 저를 당신의 품에서 놓지 마소서. 저는 당신의 아들입니다. 저는 아무것도 아니며 아무것도 할 수 없습니다. 포기가 제 삶의 체질이 되게 하소서."

파카타 알타의 한 장성 부인의 지병

농원 사역과 함께 환자 치유 사역을 병행했다. 어느날 한 예비역 장성의 부인을 만났다. 볼리비아에서 장성은 사회적 지위가 매우 높은 소수 특권층이다. 남미에서 군 출신은 힘의 상징이고 부의 상징이다. 그만큼 군부가 국가에 끼치는 영향이 크다.

볼리비아에서 대통령이 되려면 적어도 군부, 마약, 로마 가톨릭을 어느 정도 장악해야 한다는 말이 있다. 군부를 장악한다는 것은 쿠데타에 대비한 힘을 장악한다는 말이다. 마약을 장악한다는 것은 선거에 필요한 돈 줄을 장악하는 것을 뜻한다. 로마 가톨릭을 장악한다는 것은 실제 투표 수를 장악하는 것이다.

힘의 상징인 군부의 장성이라면 쉽게 접근하기 어려운 사람이다. 그런데 그 장성의 부인이라는 사람이 몸에 문제가 있어 나를 초청한 것이다. 나이 쉰이 넘었지만 자녀가 없고, 식모를 둘씩이나 두고 정원사까지 있는 상류층에다 곱게 나이 든 백인계 부인이었다.

병이 무엇인지 물으니 수술을 세 번이나 했는데도 완치되지 않고 계속 고통스럽다고 했다. 병원에서도 더 이상 수술을 할 수 없으니 안정을 취하라고만 했다고 한다. 그 때문에 늘 마음이 편치 않았고, 소변이 시원하게 배출되지 않으며 통증이 심했다고 한다. 방광 쪽에 문제가 있다는 것을 쉽게 알 수 있었다. 암과 같은 중병은 아니지만 오랜 세월을 고통 속에 살며 수술을 해도 소용없었다고 하니 부인에게는 몹시 괴로운 병이었다. 보이는 증세로는 그렇다 해도 목사요 선교사로서 영적인 부분에 어떤 문제가 있는지 살펴보지 않을 수 없었다. 어릴 적 이야기부터 개인 생활에 관한 이야기를 물어보았다. 부인은 차분히 마음을 가라앉히고 때론 울먹이면서 자신의 과거를 들려주었다.

부인은 어릴 때 외동딸로 자랐으며 사업을 하는 아버지와 어머니 사이에서 꽤나 귀여움을 받았다. 그녀는 부유한 환경에서 늘 풍요를 누리고 살았다.

어느 날 갑자기 아버지가 세상을 떠나셨다. 그런데 아버지가 돌아가시는 끔찍한 장면을 당시 초등학생이던 자신이 직접 목격했다는 것이다. 그날은 개 짖는 소리가 시끄럽게 들리던 밤이었다. 가족들 모두 잠에서 깨었는데 이어서 숨죽인 발자국 소리가 들리고 문 여는 소리가 들렸다.

"누구냐?"

침입자의 인기척을 들은 아버지는 소리치며 일어나 불을 켰고, 옆에서 어렴풋이 잠에서 깬 본인과 어머니도 놀라서 떨고 있었다. 불빛에 드러난 사람은 놀랍게도 작은아버지였다. 검은 복면을 하고는 있었으나, 아버지는 사무실에서 늘 마주해 온 작은아버지를 모를 리 없었다.

"네, 네가 이 밤중에 웬일이냐?"

놀라움에 떨며 묻던 아버지는 공포에 질린 모습이셨다고 한다. 복면을 벗어 던진 작은아버지는 이미 야수가 돼 있었다.

"내가 여러 번 말하지 않았습니까? 이런 날이 올 거라고. 왜 내 말을 듣지 않느냐 말입니다."

권총을 뽑아 든 작은아버지는 조금은 떨리는 음성에 떨리는 손으로 총구를 아버지께 겨누었다. 놀란 어머니는, "안 돼요, 말로 하세요. 안 돼요, 안 돼요"라고 소리를 지르며 작은아버지를 만류했다.

"탕, 탕, 탕!"

달려들던 아버지는 그대로 쓰러지셨고, 발길질에 채여 쓰러진 어머니는 총에 맞아 피투성이가 된 아버지를 부둥켜안고 통곡하셨다.

"안 돼, 안 돼! 여보, 여보오……!"

이미 이 세상 사람이 아닌 아버지는 대답이 없었다. 놀라움과 두려움에 떨고 있던 본인은 그렇게 가신 아버지를 부둥켜안고 통곡하는 어머니와 함께 울부짖었다. 두려움과 공포의 긴 밤을 어찌 잊겠는가. 자세한 것은 모르나 돈 문제가 얽혀 생긴 사고라고 어머니께 대충 들었을 뿐이다. 어머니는 그 후 늘 정신이 혼미한 상태에서 사셨고, 때로 깔깔대며 정신없이 웃다가 멈추시고, 갑자기 산으로 올라가 뭐라고 외치다가 돌을 던지고 옷매무새도 제대로 하지 않은 채 실신한 사람처럼 우셨다고 한다. 매일 계속되는 어머니의 광기에 본인은 두려움이 겹쳤고 공포 속에 밤잠을 설쳤다. 그러다가 어머니는 자기 손으로 작은아버지를 죽이겠다며 칼을 들고 산을 헤매다 그만 발을 헛디뎌 계곡에서 떨어지는 바람에 아픔과 한을 간직한 채 아버지 곁으로 가셨다. 어린 나이에 아버지는 총격으로, 어머니는 계곡에 떨어져 피투성이가 되어 돌아가신 모습을 보아야 했던 그 부인은 외갓집에서 거의 정신 나간 아이처럼 걸식을 하며 살았다. 다행히 이모의 극진한 사랑이 늘 깊은 아픔으로 남아 있던 부모님의 참혹한 죽음을 조금씩 떨쳐낼 수 있었다. 자랄수록 공포의 시간들은 조금씩 벗어났으나 작은아버지에 대한 분노와 증오로 언젠가는 대가를 치르게 해주겠다고 다짐하며, 복수심을 다져 갔다. 증오와 분노가 잠재해 있었어도 좋은 머리에 착한 심성을 지닌 그녀는 교육대학에 진학했다. 교육대학은 등록금 없이 다닐 수 있었고, 3년 과정으로 비교적 짧은 시간에 졸업하여 사회 생활을 할 수 있었으며, 기회가 되면 연장 교육도 받을 수 있었다.

졸업 후 그녀는 의무적으로 시골 초등학교 교사로 발령을 받았다. 산족 마을에 들어가 혼자 생활하며 교실 하나에 전교생이 공부해야 하는 움막집 학교에서 초임 교사로 근무했다. 교실 바로 옆에 붙어 있는 집에서 기거했는데, 그 집은 간신히 들어가 잘 수 있는 방 한 칸 정도의 크기였다. 시골 사람들은 적당히 계곡이나 냇가 집 주변에서 대소변을 보았다. 학교에 가서는 대소변이 아무리 급해도 쉽게 볼 수 없어 참고 견디다가 학생들이 모두 하교한 후 용변을 보아야 했는데, 그런 생활이 거듭될수록 오줌소태가 심해졌다. 불행하게 부모를 여의면서 받은 충격으로 증상이 심각했는데 교사 생활을 하면서 더 악화된 것이다.

그리고 이제는 그렇게 여러 번 수술을 했지만 치유가 불가능하다는 진단을 받고 말았다. 현재 남편의 사회적 지위와 경제력이라면 다른 나라에 가서라도 수술을 받음직도 한데 그렇게 하지 않은 것이 의아하긴 했지만, 볼리비아에서 받은 수술이니 오죽했을까 싶었다. 나중에 알게 된 일인데 지금의 남편에게 그녀는 두 번째 부인이었다. 그녀는 치유를 위해 나를 불렀지만, 나는 그녀의 영적 상태가 더 큰 문제라고 생각했다. 눈물을 흘리며 이야기하는 것을 들으면서 그녀의 마음속에는 작은아버지에 대한 분노가 여전히 남아 있다는 것을 알 수 있었다.

인간적으로 볼 때 쉽게 풀 수 있는 용서가 아니라는 것을 이해하면서도 절대로 용서할 수 없다는 부인에게 애처로움을 느끼지 않을 수 없었다. 그 후 현재 남편의 전 부인이 낳은 자녀들과의 문제 등으로 많은 것들이 얽혀서 너무나 힘들게 살고 있다는 것을 알게 되었다.

오랜 시간 부인의 이야기를 듣는 것으로 첫 만남은 끝났다. 그리고 그 다음도 내가 할 수 있는 역할은 들어주는 일뿐이었다. 내가 외국인이며 목사요 선교사라는 특별한 신분이어서인지 부인은 자신의 모든 것을 부담 없이 이야기했고 나는 계속 경청했다. 말하고 듣고 이해하고 기도드리며 하나님의 말씀을 그저 함께 읽었다. 매주 한 번씩 만나면서 그녀는 용서에 대한 질문을 의미심장하게 던졌다. 용서하고 싶어도 용서할 수 없는 사람을 어찌해야 하느냐는 물음이었다. 이제는 내가 답을 해도 되는 단계라고 판단했다. 모든 것을 하나님께 맡기고 함께 기도하자고 하면서 말씀을 계속 읽었다. 말씀의 능력과 기도의 응답은 서서히 찾아오기 시작했다. 본인에게는 가장 시급하게 풀어야 할 과제이기도 했다. 그리스도의 사랑 이야기를 나누며 함께 눈물 흘리며 기도드렸다. 주님의 손길이 자매의 머리 위에 머물고 주님의 뜨거운 용서와 사랑의 피가 가슴에 머물기를 소원했다. 오직 그리스도의 사랑이 자매의 마음에 흐르기를 바라며 간절히 기도드렸다. 대화를 나누며 함께 아파했다. 뜨겁지는 않지만 온화한 만남이고 봄볕 같은 나눔이었다.

결국 그녀는 녹아 흐르는 눈물을 훔치며 오랜 세월 가시 되어 얽혀 있던, 이제는 감옥 생활을 하다가 옥중에서 몇 해 전에 병으로 세상을 떠난 작은 아버지에 대한 분노와 증오를 덜어냈다. 보혈을 흘리신 그분 앞에 무릎 꿇고 앉아서 용서와 사랑으로 평안함을 얻은 것이다. 고요 속에 흐르는 기도, 은은히 들려주시는 말씀, 함께 드리는 찬양, 편안한 대화로 한 달이 지나갔다. 그리고 어느 날 벨을 누르고 대문 밖에 서 있던 내게 부인이 뛰어 나오며 느닷없이 감사의 포옹을 했다.

"선교사님, 다 나았대요. 흑흑흑……."

"네?"

전 같지 않게 오줌소태 증세가 없기에 병원에 가서 진찰해 봤더니 주치의가 놀라며 어찌 된 거냐고 묻더라는 것이다. 불치병이라 생각했던 부인에게 간단한 진찰 확인 정도만 해주려던 주치의는 놀라며 어떻게 치료가 되었는지, 도대체 어떤 의사의 치료를 받았는지 궁금해 하더란다. 그간의 일을 이야기하니, "그럴 수도 있군요"라며 병이 완치되었으니 이젠 걱정하지 않아도 된다고 했단다. 부인과 나는 다시 하나님께 감사의 기도를 드렸다. 눈물을 흘리던 부인은 감격에 겨운 목소리로 고백했다.

"제 병은 용서하지 못한 데서 온 마음의 병이었던가 봐요. 저도 이제는 저 같은 환자를 고칠 수 있을 것 같아요."

"네? 어떻게요?"

"선교사님처럼 성경 읽고, 기도드리고, 찬송가를 부르고, 이야기 나누면 되잖아요?"

이제는 여유롭게 너스레를 늘어놓는 부인을 바라보았다. 부인이 말했다.

"선교사님, 제가 뭔가 보답하고 싶은데 필요하신 게 있으면 무엇이든 말씀해 보세요."

부인은 정부 차원에서 문제되는 것이나 서류를 비롯한 어려운 것들은 얼마든지 해결해 줄 수 있다고 했다. 선교사들이 흔히 겪는 어려움을 이미 남편을 통해 잘 알고 있었던 것 같다.

아무것도 필요 없다고 했더니 무엇이든 감사의 표현을 하고 싶다고 다시 집요하게 물었다. 마음 써주는 것만으로도 감사하다고 하며 생각해 보자는 말로 일단 인사를 나누었다. 기쁘고 감사한 마음으로 집에 돌아왔다.

며칠 뒤 저녁에 전화가 왔다.

"여보세요?"

"선교사님, 제 목소리 모르시겠어요?"

"아, 예. 안녕하셨어요? 평안하시구요?"

"물론이죠. 건강도 하구요."

맑고 밝은 부인의 목소리에 일단 안심했다.

"그런데 웬일이세요?"

"아이, 선교사님도 잊으셨어요?"

"예? 뭘요?"

"뭐라뇨? 생각해 보신다고 하셨잖아요?"

"아, 네에. 그게, 저……."

"선교사님, 제 남편이 이번 주간 어느 날이든 저녁 시간에 식사 초대한대요. 시간 낼 수 있으시죠? 언제가 좋을까요? 사모님과 함께 오세요."

"네, 그럼 모레로 하죠."

"어디가 좋을까요?"

"아시는 데 아무데나."

"그럼, 에스탄시아로 모레 7시까지 두 분이서 오세요."

"예, 감사합니다. 안녕히 계세요."

저녁 식사를 특별히 초대한 부부는 감사하다는 말을 수도 없이 하고, 작은 선물이라며 손목시계 두 개를 주었다. 한사코 사절했지만 누구에게 주어도 좋으니 일단 받아 달라는 것이다. 간곡한 청에 감사히 받았다. 예쁘게 포장된 시계는 함께 사역하는 현지인 교역자에게 감사의 뜻으로 주었다.

심성이 착한 자매는 그 후 마을에 있는 교회에 나가서 하나님께서 주신 사랑 이야기를 간증하며 열심히 전도했다.

하나님께서 우리에게 내려 주시는 사랑은 국경도 인종도 나이도 초월한다. 어떤 분노와 증오도 모두 한데 묶어 한 다발 야생초 꽃다발을 이루는 기적을 만들어 내신다.

애 낳듯이 기도하세요

"선교사님, 빨리 좀 나와 보세요!"

저녁나절 피곤한 몸을 씻기 위해 편한 옷으로 갈아입는데 밖에서 급하게 외치는 소리가 들렸다. 뛰어나가 보니 교회에 착실히 다니는 마리아 자매가 사색이 되어 빨리 가자고 했다. 어디를 가자는 건지 물으니 자기 집이란다. 시누이가 해산하게 되었는데 급히 차가 필요하다면서 우리가 쓰고 있는 선교 차량으로 병원까지 좀 태워 달라는 것이었다. 급할 때마다 으레 있는 일이라 그러마 하고 지프차를 몰았다.

이동 중에 옆에 앉은 마리아 자매가 불쑥 말했다.

"선교사님, 아기를 받을 수 있지요?"

"예?"

갑작스런 질문에 반문하는 내게 말했다.

"시누이가 지금 아기를 낳게 되었는데 선교사님이 받아 주시면 좋겠어요. 받으실 수 있죠?"

선교사는 만능 해결사라고 생각하는 신봉자(?)가 여기 또 있구나! 귀신도 쫓고 병도 고치고 힘든 일은 뭐든지 척척 해내는 것으로 보이니, 해산하는 데 산파 역할도 잘할 줄 알았나 보다. 난감한 질문에 답변이 어려웠다.

선교사로 파송받기 전 침술, 지압, 마사지 등은 어느 정도 준비하고 왔는데 산부인과 의사 역할을 하리라고는 미처 생각하지 못했다. 주리, 강호가 태어날 때도 실은 그 자리에 없어서 어찌 할 바를 몰랐었다. 신학교 다닐 때, 조산원에서 일한다는 친구 전도사가 조산원에 와서 기본적인 것은 배워 두면 유익할 거란 말을 흘려 들었던 것이 후회막심이었다.

이미 벌어진 다급한 상황 앞에서 기도밖에는 해결책이 없었다. 하나님께서 주실 지혜와 방법을 기대하며 운전 중에 마리아 자매의 시누이를 위해 기도드렸다.

"주님, 어찌해야 합니까? 도와주세요. 무슨 대답을 해야 합니까?"

그리고 마리아 자매에게 대답했다.

"해 보겠습니다."

"그러면 됐어요. 병원에 가지 말고 아기를 받아 주세요."

"그래도 병원에 가자고 했잖아요?"

"아주 급하게 됐어요. 선교사님이 받아 주시면 좋겠어요."

기도드리며 받은 응답(?)이란 그냥 송아지를 생각했던 것이었는데……. 젖소 70여 마리를 키우며 살아 있는 송아지, 죽은 송아지 등을 많이 받아 본 경험이 있다. 눈을 감으니 그 송아지 생각이 난 것이다. 그래서 '송아지 새끼 받듯이 아이를 받으면 되겠다'고 생각하고 대답을 하긴 했는데 실제로 아기를 받게 될 줄은 꿈에도 몰랐다. '죽으면 죽으리이다'가 아니라 '받으면 받으리라'는 생각만 하고 도착해 보니 이미 일은 벌어지고 있었다.

산모를 차에 태우고 갈 상황이 아니었다. 남편은 밖에서 벌벌 떨며 어쩔 줄 몰라하고 시누이는 방 안 침대에서 비명을 지르고 있는데 준비된 것이 아무것도 없었다. 급한 대로 물을 끓이라 하고 가위, 실, 수건 등을 준비하게 했다. 이미 받을 수 있다고 했으니 물러설 수도 없는 상황이었다. 산모를 바로 눕히고 배를 문지르고 물수건으로 마사지를 하기 시작했다.

“힘을 내세요! 더요, 더!”

“아, 악, 아, 아, 아……..”

“더요, 더! 조금만 더요!”

한참이나 씨름하던 산모는 거의 실신 상태에서 내뱉었다.

“나, 나 이제 더, 더 이상 모, 못하겠어요! 아, 아기 못 낳겠어요. 이대로 주, 죽겠어요.”

그러면서 산모는 의식을 잃어 가고 있었다. 선교사가 자칫 살인자가 될 수도 있는 다급한 순간이었다. 산모도 산모지만 나 자신도 식은땀이 나기 시작했다.

“주님, 살려 주세요! 아기 낳게 해주세요! 주님, 주님!”

산파의 경험은 없지만, 숨 넘어가는 산모의 모습으로 보아 틀림없이 보통 상황은 아니었다. 소는 송아지를 그런대로 잘 낳던데…….

“선교사님, 살려 주세요. 나 어떻게 해요. 아, 아, 윽!”

“네, 알았어요. 조금만 더 조금만 더! 그래요, 네, 그래요!”

난산이 아니길 바라며 또 기도드렸다.

“아, 아, 아악……!”

잠시 쉬는 듯하던 자매가 다시 몸부림을 쳤다. 애처롭기도 하고 걱정도 되고 형언키 어려운 긴장이 감돌았다. 해산의 고통이 이런 것이구나! 내가 당해 본 고통의 극한은 고산병이라고 생각했는데 그보다 훨씬 더해 보였다.

“자매님, 기도드리세요!”

“네, 기도해 주세요!”

해산 중에, 그 바쁜 중에 하나님께 재차 기도를 드렸다.

“하나님, 순산케 해주세요……!”

“아, 아, 악……!”

“더, 더 힘을 내세요! 네, 더요!”

“네에, 선교사님! 아, 아, 아악……!”

“으앙, 앙, 앙!!”

아들이었다. 주님께 감사기도를 드렸다. 자매에게도 수고했다고 격려했다.

“선교사님, 고마워요.”

잦아드는 목소리에 절절한 감사가 묻어 있었다.

“자매님, 앞으로 애 낳듯이 기도하세요. 그러면 하나님께서 모두 들어주실 거예요.”

“호호호호, 아야, 아, 아, 아, 호호. 아유, 선교사님도 웃기시네요. 아야, 아, 아야야! 알았어요, 그럴게요!”

무사히 출산 과정을 도운 후, 땀을 닦으며 생각해 보았다. 정말 애 낳듯이 기도하고 애 받듯이 기도하면 응답되지 않을 기도가 하나도 없겠다고 말이다.

죽음의 벼랑

하나님께서는 나를 여러 곳으로 인도하셨다. 볼리비아에 첫 발을 내딛었을 때는 가난에 찌든 빈민굴에서 시작하여 독충과 야생 짐승이 우글대는 아마존 밀림으로 그리고 코카인을 재배하고 밀매하는 죽음의 지역으로 사역지를 넓히셨다. 이번에는 해발 2,600미터에서 사역해 온 내게 해발 4,500미터가 넘는 산중을 가슴에 품으라는 말씀을 주셨다. 겹겹이 싸인 산들만큼이나 닫혀 있는 산중 마을을 향해 나아가라는 주님의 음성이 꿈을 통해 들려왔다. 희망인 동시에 큰 고민거리였다. 아무리 목사며 선교사라 해도 막상 실제 문제 앞에서는 멈칫하는 게 현실이다. 대상도 대상이지만 고산병 증세에 병적인 반응을 보인 내가 더 높은 고산으로 가야 하는 위험을 비롯하여 죽음의 위협을 느끼는 가파른 산길을 걷고 또 걸어야 하고, 시시때때로 찾아오는 위험은 어떻게 감당해야 할까? 특히, 해발 5,200미터의 고산을 넘어야만 하는 것도 큰 문제였다.

선교 초기에 개척교회를 세우기 위한 전략으로 지역으로는 현재 있는 곳 주변, 고산, 정글로 구분하고, 경제적인 측면에서 빈민층, 중상류층, 특수 지역 등으로 구분했다. 새로운 고산지역 선교에 대한 갈등이 있으면서도 나

름대로 현지 답사를 해 온 터였다.

고심 중이던 어느 날 하나님께서는 라미로라는 본 교단 신학생으로부터 고산지역 이야기를 듣게 하셨다.

"선교사님, 라구니아라고 아세요?"

"라구니아가 어딘데?"

"뒷산 너머에 있어요."

말과 달리 거리가 상당히 멀다는 것을 의미한다는 것쯤은 감을 잡고 있었다.

"라구니아에 사는 사람들은요, 옥수수 추수 때가 되면 걱정이 태산 같아요."

"추수 철이면 기뻐해야지 왜 걱정이 태산 같다더냐?"

라미로는 내가 걸려들고 있다는 듯 미소를 지으며 말했다.

"일 년 내내 땀 흘리며 지어 놓은 옥수수 밭에 곰들이 떼로 몰려와서 옥수수 잔치를 벌여요."

추수기에 곰들이 농작물에 피해를 입히는데, 원주민들은 겁먹은 채 멀리서 바라보기만 한다는 것이다. 동물을 좋아하는 내 심중을 꿰뚫어 보고 던진 말이다. 그 정도에 내가 넘어가지는 않았다. 라미로는 다시 낚싯바늘에 먹음직한 미끼를 새로 끼웠다.

"산중 계곡에 가면 송어들이 떼 지어 다니는데 한번 훑으면 한 소쿠리씩 잡혀요."

내륙 지방에서 유일하게 먹을 수 있는 송어회를 들먹이며 흥정하는 것이다. 내가 낚이지 않자 야심찬 라미로는 더욱 전의를 불태웠다.

"목사님, 고산 깊숙이 들어가면요, 밤마다 이상야릇한 소리가 들리는데 그곳에 들어가 본 사람들은 아무도 나오지 못했대요.”

모험을 좋아하는 나의 또 다른 모습을 훤히 알고 있던 라미로였다.

“목사님!”

“왜, 또?”

“거기엔요, 잉카 시대의 토기들이 많아요. 접시도 있고, 물그릇도 있고…….”

이후에도 라미로의 ‘있고 또 있다’ 타령은 계속됐다. 내가 고고학에 흥미가 있어 잉카 문명이나 잉카 이전의 티아우아나코Tiahuanaco 문명의 토속품 모으는 것을 옆에서 봐 왔던 터라, 좋은 미끼라 생각한 것은 총동원하여 유혹을 멈추지 않았다. 그렇겠지, 왜 그런 것들이 없겠는가? 산이 좋아 산에 사는 사람들은 아니지만 쫓기고 쫓기다가 산에 올라가 살다 보면 자신들이 필요한 것을 스스로 만들어 써야 했을 테고, 또 물이 있어야 먹고 사니 계곡 물이 있을 게고, 전설인지 사실인지는 모르겠으나 은신처로 몇 곳 정도는 죽음의 계곡을 만들어 놓았겠지, 라며 그의 말을 받아 넘겼다. 마지막으로 던진 라미로의 결정타에 나는 결국 두 손 들고 말았다.

“목사님! 거기 사는 사람들은 파차마마(풍요의 신)만 알고 예수님을 몰라요. 그 사람들이 죽으면 어디로 가죠?”

“……..”

날카롭게 날아온 라미로의 마지막 말은 나에게 아픔이자 고통이었으며, 목사요 선교사의 양심을 두드리는 망치였다. 그리고 삶의 무게를 재는 저울이었으며 용기의 발판이 되기에 충분한 도전이었다. 그간의 선교 전략에 안주할 수 없는 전진 명령을 내려야 하는 순간이 온 것이다. 자, 출발이다!

막상 목적지가 생기고 나니, 믿음의 용기가 뜨겁게 솟아났다. 오르다 보면 끝이 있고 도달할 수 있겠지, 하고 찾아 나선 고산의 인디오 마을. 그런데 오르는 과정부터가 문제였다. 적당히 깎아 놓은, 산비탈 계곡과 계곡으로 이어지는 산중 도로는 길이라기보다는 세 사람도 나란히 걷기 힘든 협착로였고, 우기여서 자주 위에서 굴러 내린 바윗돌은 가는 곳마다 걸림돌이었다. 길 자체가 낭떠러지와 다름없는 경사진 도로인데다가 냇물로 패인 계곡, 좁디좁은 산길을 지프차로 수십 시간이나 달리는 것 자체가 지옥이었다. 한 치 여유도 없이 계속되는 비탈길을 미끄러지지 않기 위해, 운전대를 잡고 앞만 바라보며 안간힘을 쓰며 달려야 했다.

"어, 어, 어!"

차가 갑자기 뒤로 밀리면서 이렇게 죽는가 보다 하는 위기감에 식은땀이 흘러내렸다. 소나기로 축축해진 비탈길에 중고 타이어는 속수무책이었다. 계속 뒤로 밀렸다. 그렇다고 뒤를 돌아볼 수도 없고 앞으로 나아가지도 못하고 더 이상 옆을 볼 수도 없는 위험천만한 상황이었다. 문득 사모와 아이들 얼굴이 떠올랐다. 정말 이렇게 죽는 것인가! 계속 뒤로 밀리던 지프차는 뭔가에 걸린 듯 잠시 멈추었다. 그리고 다시 차체가 틀어지면서 뒤로 조금씩 내려갔다. 또 서는 듯하더니 더 이상 내려가지 않았다. 운전대를 잡고 주님만 부르며 주르르 흐르는 눈물을 그대로 둔 채 한참을 있었다. 안정을 되찾고 떨리는 손으로 차에서 내려 보니 지프차는 벼랑 바로 옆에 있는 돌에 걸려 간신히 멈춰 있었다. 그 아래로는 천 길 낭떠러지로 끝이 보이지 않는 위험지대였다. 마음을 가다듬고 다시 도전해 보았다. 뒷바퀴 타이어에 돌을 깔고 만일의 사태에 대비했다. 동행했던 라미로도 내려서 밀게 했다.

간신히 위기를 벗어나 질척이는 낭떠러지 길을 어렵사리 빠져나왔는데 앞에서 다른 트럭이 오고 있었다. 고산 외길을 운전할 때는 쌍방이 미리 경적을 울리고 조금이라도 넓은 곳에서 기다리다가 상대 차가 지나간 뒤에 가야 하는데, 앞에서 오는 차량은 그런 약속을 무시한 채 내려오기만 했다. 상식을 벗어난 차량이었다. 더 이상 뒤로 갈 수도 앞으로 갈 수도 없는 상황에서 달려 오는 차량은 멈출 줄 모르는 기세였다. 아무리 경적을 울려도 막무가내였다. 나보고 뒤로 물러서라는 뜻이었다. 자기 차가 더 크기 때문이라는 암시를 느꼈다. 내려오는 차량이 먼저 서 주는 것이 상식임에도 그 트럭 운전자는 모든 것을 무시했다. 보아하니 이 길을 많이 다닌 운전자 같은데도 통하지 않았다. 어쩔 수 없었다. 차 한 대가 간신히 지나갈 수 있는, 비 맞고 기울어진 흙 길, 조금만 핸들을 꺾으면 천 길 낭떠러지 아래로 떨어질 상황에서 뒤로 가라는 것이었다. 못하겠다고 하니 앞차도 속수무책이었다. 그 운전자의 입장도 이해가 되기는 했다. 무거운 짐을 싣고 미끄러운 외길 낭떠러지에서 차를 후진시키는 것도 생명을 건 운전이었다. 거북이걸음이 차라리 빠르겠다 싶을 만큼 느린 속도로 조금씩 차를 후진시켰다. 브레이크를 한 번 풀고 서고 다시 풀고 다시 서고, 숨 막히는 순간이 흐른 뒤 우리 지프차는 벼랑 옆쪽 약간의 터가 있는 곳에서 옆으로 길을 내줄 수 있었다. 빗길에 초주검이 되다시피한 트럭 운전자는 눈길 한 번 옆으로 돌리지 않고 지나가 버렸다.

　질척이는 벼랑길을 간신히 운전해 가다 보니 유리같이 날선 돌들에 타이어의 공기가 모두 빠져 버렸다. 칠흑 같은 산속 벼랑길에서 간신히 바퀴를 갈아 끼우고 달리니 하늘의 별들뿐, 불빛 하나 볼 수 없는 고요와 적막만이 온 산에 가득했다. 이번에는 산에서만 느낄 수 있는 그 맛과 멋에 취해 말없이 길을 달렸다.

바닷가에서 태어나 바다에 관한 기억들이 많은 나는 어려서부터 낚시를 하고 수영도 하며 그물에 걸린 물고기, 게, 새우, 가재, 소라, 바지락, 조개, 낙지 등을 잡으며 놀았다. 바닷속 깊은 곳의 고요라면 나도 알 만한데 이렇게 잉카의 고요가 깃든 깊은 산속을 지나노라니 묘하게도 지난날의 그 바닷속을 지나는 듯했다. 고요한 산속이기에 조용히 살기를 소원하고, 자연과의 어울림만 간직했기에 욕심 없이 살았을 잉카 시대 원주민들의 삶을 그려보았다.

주님께서 보여 주시는 고요와 평안함이 깃든 자연을 그대로 마음에 담으며 가다 보니 더 이상 차로는 갈 수 없는 형편이 되었다. 일단 텐트를 치고 야영을 했다. 새벽에 하나님께 감사의 기도를 드린 시간은 여느 때와 달리 감미롭기만 했다. 새로 구입한 차가 큰 도움이 되어 감사했고, 이제 처음 고산 선교에 나선 후 그렇게 진땀을 흘리며 죽음의 문턱에서 위기를 넘긴 감격에 또 감사드렸다.

계곡을 타고 흐르는 냇물에 세수를 했다. 허기진 배를 채우는 데 언제나 일등 메뉴로 등장하는 라면과 김치는 그 자체로 일품요리가 되었다. 국물을 남김 없이 마셨다. 마지막 김치 한 쪽을 먹고는 내친김에 커피도 한 잔 했다. 추운 산골, 맑은 공기, 고요가 함께한 고산 계곡에서 마신 커피는 자연의 향과 어우러져 특유의 맛과 향을 냈다.

멀리 계곡 아래에서는 마침 보름마다 서는 장날이라 감자를 실은 야마 십여 마리가 떼 지어 오고 있었다. 감자와 옥수수를 고추나 과일 등과 맞바꾸는 물물 교환 시장이었다. 인심 좋고 순박한 산속의 인디오들은 값을 깎을 줄도 모르고 생필품을 교환했다. 차량과 합류하는 야마 떼와 정을 나누고 산속 고요만큼이나 조용히 열린 비탈길 장터의 모습을 보면서 사람 사는 모습이 이렇게 아름답구나, 하는 것을 새삼 느꼈다. 물건을 팔기 위해 광고비와 포장비가 더 많이 들고, 더 많이 팔아 더 많은 것을 소유해도 욕심이 채워지지 않는 현대인에 비해, 구태여 물건을 팔기 위해 마음에도 없는 인사치레를 하거나 웃음을 짓지 않고도 푸근하게 살아갈 수 있는 그들의 삶이 마냥 부러웠다. 일한 만큼 먹고, 번 만큼 자족하며 살고, 이웃과 정을 나누며, 문명의 이기를 부러워하지도 않고 부러워할 수도 없는 삶을 그들은 그렇게 살아간다. 그들이 많은 것을 갖추지 못했다고 할 수는 있어도 감히 불쌍하다고 할 수는 없을 것이다. 그들은 진정으로 소중하고 귀한 것을 갖고 있다는 점에서 삶의 아름다움이 어디에 있는지 생각해 보게 됐다. 적어도 그들에게는 순수함이 있고 욕심이 없다. 자연스럽게 자연과 이웃과 더불어 어우러져 사는 멋이 있는 사람들이다. 흙 냄새와 거름 냄새, 땀 냄새가 흠뻑 버무려진 그들의 냄새가 좋았다. 피부 빛은 어쩌면 그렇게 땅의 빛깔과 비슷한지……. 계곡 물처럼 찰랑거리며 흐르는 토속어인 케추아어는 감미로운 음악 소리처럼 서정적으로 들렸다. 화려함보다는 소박함을 간직하고 부요함보다는 자족함을 소중히 여기는 그들은 자신을 드러내려 하지 않고 살아간다. 순박한 그들의 터에서 그 옛날 마구간에서 태어나신 예수님의 거름 냄새 풀풀 나는 복음을 전하며 가슴 벅찬 감격에 눈물을 흘리기도 했다.

잃었던 삶의 향기를 되찾을 수 있었던, 아름답고 소박한 계곡의 잔치였다. 말씀을 받아들이는 그들의 순수함에 나의 때 묻은 실체가 드러날까 두려웠다. 그리스도를 영접하고 구원에 이르는 행복을 만끽하면서 흘리는 맑고 소중한 눈물. 고산의 계곡 물보다 깨끗한 심성을 간직하고 사는 그들보다 행복한 사람은 없으리라.

지프차로는 더 이상 갈 수 있는 길이 없어 적당한 곳에 두고 조랑말에 짐을 싣고 안개 자욱한 산속을 종일 걸었다. 그 옛날 잉카 시대에 사방으로 흩어져 작은 부족을 이루고 살아가던 그 모습을 간직한 길을 걷고 또 걸었다. 아직은 문명의 이기가 덮치지 않은 고산의 길이었다. 흙으로 벽을 쌓고 주변의 풀로 지붕을 덮은 작은 집들이 보였다. 그곳에는 계곡 바위틈에 핀 난쟁이 꽃과 같이 사는 사람들이 있었다. 안개 자욱한 해발 4,000미터 이상의 고산을 오르내리며 계곡과 바위산을 타면서 계속 걸었다. 고요에 잠긴 길을 우두머리 조랑말이 목에 단 종을 짤랑거리며 앞서 가고, 그 뒤를 다섯 마리의 조랑말이 따라갔다.

앞을 가늠하기 어려운 구부러진 산길과 벼랑을 타고 계곡을 지나 깊이깊이 들어갔다. 마침내 희미하게 마을 입구가 보였다. 해발 4,500미터 이상의 산속 깊숙한 곳에 하늘나라 풍경 같은 호수가 나타났다. 안개에 가려진 호숫가 주변엔 인디오의 소박한 집들이 있었다.

이곳 부족원들은 돼지, 오리, 닭, 염소, 양 등의 가축과 함께 자연과 더불어 살아가고 있었다. 그렇기에 여기 짐승들은 사람을 두려워하지 않고 느린 걸음으로 먹이를 찾아 다녔다. 서로 경쟁이 없고 풍요를 누리고 살아가는, 비교할 그 무엇도 찾을 수 없는 인디오 마을의 모습은 지상 천국과도 같았다. 때 묻은 옷을 입고 씻지 않은 얼굴과 손을 의식하며 수줍어 피하는 아이들에게 복음을 전했다. 그리고 계곡 비탈에 지은 작은 집에 들어갔다. 좁은 문은 작은 사람 하나 간신히 들어갈 정도이며 집에는 전기나 문화 시설이 전혀 없었다. 그렇지만 집안에 들어서자 아늑한 느낌이 한국의 옛날 시골집 같은 평안함을 주었다. 복음을 전할 때마다 그들은 너무나 순순히 받아들였다. 마을 한복판에 있는 잔잔한 호수만큼이나, 산속의 맑은 공기만큼이나 고요하고 맑은 영혼을 지닌 사람들이었다. 전하는 사람이 없어 복음에 굶주리고 목말라 있었다. 깊은 밀림이나 고산의 계곡을 찾아 인디오 부족들에게 복음을 전할 때마다 목이 메곤 했다. 그들의 영혼에 나 자신의 참모습이 비쳤기 때문이다. 그동안 감추어 놓고 보이지 않던 초라하기 이를 데 없는 내 영혼의 실체가 모두 드러났다. 그렇기에 죄인인 내가 이미 받은 은혜에 감사할 따름이며, 이곳에서 목도하는 복음의 열매에 기쁨이 차고 넘쳤다.

어느새 한바탕 마을 잔치가 시작되었다. 로마 가톨릭마저도 들어가지 않았던 곳이기에 미사나 할렐루야, 아멘이 무엇인지 모르는 이들에게 예수님의 보혈을 전하고 믿음과 구원의 말씀을 증거했을 때, 모두 가슴이 뜨거워지면서 자연스럽게 그리스도를 마음 깊이 영접했다. 잔치 분위기 속에 그리스도의 사랑으로 긴 밤을 채우며 지새웠다.

고산족 인디오들이 오늘의 이러한 삶을 살기 전에 그들의 할아버지나 그 이전 할머니가 살던 시절은 참혹하기 이를 데 없는 고통을 온몸으로 감수해야 했다. 대대로 내려오던 조용한 마을에도 콜럼버스가 나타나 인간이 할 수 있는 모든 수단을 동원한 가공할 만한 약탈을 한 것이다. 그들은 입과 입으로 그 참담했던 역사를 전해왔다. 그 후 계속 이어진 아픈 역사에 대해 그들은 저항 없이 가슴앓이를 하면서 약자로 순응하며 살아왔다. 뼛속깊이 묻혀 있는 상처들을 구태여 들추지 않고 한 맺힌 아픔으로 삭이며 살아가는 산족 마을 사람들……. 아픔이 깊기에 그들의 아픔 이상으로 아픔을 겪으신 그리스도의 말씀을 자신의 것으로 받아들이기 쉬웠던 것일까?

그들과의 짧은 만남을 뒤로 하고 더욱 깊은 골짜기로 들어갔다. 비탈길은 눕다시피 내려가야 했고, 나무나 풀을 의지하지 않고는 가기 힘든 길을 내려가 골짜기에 이르렀다. 깊은 계곡의 냇가 바위틈에서는 물고기들이 세월의 흐름에 아랑곳하지 않고 헤엄치고 있었다. 맑고 차가운 물에 세수를 하고 발을 담가 보았다. 다시 허기진 배를 채우기 위해 송어들을 잡아 즉석 소금구이를 했다. 주변의 땔감을 모아 구운 송어 소금구이는 근사한 요깃거리였다.

계곡 깊숙이 산다는 부족을 찾아 더 깊이 들어갔다. 누구든지 한번 들어가면 생사를 알 수 없고 살아 나오지 못한다는 부족마을이며, 아직은 알려지지 않은 원주민들이 사는 지역이었다. 일단 길이 없고 맹수들이 진을 치고 있다는 소문이 많았다. 길이 없다기에 계곡 강줄기를 타고 내려가기로 했다. 정글과 달리 계곡의 강줄기에서는 암벽과 바위들이 수도 없이 나타났고, 그나마 장비도 제대로 갖추지 못하여 계곡 물을 헤치며 나아가기가 벅찼다. 그러나 오직 하나님께서 앞장서실 것이라는 믿음으로 맨몸으로 버텨 나갔다. 다시 암벽과 무너지는 벼랑을 타고 올라와 길을 찾으려니, 아무 것도 보이지 않았다. 해는 지고 별들만이 침묵 속에 가여운 듯 길 잃은 전도자를 바라보고 있었다. 한 마리 잃은 양을 찾아 떠나셨다는 예수님을 생각하며 그에 미치지 못하는 자신을 보니 가엾기도 하고 초라하기도 하여 문득 슬픔이 밀려 왔다. 길 잃은 양을 찾으러 갔다가 나 자신이 길 잃은 양이 된 꼴이니 말이다. 이제 어떻게 해야 하나? 앞으로 갈 수도 뒤로 후퇴할 수도 없으며 그 자리에 머물 수도 없었다. 안데스 산의 깊은 계곡에서 기도를 드릴 수 있다는 게 다행이라면 다행이었다. 양을 찾으러 갔던 발걸음이 기도의 무릎으로 변했다. 간절한 기도였다. 죽느냐 사느냐, 생명이 달려 있는 기도였으니 오죽하랴! 전에 갑작스레 산모의 아기를 받으며 아기 낳듯이 온 힘을 다하여 기도하면 모든 기도가 응답되리라고 하던 기억이 떠올랐다. 이제는 사방 어디에서나 맹수가 나타날 수 있는 상황에서 기도를 드리자니 그

간절함은 아기 낳듯이 기도드리는 것에 결코 모자라지 않았다. 길이 아니면 가지 말라고 했건만 길도 아닌 질퍽거리는 데로 기어 들어가서 꼼짝없이 갇히고 말았다. 깊은 산중에서 숨가쁘게 드린 깊은 기도는 하나님과의 속 깊은 대화로 이어졌다. 한 영혼에 대한 끓어오르는 사랑과 길이 되시는 예수님을 마음으로 사모해야 한다는 성경 말씀을 계곡 속에서 깨닫게 되었다. 그러고 나서 길 아닌 곳에 길을 내며 전등도 없이 밤을 새워 텐트에 돌아오니 온몸은 천근만근이었다. 손, 발, 머리 할 것 없이 상처투성이였다. 몸보다는 마음이 편치 않았다.

　모자라는 식량에 대한 염려가 없었던 것은 아니었으나, 오직 복음을 증거해야 한다는 사명감으로 다른 고산족을 향해 멈추지 않고 걸어갔다. 잉카의 순수 부족 마을을 마음에 담고 다시 오른 계곡도 쉽지만은 않은 길이었다. 이어지는 계곡을 타고 오르내리면서 폭포를 만나면 시원하게 목을 축이기도 하고 계곡의 강을 건너기도 하며 만나는 인디오들에게 복음을 전했다. 경계하는 눈치이기도 했지만 쉽게 만나기 어려운 외부 사람이라 반가움을 느끼는 묘한 분위기에서, 예수님의 복음은 가뭄으로 타던 논밭에 시원스레 퍼붓는 폭우와도 같았다. 욕심 없이 살아가는 산족 마을 사람들. 감자 한 알에 감사하고 옥수수 한 알을 귀하게 여기며 야마 떼, 염소 떼, 양 떼와 어울려 사는 사람들. 첩첩이 두른 산과 계곡의 냇물을 어머니처럼 소중히 여기면서 양털로 짠 투박한 옷을 입고 천 년을 하루같이 살아가는 사람들. 바위틈에 눈에 보일 듯 말 듯하게 핀 작은 꽃처럼 수줍어 하는 사람들. 많은 가시로 온몸을 덮고 사는 선인장처럼 아픈 가슴이 곳곳에 널려 있지만, 아픔을 아픔으로 보지 않고 고난의 꽃을 피우기 위해 슬픔을 속으로 삭이며 살아가는 사람들.

하나님께서는 그들에게 당신의 사랑을 더없이 크게 나누어 주셨다. 그 산족 마을에 세 곳의 교회를 세우시고 평신도 지도자를 키우셨으며, 이제 이곳 사람들로 하여금 신학교에 자원하여 들어오게 하시며 복음 전도자들을 세워가셨다. 욕심 없는 그 마음 밭에 욕심 없이 살았던 예수의 말씀이 흠뻑 젖어 들어간 것이다.

배 기름으로 제사를 지내는
치파야 부족

고원 지대에 사는 부족 중에 우르 족과 치파야Chipaya 족이 있다. 해발 4,000미터의 안데스 고원에 사는 부족들인데, 볼리비아에서도 언어와 문화가 전혀 다르다. 바다가 없는 볼리비아에서도 찾아보기 힘든, 신비에 싸인 지역이다.

잉카 문명에 대한 신비는 도무지 가늠하기 어려운 것들이 많은데, 잉카의 토종 부족들에 속하는 이 부족들에 대해 아직까지 알려진 사실들이 많지 않다. 안데스를 중심으로 잉카 시대의 영향을 받은 지역들 가운데 깊이 들어가면 갈수록 신기한 전설도 많고, 예상 밖의 삶을 사는 부족도 만나게 된다.

흔히 안데스 산맥을 남미의 지붕이라고 한다. 그 고산에 끝없이 펼쳐진 고원은 노아의 대홍수 시대까지 역사의 기원이 거슬러 올라간다. 당시 지질 변화로 바다 속이었던 지역이 융기하면서 안데스 산맥과 고원지대가 형성되었다고 한다. 그 증거로 현재도 고산에는 삼엽충이나 조개류의 화석은 물론 공룡 발자국도 많이 보이며, 물에 깎이고 서로 부딪쳐 다듬어진 돌들이 산 정상이나 고원에 널려 있다.

잉카 문명의 기원을 간직한 해발 4,000미터 지역에는 세계적인 담수호인

티티카카 호수가 있다. 소금기가 있는 물의 깊이는 350미터가 넘는다. 이곳에 사는 물고기들 역시 바다 어류다. 티티카카 호수와 맞먹는 크기의 우유니라고 하는 소금 층의 평원도 있다. 고원 전체가 염분기가 있어서 농사 짓기에 어렵고 물 사정도 좋지 않아 경작하기에 매우 어려운 지역이다.

고원족들은 약간의 염분 그리고 바람과 추위가 있는 곳에서 특별히 자라는 곡식인 좁쌀 같은 키누아를 심어 먹고 산다. 그들은 낙타과의 포유류인 알파카를 비롯한 짐승들을 잡아서 식량 문제를 해결한다. 주식은 포오포 호수에 사는 물고기와 홍학이며, 그 주변에서 사는 쿠이라는 기니피그를 잡아 먹기도 한다.

우르 족과 치파야 족은 거의 비슷한 부족인데 언어가 조금 다르다. 우르 족은 몽골의 고원에서 볼 수 있는 게르처럼 둥근 집을 벽돌로 짓고 그 속에서 사는데, 지름이 4미터쯤 되고 통풍이 전혀 안 된다. 이 집에서 양들을 키우고, 양의 똥으로 불을 때서 음식을 만들어 먹는다.

특히 치파야 부족은 외부 사람이 들어가면 그 사람을 잡아 배의 기름을 빼서 제사를 드린다고 한다. 마야나 잉카 문명에서 인신 제사에 대한 말들은 증명된 사실이기는 하나, 배의 기름으로 제사를 드린다는 것은 처음 듣는 말이었다. 배의 기름을 뺀다는 것은 사람을 잡아 죽이고 그렇게 한다는 얘기인데, 이해되지 않는 제사 풍속이지만 실제로 비밀리에 행해진다고 한다. 얼마 전에 볼리비아 현지인 한 사람이 그곳에 들어가 복음을 전하다 그런 사태가 벌어졌다고 하니 사실인 것만은 틀림없었다.

시몬 전도사님은 같은 지역인 오루로 출신이라 그 지역에 대해 잘 알 뿐만 아니라 지역 전도에 대한 사명도 대단했다. 우리는 기도 중에 확신을 갖고 출발했다. 코차밤바에서 오루로까지 보통 4시간, 거기서 치파야 부족이 사는 지역까지는 다시 5시간 넘게 걸린다. 오루로까지는 고산을 오르는 길이고, 일단 4,000미터 정상에 오르면 고원이 펼쳐진다. 특별한 산들은 해발 6,000미터가 넘는다. 나머지 산들은 바다에 떠 있는 섬들처럼 고원에 펼쳐져 약간씩 솟아 있다. 평원 지대인 고원에서의 운전은 고산과 같은 위험은 없지만 곳곳에 모래 늪들이 있다. 자칫 잘못해 지름길이라고 들어가면 쉽게 빠져나오기 어려운 모래 늪들이 곳곳에 있어 헤어 나오는 데 족히 두세 시간은 걸린다. 호숫가의 늪은 통과하는 데 많은 인내가 필요했다. 작은 강줄기 같아도 건너려다 보면 쉽게 빠지곤 하여 모래 늪 등의 장애물을 지나면 원래 계획과는 전혀 다른 시간대에 목적지에 겨우 도착하게 된다.

고원이라 차가 가는 곳이 새로운 길이다시피 하여 제대로 된 길도 없고, 평퍼짐한 평원에 일단 들어서면 방향을 잡기 어려워 목적지를 찾기가 여간 어려운 게 아니다. 게다가 밤중에 운전하는 것은 더욱 막막한 일이었다. 충분한 시간을 두고 가기 위해 오루로에서 일단 자고 다음 날 아침 일찍 목적지로 떠나기로 했다. 바다에 떠 있는 섬 같다는 착각을 느끼며 고원 평원을 달린 후 치파야 부족이 사는 지역에 도착했다.

전체 부족 집들의 분포도가 지름 몇 킬로미터가 넘는 커다란 반원형의 활 모양과 같았다. 길은 그 중앙으로 들어가게 되어 있었다. 그곳으로 들어간 외부인을 부족원들이 마음먹고 공격하면 빠져나오기 어려운 진陣이 구축되어 있었다.

잉카 시대의 각 부족들은 삶의 터전을 마련하는 데 몇 가지 특징이 있다. 그중 대표적인 것이 천혜의 요새지를 택하는 것이다. 일반적으로 부족이 사는 곳은 앞뒤로 산과 계곡이 있고, 그 계곡을 통해 폭포나 물줄기로 식수를 마련할 수 있으며, 양 옆으로는 강줄기가 있어 방어와 공격이 쉬운 곳이면서 농사 짓는 데 필요한 물을 공급받을 수 있었다. 그 양쪽 강줄기 안에 제단, 제사장의 주택, 왕족의 주택, 평민의 공동 주택, 옥수수 등을 둘 수 있는 곡식 창고들이 있다. 산과 계곡이 여의치 않은 치파야 부족은 평원에 요새를 만들어 적의 공격에 대비하는 진영을 구축하고 부족을 이루어 살아왔다.

어렵사리 차를 몰고 들어가 보니 이미 그들은 우리가 오는 것을 다 알고 있었다. 끝없이 펼쳐진 고원이기에 몇 킬로미터 전방에 어떤 형체가 나타나면 쉽게 그들의 시야에 들어왔다. 이곳 고산지대 부족은 한국인과 유사한 점들이 많다. 태어날 때 몽골반점이 있고, 키와 생김새도 거의 비슷하다. 생활 습관도 그렇다. 한국의 옛날 어머니들처럼 베틀로 옷감을 짜고 일일이 옷과 이불을 손으로 만들었다. 조상 대대로 내려오는 보물이라며 간직한 조그마한 건물 견본이 아시아의 건축물들과 같았으며, 부인들이 머리를 기르고 땋은 모습이나 머리 핀 모양이 한민족과 유사했다.

나는 이곳에서도 복음의 신비를 볼 수 있었다. 외부인이지만 일단 외형이 비슷한 사람이 들어가니, 희한해 하면서도 동질감을 느꼈나 보다. 사탕, 과자 등 가지고 간 선물들을 나누며 어린이들에게 다가갔다. 경계의 눈빛이 역력했다. 생소한 이방인에게 한두 명씩 조심스럽게 다가오는 아이들에게 축구공을 건네주었다. 펼쳐진 공간에 던져진 공은 개구쟁이 아이들에게 귀한 선물 정도가 아니었다. 함께 뛰다 보니 청년들이 하나둘 모여들었다. 공을 하나 더 꺼내 놓았다. 어린이 팀, 청년 팀이 즉석에서 구성되었다. 구경하던 장년들이 입맛을 당기고 있는 것을 모를 리 없는 나는 다시 그들에게 배구공을 내어 놓았다. 이미 시작된 축구팀은 그대로 두고 선교사가 이번에는 배구 선생(?)이 되었다. 주로 부인들과 아가씨들이 팀이 되고, 장년 남자들이 팀이 되었다. 같은 몽골 족의 후손들이 고원에서 펼치는 세계적인(?) 경기였다. 바람잡이 선교사가 아니기를 바라며 조용한 선교를 원했건만 뜻밖에 동네 어린아이들로부터 청년, 장년, 구경꾼인 노인에 이르기까지 몰려드는 바람에 먹을거리만 없는 한바탕 스포츠 축제가 벌어졌다. 그 사이 친해진 청년이 늦게 모습을 나타낸 왕카 부족장에게 인사를 시켜 주었다.

"안녕하십니까? 나는 코차밤바에 사는 이기제 선교사입니다."

"아, 그렇습니까? 왕카라고 합니다."

마을 전체가 왁자지껄하며 잔치 분위기로 바뀐 모습을 보고 일단 경계 없이 다가오기가 편했던가 보다. 좌충우돌하며 이리 뛰고 저리 뛰는 분위기 속에서 우리는 서로 깊고 친근한 이야기들을 나누었다. 족장은 의외로 자상하고 친절했다. 자기들이 사는 모습을 보여 주며 호의를 베풀었다. 여자들은 머리핀을 선물로 주었는데, 옛날 한식 지붕 문양이 있었다. 흙으로 빚어 만든 그릇을 선물로 주기도 했다. 색칠을 따로 하지 않았는데도 검은 빛깔이 나고 표면도 보통 잉카의 토기와는 다르게, 작은 흙덩이들을 붙여서 만든 모양이었다. 이 지역에 대해 들은 소문과는 전혀 달랐다. 전도의 가능성이 있다는 확신이 섰다. 양털을 실로 짜서 옷을 만드는 마당 구석에 앉아 내가 이곳에 온 목적을 구체적으로 이야기하고 복음을 전했다. 준비된 밭이고 기름진 밭이었다. 기쁜 마음으로 복음을 받아들인 왕카는 오늘 자신이 들은 말씀을 부족 모두에게 전해 주기를 요청했다. 주님의 인도하심 속에 태양이 내리쬐는 안데스의 고원에서 말씀 집회가 열렸다. 그분의 보혈은 세계 어디서든 잘 스며드는 능력이 있다. 말씀을 받아들이는 고운 마음 밭에 감사드리며 주님을 영접하도록 도왔다.

같은 볼리비아에 살면서도 외롭게 사는 부족들, 자기들끼리의 삶을 이탈하지 않고 고집스럽게 고유의 전통을 자랑하며 살아가는 그들과 짧은 사귐이었지만, 이번에 전한 복음이 뿌리를 깊게 내리도록 기도드리고 아쉬운 작별을 했다. 출발을 앞두고 차에 시동을 걸려는 순간 부족장이 다가왔다. 인사를 하는 줄 알고 잘 있으라고 했는데 그는 인사 대신 한참 가라앉은 목소리로 물었다.

"오늘 어디서 잘 겁니까?"

지금까지와 달리 어두운 분위기였다.

"지금 해가 지고 있으니 빨리 가서 오루로에서 자려고 합니다."

"오루로까지 가려면 멀고, 밤중에는 고원이라 길 찾기도 어려우니 우리가 마련한 방에서 하루 묵고 가시지요."

사람들이 계속 몰려와서 더 이상 지체하면 길이 막힐 것이 뻔했다.

"정말 고맙습니다. 그러나 계획된 일정이 있어 가야 한답니다. 다음에 또 보죠."

부족장의 속 마음은 모르겠으나, 일단 다음을 기약하고 차를 몰았다. 복음을 받아들인 감격과 배 기름 뺀다는 섬뜩한 소문, 과연 어느 것이 진실일까? 사실 깡마르고 키도 크지 않은 내 배를 열어 보아야 기름이라고는 별로 나올 것도 없는데……

목적지의 방향을 잡을 수 없었다. 달리고 또 달려도 어디가 어디인지 알 수 없는 평원이었다. 지도상 무조건 북동쪽으로 향하면 오루로가 나오기에 나침반만 의지하고 달렸다. 모래 늪에 계속 빠지는 차를 놓고 기도드리며 달렸지만, 포오포 호숫가에 또 빠져 밤을 새우다시피 했다. 계속 달리다 보니 멀리서 불빛이 보였다. 하늘나라의 새 예루살렘이 저렇겠구나 하는 생각이 들 만큼 반가웠다. 그러나 그곳까지는 또 수 시간이 걸렸다. 가다 보면 돌고 돌아가다 보면 막히고 하여 도착하니 새벽 4시였다. 곤한 잠에 빠지기 전에 기도드렸다.

“하나님, 제가 전한 복음의 능력이 치파야 족을 변화시켜 주소서.”

다음 날 우르 부족에게 들어가 복음을 전했다. 치파야 족과 상황은 비슷했지만 또 다른 면을 볼 수 있었다. 이들은 스페인어도, 토속어인 케추아어도 아닌 제3의 낯선 언어를 사용하고 있었다. 호숫가 주변에 살면서 바구니 같은 것으로 물고기를 잡아먹기도 하고, 실용적으로 만든 삼각 물매 모양으로 된 것으로 홍학의 가늘고 긴 다리를 걸어 잡아먹기도 했다. 보름 넘게 호숫가를 돌며 땅을 파서 야생 쿠이라는 설치류인 기니피그를 잡아 말려 먹기도 했다.

내가 준비해 간 라면을 삶아서 같이 먹자고 하니 신기한 음식을 접한 그들은 처음에는 경계하는 듯하다가 조금씩 눈빛이 달라졌다. 나는 이들에게 라면을 나누어 주면서 예수님의 말씀을 전했다. 알고 보니 내 앞에 있던 사람이 바로 이곳 우르 족의 족장이었다. 조금은 깨인 사람이라 어느 정도 말도 통했고, 라면 몇 봉지를 선물로 주니 자신들이 쓰던 홍학 잡는 물매와 돌로 만든 맷돌, 옷가지 등을 선물로 주었다. 파체코라는 부족장은 처음 만난 내게 쉽게 마음을 열어 주었다. 붙임성 없는 나에게 주님께서 귀한 사랑을 베푸신 듯했다. 복음에 대해 관심이 많은 파체코와 긴 대화를 나누다 보니, 자신들의 연중행사인 산후안 축제에 나를 초대하겠다는 것이다. 이후 주변 부족들의 집을 쉽게 방문할 수 있었다. 어둡고 통풍이 안 돼 거름 냄새가 밴 집들이지만 아늑함이 느껴졌다. 토속적인 분위기에 친근함이 느껴져 감사하는 마음으로 이들에게 주님을 소개했다. 놀랄 만큼 쉽게 마음을 열어 함께 기뻐하며 기도드리고 아멘으로 마무리했다.

라면과 맛난 김치로 저녁을 푸짐하게 먹고 산후안 축제의 자리로 옮겼다. 저녁부터 부족 전체가 모여 있었다. 축제 시작 전에 내 소개를 하고 인사를 나눴다. 그리고 다시 복음을 전했다. 부족원들은 내가 전하는 생소한 복음에 귀를 기울였다. 1부 말씀과 기도, 2부 산후안 민속축제로 이어진 이번 행사는 이색적으로 진행됐다.

볼리비아에서는 7월부터 추위가 시작된다. 해발 4,000미터의 우르 족이 사는 지역은 충청도 크기의 티티카카만 한 호수를 끼고 있어서인지 6월인데도 추위가 속살로 스며들었다. 캠프파이어 같은 불 주변으로 전통 악기 소리가 울려퍼지면서 춤사위가 시작됐다. 2월 카르나발 축제에서는 용의 탈, 개미 탈, 귀신의 머리상 등 각종 짐승들의 탈바가지를 쓰고 춤을 추는데, 산후안 축제에서는 그렇지가 않았다. 불 위를 동에서 서로 서에서 동으로, 북에서 남으로 남에서 북으로 뛰어 넘으며 춤을 추었다. 불 속에서 뛰는 흥겨운 춤사위가 매우 독특했다. 원시 종교에서 자연은 경이롭게 여겨지는 종교의 대상이 아니던가! 태양이 그렇고, 달, 강, 불, 산 그리고 각종 짐승들……. 마야, 아스텍이 그렇고 잉카 문명도 마찬가지다. 그들이 말하는 불의 축제인 산후안을 보고 있노라니 간교하게 문화 속에 파고든 사탄의 정체를 발견하게 되어 소름이 끼쳤다.

불에 대한 축제는 거슬러 올라가면 구약의 몰렉 신을 영광스럽게 하는 것에 기원을 둔다. 그래서 성경은 여러 곳에서 불에 대한 의식을 경고하고 있다. 예레미야 32장 35절에서는 "힌놈의 아들의 골짜기에 바알의 산당을 건축하였으며 자기들의 아들들과 딸들을 몰렉 앞으로 지나가게 하였느니라 그들이 이런 가증한 일을 행하여 유다로 범죄하게 한 것은 내가 명령한 것도 아니요 내 마음에 둔 것도 아니니라"라고 했다. 이 외에도 열왕기하 16장 3절, 17장 17절, 21장 6절, 23장 10절 등에서 불 가운데로 지나게 하는 것에 대해 경고하고 있다.

기독교가 영국에 들어가기 전, 영국의 드루이드교도가 6월 24일 바알을 위해 불로 축제를 드렸다. 볼리비아의 우르 족도 산후안이라는 말이 있기 전부터 불에 대한 축제가 있었다. 그들은 그 불을 뛰어넘으며 불의 신이 자신들에게 특별한 방법으로 복을 줄 것이라 믿었다. 이후 그리스도의 탄생일인 12월 25일에서 6개월 전인 6월 24일을 세례 요한의 출생일(눅 1:26; 눅 1:36)로 정하고 성 요한의 날로 공포한 로마 가톨릭에서는, 사탄을 위한 불놀이 축제일을 산후안이라고 이름을 바꾸어 그 전통을 이어가게 하고 있다. 로마 가톨릭의 세례를 받은 볼리비아의 문화 행사로 산후안 축제가 열리고 있는 것이다.

줄곧 불놀이로만 이어지는 불꽃 행사는 어둠 속의 춤사위와 함께 자정까지 계속됐다. 사탄의 비웃음이 난무하는 틈을 타고 들어가 불꽃 행사의 허상에 대해 조심스레 전했다. 새로운 삶의 현장에서 짧고 깊은 사랑의 교제를 나누고 헤어졌다. '오늘은 이곳 내일은 저곳, 주 복음 전하리.'

다음 도착한 곳은 팅쿠의 마을이었다. 원시 종교에 항상 등장하는 바 축복의 신에게는 제물을 드리게 돼 있는데 이 마을에서는 사람의 심장을 드린다. 부족과 부족이 머리에는 소가죽으로 만든 모자를 쓰고, 온몸을 가죽 옷으로 싸매어 전투하기 편한 복장을 입고 편을 갈라 싸운다. 어느 부족이든 한 사람이 죽을 때까지 싸움은 계속된다. 그러다 결국 죽는 사람이 생기면

싸움은 끝나고, 그 죽은 사람의 심장을 꺼내 축복의 신 파차마마에게 뿌리며 제사를 드리는 것이다. 누군가 나서서 말릴 수도 없는, 이미 문화유산이 된 저들의 행사였다. 그 해의 풍년을 기원하며 땅의 신에게 간절한 마음으로 죽은 이의 피를 뿌리고, 죽은 사람은 순교자적인 삶을 살았다는 평가를 내린다. 살생을 살생으로 보지 않고 자연스러운 축복의 길로 여기는 것을 보노라면 그 문화 속에 살아가는 사람들은 과연 어떤 정체성을 지니고 있는지 묻지 않을 수 없다. 그 속에 복음의 씨앗을 뿌리는 것이 전도인의 사명이다. 싸움이나 살생 자체를 숭고한 제사 의식으로 생각하는 이 부족은 싸움 후 상대방을 전혀 적으로 생각하지 않는다.

잔인한 전통이 깊게 뿌리박힌, 그래서 문화화 된 이런 곳에 변화가 일어나기만을 기도드리며 복음의 씨앗을 뿌렸다. 오랜 고통의 역사에서 이어가는 이 살생 문화 속에 그들은 복을 기대하고 눈물을 함께 나누고 있다. 많은 것을 차지하거나 착취하기 위해서가 아니라 일한 만큼만 먹고 사는 것을 최대의 만족으로 생각하는 그들의 모습에서, 나는 복음의 능력을 기대한다. 피를 부르는 팅쿠의 신은 이미 쇠약해졌다. 이 부족에서 복음을 받아들인 두 제자 아브라함과 호세가 신학교에 입학했다. 하나님의 은혜, 하나님의 능력은 그렇게 안데스의 곳곳까지 들어가고 있다.

안데스 산 깊은 계곡에 위치한 팅쿠의 마을 앞자락에는 우유니 소금 사막이 있다. 옆으로는 예쁜 꽃들이 피어 있다. 이 꽃들은 크게 자라는 것에 욕심을 내지 않는다. 해발 4,000미터 이상의 높은 곳에 핀 꽃들은 낮은 곳에 사는 꽃들이나 나무들을 내려다보지 않는다. 가시 돋친 고산의 강풍에 맞서고 따가운 태양 빛이 자신의 모든 것을 태우는 듯해도 자기 자리를 지키며 자족하고 있다. 미소를 잃지 않으며, 작지만 대지를 품고 있는 그들의 눈은 높은 곳에 계신 분만 향하며 찬양을 드리고 있다.

　남미의 지붕 안데스 산 아래 펼쳐진 고원의 소금 바다 우유니는 언제 보아도 아름답다. 짠맛을 덩어리째 안고 펼쳐져 있는 소금 평원은 노아의 대홍수 때 있었던 지질 변화를 인류에게 알려주며, 그나마 신앙의 양심을 간직하고 있는 우리에게 소금같이 살라는 가르침을 들려주고 있다. 그리고 그 옆에서 겸손하게 자라는 작은 꽃들은 믿음으로 살아가는 사람들에게 잔잔한 미소를 보내며 조화롭게 살아가라고 말해 주는 듯하다. 그곳에 복음의 꽃이 함께 자라고 있다.

오벨리스크 탑을 자랑하는
파로타니 부족

순례자의 길은 잉카 시대에 우편 배달원들이 다녔다는 길을 따라 파로타니라는 산중 마을로 이어졌다. 바위틈의 굵은 폭포로 내려오는 깊은 산속 온천에서 피로를 풀며 목욕을 즐겼다. 절벽의 바위틈에서 흐르는 노천 온천수는 그야말로 천상의 온천장 분위기였다.

마을 한복판에는 원시종교에 나오는 오벨리스크 탑의 모습을 볼 수 있었다. 높이 4미터에 지름 1미터가 넘는 바위로 만든 남자 성기 모양의 탑이 하늘을 향해 뻗어 있다. 잉카 문명의 잔재가 있는 지역은 거의 다녀 보았으나 이런 탑을 실제로 본 것은 처음이어서 꽤나 놀라웠다. 이 마을은 가톨릭이 전파되지 않은, 순수하게 잉카의 후손들만이 사는 산중 마을이었다.

오벨리스크 탑이 널리 알려진 곳은 초기 신비 종교의 본거지였던 이집트다. 그렇기에 이들 오벨리스크는 지금도 여전히 이집트에 있으며 그중 몇몇은 뉴욕의 센트럴 파크와 런던의 템스 강변으로 옮겨졌다. 이탈리아로 옮겨 바티칸의 성 베드로 광장 입구에 세운 탑도 있다. 원래 이 탑은 태양 숭배와 관련이 있다. 창조주를 부인한 고대인들에게 태양은 생명을 주는 위대한 신이었다. 그들에게 이러한 탑과 같이 우뚝 선 대상물은 성적 의미가 있다. 성적 연합을 통해 생명을 낳는 것으로 알았기 때문에 남근상을 태양과 더불어 생명의 상징으로 여긴 것이다.

그러한 성기 탑을 보면서 원시종교에 강하게 뿌리내린 마을임을 쉽게 알 수 있었다. 이제는 영적 전쟁만이 남은 셈이다. 마을로부터 이어진 강줄기를 따라 퍼져나갈 복음의 행렬을 통해 먼 훗날 맺게 될 열매를 바라보았다.

강변에 분포한 마을 사람들은 주로 농사를 짓고 있었으며, 강 주변의 작은 땅을 일구며 살아갔다. 남자들은 소로 밭을 갈고 부인들과 아이들은 양 떼를 몰고 다녔다. 쉽게 다가갈 수 있어 충분한 이야기를 할 수 있었다. 점심 때가 되면 집에서 가지고 온 감자로 밭두렁에서 즉석 요리를 했다. 조그만 구덩이를 파고 그곳에 나무를 넣고 불을 피웠다. 어느 정도 땅이 달구어지면 그 불가마에 감자를 넣고 흙덩어리로 덮었다. 마을 사람들이 그렇게 식사 준비를 하는 동안 나는 옆에서 라면을 끓였다. 밭두렁에서 감자가 다 익을 즈음 내가 끓인 라면과 함께 맛있게 먹으며 주님의 사랑 이야기를 전했다. 소몰이하던 남편, 양몰이하던 부인, 젖먹이 아이들부터 그 위로 대여섯 명의 아이들이 줄줄이 앉아 말씀을 듣고 기도했다. 강변을 따라 몇 채씩 들어선 집들과 외따로 떨어져 있는 집들을 일일이 방문하며 주님의 복음을 증거할 때마다 주님은 그들의 마음을 달구고 변화시키며 당신의 자녀로 삼으셨다.

그 후 이들과 다시 만났을 때, 이전에 전한 복음의 능력이 놀랍게 나타난 것을 볼 수 있었다. 낱알로 심은 복음의 씨앗이 억새풀처럼 자라 깊이 뿌리를 내리고, 주님의 사랑으로 열매를 맺어 마을에서 자체 예배를 드리고 신학생으로 헌신하는 전도자의 탄생으로 이어진 것이다.

라스팔마스

볼리비아 선교 10년 만에 1년의 안식년을 갖게 되었다. 10년을 변함없이 주후원으로 섬겨 주신 황해노회가 베풀어 준 극진한 사랑의 결과였다. 안식을 좀 하고 사역하라는 말을 줄곧 들어왔지만 선교지 형편이 여의치 않아 미루어 오다가, 노회에서 정명남 선교사님 부부를 협력 선교사로 파송하면서 안식년을 결정하게 되었다. 가고 싶은 곳도, 하고 싶은 것도 많았고, 영적 안식을 취하고 싶었던 것도 사실이다. 나와 가족을 생각하여 스페인령 카나리아 제도의 라스팔마스Las Palmas로 쉴 곳을 정했다. 코차밤바에서 사역하는 초교파 선교사님들이 모두 공항에 나와 10년 만에 안식년을 맞는 나를 배웅했다.

"이 선교사님이 이렇게 전통을 만들어 놓으시면 저희나 다음에 오는 선교사님들은 어떻게 총회의 규칙대로 안식년을 쓰겠다고 할 수 있겠어요?"

법규대로 안식년을 썼다면 두 번 이상 휴식기를 가질 수 있었는데 이렇게 능장을 피운다고 웃으며 핀잔을 주었다.

"아무튼 고생 많이 하셨습니다. 정 선교사님도 오시고 하셨으니 마음 놓고 다녀오세요."

"비행기 없이도 가실 수 있는 것 아닌가요?"

사역지를 떠난다는 홀가분함을 두고 하는 선교사의 유머다. 안식년 기념 파티로 저녁 식사 자리에 모인 선교사님들이 모두 나와 의미 있는 인사들을 나눴다. 배웅 나온 교역자, 신학생, 교인들의 땀과 흙냄새가 화려한 공항을 인간적으로 보이도록 해주었다.

"선교사님, 축하드립니다. 걱정 마시고 잘 다녀오세요."

헤르만 목사의 듬직한 인사였다. 나와 함께 정글로 고산으로 금식기도와 철야기도로 야생마처럼 뛰어다닌 헤르만 목사의 말은 10년 만의 귀국길에 남겨진 볼리비아에 대한 불안을 덜어 주었다. 산족 마을의 한적한 공항은 그렇게 기대와 아쉬움이 엇갈리는 가운데 또 하나의 새끼줄을 엮어 갔다.

10년 전 그때 그 공항의 모습은 변한 것이 없는데 내 마음은 그새 많이도 변한 것 같다. 피곤해서일까? 외로워서일까? 너무나 많은 감격을 맛봐서일까? 점점이 보이는 호수들을 내려다보며 고향을 향해 날아가는 비행기 안에 있기는 했지만, 인디오 마을들이 머리에서 쉽게 떠나지 않았다. 머릿속은 변하지 않는 물감으로 염색된 옷자락 같았다. 땅에 묻히는 어머니 곁에서 통곡하며 무덤에 뛰어들려는 어린 자식과 같은 심정이라면 지나친 표현일까? 볼리비아는 이미 나에게 어머니 품과 같은 온화함을 주는 곳이 되어 있었다. 슬픈 정도 들고, 아픈 정도 들고, 감격의 정도 묻을 대로 묻은 계곡이며 정글이며 그곳에 사는 맑은 영혼들……. 하나하나가 새록새록 떠올랐다.

곧 다시 볼 날을 가슴에 담고 홍콩을 거쳐 한국에 도착했다. 자석의 같은 극끼리 만난 듯 고국이 나를 밀어낼 것만 같은 생각이 불현듯 떠오르니, 이 또한 이해할 수 없는 일이었다. 고향이 왜 이리 낯설까? 떠나 있을 때는 하루도 잊은 적이 없는 고향이건만 지금은 왜 이리 멀어지고 싶은가? 사람의 감정이란 알다가도 모르겠다. 마중 나오신 어머님, 기환 형님과 형수 그리고 조카들, 후원회 이종규 목사님, 이문숙 권사님과 윤옥희 권사님, 친구 오천인 장로 등과 정겹게 인사를 나누었다.

스페인으로 가기 전 총회, 노회, 후원회의 여러 사람들을 만나야 하기에 시간 약속을 하고 달력에 약속 장소와 시간을 상세히 기록했다. 사모인 박 선교사와 아이들은 한 달 정도 함께 있다가 주리와 강호의 신학기 편입 문제로 먼저 라스팔마스로 떠났다. 총회 선교국에서는 10년 만에 돌아온 나를 따뜻하게 맞이해 주었다. 반가운 인사들을 나누며 차를 마시는데, 마음도 차도 따뜻하기만 했다. 나는 주로 선교지 이야기를 보고 형식으로 전했고, 선교국장 김 선교사님은 시종일관 위로와 격려의 말씀을 아끼지 않았다. 순수함과 진솔함이 묻어 있었기에 거북하지 않았다. 고향에 계신 어머니와 함께 눈 내린 겨울밤 화롯가에 앉아 고구마를 구워 먹으며 이야기하는 듯했다. 그런데 편안함이 깃든 대화 중에 느닷없는 제안을 받았다.

"이 선교사님께서 안식년 마치신 후 2, 3년간 총회에 들어와서 중남미 파트 담당 선교사로 사역을 해주시면 좋겠는데 어떠신지요?"

노회 후원회에는 본인이 책임지고 말씀드리겠다는 말까지 덧붙이셨다.

"네?"

"이민 교회도 하셨고, 신학교를 세우셨고, 개척을 위해 빈민 지역, 정글 지역, 고산지역을 두루 다니셨고, 농원과 또 뭐냐, 그렇지! 각종 서류 작업까지 하며 10년을 지내셨으니 자격은 충분하다고 봅니다. 능히 감당하실 수 있을 겁니다."

"죄송합니다. 저를 믿고 선처해 주셔서 감사하지만, 저는 선교 현장 체질이지 책상 형이 아닙니다. 그리고 관리해야 할 일과 현재 계획 중인 일도 많습니다."

"아, 다 잘 알고 있습니다. 사실 제가 이런 말씀을 드리기 전에 다른 목사님들께서 이 선교사님을 이미 추천해 주셨습니다. 그러니 더 이상 사양 마시고 꼭 들어오셔서 함께 사역해 주시면 감사하겠습니다."

절대 찬성할 수 없는 일이었다.

"선교사님, 더 이상 제게 부담을 주지 마세요. 저는 지금 안식년으로 들어와 잠시 총회에 들른 것을 잘 아시잖아요? 편하게 안식할 수 있게 해주시면 감사하겠습니다."

"본부 사역도 선교 현장 사역 이상으로 중요한 사역이니……."

가로채는 후배 선교사의 말에 계속 옥신각신하며 1년으로 줄어들고 6개월까지 줄어들다가 '감사하고 죄송하다'는 말로 어렵게 거절했다.

탈출하듯이 총회 사무실을 나오는 발걸음은 무거웠지만, 한편 가볍기도 했다. 서로의 신뢰가 주는 가벼움과 이를 거절한 무거움이랄까?

시원한 공기를 마시며 서울역으로 가는 전철을 탔다. 실수투성이였던 교육 전도사 시절부터 목사 안수를 받을 때까지 믿음의 어머니로 나를 양육해주신 이문숙 권사님 댁을 방문하기 위해서다. 전철에서 내려 계단을 올라가는데 바나나가 보였다. 한국을 떠날 때까지만 해도 거의 볼 수 없던 과일이다. 바나나를 보니 볼리비아 차파레 정글 냄새가 물씬 나는 듯하여 다가가서 값을 물었다.

"이거 얼마요?"

"네에, 싸게 드립니다. 500원입니다."

언뜻 비싸다는 느낌이 들었으나 여기는 볼리비아가 아닌 한국이기에 곧 생각을 바꾸었다. 500원을 내고 바나나 한 다발을 골라 집어 들고 돌아서려는데, 뒤에서 바나나 장수가 나를 불렀다.

"아, 저, 아저씨, 아저씨!"

"네? 저요?"

"아니, 그걸 다 가지고 가시면 어떡해요?"

"다 가지고 가다뇨? 저는 한 다발만 가졌는데요?"

"이 아저씨가! 돈 얼마 내셨어요?"

바나나 장수의 치켜뜬 눈이 곱지 않았다. 문제가 생긴 듯한데 무슨 영문인지 알 수 없었다.

"500원요, 500원이라고 하시지 않았어요?"

"맞아요, 500원. 500원은요, 바나나 한 개 값이라고요!"

"네? 바나나 한 개가 500원요?"

참 별일이다. 바나나 한 개가 500원이라니, 세상에 이럴 수가! 차파레 선교지에서는 지천에 널린 게 바나나고 빵 쪼가리도 사 먹기 어려운 가난한 사람들이 먹는 것이 바나나다. 그렇게 천대 받는 바나나가 서울 한복판에서 이런 귀한 대접을 받고 있으니 우습기만 했다. 어쨌든 그렇다고 하니 그렇게 알고 살 수밖에 없었다.

"아, 그래요? 죄송합니다."

집었던 바나나 한 다발을 내려놓고 바나나 한 개만 달랑 들고 서 있는 모양새가 내가 생각해도 우습고 초라했다. 발 빠르게 돌아서는데 뒷덜미가 꼭 벌에 쏘인 듯했다.

옛 기억을 더듬어 홍제동 가는 버스를 타려고 정글의 개미 굴 속 같은 지하도를 장님처럼 더듬어 나가 보니, 눈에 익은 서울역 광장이 나왔다. 잘 찾아 나왔다는 것이 반대 방향으로 나올 줄이야! 아무리 둘러봐도 동서남북을 분간하기 어려웠다. 가까스로 두리번거리며 맞은편 남대문 쪽에 있는 버스 정류장으로 걸어갔다. 그때 누군가 말을 걸어왔다.

"실례합니다."

"네? 저요?"

"주민등록증 좀 보여 주시겠습니까?"

경찰관 아저씨가 거수경례를 깍듯이 한다. 웬 경찰관? 내가 뭐 잘못한 게 있나? 잘못이라면 길 잘못 찾은 것뿐인데…….

"왜 그러시죠? 저는 지금 주민등록증이 없는데요?"

있을 턱이 없는 주민등록증을 보여 달라니 없다고 할 수밖에. 이미 볼리비아로 떠날 때 말소 처리를 하고 가서 주민등록증이 없다는 말에 경찰관 아저씨의 눈빛이 갑자기 달라졌다.

"네? 지금 주민등록증이 없다고 하셨습니까?"

"네."

"죄송합니다. 파출소까지 함께 가 주셔야겠습니다."

"네? 파출소요? 왜, 내가 무슨 잘못이라도 했단 말입니까?"

"그게 아니고요. 저기 가까운 곳이니 잠시 가시죠."

목소리가 달라지는 것으로 보아 경찰관은 나를 범죄자로 판단한 눈치였다. 여차하면 강제 연행이 될 판이였지만, 그렇다고 그대로 가기도 자존심이 허락하지 않았다. 비록 주민등록증은 없으나 대한민국이 인정하는 여권이 있고 볼리비아 주민등록증이 있으니 말이다.

"이보시오, 경찰관 아저씨. 내가 지금은 주민등록증이 없지만 나는 외국에 나가 있는 선교사요."

옥신각신하는 가운데 다른 경찰관 아저씨가 오고 본의 아니게 파출소로 강제 연행을 당하는 꼴이 되었다. 나를 의자에 앉혀 놓고 그 경찰관 아저씨는 상관인 듯한 사람에게 상황 보고를 했다. 긴장하는 눈빛이 역력한 상관이 내게 다가와 물었다.

"주민등록증을 갖고 있지 않으셨다고요?"

"네. 그렇습니다."

"대한민국 국민이면 누구나 주민등록증을 소지해야 하는 걸 모르시나요?"

"알죠. 그러나 저는 지금 여기 사는 사람이 아니고 볼리비아 선교사로 있으면서 잠시 모국에 와 있습니다."

"어디요? 불가리아라고 하셨습니까?"

하, 이 양반 귀가 잘못됐나?

"불가리아가 아니라 남미의 볼리비아라고요."

"남미에 그런 나라가 있습니까?"

갈수록 태산이다. 경찰관 아저씨가 역사와 지리 공부를 좀더 해야겠다 싶었지만, 사실 한국에서 볼리비아를 아는 사람이 몇이나 될까 생각하니 이해도 되었다.

"브라질 왼편에 있는 나라입니다."

"아, 네, 브라질 옆에 있군요."

브라질은 그래도 아는 모양이었다.

"지금 주민등록증이 없으시면 말소 당시 주민번호를 알고 계신가요?"

"네, 530815 - *******입니다."

숫자 개념이 약해 결혼 기념일, 약혼 기념일, 가족 생일 등을 표시한 달력에 커다란 동그라미를 그려놓고 일주일 전부터 미리 생일이 어떻고 결혼이 어떻고 하며 은근한 사인을 주는 사모의 모습이 갑자기 떠올랐다. 그러나 군번과 함께 유일하게 잊히지 않는 주민 번호를 쉽게 기억해 냈다. 경찰관은 긴장한 모습으로 컴퓨터에 앉아 조회해 보았다. 무엇이 뜨는지 눈길이 고정되고 사실이 확인되는 듯했다.

"성함이 어떻게 되십니까?"

"이기제입니다."

조금 전보다 많이 나아진 말투에 나도 감정이 누그러졌다.

"혹시 여권을 가지고 계신가요?"

"네, 여기 있습니다."

"볼라비아 영주권도 갖고 계십니까?"

어설픈 '볼라비아'라는 말을 고쳐 들으며 볼리비아 주민등록증을 꺼내 보여 주었다. 스페인어로 쓰여 있으니 알 리 없는 내용을 훑어보며 고개를 끄덕였다. 뭘 읽을 줄 안다고 고개를 끄덕이나? 아마도 볼리비아라는 단어 하나를 찾았나 보다.

"예, 됐습니다. 실례가 많았습니다. 가셔도 되겠습니다."

그 상관은 서울역에서 나를 잡아 온 경찰관을 불렀다.

"어이, 이 선교사님 잘 모셔 드려."

선교사님이라는 말을 깍듯이 하며 인사를 하고 풀어 주었다.

"아까는 실례가 많았습니다."

"이보시오, 경찰관 아저씨. 실례는 이제 지나간 물이고 도대체 나를 왜 파출소까지 연행한 거요?"

“하하하! 그게 그렇게 궁금하십니까?”

“궁금하지 않겠어요? 멀쩡한 사람을 파출소까지 강제로 데려와서 취조를 했으니 당연한 질문 아닙니까?”

“선교사님, 저도 교인인데요. 실은……”

이유를 듣고 보니 그럴 만도 했겠다 싶은 생각이 들어 함께 웃었다. 이야기인즉 문제는 바나나 장수로부터 시작되었다. 바나나 가격도 모르고 덤벼들었다가 바나나 한 개를 500원에 사 들고 나오는 나를 바나나 장수는 속으로 횡재했구나, 하고 바로 파출소에 신고했다고 한다. 파출소에서는 긴급 명령이 떨어졌고 나는 그 후 수색대의 지목 대상이 된 것이다. 바나나 가격도 모르는 데다가, 검게 탄 얼굴에 깡마르고 운동을 한 듯한 몸매며 옷은 시대에 뒤떨어진 10여 년 전 복장을 하고, 경기도 말을 쓴다는 것이 수상했다고 한다.

“사실 선교사님은 간첩 혐의로 잡히신 거예요.”

“뭐요? 내가 간첩?”

“하, 하, 하, 하!”

남대문 쪽에서 오는 5백 몇 번인가 하는 버스를 타고 무악재 고개를 넘어 정원여중으로 올라가는 백련교 앞에 내렸다. 이미 해가 질 무렵이었다. 전에는 예향교회 유 장로님께서 호박도 심고 오리도 키우고 아이들이 수영도 했다는 홍제천은 전혀 다른 모습이 되어 천천히 흘러가고 있었다. 백련사라는 절과 가까이 있어 그 내를 건너는 다리를 백련교라고 이름 지었다고. 교역자 시절 하루에도 수없이 건너던 그 다리를 지나 이문숙 권사님 댁 초인종을 눌렀다. 모든 일에 철저히 준비하고 기다리시던 권사님은 변함이 없으셨다. 문이 열리고 뜰 안으로 들어서는 나의 시선이 낯선 정원에 머물면서 마음이 심란해졌다. 넓은 정원에 목련나무와 감나무, 철따라 피고 지는 꽃들이 지친 내 마음을 감싸 주었고, 푸른 잔디 사이로 돌다리를 건너던 부연이, 수연이, 혜연이, 성연이, 착희 등 딸들이 환한 모습으로 웃고 떠들던 활기 넘치는 집이었는데, 이제는 옛 친구들을 다 잃어버리고 얼마 안 되는 잔디와 꽃들이 노쇠한 병사처럼 그 자리를 지키고 있었다. 전도사 시절 이곳에서 권사님의 사랑을 받으며 아이들을 가르치고 전도하고 찬양하고 기도드리며 포근한 사랑 속에서 지냈는데, 지금의 잔디는 그때 그 잔디가 아니고 꽃은 그때 그 꽃이 아니었다. 마음에 커다란 구멍이 뚫리는 이 허전함은 오롯이 내 몫으로 남았다.

"어머, 전도, 아니 선교사님, 왜 이리 늦으셨어요?"

멍하니 서 있던 나의 의식을 깨우며 예향교회 트리오 권사님들이 환하게 웃으며 다가오셨다. 이런 자리에 빠지실 리 없는 윤옥희 권사님, 김옥남 권사님도 계셨다. 오래도록 변치 않는 사랑을 나누시는 권사님들의 손을 잡으며 "아니, 권사님들도 여기 계셨군요. 그동안 안녕하셨어요?" 오랜만의 한국식 인사가 낯설기도 하고 이상하기도 하여 왠지 쑥스러웠다.

"아휴, 우리 선교사님 좀 봐. 어쩌면 저렇게까지 마르실 수가. 얼굴은 까맣게 타시고. 이제 볼리비아 사람이 다 되셨네요."

느릿한 말투로 부드럽고 다정하게 대해 주시던 윤옥희 권사님이 내 외모를 보시고는 말씀하셨다.

"아이, 그래 얼마나 고생 많으셨어요?"

항상 정이 넘치는 김옥남 권사님은 금세 눈물을 보이셨다. 국어 교사를 하셨던 이문숙 권사님은 먼 길에서 돌아온 자식 대하듯이, 얼마나 고생이 많았는지 물으시고는 더 이상 말을 잇지 못하셨다.

고마우신 분들이다. 고향의 추억이 있기에 좌절하지 않고, 정이 넘치는 이분들의 기도가 있기에 장기간 볼리비아에서 내가 버틸 수 있었다. 잔주름과 흰색 머리칼이 늘어가는 권사님들의 모습을 보며 이분들이 세상을 떠나시면 어쩌나 불안해지기까지 했다. 나보다 더 오래 사셨으면 하는 염치없는 생각도 해보았다.

담백한 저녁 상이 군침을 돌게 했다. 단골 메뉴인 김치, 나물, 생선 구이, 콩나물 국 등 유리판 식탁 위에 차려진 진수성찬을 놓고 감사의 기도를 드렸다. 남자가 눈물이 어찌도 그리 많은지……. 첫술을 뜨며, 내가 약속한 시간을 훨씬 넘겨서 온 것에 대해 윤옥희 권사님이 궁금해 하셨다.

"근데, 왜 그렇게 늦게 오셨어요?"

"그래, 나도 물어 보고 싶던 것이었는데……."

"무슨 사정이 있으셨겠지."

"하긴 요즘 서울의 교통 체증이 보통이어야지."

간첩 혐의로 수사를 받은 사연을 꺼냈다. 바나나 이야기와 검문 당한 이야기를 하니 웃음 많은 권사님들이 입 속에 있던 밥알들을 튀기며 배꼽을 잡고 눈물까지 흘리며 박장대소하셨다. 그렇게도 우스우실까? 아무튼 웃길 줄 모르는 내가 본의 아니게 여러 사람을 웃겼으니 나에게는 기적 같은 일이 벌어진 거나 다름없었다. 다음에 또 식사 약속을 하고 어머니 같은 권사님들과 인사를 나누었다.

그날 밤, 인천중앙교회 장원모 목사님께서 전화를 주셨다.

"이 선교사, 내일 점심 때 시간 있나?"

"아, 목사님, 안녕하셨어요? 네, 시간 있습니다."

"그럼 내일 아침 10시에 교회로 오라고."

"네, 목사님, 알겠습니다. 감사합니다."

상쾌한 아침을 맞으며 학익동에 사는 형수님께서 차려 주신 고향집 식탁을 마주했다. 어머님, 형님, 형수님, 유치원 교사로 일하는 조카 강미와 함께 식사했다. 고등학교 다닐 때 섬기던 학익장로교회에서 장로님으로, 여전도회 회장님으로, 주일학교 교사로, 성가대원으로 봉사하는 형님 가정의 분위기는 주님의 사랑이 가득 배어 있었다. 고향이 용유도인 형수님의 음식 솜씨는 항상 일품이었다. 순무석박지와 조개를 넣고 끓인 찌개와 내가 좋아하는 굴회가 아침 식사의 입맛을 돋웠다. 바쁜 중에도 세심하게 신경써 주신 형님 가족의 사랑에 마음이 푸근해졌다. 식사 후 형수님은, 한의원을 하시는 인천중앙교회 차두업 집사님께서 안식년을 맞은 내 건강을 위해 보내 주셨다는 보약을 컵에 담아 주셨다. 고마운 분들의 성의를 따뜻한 정과 함께 들이켰다.

몇 군데 전화를 하고 동인천행 버스를 탔다. 인천중앙교회 부목사 시절, 날마다 심방 다니던 길인 어물 시장 쪽으로 향했다. 발길이 닿는 곳마다 추억이 떠올랐다. 좁은 시장 골목이 내게 안겨 준 자유함은 푸근하기만 했다. 그 푸근함이 외벽을 하얀 타일로 두른 인천중앙교회까지 이어졌다.

"어? 이 선교사님 아니세요?"

지금은 장로님이 되신 인천중앙교회의 우직한 일꾼 김양동 집사님께서 멀리서 알아보며 먼저 인사를 건네셨다.

"집사님, 안녕하셨어요?"

그리고 서무직원, 전도사님, 부목사님들을 뵈니 함께 눈비 맞으며 인천, 부평, 송도, 문학 등지를 다니며 섬기고 울고 웃던 기억들이 한꺼번에 떠올랐다. 한국을 떠나기 전까지 내가 일을 보던 자리는 여전히 그곳에 있었다. 책상도 의자도 어쩌면 그렇게 잘 보존되어 있단 말인가? 그 자리에 앉아 있던 박 목사님이 일어서시며 반겨 주셨다.

"처음 뵙겠습니다. 박희남 목사라고 합니다. 선교사님에 대한 말씀을 노회나 교회 성도님들을 통해 많이 들었습니다. 특별히 저 고진희 전도사님은 선교사님의 열렬한 팬이십니다."

인사의 열기가 오르던 그때, 장 목사님이 나타나셨다.

"어, 이 선교사 왔나?"

"목사님, 안녕하셨어요?"

"다들 자리에 앉아. 처음 보는 교역자들도 있을 거야. 이 선교사는 인천 중앙교회에서 수석 부목으로 있을 때 볼리비아에 선교사로 파송받고 나가셨다가 10년 만에 안식년을 받아 한국을 방문하셨어. 여기 있을 때 고생 많이 했는데 볼리비아에 가서도 여전히 그렇게 사역하는 것을 보고 내가 감동을 많이 받았어. 앞으로 잘들 지내도록 해요."

고생했다는 말은 어디서나 듣는 말인 것 같다. 고생이라는 말이 차원 높은 삶을 의미하는 것일까? 그렇다면 그것은 틀린 말이다. 힘들게 사역을 했다는 말로 해석할 수 있을까? 그렇다면 그것도 맞지 않다. 사실 나처럼 행복한 선교를 하는 사람이 또 있을까? 얼마나 감사한 일이 많았던가! 잠시나마 나눈 첫 대면의 인사가 봄 향기처럼 마음을 감싸 주었다. 목사님들과 함께 사우나로 자리를 옮겼다. 입구에서부터 90도로 허리를 굽혀 손님을 맞는 직원의 환대를 받으며 들어가자니 멋쩍고 어색하기만 했다. 열쇠 하나씩을 받아 쥐고 번호를 찾아갔다. 먼저 온 사람들이 몇 분 더 있었다. 분명히 한국 사람들인데 분위기도 사람도 낯설기만 했다.

“벗지 않고 뭐 해?”

“네?”

망설이다가 주변 사람들을 두리번거리며 돌아보았다. 분명히 모두가 벗었다. 어쩌면 저렇게 홀딱 벗고도 얼굴색 하나 변하지 않을까? 나이가 들어서 그런 걸까? 아! 여기는 한국이구나! 깨달음도 참 늦다. 그런데도 선뜻 팬티를 벗는다는 것이 이상하기만 했다. 정글에서야 벗으라 하지 않아도 웃통쯤은 잘도 벗고 다녔는데 아무튼 이상하고 어색하기만 했다.

“아, 빨리 벗고 들어가야지.”

“네? 네에.”

용기를 내어 에덴동산의 아담이 되었다. 10여 년의 습관이 사람을 이렇게 만드는가 보다. 볼리비아에서는 그들이 벗지 않는 것이 이상했는데 이제는 이들이 벗는 것이 이상하고 따라하는 내가 또 이상하다. 사실 볼리비아에서는 공중목욕탕을 남녀가 함께 쓴다. 그러나 모두가 수영복을 입고 들어갔다. 수영장 같다고나 할까? 볼리비아의 때를 벗기는 순서를 밟는 것 같기도 하여 왠지 섭섭하기까지 했다. 이미 모든 것이 볼리비아 사람으로 체질화되어서였을까? 변한다는 것이 잃는다는 것처럼 받아들여져서인지……. 에덴의 한복판에서 부끄러움 없이 살던 아담의 깨끗함처럼 묵은 때를 벗기고 새 마음을 담기 위해 열심히 몸을 달구었다. 옆에 붙은 이발소에서 머리 손질도 했다.

“여기 오시기 전에 이발 어디서 하셨어요?”

“왜요? 뭐가 이상해요?”

“아니요. 그냥 물어 본 거에요.”

“볼리비아에서요.”

"네? 불가리아에서요? 그럼 불가리아에서 오신 건가요?"

하, 또 불가리아다. 하긴 총회 선교국에서도 총회 산하 전 세계 선교사들의 이름을 국가별로 구분하여 이름을 적어 넣는데 볼리비아 선교사들이 모두 불가리아 선교사로 탈바꿈하여 이름이 올려져 있을 정도이니 이해할 만도 하다.

"불가리아가 아니라 남미의 브라질 옆에 있는 볼리비아라는 나라입니다."

남미, 브라질, 그 옆 나라까지 찍어 주니, 또 브라질 옆에 있는 어떤 나라로만 알아 들었다.

"그럼 볼리비아에서 머리 손질을 하신 거로군요."

"왜, 뭐가 이상합니까?"

"헤헤, 뭐 그런 것은 아니고요. 손질을 한 게 꼭 쥐가 파먹은 것 같아서요."

"아 그래요? 볼리비아 쥐는 머리털까지 파먹지는 않는데 뭘 잘못 보신 것 같군요."

"헤헤헤, 농담두 잘 하시네. 뭐 그렇다는 거죠."

사실 볼리비아 이발소가 제발 머리털만 파먹는 정도라면 좋겠다는 생각이 들기도 했다. 이발 기계가 머리털을 뽑아 먹는다는 것을, 가위질만 하는 한국의 이발사는 아마 상상이 가지 않을 것이다. 이발을 마치고 이미 닦아 놓은 구두를 신고 날아갈 듯한 기분으로 사우나실을 나왔다.

"점심 먹어야지?"

"네?"

"이 선교사는 뭘 좋아하지?"

"목사님 좋으신 것으로 하세요."

"회를 좋아하지? 횟집으로 갈까? 아니, 회는 앞으로 많이 먹을 테니, 그래, 그 집으로 가자!"

다시 차를 타고 동인천역 앞, 화평동 고개, 만석동으로 달렸다. 우리가 당도한 곳에는 이미 차들이 줄지어 있었다. 그곳은 인천 최고의 보신탕 집이었다. 와, 꿈에도 그리던 탕이 아닌가! 장 목사님은 어찌 숨은 내 마음을 이리도 정확히 알아내셨을까? 속으로 웃으며 속마음을 들킨 것 같아 뜨끔하기도 했다.

"아이고, 어서 오세요, 목사님! 오랜만에 걸음하셨네요. 얘, 여기 목사님 모셔라아……!"

한달음에 숨가쁜 감탄, 인사, 지시가 동시에 떨어졌다.

"네에, 안녕하세요? 목사님. 이쪽으로 들어가시죠."

시골 사랑방 분위기 같은 편안한 방으로 안내되었다.

"맛있게 드세요. 필요한 것 있으면 말씀하시구요."

이윽고 나온 별미를 군침 도는 입 속으로 구겨 넣으며 든든하게 배를 채웠다. 화려한 식탁에서 하나둘 빈 접시가 늘어갔다.

"이것 받아 둬."

"이게 뭔데요?"

"별 것 아니니, 나중에 꺼내 봐."

"감사합니다."

그렇게 받기만 하면서 인사치레 한 번 제대로 못하는 것은 그때나 지금이나 마찬가지였다. 마음은 그렇지 않은데 내가 표현을 잘 못하는 것쯤은 목사님께서 잘 아시겠지. 장 목사님은 동인천역까지 바래다 주시며 잘 다녀오라는 말씀을 남기고 가셨다. 이제는 은퇴를 앞둔 목사님을 바라보며 왠지 또 눈시울이 붉어졌다. 10여 년 전 한국을 떠나기 전에 얼마나 많은 은혜를 받았던가? 조금이라도 더 주지 못하여 애태우시며 그렇게 돌보시더니 결국 머나먼 고산 볼리비아에까지 오셨었다. 공항에서부터 고생하시다가, 선교지 구석구석을 이판규 장로님, 한상윤 장로님과 함께 눈물의 순례를 하시더니 그 밤에 호흡이 고르지 못하여 산소통을 붙잡고 계시면서도 격려와 기도를 아끼지 않으신 목사님……. 주머니에 든 봉투를 꺼내 열어 보니 구두 티켓 두 장이 들어 있었다. 하나는 사모 것, 하나는 나의 것. 그리고 쓰인 글 한마디, "힘들었지? 힘 내라고!"

전철은 부평 역을 지났다. 자꾸 차오르는 눈물 때문에 일부러 먼 곳을 응시했다. 그리고 전동차 천장을 보며 흐르는 눈물을 겨우 참았다. 그래도 염치없는 눈물은 자기 갈 길 가겠다는 심산인지 계속 흘렀다. 이제 그만 흘릴 만도 한데…….

"아, 여보? 그래, 아이들 학교 편입 준비는 다 끝났고?"

"예, 다 끝났어요."

한국에서 아직 정리해야 할 일들이 있기에 사모인 박 선교사와 주리, 강호를 먼저 라스팔마스로 보냈는데, 일단 가장 중요하게 생각했던 아이들 편입 준비가 끝났다고 했다. 행정적인 일들은 늘 꼼꼼하게 처리해 내는 사모의 덕을 톡톡히 보곤 한다. 라스팔마스에서 예배드릴 교회에 대해서도 사모는 이미 조사를 마쳤다.

"그런데, 이곳 교회에 문제가 있어요."

"교회가 왜?"

"한인 교회가 네 곳 있는데 두 곳은 순복음교회, 두 곳은 개혁 측 교회예요. 개혁 측 교회를 가 보았는데, 좀 이상해요."

"뭐가?"

"아무튼 당신이 오셔서 결정하셔야 할 문제지만, 선교사들에게 매우 부정적인 분위기에요."

특별한 경우를 제외하고 나그네 선교사가 어디 간들 환영받고 살겠는가? 그러려니 하고 한인 교회가 아니면 현지인 교회에서 안식년을 보내는 것도 좋으리라 생각했다.

총회, 노회, 기타 후원 교회들의 고마운 분들을 만나 인사를 드리고 바로 스페인 행 비행기에 올랐다. 투우의 본고장이며 《돈키호테》를 쓴 세계적인 작가 세르반테스의 나라 스페인. 이 나라의 수도 마드리드에 내려 하룻밤을 자고 바로 라스팔마스로 향했다. 연중 800만 명이 넘는 관광객이 유럽과 세계 각국에서 휴양을 온다는, 유럽이 지정한 최고의 휴양지 라스팔마스는 스페인 당국에서 마드리드와 바꾼다 해도 바꾸지 않는다는 유럽의 면세 지역이며, 황금알을 낳는 청해에 위치한 환상의 섬이다. 실은 이렇게 아름다운 곳인 줄도 모르고 몇 가지 목적을 생각하며 지도를 펼쳐 안식년 장소를 정하려다 우연찮게 라스팔마스가 걸려들었다.

개인적으로 중남미와 관계가 깊은 스페인의 역사와 고고학을 연구하고 싶었고, 적어도 논문 두 편은 쓸 계획으로 조용한 곳에서 영적인 묵상과 선교를 위한 점검과 기획을 새롭게 해볼 요량이었다. 사모 역시 비슷한 생각이었고, 조용히 쉬면서 선교 사역을 위해 컴퓨터를 더 배웠으면 했다. 아이들도 스페인어 권 학교에서 공부하는 것이 좋을 듯했고, 그동안 누리지 못한 가족의 정을 나눌 수 있는 좋은 기회를 잡으려면 라스팔마스가 좋겠다고 의견의 일치를 보았다.

　도착 후 사모가 안내한 한인 교회에 가 보니 선교사를 대하는 분위기가 부정적인 정도가 아니었다. 차라리 살벌하다는 표현이 더 적합했다. 어쩌면 교회가 이럴 수 있나 싶었다. 예배가 끝나고 돌아오는 길에 동행했던 한 교인과 대화를 나누었다. 왼쪽으로는 맑게 펼쳐진 바다가 섬을 비단 결처럼 포근한 품으로 감싸고 있었다. 들던 대로 아늑하면서도 시원한 바다와 금모래로 장식된 해변의 모래 띠가 끝이 보이지 않을 만큼 장관이었다.

　"선교사님이시라고요?"

　"예."

　"교회 분위기에 많이 실망하셨죠?"

　"교회야 어디 다 같겠어요? 지역에 따라 여러 모습이 있겠죠."

　"저희 교회는 특히 선교사님들에 대한 인식이 극단적이에요."

　극단적이라……. 부정적인 면에서 그렇다는 건지 아니면 부정과 긍정 모든 면에서 극단적이라는 건지 이해하기 어려웠다. 일단 분위기로 보아 부정적이란 뜻으로 이해했다. 스페인도 선교 대상국이라는 것에 동의하면서, 선교지에서 목사나 선교사가 같은 성직자에게 갖는 인식이 개인의 관점에 따라 얼마든지 나쁠 수 있다는 것을 잘 알고 있었기에 그렇게 이상할 일은 아니었다.

　"무슨 이유인지는 모르나 그럴 수도 있겠죠."

　여유 있는 대답에 대화 상대가 될 수 있다고 느꼈던지 김 집사님은 그간 라스팔마스 중앙교회가 선교사에 대한 인식을 극단적으로 갖게 된 이유를 교회 입장에서 차분히 이야기해 주었다.

　초기에 라스팔마스 중앙교회는 선교사들이 오면 극진히 대접했다고 한다. 특별히 아프리카 선교사들은 아프리카를 오가는 관문 역할을 하는 라스팔마스에 교파를 초월한 많은 선교사들이 거쳐 갔다. 오는 대로 대접하던 교회가 서서히 선교사들에게 등을 돌리게 된 사연이 있었다. 선교사 중에는 고마움을 잘 간직하는 분들도 있었으나, 대부분의 선교사는 그 정도 환대를 당연한 것으로 이해했고, 성도들에게 선교비를 요구했으며, 어떤 선교사는 선교지로 돌아가서 선교는 하지 않고 교인들을 데리고 나가 바로 옆에 교회를 세우기도 했다고 한다. 많은 선교사를 대하다 보니 선교사들끼리 서로 시기하고 질투하는 말이 나돌고, 미처 검증되지 않은 선교사들이 사기를 치고 다닌다는 것까지 알게 되었다. 실제 현장을 찾아가 보니 그간의 보고와는 전혀 다른 선교사가 있다는 것도 많이 알게 되었다고 한다. 아프리카 하면 멀고도 어렵고 힘든 곳이며 모든 선교사가 생명을 걸고 선교를 하는 줄만 알았는데 실상은 대부분 시내 중심가의 고급 아파트나 개인 주택에서 식모를 둘 이상씩 두고 사는가 하면, 사역은 안 하고 허위 편지나 써 대고 방문객들에게 관광 안내나 하는 선교사가 많다는 것을 알게 되었다는 것이다. 물론 그중에는 오지에 들어가서 원주민과 함께 살면서 헌신적으로 사역하는 선교사도 있었다고 한다. 라스팔마스는 실제 아프리카 대륙에 있는데, 스페인이 자기들 땅으로 이름을 올려놓은 곳이어서 아프리카 선교사들의 방문이 매우 잦은 편이다.

이런 과거가 있기 때문에 지금도 신원이 확실하고 사역이 검증되었으며 헌신적인 분들에게는 최선을 다하여 대접하지만, 그렇지 않은 낯선 선교사는 냉대한다는 것이다. 특별히 말이 많거나 수완이 좋다고 하는 선교사나 떠돌이 선교사라고 인식되면 냉대 정도가 아니었다. 교인들이 스스로 완벽한 신이라도 되는 듯 자기네 눈으로 선교사들을 저울질하며 폄하하는 것이 불쾌하기도 했다. 그러나 조선시대 대감집 무남독녀 같은 의식을 가진 김 집사님과 초면에 입씨름해 봐야 앞뒤 꽉 막힌 말만 나올 것 같아 말을 거두어야겠다고 생각했다.

"예, 그런 일들이 있었군요. 그러니까 저희도 떠돌이 선교사로 도매급으로 넘어간 거군요? 그런데 저희는 말을 많이 하지도, 그런 기회도 없었잖습니까?"

"선교사님 댁은 처음부터 더 그랬지요. 사모님과 아이들만 오셨으니 무슨 근거로 믿을 수 있었겠어요? 그리고 이름도 잘 모르는 남미 볼리비아라는 데서 오셨으니 더욱 그랬죠."

"그것도 그럴 만하군요. 오늘 이렇게 솔직한 말씀을 해주셔서 여러 가지로 감사했습니다. 안녕히 가세요."

끝도 보이지 않는 라스팔마스의 바다를 보면서 불신 속에 살아가는 선교사들에 대한 아픔을 다시 보게 되었다. 상상도 하지 못한 현실을 이렇게 안식년으로 이곳에 와서 보게 될 줄은 미처 몰랐다. 볼리비아는 산중이라서 그런지 선교사들에게 오라 해도 오지 않는데 이곳은 매우 달랐다. 그리고 노회가 전폭적으로 신뢰하는 내가 얼마나 행복한 선교사인지 새삼 깨닫기도 했다. 그러나 이런 곳에 와서 떠돌이 선교사 취급을 당한다는 것이 한편으로는 개운치 않았다. 그러다 보니 현지인 교회를 나가는 것이 좋겠다 싶어 자연스럽게 마음을 정하게 되었다.

안식년 계획을 다시 점검했다. 아름다운 해초, 각종 열대어 떼를 쉽게 볼 수 있고, 고운 백사장을 산책하며 바위틈의 낙지, 멍게, 해삼과 여유롭게 휴식할 수 있는 라스팔마스는 천혜의 쉼터였다. 우선 라스팔마스 국립대학 고고학 박사과정에 등록했다. 주리와 강호가 다닐 학교와 국립도서관도 가 보고, 컴퓨터 학원과 현지인 교회도 알아보았다. 논문을 쓰기 위해 준비해 간 자료들을 정리하다 보니 벌써 주말이었다.

그런데 뜬금없이 지난주의 그 집사님이 불쑥 찾아왔다.

"선교사님, 저희 목사님이 선교사님과 대화를 좀 나누기를 원하세요. 언제 시간이 되시는지 선교사님께서 약속을 정하라고 하셨어요."

다소 일방적인 요청에 마음이 언짢았다. 내가 그 교회 소속도 아닌데 말이다.

"그러실 필요가 없으실 텐데요. 이미 현지인 교회를 가기로 했고 교회도 알아놓았습니다. 저희는 안식년으로 조용히 있다 가려고 하니 목사님께 잘 전해 주세요."

그러자 집사님 얼굴에는 실망과 당황의 기색이 역력했다.

"네에? 그러셨어요?"

그런 집사님의 반응에 내가 염려하거나 관심 둘 필요는 없다고 생각했다.

"뭐, 또 하실 말씀 있으신가요?"

"아, 네, 아뇨. 예, 그러면 그렇게 전해 드리겠습니다. 안녕히 계세요."

쓸쓸하게 돌아가는 그 집사님 뒷모습을 보니, 조금 민망하기도 했지만 바로 잊기로 하고 논문 자료를 정리했다.

"딩동, 딩동!"

웬 손님일까? 또 그 집사님이었다.

"어? 또 오셨군요."

"저……."

"말씀하세요."

"다시 목사님 심부름으로 왔어요."

"아, 그러세요? 아까 말씀드린 게 문제라도 생겼나요?"

“그게 아니고…….”

“일단 들어오시죠.”

“네, 감사합니다.”

“실은 목사님께서 선교사님과 식사를 하자고 하셔서…….”

“떠돌이 선교사와 식사를요?”

“실은 지난주일 선교사님과 대화를 나누고 목사님께 잠깐 말씀드렸어요. 그리고 목사님께서 결정하신 거예요.”

“그렇다고 선교사가 아직 아무런 관계도 없는 목사님의 식사 초청에 무조건 응할 수도 없는 것 아닙니까? 집사님께는 죄송합니다만, 목사님께 감사하다고 전해 주세요. 그리고 이미 저희는 이곳에서 한인들과 관계를 갖지 않고 조용히 있다가 가기로 했으니, 목사님께 저희들 신경 쓰지 마시라고 전해 주세요.”

그 작은 섬에 한인들이 1,500명 정도 살고 있었고, 쉽게 만날 수 있었으며, 같은 아파트에서도 서로 자주 눈에 띌 정도였다. 나도 볼리비아에서 한인 교회 사역을 해온 터라 한인 교회 목회자들의 생리를 어느 정도 알고 있었기에 덧붙여 말해 주었다.

“어머, 선교사님께서 한인 교회도 하셨어요?”

“네, 볼리비아 산속의 작은 교회였습니다.”

“네, 그러셨군요.”

“이야기할 화제는 아니고요. 목사님께 죄송하지만 사양한다고 전해 주시면 감사하겠습니다.”

“그러지 마시고 두 번씩 찾아온 저를 보아서라도 함께 식사 시간을 맞추어 주세요.”

"죄송합니다. 아직 정리도 덜 됐고 마음의 준비가 돼 있지 않습니다."

지칠 만도 하고 자존심이 상할 만도 한데 물러서지 않는 초대에 마음이 심란했다. 결국 식당을 운영하는 한인 교회 집사님 댁에서 그 목사님과 점심 식사를 같이하게 되었다. 목사님, 사모님, 박 선교사, 주리, 강호 모두가 푸짐한 회와 매운탕을 대접받았다. 미안하게 되었다고 먼저 사과하시며 현재 교회와 선교사에 관한 이야기를 하는 임 목사님의 말씀은 김 집사님께 들은 내용과 거의 비슷했다. 그런데 왜 우리를 초청했는지 궁금해하는 질문에 뭔가 다른 느낌이 들었다는 것이다. 그리고 주일 낮 예배 기도를 부탁하셨다. 몇 번 거절하다 결국 수락하고 좋은 교제를 나누었다. 우리 가족 소개를 시작으로 선교사역 이야기로 이야기가 이어지며 임 목사님은 내게 호감을 갖는 듯했다. 그러면서도 아직 마음을 놓지 못하는 긴장감이 남아 있기도 했다.

주일 낮 예배 기도에 이어 다음 주일 설교를 부탁받았다. 교회 역사 이래 초면 선교사에게 이렇게 대하는 것은 이례적인 일이라며 성도들 사이에서 수군수군하는 소리가 들리기도 했다. 아이들은 학생회에 등록하고 나는 계속 주일 낮 대표 기도를 드리면서 새벽기도와 각종 집회에서 평신도로 예배를 드렸다. 오랜만에 주일 설교를 하지 않고 말씀을 듣는 것이 생소하기는 했어도 마음은 한결 가벼웠다. 그리고 그 다음 주간 임 목사님은 한국을 방문한다며 돌아올 때까지 내게 강단을 맡기셨다. 사양했지만 별 수 없었다.

평일에는 라스팔마스 국립대학 고고학 박사과정 강의를 들었다. 주리와 강호가 다니는 학교가 집에서 가까웠기에 잔디에 앉아서 도시락을 함께 먹었다. 아이들과 야외에서 오붓한 시간을 갖는 것이 얼마만인가! 즐겁고 편안한 기분은 이루 말로 형용할 수 없었다. 주리와 강호는 다시 학교로 가고 나는 국립도서관에 가서 고고학 자료와 논문을 정리했다. 아이들 학교가 끝날 무렵 집에 와서 쉬다가 저녁을 먹고 바닷가로 향했다. 바다가 있고 섬이 있고 새들이 날고 산이 있고 가족이 모두 함께 있으니, 사랑과 평안이 바다의 수평선같이 우리 가족을 푸른빛으로 감쌌다. 토요일은 물안경, 오리발, 산소 대롱을 끼고 맑고 시원한 물속에 들어가 총천연색을 자랑하는 각종 열대어와 벗삼으며 헤엄쳤다. 바다 풀, 굴, 멍게, 해삼, 낙지도 한 식구로 벗하며 놀았다. 고요 속에 깃든 가족의 아름다움이란 이런 것이구나, 하며 마음 깊은 곳에서부터 감사가 우러나왔다. 지난 10년 동안 주리, 강호, 사모와 편히 쉬지 못한 미안함을 바다에 묻고 또 묻으며, 라스팔마스에 무지개 꿈을 담아 보았다. 사랑을 안고, 사랑을 품고, 사랑을 노래하는 나의 가족, 오늘의 삶이 영원한 삶으로 이어지기를 바라며 하나님께서 주신 가족에 대한 감사를 날마다 바닷물에 띄워 그분께 전했다.

3주간의 새벽기도, 수요, 금요철야, 주일 아침, 저녁 설교와 예배 인도를 마치는 날, 돌아오신 임 목사님이 긴급 발표를 하셨다. 주일 아침 예배 후 강대상 앞으로 나를 안내하고는 선포하셨다.

"오늘 이후 모든 성도님들은 이기제 선교사님을 저와 동등하게 대해 주시기 바랍니다."

나도 무척 놀랐고, 모든 교인들도 입을 떡 벌리고 눈을 크게 뜨는 것을 볼 수 있었다. 예배 후 당회장실로 안내한 목사님은 이번에 한국에 다녀오시면서 대전 가수원교회의 변대원 목사님을 만나 보았다고 했다. 그리고 그 외 서울에서도 몇몇 목사님을 만나고 총회에까지 연락하여 내 뒷조사(?)를 하셨단다.

총신 74회 졸업. 1987년 4월 파송 번호 94번으로 대한예수교총회 합동 측 파송 선교사. 현 볼리비아에서 신학교, 개척 교회, 한인 교회, 농원 등의 사역을 하는 '진국 선교사'로 안식년 차 스페인 라스팔마스에 머물고 있음.

변대원 목사님은 임 목사님 형님의 친구 분인데, "이기제 선교사에 대해서는 더 이상 알아 볼 필요 없는 '진국 선교사'"라고 하셨단다.

다음 주일, 나는 임 목사님께 양해를 얻어 광고 시간에 "떠돌이 선교사를 신뢰해 주시는 교회에 감사드린다"고 인사하고는 교인들에게 몇 가지 당부의 말씀을 드렸다. 첫째, 선교사의 집에 전화하지 말 것. 둘째, 선교사의 집에 방문하지 말 것. 셋째, 선교사에게 선물을 직접 가지고 오지 말 것. 넷째, 선교사에게 심방을 요청하지 말 것. 그리고 반찬거리나 그 밖의 어떤 것도 모두 임 목사님 댁에 갖다 두게 했다. 식사 초대가 있을 때는 임 목사님과 동행하는 범위에서만 하도록 했다.

그 후 임 목사님은 모든 것을 개방하셨고, 편한 마음으로 서로를 위해 중보하며 아끼고 세워 주는 관계가 되었다. 때마침 한국에 IMF가 터져 생활비 500달러가 줄어든 상황이었는데 그 이상을 한인 교회에서 채워 주었다. 라면, 쌀, 부식 등은 냉장고에 다 넣지 못할 정도였다. 대접받기를 포기한 결과였다.

아이들은 학교 생활과 교회 생활에 만족했고 사모는 컴퓨터를 배우며 즐거워했다. 나는 대학에서 고고학을 공부하며 〈효과적인 선교를 위한 평신도 선교 전략〉과 〈효과적인 선교를 위한 설교의 이론과 실제〉라는 두 편의 논문을 썼다. 가족 모두가 교회에서 새벽기도를 마치고 5분 거리도 안 되는 바닷가에 가서 아침 바다와 인사를 나누고 데이트하는 등 평화로운 하루의 일상에 무척 만족스러웠다. 나는 개인 시간이 날 때마다 바다를 즐겨 찾으며, 치열한 삶을 살다 자살로 마감한 헤밍웨이의 책을 읽었다. 스페인어로 번역된 그의 유서 같은 책인 《노인과 바다》에서 인간의 의지와 투지, 사랑과 소망을 돌아보았다.

"인간은 패배하지 않는다. 파괴될 수는 있어도 패배하지는 않는다"(어니스트 헤밍웨이, 《노인과 바다》 중).

그렇게 움켜쥐기 위해 목숨을 걸었던 사람이 왜 스스로 목숨을 끊었을까? 그렇다면 차라리 《노인과 바다》를 쓰지나 말 것이지. 인간 의지의 무한성을 한껏 부르짖은 그를 생각하며 시간을 보낸 것은 그가 작품 구상을 했다는 쿠바의 카리브 해안 쪽과 맞닿은 바닷가에서 책을 읽었기 때문일지도 모르겠다.

고요한 바닷가에서 나는 성경을 읽으며 말씀을 묵상하고 기도 시간을 가졌다. 바다를 보고, 모래를 보고, 하늘을 보고, 조용히 자신을 들여다 보았다. 그런데 갑자기 시몬 베드로와 만나 대화를 나누시던 예수님이 점점 내게 가까이 오셔서 바닷가에 표정 없이 서 계셨다.

"주님!"

반가움에 다가서려는 것은 마음뿐, 몸이 전혀 말을 듣지 않았다. 어찌할 수 없는 공간에 가로막혀 주님과 나와의 거리는 전혀 좁혀지지 않아 안타깝기만 했다.

"……"

침묵으로 가만히 서 계신 그분의 눈언저리에 알 수 없는 눈물이 고여 있었다.

"주님! 주님! 지금 울고 계세요?"

"……."

"주님, 말씀해 보세요. 왜 울고 계세요? 누가 주님을 울게 했나요?"

가시관에 찔려 흐르는 피는 눈물과 섞여 주님의 얼굴을 적시고 가슴으로 흘렀다. 양손과 양발의 피는 바닷물을 적시며 무릎 꿇은 나의 앞으로 밀려 왔다.

"오, 주님! 왜, 왜 또 눈물을 흘리시고 무엇 때문에 또 피를 흘리시는 거 예요?"

어느새 흐느끼는 나는 깊은 슬픔으로 목이 멨다.

"주님! 울지 마세요, 울지 마세요. 왜 우세요? 울지 마세요."

울고 계신 그분을 통해 스치는 영상을 보며 나는 다시 몸부림쳤다. 고산 병, 푸카라 빈민촌, 차파레 정글, 아요파야 고산, 제자들, 교회들……. 한꺼 번에 밀려드는 그간의 일들에 까닭 모를 서러움이 스며 있었다. 시집 간 딸 이 시골집 친정 나들이를 하며 어머니 품에 안기는 심정이 이럴까? 나는 서 러워 무릎 꿇고 울었고, 그분은 피와 눈물을 함께 흘리며 서 계셨다. 침묵으 로 말씀하시는 그분은 내가 아파할 때 함께 아파하셨고, 내가 밤새워 눈물 흘릴 때 함께 우셨다고 했다.

"그건 저도 알고 있어요, 주님!"

긴긴 밤, 부모 형제도, 의지할 이 아무도 없이, 고아처럼 걸레같이 버려진 바위산과 정글 깊은 곳과 고산 계곡에서 울부짖고 몸부림칠 때마다 그분이 함께 계셨음을 어찌 모르겠는가? 내 작은 고통의 그릇을 눈물로 채우신 그 분의 위로를 어찌 잊을 수 있겠는가? 그런데 그분이 이제는 눈물뿐이 아닌 피를 흘리며 나타나신 것이다.

"주님!"

더 이상 말을 잇지 못하는 나에게 다가서신 그분은 다시금 나를 위로하며 말씀하셨다. 그 옛날 베드로에게 하신 말씀을 내게도 들려주셨다.

"주님! 저는 십여 년을 그 양 떼를 먹이며 살아왔습니다. 그런데 왜 지금 그런 말씀을 다시 하시는 건가요?"

애처로운 눈으로 나를 보시며 그분은 자신의 양들을 거듭 당부하셨다.

"주님, 저는 그래서 십여 년을 목숨 걸고 고산으로 정글로 빈민촌으로 다니며 신학교를 세우고, 교회를 개척하고, 농원을 하고…… 주님이 아시지 않습니까?"

알 수 없는 지긋한 눈으로 나를 보시며 침묵으로만 말씀하시는 주님의 뜻을 곧 알아차릴 수 있었다. 말로 하는 고백보다는 깨달음에 가까워지기를 원하는 그분의 요구를 느끼며 고개를 숙였다. 그리고 다시 눈물 어린 눈으로 그분을 바라보았다.

"주님, 주님이 제게 요구하시는 것이 무엇입니까? 그것은 교회가 아니었습니까? 신학교가 아니었단 말씀이십니까?"

답은 고요뿐이었다. 수평선 위로 맞닿은 하늘뿐, 아무것도 없었다. 그 고요만큼이나, 그 수평선 위의 공간만큼이나 내가 채운 것이 아무것도 없다는 것을 느끼게 되었다. "제자 삼으라"는 주님의 말씀에 내 마음은 거대한 빈 굴로 변하고 말았다. 그분의 질문은 "너의 제자가 누구냐"였으며, "너는 진정 나의 제자냐"로 이어졌다. 고생과 고난, 외로움과 설움, 배고픔과 아픔, 선교지에서의 배신과 용서의 세월이 제자가 생기지 못한 것의 변명이 될 수는 없다는 무언의 말씀이었다. 야속하기도 하고 섭섭하기도 했다.

그러나 그것은 현실이었다. 냉정하게 나를 돌아보아야 할 일이었다. 선교지를 직시해야 할 일임에 분명했다. 열매를 원하시는 그분께 보여 드릴 열매가 없다면 나는 그저 열매 없는 무화과나무와 같다. 가시적 사역보다는 실질적인 열매가 중요했다. 이젠 새로운 선교의 열매를 위해 선교지로 돌아가야 했다. 주님을 닮아가는 나의 삶으로 제자들이 주님을 닮도록 해야 한다는 명령 앞에서, 빈 마음으로 버리고 끊고 포기해야 할 일들의 목록을 바닷가 모래밭에 써내려 갔다. 내 가슴에 고운 모래 위에 쓴 글로 수를 놓았다. 흐르는 눈물을 맑은 바닷물에 씻겨 보내며 그분과의 대화가 여운으로 남을 즈음 아쉬운 헤어짐을 고하는 석양이 온몸을 감쌌다.

안식년이 끝나갈 무렵 임 목사님은 카나리아 섬들을 구경시켜 주셨다. 그리고 가족 모두를 바닷가 고급 호텔에 머물게 해주시면서까지 일주일간 편안한 휴식을 즐기도록 배려해 주셨다. 마지막 날 목사님은 심각하게 물었다.

"이 선교사님, 수개월 전부터 드린 말씀입니다만, 이곳에서 함께 선교를 하시는 것이 어떻겠습니까?"

"그간 말씀해 주신 것에 대해 기도드리며 많은 생각을 해보았습니다. 전에 말씀드렸듯이 저는 볼리비아에 가서 선교를 해야 합니다."

"잘 알죠. 그러나 볼리비아에는 협력 선교사님이 계신다고 하시니 드리는 말씀인데, 지금 우리는 아직 신뢰할 만한 선교사를 만나 보지 못했습니다. 더구나 사역을 위해 스페인어를 하려면 시간도 많이 필요하구요. 우리가 마련한 선교관에 계시면서 방송 선교와 신학교 그리고 개척 교회를 해주셨으면 해서 말씀드리는 겁니다."

당시 한인 교회는 바다를 바라보는 경치 좋은 곳에 선교관이 하나 있었다. 그곳에 살면서 원양어업을 하는 한인들과 현지인을 대상으로 방송 선

교를 하자는 말씀이었다. 그리고 현재 현지인을 대상으로 새로운 교회를 개
척하고 있는데, 그 교회를 중심으로 카나리아 군도를 위한 교회들을 개척
하고 신학교를 세우자는 것이었다. 자녀 교육은 스페인이나 유럽 어디서든
문제없이 해결할 수 있다고도 하셨다. 집과 생활비와 자녀 교육이 해결되
고 유럽의 휴양지인 라스팔마스를 본부로 하여 카나리아 군도 선교를 하자
는 제안이었다. 장래 자녀 문제나 늘 시달려 온 고산병 걱정이 없고, 안전한
생활 여건과 문화 시설이 잘 갖추어져 있으며, 무엇보다 휴양 시설이 바다,
산, 계곡 등에 다양하게 구비된 라스팔마스. 여유 있고 편안한 삶을 위해서
는 최적의 조건이다. 볼리비아 사역과는 비교가 안 되는 편한 사역을 하면
서 함께 인생을 즐기고 하나님께 영광을 돌리며 살자는 것이다. 삼사 개월
전부터 귀띔을 하며 선교관까지 보여 주는 데는 확실한 이유가 있었던 것이
다. 끈질긴 요청과 거절이 되풀이되었다. "아니요"라는 매몰찬 내 답변에
도 임 목사님은 포기하지 않고 물고 늘어지셨다.

"목사님, 목사님께서 한번 볼리비아에 와 보신 뒤에 정하시죠."

일단 뒤로 미룬 뒤 기도하며 결정하기로 하고 공방을 끝냈다.

멀리 해변가에는 남유럽의 벗기 좋아하는 나체족들이 아무것도 걸치지
않은 채 태양의 단맛을 즐기고 있었다. 벗어 놓고 내려놓고 금 모래 밭을 걷
는 그들의 자유로움이 낭만적으로 와 닿았다. 카나리아, 라스팔마스, 아름
답고 정겨운 이름이다. 그 안에서 빚어지는 포기……. 포기의 단맛을 가슴
깊이 즐기며 바다 위에 떠 있는 별들이 감격의 눈물되어 푸른 바다에 한 알
씩 떨어지는 모습을 눈이 시리도록 바라보았다. 내 작은 가슴에는 아직 식
지 않은 그분의 포기의 보혈이 가득 담겨 있다.

사야리 학교

하나님의 역사는 우리가 예측할 수 없는 방법들로 이루어지는 것을 많이 보게 된다. 볼리비아에 도착하면서 그간 세워 놓았던 선교 전략을 다시 점검하며 교육 선교에 대한 본격적인 검토를 했다. 그러나 신학교가 아닌 일반 교육 선교는 출발부터 쉽지 않았다. 우선, 준비 과정에 대한 적잖은 두려움이 있었다. 교육 선교를 위한 허가 서류가 문교부령이기 때문에 이미 신학교 설립 서류를 만드는 과정에서 어려움을 많이 경험했었다. 교육 시설도 신학교와 달리 규모를 몇 배는 더 확장해야 했다. 그리고 예산상의 문제가 심각했다. 개교한 후 약간의 문제라도 생기면 매월 수천 달러 이상씩 채워야 하는 상황이 벌어질 수도 있었다.

그러던 중 미국 노스캐롤라이나 주에 있는 한 교회의 단기 선교팀이 우리 선교부를 방문하여 전도했다. 사실 단기 선교팀에 대한 시각은 보는 사람마다 다르겠으나 볼리비아에서는 평가가 엇갈렸다. 선교팀이 와서 힘써 전도하고 봉사하고 교육하는 모습을 보면, 짧은 시간임에도 최선을 다하여 열매를 맺는 모습에 감사한 마음이 들 수밖에 없다. 그러나 그렇지 못한 경우도 종종 있다. 시간이나 때우고 여행겸 놀러온 듯한 이들도 있다. 차라리 그 교통비와 체재비를 현지인들에게 준다면 더 많은 열매를 맺을 수도 있겠다는 생각이 들 정도였다. 그래서 단기 선교팀을 맞이하는 나의 주문은 까다로울 수밖에 없었다. 일단 파송 교회를 확인했다. 건강한 교단의 건전한 교회인가? 그리고 현지 사역에 관한 전반적인 기획, 구성 인원, 구체적인 방향 등을 사전에 확인했다. 이 같은 선별을 거쳐 볼리비아 선교 시작 후 처음으로 단기 선교팀을 맞았다. 전도사님, 장로님, 권사님, 집사님, 청년들로 구성된 12명이었다. 이 팀은 오는 날부터 고산에 적응하기도 전에 아침 금식기도를 하며 노방 전도를 하고, 밤에는 특별 집회를 했다. 해발 3,000미터 이상의 고산을 오르내리며 거의 쓰러질 듯한 상황에서 복음을 증거하는 것을 보면서 탄복하지 않을 수 없었다. 그러던 중 김 권사님께서 새벽기도를 마치고 나에게 물으셨다.

"선교사님, 이 땅은 무엇에 쓸 것인가요?"

당시 선교부 땅엔 소먹이 풀이 자라고 있었다.

"앞으로 학교를 세울 계획입니다."

"아, 그렇군요."

대화는 그것으로 간단히 끝났다. 그 단기 선교팀이 돌아간 지 일주일쯤 지난 어느 날 김 권사님이 전화를 주셨다.

"선교사님, 그간 기도하며 결정했는데요. 학교 건축을 위해 제가 모아 둔 미화 1만 달러를 보내 드리려고 하는데 어떻게 보내면 좋겠습니까?"

개인적으로 그 권사님의 사정을 잘 아는 나는 감사하기도 하고 한편으로는 마음이 아프기도 했다. 힘들고 고달픈 이민 생활 속에 두 자녀를 홀로 키운 분이기 때문이다. 자신을 위해서는 절약과 절제로 허리띠를 졸라 매시는 분이 학교 설립을 위해 큰 헌금을 하시겠다는 것이다. 과거에 신학교를 지을 때 하나님께서는 얼굴도 모르는 김진실 권사님을 통해 기초를 놓게 하시고 이루어 가시더니, 일반 학원 사역 역시 고단하게 사시는 한 권사님을 통해 시작해 가시는 것을 보면서 하나님이 이 일을 완성해 가시리란 확신이 들었다. 이미 사 놓은 땅이 있어서 땅값을 제하고 계산한다 해도 내가 계획했던 건축비는 수십만 달러를 넘었기 때문에 사실 미화 1만 달러는 기초를 놓기도 어려운 금액이었다. 그러나 하나님께서는 그 권사님을 통해 이 일을 이미 시작하셨음을 충분히 알 수 있었다.

그 후 구체적인 설계도를 그리고 기초를 놓기 시작했다. 층마다 12개의 교실과 사무실, 화장실 등을 포함한 3층 건물로 계획했다. 그러나 기초공사를 마무리하지도 못하고 예산은 바닥나고 말았다. 이미 시작된 사역이기는 했으나 계속 진전시킬 수도 멈출 수도 없는 상황에 이르렀다.

학교 설립을 위한 서류 작업에도 박차를 가했다. 볼리비아 문교부에서 요구하는 건축 관계 서류는 설계도만으로 진행했다. 교단 법인체 서류나 선교부 법인체 서류, 신학교 문교부 법인체 서류 등 모든 서류에 관한 것들은 사모의 몫이었다. 어찌 보면 선교 현장에서 가장 힘겹고 복잡하며 어려운 것이 행정 관련 일인데 늘 사모가 뛰어들어 지혜롭게 해결해 주었다.

그런데 적절치 않은 시기에 서류 작업을 시작한 것이 문제였다. 선교부로서는 어쩔 수 없는 상황에서 지금까지 미루어 오던 일들을 했으나 교육계의 비합리적인 절차로 어렵게 서류를 진행해야 했다. 당시 교육계는 문교부의 예산이 없어서 교실도 부족했고, 국립학교 교사들을 제대로 채용할 수도 없었다. 그래서 사립학교를 세운다고 하면 간단한 서류 절차만으로 쉽게 문교부의 허가를 받을 수 있었다. 문제는 허가 받은 사람들이 학교를 시작하지 않고 무조건 허가만 받아 놓았다는 데 있다. 시간이 흐르면서 학교 설립 허가를 받은 사람들이 학교를 세우려는 사람들에게 그동안 받아 놓은 서류를 팔기 시작했고, 그 과정에서 사기를 전문으로 하는 브로커들까지 나타났다. 그 사실을 뒤늦게 알게 된 문교부에서는 사립학교라면 거의 허가해 주지 않다시피 했다. 우리가 서류 작업을 시작한 때가 바로 그런 시기였다.

난관의 연속이었다. 필요한 서류들을 준비해 가면 트집을 잡으며 다른 서류를 작성해 오라고 했다. 지시대로 해 가지고 가면 다른 직원이 또 말을 바꾸었다. 원칙을 이야기하면 무조건 다음에 오라고 하는 등 헛걸음하기 일쑤였다. 볼리비아의 문화는 종이 문화라고 할 정도로 복잡한 서류를 요구하는 관행이 있는데, 그 서류들이 통일성이 없는 데다가 수시로 변하여 접수할 때마다 전혀 근거 없는 지시를 들어야 했다. 사무 직원들이 몰라서 그렇기도 하지만 행정 절차의 문제가 심각했다. 한도 끝도 없이 연기되는 서류 문제는 개학을 일주일 앞둔 시점에도 마무리되지 않았다.

이미 학생들은 모든 학교의 입학 등록을 마친 시기가 되었다. 초조하게 뛰어다니며 기다리던 중 개학 3일 전 교육청에서 유아원을 해도 된다는 허가서가 나왔다. 광고도 하지 않은 가운데 입학식에 모인 학생들은 형편상 사립학교에 갈 수 없는 학생들이었다. 그나마 돈이 들지 않는 국립학교도 가기 어려운 아이들이 아홉 명 있었다. 시골 동네에서도 가장 어렵게 사는 아이들이었다. 누더기 옷에 씻지도 않고 제대로 신도 신지 못한 아이들이 대부분이었다. 사실 우리가 준비한 교실도 본 건물은 기초 공사도 못한 상태였다. 과거에 창고이자 닭장으로 쓰던 곳을 청소만 한 정도였으니 말이다. 아이들은 초라한 옷차림과 달리 맑은 눈과 순수하기 그지없는 행동으로 사랑스러움을 느끼게 했다.

길예르모 목사님의 사모님께서 일반 교육을 맡아 주셨다. 기도로 시작하고 말씀으로 먹이는 우리 유치원은 교회의 주일 학교인지 일반 유치원인지 구분이 되지 않을 정도였다. 같은 선교부에서 함께 사역해 온 정명남 선교사님의 사모님께서 유치원 초대 영어 선생님으로 애써 주셨다. 맑고 깨끗한 아이들에게 밝은 표정으로 수업을 재미있게 이끄시는 선교사님의 영어 시간은 노래와 율동을 곁들이면서 아이들에게는 가장 즐거운 수업 시간이 되었다.

6개월이 지나면서 우리 학교의 소문은 주변에 널리 퍼져 나갔다. 그 결과 2학기에는 새로 등록하는 학생들이 많았는데, 부모님들의 학력이나 경제적 수준이 초기 학생들과 비교가 안될 만큼 높았다. 대부분 중상위층에 속했다. 이 부류의 아이들이 등록하면서 상대적으로 초기 학생들은 점차 뒤로 밀리더니 1년 후에는 완전히 분위기가 바뀌었다.

그동안 사모의 끈질긴 노력으로 서류 작업도 원활하게 진행되어 교육청으로부터 유아원에서 고등학교 12학년까지 학생을 모집해도 된다는 정식 통보를 받았다. 이곳에서는 으레 해마다 한 학년씩 진급하면서 부족한 인원만큼 학생을 뽑는데, 우리는 그 다음해에 12학년까지 모든 학생들을 모집했다. 사실 이런 시도는 큰 모험이었다. 교육청은 물론 많은 학부형들이 우려했고, 알 만한 교장급 선생들이나 일반 교사들도 마찬가지였다. 과연 학생들이 비싼 등록금을 내고 올 것인가? 실은 우리도 염려되어 금식하며 철야기도를 드렸다. 일주일 동안 매일 4시간씩 치르는 입학시험에 시험을 보겠다는 학생들이 의외로 많이 몰려들었다. 학습 능력, 예체능, 인성 등을 철저히 점검했다. 당초 계획대로 입학 시험을 실시하기로 하고, 여러모로 가능성이 있는 아이들을 선별해 뽑았다. 모두 하나님의 은혜로, 많은 분들이 드린 기도의 결과였다.

학생들 등록을 마치고 교사들도 확보했다. 먼저 교사들에게 학교의 비전을 주지시키며 이를 실현하기 위한 구체적인 방법을 공유했다. 하나님을 위해, 세계를 위해, 가정과 국가를 위해 과연 무엇을 어떻게 해야 할까에 대한 대전제에 걸맞은 구체적인 교육 방향을 제시했다. 우리는 볼리비아의 다른 교육기관들이 전혀 시도하지 않은 교사 교육을 했다. 모든 교사들에게 한 시간 전에 출근하여 신학교 수준의 신학 교육을 받게 한 것이다. 교사 전원이 신학생이 된 셈이다. 주경, 조직, 실천 신학 수업을 매일 아침마다 받게 하고 찬양을 드리고 기도회를 가졌다.

학생들도 매일 아침 수업 전에 15분씩 성경 공부를 하고 기도했다. 매시간 수업 전에도 학생들이 돌아가며 기도드리고 성경을 암송했다. 매주 성경 한 구절을 스페인어와 영어로 암송하고 월요일은 전체 예배로 드렸다. 점차 교사들의 삶과 인격이 바뀌고 학생들의 생활이 변화하는 모습을 눈으로 확인하게 되었다. 신앙 교육에 대해 더 이상 언급하지 않아도 모든 교직원과 학생들이 자발적으로 참여했다. 신앙 생활뿐만 아니라 학업 성취도에도 각별한 관심을 기울였다. 매주 전체 진도를 위한 교사의 핵심 정리가 있은 후 학생들은 스스로 질문하고 교사에게 일대일 지도를 받아 각자 답을 제시하도록 했다. 오후에는 자율학습 시간을 통해 교사가 돕고, 학년별·그룹별로 공부하게 했다. 개인의 실력, 그룹의 실력 그리고 학생 전체의 실력이 고르게 향상되어 흥미롭고 재미있는 학습이 이루어졌다. 그 효과도 놀라울 정도였다. 보통 진도는 다른 학교보다 3, 4년 정도 앞서 갔고, 고등학교 학생들은 꾸준한 복습과 자신에게 맞는 반복 학습으로 일취월장했다. 흥미롭고 수준 높은 과학 실습도 뒷받침되었다. 특히, 대학 교재를 사용하면서 대학 생활의 기초를 철저히 다지는 준비된 학교가 되었다. 그 결과 졸업생 전원이 국내외 유수 대학의 장학생으로 진학할 수 있었다. 예체능 과목에서도 창의적인 체육과 음악 수업으로 건강한 정신과 몸을 갖추게 했다. 정규 수업을 통해 체육의 기본을 익히고 매일 오후 마지막 시간에는 전체 운동과 음악, 독서 등을 하게 했다. 배구, 축구, 농구, 수영, 승마, 테니스, 탁구, 기타, 드럼, 피아노, 봉고, 오르간 등의 연습은 학생들의 학교 생활에 많은 도움을 주었다. 토요일은 전교생이 기계체조, 태권도, 수영, 승마, 테니스 등을 하게 했다.

지금도 사야리 학교는 아름다운 신앙 교육을 통해 볼리비아와 하나님의 영광을 위해 귀하게 쓰임 받는 일꾼들이 길러지고 있다. 매일 새벽기도 때마다 하나님께서 주시는 지혜는 크고 놀라웠다. 사야리 학교는 처음부터 끝까지 전적으로 하나님께서 열매를 맺어 가셨다. 하나님께서 계획을 세우시고 매일 하나님께서 행하시며 그 열매 또한 크게 맺는 것을 볼 때 감사한 마음뿐이다. 학원을 섬기고 있는 나와 사모 그리고 직원, 교사, 학생, 학부형 모두가 재미있는 학교, 변화시키는 학교에서 함께 기쁨을 누리고 있다. 기도와 후원을 아끼지 않으신 모든 분들과 교회도 놀라워 하셨다. 교육청에서는 모범 학교로 지정하여 감사장을 보내 주었고, 교육청장이 다른 학교의 학부형, 교직원들과 방문하여 학교 시설, 교육 내용과 방법 등에 대해 질문했다. 감사한 일은 졸업한 학생들이 찾아와 자신의 고교 생활을 추억하며 오후 마지막 시간의 운동이나 음악 시간 등을 후배들과 함께한다는 점이다. 이럴 때마다 나와 교사들이 느끼는 감정은 한 가지다. 함께 고민하고 울고 웃으며, 함께 뛰고 뒹굴며 살아가는 교육의 터전에서 얻는 기쁨과 보람이 얼마나 큰지 말로는 설명하기가 어렵다.

미국 로스앤젤레스 대흥교회(이익관 원로 목사님, 권영국 목사님 시무) 성도님들의 기도와 헌신은 사야리 학교가 명문 학교로 도약하는 데 큰 밑거름이 되었다. 권영국 목사님, 정왕엽 장로님, 윤원영 장로님은 고산 지대를 다니시면서 어려움도 많이 겪었지만, 기도 중에 귀한 결정을 내려 주셨다. 당시에는 교실이 완공되지 않았고, 재정적인 문제로 앞쪽 벽은 대체로 보기 좋은 벽돌을 사용했지만 뒷벽은 질이 낮은 벽돌을 쓰고 있었다. 학교를 방문한 권 목사님께서 그것을 보셨다.

"선교사님, 왜 앞벽과 뒷벽의 벽돌이 다릅니까?"

목사님의 날카로운 지적에 예산 문제 때문이라고 짧게 말씀드렸다. 그 후 하나님께서는 대흥교회를 통해 볼리비아의 교육 선교를 이루어 가셨다.

"대흥교회가 존재하고 볼리비아 선교지가 존재하는 한 대흥교회는 볼리비아 선교를 위해 최선을 다할 것입니다"라고 말씀하신 권 목사님과 그 말씀에 순종하신 성도님들을 보며 나는 후원 교회의 영적 성숙을 더불어 기도 드리게 되었다.

기도 응답으로 필요할 때마다 채워 주시는 하나님의 은혜는 그치지 않았다. 흠 없는 선교사로서 성결함을 지키며 겸손하게 순종할 때 모든 사역은 하나님께서 이루어 가신다는 확신을 갖게 되었다. 결코 선교는 욕심으로 이루어지는 것이 아니다.

대흥교회는 정기적으로 단기 선교팀을 통해 볼리비아 선교를 계속 도왔고, 목사님과 전도사님, 장로님, 권사님, 집사님들부터 청년 학생들에 이르기까지 모든 세대가 선교에 동참했다. 교육 선교뿐만 아니라 교회 개척과 양육에 이르기까지 전 영역에서 힘을 다해 주셨다. 당시 대흥교회는 성전 건축을 앞두고 재정적으로 어려운 시기였지만, 우선순위가 선교로 바뀌면서 헌금의 쓰임새가 새롭게 정해졌다는 소식을 듣고 가슴으로 한참 울었다. 마야, 아스텍, 잉카 문명을 향한 백인들의 침략과 주도권을 잡은 자들의 잔인한 폭정이 빚은 비극적인 역사 때문에 탐욕의 추한 찌꺼기를 고스란히 안고 살아가는 이 땅에, 욕심 없는 베풂으로 예수님의 사랑을 전하는 참된 교회의 모델이 대흥교회였다. 터무니없는 권리의 주장 없이 그저 하나님의 뜻을 묵묵히 이루어 가는 어질고 지혜로운 어머니 교회다웠다.

후원 교회의 기도와 헌신을 통해 현지에서 성숙한 열매를 맺어 가던 어느 날, 교육청에서 느닷없는 전화가 걸려 왔다. 사야리 학교의 모든 행정 업무를 정지시키고 폐교시키겠다는 것이었다. 어처구니없는 말에 관계 부처에 가 보니 말도 되지 않는 것으로 시비를 걸었다. 누가 학교를 하라고 했냐는 억지를 부렸다. 이미 교육청에서 우리에게 학원 사역을 해도 된다고 허가 서류를 주었고, 그 서류에 근거하여 2회 이상 졸업생까지 배출한 학교를 폐교시키겠다니 어처구니가 없었다. 졸업생들의 졸업장에는 문교부 담당자가 모든 서류들을 점검하고 졸업을 승인하는 인증 표시가 있고, 그 서류로 국립대학과 사립 명문대학 그리고 멕시코에서 주관하는 국비 장학생으로 진학하는 데 필요한 모든 승인을 해주었다. 게다가 졸업식 때 와서 축사까지 해준 사람들이 갑자기 학교 문을 닫으라니 전혀 이해가 되지 않았다. 수도 없이 전화가 오고 경고장이 날아들었다.

선교부에 이런 일이 있을 때마다 정면돌파로 대응하는 사람은 항상 사모였다. 사야리 학교의 생사가 걸린 전투를 또 해야만 했다. 사모는 금식기도를 하며 킬랴콜료 교육청과 코차밤바 교육청을 수시로 드나들었고, 수도 라파스에서 문교부 장·차관까지 만나 문제 해결을 위해 동분서주했다. 그들은 서류상 문제가 없고 학원 운영에 아무런 하자가 없는데도 수긍할 수 없는 이유를 자꾸 대며 문제를 삼으려 했다. 나중에 알고 보니 역시 돈에 얽힌 문제였다. 많은 사람들이 이러한 서류를 구비하고 승인을 얻는 데는 거의 약속이나 한 듯 얼마의 금액을 별도로 냈는데, 우리 학교는 원칙대로만 진행하여 서류를 받고 허가해 준 것이 그들로서는 몹시 허전했던 것이다.

정치와 돈의 관계에는 항상 탐욕이 깔려 있다. 중남미 역사에는 이러한 탐욕의 얼룩이 깊이 스며 있다.

1876년부터 1911년 혁명에서 쫓겨날 때까지 멕시코에서는 35년에 걸친 포르피리오 디아스의 장기 집권과 무자비한 탄압이 있었다. 소수의 외국인과 대토지 지주 위주의 경제 정책, 인디오·농민·노동자의 빈곤은 개발 독재를 앞세운 그들만의 탐욕에서 비롯한 정치의 산물이다.

1957년 반미 성향의 카리스마적인 정치 지도자 피델 카스트로가 권력을 장악한 이래 쿠바의 운명은 카스트로 한 개인에 의해 결정돼 왔다. 1980년 쿠바가 주민들의 탈출 제한을 철폐하자 6개월간 12만 5천명이 넘는 난민이 미국에 몰려든 '마리엘 보트' 사태가 일어난 것은 그가 얼마나 욕심에 가득 차 국민들을 탈취하고 억압했는지 잘 보여 준다.

상위 10퍼센트가 전체 국부의 65퍼센트를 차지하는 반면 하위 40퍼센트가 차지하는 부는 고작 12퍼센트에 불과할 정도로 빈익빈 부익부 현상이 극심한 나라 브라질은 또 어떤가. 이 나라의 빈부 격차가 장기간의 군사 독재 치하에서 악화되었음은 누구나 아는 사실이다. 1964년 브랑쿠 장군이 이끄는 군부가 굴라르 정권을 전복시킨 이래로 브랑쿠, 코스타 에 실바, 가이젤, 피게이레두 등 여러 장군들이 서열 순으로 돌아가면서 브라질의 대통령직을 맡았다. 그들 치하에서 재미를 본 건 고급 장교들과 대자본가와 지주와 교회들뿐이었다. 1989년 직선제 대통령 선거가 실시되어 페르난두 콜로르 지 멜루가 브라질의 새 대통령이 되었다. 그런데 정치 개혁을 부르짖고 청렴결백의 상징이라 했던 그도 겉으로만 그럴 뿐, 실제로는 부정부패의 주범이라는 것을 브라질 국민은 모두 알고 있다.

1973년 9월 11일 오전 8시 30분, 군부 쿠데타로 칠레의 독재자 아우구스토 피노체트의 시대가 시작되었다. 적어도 5천 명에서 1만 5천 명의 사망자를 낸 것으로 추정되며 20세기 중남미의 가장 잔혹한 쿠데타로 기록되고 있다. 17년을 독재자로 지내며 정적을 물리치는 데 냉혈한이었던 그는 대통령직에서 물러나면서 3군 총사령관직을 보장받는 등 여전히 탐욕을 버리지 않았다.

우리가 사는 볼리비아의 코차밤바에 발레 그란데라는 지역이 있다. 그곳에 묻힌 이가 그 유명한 체 게바라다. 사람들은 그를 '금세기의 가장 완벽한 인간'이라며 극찬했다. 쿠바에서 카스트로와 함께 쿠데타를 이끌고 상공부 장관 겸 중앙은행 총재직을 맡기도 했던 체 게바라는 경제 법칙에 대해 전혀 아는 바가 없었다. 본인들이 말하는 혁명의 동기는 역시 탐욕에 있었던 것이다. 그 후 흑막에 가려진 어떤 이유로(권력 분배에서 위기를 느꼈다고도 한다) 그는 결국 쿠바를 떠나야 했고, 1966년 12월 볼리비아에 잠입했다. 볼리비아는 가난한 데다 이곳에서 공산 혁명이 성공할 경우 인접한 아르헨티나, 브라질, 페루, 파라과이, 칠레 등에 혁명을 수출하기 좋을 거라는 판단이 탐욕의 그릇을 더 크게 했을 것이다. 그러나 고산지역의 특성을 파악하지 못한 그의 게릴라전은 이후 별 성과 없이 끝났다. 결국 1967년 10월 9일 체 게바라는 총살당한 채 볼리비아 발레 그란데의 빈들에 버려지는 것으로 종말을 맞고 말았다.

　권력을 쥔 자들의 폭력은 역시 그 근본이 탐욕에 있음을 알게 된다. 한 국가의 교육을 책임져야 할 교육청 간부들의 양심 또한 역사의 추한 맥락과 함께하고 있었다. 그들의 욕심이 아무리 추악해도 믿음으로 시작된 학교는 하나님께서 선하게 지켜 주시리라 확신하면서 사모는 그들에게 돈 한 푼 주지 않고 금식과 철야기도를 하며 믿음으로 대응했다. 그런 만큼 어려움은 커져 갔고, 심신은 지칠 대로 지쳐만 갔다. 그러던 중 하나님께서는 문교부 차관으로 있는 이반이라는 분을 보내 주셔서 문제를 풀어가셨다. 한때 신부가 되려고 가톨릭 신학교를 다닌 그는 졸업을 얼마 앞두고 결혼했다고 한다. 독일에서 박사 학위를 받아 볼리비아에서는 유일한 독일 유학 출신의 인재이기도 했다. 가톨릭 대학교 교육학 교수로서 대학 총장을 지내다가 문교부 차관으로 일하던, 정직하고 건실한 사람이다. 문교부 지정 변호사였던 클라우디아 변호사도 소개를 받아 문제를 원칙대로 처리했다. 원칙을 지키는 것이 힘은 들었지만 큰 보람을 안겨 주었다. 하급 기관인 코차밤바 교육청에서 자신들의 생각대로 돈을 우려내지 못한 것과 자존심이 상한 것 때문에 우리는 그들에게 눈엣가시가 되었다. 그러나 볼리비아의 일반 공무원들은 시간이 흐르면서 언제 그런 일이 있었느냐는 듯 태도가 바뀌었다. 모두가 원칙과 소신으로 욕심 없이 처리한 결과였다.

　문제가 해결되자, 역사는 짧지만 실력 있는 인재를 양성하는 학교라는 소문이 나며 학생들이 몰려들었다. 이번에는 또 다른 문제가 생겼다. 어느 날 학부형이 찾아왔다.

"교장 선생님, 어제 학생과 함께 찾아와서 교장 선생님과 상담했던 사람이 누군지 아세요?"

수시 편입학을 원하는 학생 및 학부형들과의 상담을 내가 직접하는 것을 알고 있는 어느 학부형이 물었다.

"예? 글쎄, 잘 모르겠는데요. 누구신데요?"

"킬랴콜료 학교 교장 선생님이셨어요."

킬랴콜료의 최고 명문 사립학교 교장 선생님이 학부형으로 가장하고 학교 시설을 모두 둘러보고 내게 상담한 것이다. 학부형의 말로는 그 교장뿐만 아니라 킬랴콜료의 거의 모든 교장 선생님들이 나와 상담하고 우리 학교를 보고 갔다고 한다.

"왜 그랬죠?"

영문을 알 턱이 없는 나는 의아해 하며 물었다.

"역사가 얼마 되지 않은 학교가 갑자기 새로운 바람을 일으키니 모든 학교들이 긴장하고 있어요. 지금 교장 선생님이 몰라서 그렇지 다른 학교들은 사야리 학교 때문에 비상이 걸리고 난리가 났대요. 그래서 알아보려고 온 거예요."

"아, 그랬군요."

가만히 생각해 보니 집히는 데가 있었다. 직감적으로 상담 내용과 분위기가 다르다는 것은 느꼈지만, 그들이 각 학교 교장 선생님들이었을 줄은 꿈에도 생각하지 못했는데 듣고 보니 그렇구나, 싶었다. 개신교 학교가 전혀 없는 지역에 개신교 학교가 생겨 이렇게 분위기를 바꿔놓으니 긴장할 만도 했다. 그럴 바에야 솔직하게 자신들의 입장을 밝히고 터놓고 이야기하면 더욱 좋았을 텐데, 하는 아쉬운 생각이 들었다.

'사야리 학교 운영을 내가 하는 것인가? 매일 새벽마다 주시는 하나님의 지혜로 하는 것인데…….'

입가에 미소가 스쳤다.

문제는 그것으로 끝나지 않았다. 정상적인 수업이 끝날 무렵 헐레벌떡 뛰어온 학교 관리인 미겔이 소리쳤다.

"교장 선생님, 큰일났어요. 지금 킬랴콜료에 있는 모든 고등학교 학생들이 교문 앞에서 진을 치고는 사야리 학생들을 교문에서 나오는 대로 다 죽여 버리겠대요."

"죽여? 누가 누굴 뭣 때문에 죽여?"

뛰어나가 보니 학교 교문 앞에서 외곽으로 빠지는 고속도로까지 2킬로미터에 이르는 폭 6미터의 도로에 차량이 전면 통제되고 개미떼처럼 몰려든 고등학교 남학생들로 꽉 들어차 있었다. 하나같이 각목, 파이프 등으로 무장했고, 어떤 학생들은 권총까지 들고 험상궂은 얼굴로 길을 헤집고 다니며 살기등등한 모습으로 지키고 있었다. 그중에는 사야리 학교에 입학시험을 쳤으나 불합격한 학생들도 간간이 보였다. 서슬 퍼런 분위기 속에서 나도 긴장되었다. 교문 앞에 섰다가 그들 앞으로 다가가니 슬그머니 뒤로 물러섰다. 그리고 옆에 있던 학생들이 다시 감쌌다. 뒤를 돌아 보니 눈길이 닿는 아이들마다 멈칫했다. 그중 선동자로 보이는 아이를 불렀다.

"너희들 도대체 누구냐? 사야리 학교 아이들을 나오는 대로 다 죽인다고 하던데 그 이유가 뭐냐?"

기세등등한 자세로 아이는 말했다.

"지금 저와 여기 있는 아이들은 킬랴콜료 전체 고등학교 아이들이에요. 서로 연락하여 여기 왔고, 단체로 사야리 학교 아이들을 패주려고요."

“그래 알았다. 그런데 그 이유가 뭐냔 말이다.”

“그건……”

“뭐 여러 말 할 것 없다. 너희 중에 자신 있는 사람이 나와서 나를 먼저 상대하고 다음은 너희 마음대로 해라.”

“네? 뭐라고요?”

“야, 대표 하나 나오라고 그래! 일대일로 끝내자는데 왜 이리 말이 많아?”

“어떻게 하자는 거예요?”

“방법은 너희가 택해. 어떤 방법이든 너희 원하는 대로 할 테니까.”

“누구와요?”

“누구긴 누구야? 나하고지!”

“정말이에요?”

“야, 시간 없어. 빨리 불럿!”

목소리가 날카로워졌다. 나는 만일을 대비하여 마음의 준비를 하고 있었다. 그 아이는 돌아가 자기들끼리 모여 한참 이야기를 하고 왔다. 그러더니 조용히 대화를 하자고 한다. 그들과 학교 사무실로 들어갔다.

“결정 다 났냐?”

“네, 그런데요……”

“누구야? 지금 나왓!”

“그게 아니고요. 저희가 여기 이렇게 모인 건요. 사야리 학교가 역사는 얼마 되지도 않았는데 실력이 우리 학교보다 월등하게 높아지니 솔직히 저희가 기분이 좋지 않아요. 그리고 저희 중에는 이 학교에 들어오려고 시험을 쳤다가 떨어진 친구도 있어요. 요즘 사립학교에서 시험 치는 학교가 얼마나 되고, 시험 쳐서 불합격시키는 학교가 어딨어요?"

이해가 되는 말이었다. 그리고 맞는 말이었다. 그렇다고 이렇게 킬랴콜료의 모든 학교가 똘똘 뭉쳐 길을 메우고 무력으로 나선다는 것은 용납할 수 없는 일이었다.

"너희들 말은 다 이해가 간다. 그렇다고 이렇게 각목, 파이프, 권총까지 들고 나선다면 이건 옳은 일이냐?"

"아니요, 그건 우리가 잘못했어요. 그러나 사야리 학교도 다른 학교들처럼 적어도 시험 치러 오는 학생들은 합격시켜 주면 좋겠어요."

"왜, 너희도 이 학교에 들어오고 싶냐?"

"네, 저도 그렇지만 그런 맘 먹은 친구들이 아주 많아요."

"그렇다면 방법이 있다. 시험이 걱정되면 1년 전에 미리 이 학교에서 진도가 어디까지 나갔는지 파악하고, 출제 경향에 관해서는 비서가 잘 안내할 테니 미리 와서 물어 보고 문제를 해결하는 게 좋지 않겠니?"

"네, 알겠습니다. 그리고……."

"그리고, 또 뭐가 남았느냐?"

아이들의 숨겨진 이야기가 따로 있었다. 킬랴콜료에서 나름대로 수준 있는 사립 고등학교 학생들 중에 학교 임원단이 있는데, 자기들끼리는 자주 만나 운동도 하고 교제를 나눈다고 한다. 부모들도 상당한 위치에 있는 아이들이 대부분이었다. 그런 아이들 중 한 남자 아이의 여자 친구가 사야리 학교로 옮긴 것이다. 편입한 여자 아이는 아빠가 변호사고 어머니는 의사였다. 집안이 좋은 데다가 단정하고 예쁘장하며 공부도 잘했다. 그 아이는 학교 테니스부에 소속돼 마지막 시간에 테니스를 쳤다. 에우칼립토 나무로 주위를 둘러친 사야리 학교 테니스 코트장은 오후 해가 있는 시간에도 나무

그늘 때문에 해가 들지 않아서 여느 다른 코트장과 다르게 아늑한 분위기였다. 고등학교 남녀 학생 중 열 명 이내로 뽑아 지도하고, 나머지 시간은 각자 서브 연습과 포핸드, 백핸드 자세 등 개인 연습을 하고 경기를 하는 식으로 1시간을 운동했다. 나는 준비 운동을 시키고 기본 자세를 점검한 뒤 한 게임 정도 하고 나머지 시간은 자율적으로 연습하게 하고 다른 운동장에 가서 아이들을 지도했다.

문제는 내가 나간 다음에 일어났다. 테니스 연습 시간에 그 남학생이 다른 남학생 몇 명과 함께 테니스 코트장에 왔다. 사야리 학교 남학생과 테니스를 치고 있던 한 여학생을 곱지 않은 눈으로 지켜보며 자기들끼리 키득거리며 웃기도 하고 장난을 쳤다고 한다. 이때 함께 연습하고 있던 사야리 학교 남학생들이 그들을 보고는 시비가 붙은 모양이다. 왜 허락도 없이 남의 학교 테니스 코트장에 단체로 들어와서 운동을 방해하느냐로 시작된 입씨름은 몸싸움으로 번졌고, 사야리 원정에서 패한 그들은 분노를 삭이며 돌아가 급기야 일을 이렇게 저지른 것이다. 당사자들에게 사실 여부를 물으니 모두 맞는 말이었다. 그리고 그보다 더 근본적인 문제를 이야기했다. 친구들이나 선후배들이 사야리 학교에 들어가기만 하면 자기들과 놀지 않고 변한다는 것이다. 함께 술을 마시고 춤을 추며 놀러 다녀야 정상(?)인 아이들이 달라지는 모습을 보고 닮아 가고 싶기도 했으나, 청소년기에 들어선 아이들은 우선 반항적인 생각이 들었다. 그렇게 변하게 만드는 사야리 학교에 대해 많은 적개심을 갖게 된 것이다. 생활이 변하고 실력이 향상되고 예체능에서도 기계체조, 태권도, 수영, 탁구, 승마, 테니스 등의 운동으로 앞서 가면서 국내외 각종 대회에서 메달을 거머쥐는 모습을 보고 한편으로는 질투가 난 것도 사실이라고 했다. 잘잘못에 대한 동기나 과정은 일단 무시하고 함께 악수하게 하고 기도를 드렸다. 단순한 아이들이었다. 과거를 깨끗이 잊고 이들은 서로 친구가 되었다.

　나중에 사야리 학교에 편입한 카를로스는 교칙을 잘 따르며 말씀과 기도로 달라졌다. 초기에는 꽤나 어려워했지만 카를로스는 이제 이곳 명문대 장학생으로 진학하여 전공 분야에 매진하고 있다. 가끔 찾아와 그때 일을 이야기하며 미안해하고, 그 후의 변화된 자신의 삶에 감사하며 사야리의 추억을 소중하게 간직하고 있다.

마르셀로의 아버지

"이 입학원서 찢어 버릴까요?"

초등학교 1학년 딸과 3학년 아들을 사야리 학교에 입학시키려고 입학원서를 가지고 찾아온 학부형에게 화가 나서 말했다. 곱게 생긴 딸이고 개구지게 생긴 아들이었다. 어머니는 코차밤바의 산시몬 국립대학을 졸업하고 아르헨티나에 유학하여 치과 전문의가 되어 병원을 운영하고 있다고 했다. 아버지도 산시몬 국립대학에서 전기공학을 전공하고 아르헨티나에 유학하여 학위를 받아 현직 사립대학 교수로 있다고 했다. 학력으로나 외모로 볼 때 나무랄 데 없는 사람들이고, 자녀들도 총명해 보였다. 그래서 그런지 자녀들을 편입시키려는 태도가 유별났다.

볼리비아에서 공부를 좀 했다는 사람들은 한결같이 교사에 대해 안하무인이었다. 주로 돈 없는 사람들이 진학하는 곳이 3년제 국립 교육대학이다. 학비 없이 공부하면서 빨리 졸업하고 취업할 수 있기 때문이다. 가난한 학생 다음으로 실력 없는 학생들이 교육대학에 진학한다. 그리고 실력 있는 학생들은 의대, 치대, 공대를 선호한다. 교사들 중에는 시골 출신으로 얼굴색이 인디오 원주민에 가깝거나 원주민인 경우가 많다. 볼리비아에서 교통

경찰은 백인 계통의 사람이 법규를 위반하면 무척 관대한 편이다. 따라서 실력, 학력, 재력, 외모 등이 모두 떨어지는 교사들은 상류층 학부형들에게 안하무인으로 취급받고, 그런 교사들이 일하는 학교에 대한 이미지도 떨어져 있다. 이러한 인식을 바꾸는 데는 많은 시간과 노력이 필요했다.

이런 사회 분위기에서 의사며 교수이고 경제적으로나 외모로 보아 조금도 뒤지지 않는 백인 계통의 학부형이 와서 사야리 학교에 대해 질문을 던진 것이다. 시설은 어떻냐? 교사와 학부형들의 수준은 어떻냐? 편입에 무슨 시험을 보느냐는 등 이미 들을 만한 정보는 다 듣고 왔음에도 새삼스럽게 계속 질문을 하는데 은근히 부아가 치밀어 올랐다.

나도 우리 학교의 현황을 빠짐없이 설명했다. 교사들 중에는 미국에서 석사과정을 마치고 온 현직 교수들도 있고, 전 교육청장을 지낸 교사도 있으며, 다른 학교 교장을 지냈던 분들도 다수다. 학부형들 중에는 당신과 같은 치과 의사들도 많고, 당신이 몸담은 대학보다 좋은 대학의 교수들도 많으며, 기업가들도 얼마든지 있다. 학력이나 경제력이 당신들보다 떨어지지 않는 학부형과 교사들을 이곳에서 많이 보게 될 것이다 등등……. 다소 대립각을 세운 내 설명에 움찔하던 그들은 마지막으로 얼굴이 검은 아이들은 없느냐고 물었다. 여기까지 오니 교장인 내 입에서 입학원서를 없애겠다는 말이 나오지 않을 수 없었다.

"당신 같은 사람들의 자녀는 무더기로 데려와도 받지 않을 테니, 지금 당장 학교에서 나가 주시면 감사하겠습니다."

나는 자리를 박차고 일어났다. 그들은 예상치 못한 공격을 당해서인지 미안하다며 다시 시험을 치르자고 했다. 시험 결과가 본인들의 기대와 전혀 다르게 나온 것이다.

"이 시험지, 정말 1학년과 3학년 시험지 맞아요?"

한풀 꺾인 기세로 물었다.

"그 시험지는 지난해 사야리 학교 학생들이 본 학년말 시험지라고 거기에 시험 날짜, 학년, 교사 이름 등이 다 기록돼 있지 않습니까?"

"그렇긴 한데……."

다른 사립학교에서는 자기 자녀들이 상위권이며, 다니던 학교는 킬랴콜료 최고의 명문이라고 했다. 사야리는 다른 학교들보다 보통 3년 정도 앞서가는 교과 과정에 복습을 3회 이상 하니, 아무리 다른 사립학교에서 공부를 잘 했다 해도 시험을 잘 볼 수 없었다.

"이 성적으로는 사야리 학교에 입학이 안 됩니다."

딱 잘라 하는 말에 자존심이 많이 상했나 보다. 서로 얼굴을 바라보던 부부는 언짢은 표정을 지으며 돌아갔다.

다음 날 부부가 다시 찾아왔다.

"교장 선생님, 저희 아이들이 사야리에 편입하는 데 다른 방법이 없을까요?"

"시험에 떨어졌는데 무슨 방법이 있겠습니까? 저는 목사이며 선교삽니다. 부정 편입은 시켜 드릴 수 없습니다."

그들은 전혀 다른 태도로 회유책을 썼다. 사야리는 생활 교육도 잘 시키고, 공부도 잘 시키고, 시설도 좋고……. 어디서 들었는지 내가 알지도 못하는 칭찬을 낯간지럽게 늘어놓았다. 결론은 꼭 이 학교에 편입시키고 싶다는 얘기였다. 당시만 해도 개인에 따라 수시 시험을 보게 하는 제도가 있었기에 한발 양보하여 2주 후에 다시 시험을 치르기로 하고 돌려보냈다. 그 후 어렵게 편입이 허락되었고, 아이들은 학교에 조금씩 적응해 갔다.

그런데 1년이 거의 끝나갈 9월에 접어들면서 아이들의 생활 태도에 변화가 오는 것을 느낄 수 있었다. 그간 잘 적응하며 학습 태도와 학업 성적도 좋아졌고 선생님과 친구들과의 관계도 괜찮았는데, 복장에서부터 갑자기 변화가 생기기 시작했다. 긴 머리를 자르지 않고, 옷차림이 단정하지 않았다. 결국 첫째 아이인 3학년 마르셀로가 사고를 쳤다. 점심시간에는 모두 식당에서 밥을 먹거나, 집에서 싸온 밥을 정해진 장소에서 먹거나, 집에 가서 먹는데, 마르셀로는 학교에서 먹었다. 나는 점심시간마다 전체 교실을 돌아보고 식당을 둘러보는데 그날은 마르셀로가 보이지 않았다. 다시 교실에 가보았지만 없었다. 혹시나 하여 도서관 쪽으로 발길을 돌렸다. 도서관 문을 열어 보니 문 뒤에서 마르셀로가 한 학년 아래 여학생 엘레나와 있는 게 보였다. 마르셀로는 아랫도리를 다 벗었고 엘레나는 바지를 벗은 채 서로 부둥켜 안고 있었다.

"너희들 지금 뭐 하는 거얏?"

문을 열고 소리쳤다,

"마르셀로가 저를 이곳에 데리고 와서 옷을 벗으라고 했어요."

울면서 말하는 엘레나에게 빨리 옷을 입으라 하고 마르셀로에게 물었다.

"지금 엘레나가 한 말이 사실이냐?"

"네."

무표정한 얼굴에 자신이 잘못했다는 생각은 거의 없는 듯했다.

"너 지금 하는 짓이 잘한 짓이라고 생각하느냐?"

마르셀로는 잘못한 것도, 그렇다고 잘한 짓도 아니라는 묘한 표정이었다.

옷을 입으라 하고 부모님을 모셔 오라고 했다.

다음 날 상담실에 온 마르셀로의 어머니는 몸에 쫙 달라붙는 빨간 바지에 파란 블라우스를 적당히 걸치고 있었다. 의사다운 분위기가 전혀 아니었다. 그에게 아이들에 관해 이야기했다. 편입 후 잘 적응하고 학교 생활도 재미있어 하던 아이들이 많이 바뀌었고, 어제 같은 경우는 도가 지나쳤다고 설명한 후 요즘 가정에 무슨 일이 있는지 물었다. 아이들의 변화는 가정에서 오는 경우가 대부분이다.

"사실 요즘 저는 이혼한 상태에서 살아요."

"이혼이라뇨? 지금 마르셀로 아버지와 함께 사는 게 아닙니까?"

"네, 마르셀로 아버지는 지금 딴 여자와 살아요."

편입을 시키려고 나를 찾아와 도도하게 말하던 그때의 모습과는 전혀 달랐다. 마르셀로의 아버지는 강의를 나가는 대학교에서 제자와 눈이 맞아 딴 살림을 차렸다는 것이다. 그래서 자신도 홧김에 삶의 균형이 깨어졌다며 눈물을 글썽거렸다. 피우지 않던 담배를 피우고, 밤마다 술을 마시고, 본인도 다른 남자를 만나고 있단다. 아이들이 극단적으로 변하는 모습을 보면서 집에 무슨 일이 있겠구나, 하고 직감적으로 느끼고 있었는데 생각 이상으로 가정이 깨져 있었다.

"앞으로 어떻게 하실 생각입니까? 마르셀로는 물론 미리암도 요즘 많이 변하고 있어요. 아이가 활기가 없고 늘 불안해 하고 있어요. 아침에 차 마시는 시간에는 두 아이가 교사들이 차를 마시는 곳에 와서 쭈그리고 앉아 있기에 교사들이 빵을 주기도 하구요."

"그렇게까지……."

마르셀로의 어머니는 밤마다 늦게까지 술을 마시다가 아침에 일어나지도 못한다고 했다. 그러니 아이들의 생활이 말이 아닌 것은 더 듣지 않아도 알 만했다. 아이들 염려로 흐느끼다가도 떠나간 남편을 생각하면 배신감과 분노에 치를 떨며 복수를 생각한다고 했다.

"네에? 복수를요?"

"그럼요, 복수해야죠."

눈빛이 서늘해지고 말에 힘이 들어갔다. 여자가 배신에 대한 분노로 오기를 품으니 마치 지옥에서 막 올라온 사탄의 사자 같았다. 종류가 다르긴 하지만 선교 현장에서 여러 번의 배신을 맛본 나로서는 그 아픔이 얼마나 절절한 것인지 알기에 조심스레 권했다.

"마음을 비우시고 기도를 드려 보는 것이 어떻겠습니까?"

"죄송합니다만, 저에게 그 남자를 위해 어떤 것도 하라고 말씀하지 마세요."

더 이상 할 말이 없었다. 다음에 만나 다시 이야기하기로 하고 아이들 관리에 대한 말로 상담을 마무리했다.

한 달 뒤 마르셀로의 아버지가 학교에 찾아왔다. 수염도 제대로 깎지 않고 허름한 복장으로 나타났다. 그 깔끔하고 거만하던 모습은 어디로 갔는지 전혀 기억나지 않을 정도였다.

"교장 선생님, 이야기 들어서 아시죠?"

"예, 대충 알고 있기는 합니다만."

"아내와 헤어진 후 저는 제자와 살았습니다. 이혼하기 전부터 함께 산 거나 마찬가지죠. 제자가 아이를 낳으면서 들통이 났습니다."

이중생활을 한다는 것이 그리 쉽지 않았다고 했다. 경제적인 문제도 그랬고 부부 생활과 자녀 양육도 전과 같지 않았다고 했다. 그런 와중에 아내는 대학에 와서 몇 번이나 난동을 피웠다고 한다. 자녀 양육비를 대학에서 받아가겠다며 사무 직원과 담당 직원에게 떼를 썼다는 것이다. 변호사가 사인

한 완벽한 서류를 구비했다고도 했다. 그뿐 아니라 아내는 학장을 찾아가서 사정 이야기를 하고 유부남이 제자를 그렇게 겁탈할 수 있느냐며 만일 학교에서 제대로 처리하지 않으면 신문과 방송에 알리겠다고 협박하고 같은 과 학생들에게까지 폭로했다고 한다.

이 일로 그는 면직되어 지금은 실직자로 있다며 괴로워했다. 그러면서 얼마 전부터는 사고로 죽을 뻔한 일을 겪었다고 했다. 차를 타고 집에 가려고 늦은 밤에 골목길로 접어들었는데 한 청년이 앞에서 비틀거리면서 다가왔다. 속도를 늦추어 가는데 그 청년은 아예 길바닥에 주저앉았다. 경적을 울려도 움직이지 않아 길 한쪽으로 비켜서게 하려고 차에서 내리는데 두세 명의 청년들이 느닷없이 달려들어 몽둥이로 때리고 칼로 찌르고 갔다는 것이다. 매일 다니는 길목에서 속수무책으로 이런 일을 계속 당하며 불안한 시간을 보내고 있다고 했다. 상처를 보여 주고는 분명히 마르셀로의 어머니가 청부 살인을 한 것이라고 덧붙이며 분개했다. 그래서 자신도 아내의 치과 병원에 가서 난리를 쳤다고 한다. 병원에 환자로 온 사람들은 치료도 받지 않고 자리를 떠났고, 며칠을 그렇게 두 사람은 서로의 직장에 가서 너 죽고 나 죽자며 위협하는 지경에 이르렀다고 했다. 그는 나에게 운동을 가르쳐 달라고 했다.

"운동을 배워서 뭐하시려구요?"

"다음에 또 나타나면 나도 싸워야죠. 당할 수만은 없잖아요?"

"싸우려고 운동을 배우시게요?"

"왜요? 그러면 안 되나요?"

"이보시오, 내가 운동을 가르쳐 싸움꾼 만들려고 볼리비아에 온 줄 아십니까? 나는 그런 사람에게는 운동을 가르쳐 보지도 않았고, 또 그런 운동은

할 줄도 모르오. 교수와 의사로 일하면서 자녀들까지 있는 사람들이 창피하지도 않소?"

일어서는 나에게 미안하다며 나가는 그의 뒷모습이 그렇게 처량해 보일 수 없었다. 자녀를 둔 부모가 자기들 편한 대로 헤어져서 살면 잘 될 것 같지만, 본인들은 본인들대로 자녀들은 자녀들대로 모두가 파국으로 치닫고 있었다. 이런 모습을 보면서 대책 없이 앉아 있는 나 자신도 한심하기는 마찬가지였다.

며칠 뒤 사무실에서 일을 보고 있는데 전화가 걸려왔다.

"선교사님, 학부형이 상담을 요청하는데요?"

"약속된 상담인가요?"

"아니요, 약속된 상담은 아니에요."

"누군데요?"

"마르셀로의 아버지입니다."

"우리 학교에 마르셀로가 한둘인가요?"

"아, 죄송합니다. 초등학교 3학년 마르셀로요!"

"약속 없는 상담은 받을 수 없고, 다음에 오시되 상담 절차를 밟아서 오라고 하세요."

학칙에 모든 상담은 일단 교사로부터 시작하여 해결이 안 될 경우 서무과, 교무과 등을 거쳐 교감 그리고 마지막 상담을 내가 하는 순서였다. 만나야 또 헛소리를 할 것 같아 절차대로 하도록 했다. 의도적으로 만나 주지 않는다는 것을 눈치 챈 마르셀로의 아버지는 수업이 끝나는 오후 5시에 아이들을 데리러 온 것처럼 하며 나를 기다리고 있었다.

"안녕하십니까? 교장 선생님, 한 5분만 시간을 내주실 수 있겠습니까?"

달라져도 이렇게 달라질 수 있을까 싶을 정도로 맥이 빠진 그의 말을 거절할 수 없었다. 이야기가 길어질 것 같아 상담실로 가지 않고 교내 한쪽 구석으로 자리를 옮겨 대화를 나누었다. 가정과 아이들 문제를 상담해 왔다. 못된 짓은 본인이 저질러 놓고 아이들과 가정을 위해 무슨 이야기를 하잔 말인가?

"선교사님이시죠?"

"내가 선교사라는 걸 몰랐습니까?"

"물론 알고 있었습니다."

"그런데 왜 갑자기 그걸 물어보십니까?"

"한 가지만 약속해 주시면 감사하겠습니다."

"약속이라뇨?"

"일주일에 한 번씩……."

"뭐, 또 운동을 가르쳐 달란 건가요? 그 말 하려면 바쁘니 다음에 봅시다."

"아, 아니, 그게 아니고 성경 공부를 지도해 주실 수 있나 해서요."

"성경공부요?"

"네."

난처한 부탁이었다. 자청하여 하나님 말씀을 배우겠다는 사람에게 성경 공부를 안 가르치자니 양심상 꺼리는 일이고, 가르치자니 그것도 개인 성경 공부인데 영 잘못 걸린 듯한 느낌이었다. 상대는 전직 대학교수, 현재는 가정 파괴자, 경제적 능력이 없는 자, 정부情婦와 사는 자, 살해당할 위험 속에 불안에 떨고 있는 자, 성경공부 요청자……. 여러 모로 볼 때 피할 수 없는 제안이었다.

“생각해 보겠습니다.”

“언제 답을 주실 수 있나요?”

집요하게 물고 늘어졌다.

“다음주 이 시간까지로 합시다. 그때 제게 다시 물어 보십시오. 마음이 바뀌시면 없던 것으로 하겠습니다.”

어떻게 해서든 내가 말려들고 싶지 않은 심산임을 충분히 짐작할 수 있는 그였다. 내가 생각해도 치사하다며 팽개칠 만했다. 그런데 다음주 그 시간에 그는 어김없이 찾아와서 다시 물었다. 시작도 하기 전에 집요함에 물린 셈이다. 이렇게 집요하니 그 힘든 유학도 마치고 학위도 얻었겠구나 싶었다. 그런 집요함으로 유학 중 마르셀로 부인을 만나 결혼까지 했고, 이제는 그 집요함이 길을 잘못 들어 제자와 재혼까지 했으니 어련하랴!

백기를 들고 거절할 수 없는 성경공부를 시작했다. 절도 있는 생활 태도를 갖고 있던 그가 갑자기 무릎을 꿇었다. 볼리비아 사람들이 질겁하는 것 중의 하나가 한인들 집에 들어갈 때 구두를 벗는 것과 좌식 생활을 하며 무릎을 꿇는 것이었다. 마르셀로 아버지의 행동은 복종의 의미였고 무엇이든 받아들이겠다는 뜻이었다. 어정쩡하게 시작된 성경공부 속에서 그는 그리스도의 사랑에 눈물을 흘리며 회개하고 부인을 찾아가 사과했다. 아이들에게도 복음을 전하며 빠르게 변화하는 그의 삶은 회전하는 팽이 같았다. 그러나 엎질러진 물을 어찌하랴! 그래서 고통이 더했던가 보다. 정부와의 관계를 정리하자니 그 여자와 딸린 두 아이가 문제였다. 이대로 살자니 본처와 현 자녀들이 문제였다. 그러나 그 고통과 고민은 스스로 짊어져야 했고 지고 가야 했다. 흐르는 눈물을 억제하지 못하고 회개하는 그는 앞으로 어떻게 살아야 할 것인가? 아물지 않는 상처를 바라보며 더 이상 깊이 곪지 않도록 기도드렸다.

　이젠 세상적인 쾌락을 포기하고 하나님 앞에서 바로서기 연습을 하는 그의 아픔이 내 가슴 깊이 전해져 왔다. 그가 좀더 일찍 그리스도를 알았더라면……. 성경공부를 하자고 꼬드긴 후 본격적으로 운동을 배워 복수를 할 심산이었다던 마르셀로 아버지의 기막힌 전략은 불발로 끝났지만, 그리스도를 품게 하시는 하나님의 전략은 그대로 적중했다.

포기했던 루벤

"흐, 흑흑, 흑흑……."

"왜 그러니, 루벤?"

항상 밝게 인사하고 반 친구들과도 잘 어울리며 누구에게나 부담 주지 않고 남을 섬기는 루벤이었다. 점심 식사 시간에 모두가 자리를 비운 교실에서 책상에 엎드려 울고 있었다.

"아버지가 매달 제 시험 성적을 보시며 보람을 느끼고 사셨는데 이젠 더는 보여 드릴 수 없게 되었어요."

"그게 무슨 소리니?"

"아버지가 얼마 전에 교통사고로 돌아가셨어요."

월말고사에서 거의 전 과목 만점을 받은 루벤은 아버지의 죽음 때문에, 그리고 성적을 보고 아버지처럼 기뻐하실 분이 없다는 것에 슬퍼하고 있었다. 과묵하고 성실하며 동급생들의 공부를 돕는 데 앞장서는 루벤은 전교에서 손꼽히는 모범생이었다. 수도 라파스에 살다가 누나가 이곳 코차밤바에 있는 간호대학에 다니게 되면서 사야리 학교에 들어왔다. 신앙 안에서 자라고 공부를 제대로 하려면 사야리 학교에 가야 한다고 누나가 부모님께 간곡히 말씀드렸고, 딸의 말을 믿은 부모님은 코차밤바에 내려와서 우리 학교를 둘러보고 상담했다. 집안 형편이 어려워 아버지는 남의 차를 운전하고 어머니는 길거리 좌판 장사를 했다. 딸도 아르바이트를 하며 학교를 다녔으니 루벤까지 다른 도시로 유학을 보낸다는 것은 처음부터 무리였다. 그러나 제대로 자식을 공부시키고 싶었고, 루벤의 학습 능력을 잘 알고 있었기에 사야리 학교에 진학시키기로 했다. 루벤 또한 입학을 간절히 원했다. 루벤은 누나 집에 기거하면서 학교 생활에 빠르게 적응했다. 신앙적인 면에서 매우 보수적인 사야리에서 여러 가지 제약이 있었으나 잘 견뎌 나갔다. 수업 진도가 다른 학교보다 빨라 초기에는 밤을 새워 공부하며 진도를 따라잡았다. 음악이나 체육은 타고난 재능이 있어 무난하게 소화했다. 이곳에서 가난한 집 아이들은 가정 환경이나 옷차림 등으로 소외당하는 일이 종종 있는데 루벤은 타고 난 성품 덕분인지 왕따가 되지도 않았다.

그런 루벤이 입학하고 나서 1년이 지난 어느 날 체육 시간이었다. 체육 시간에 그는 늘 중요한 자리에서 자기 역할을 했다. 축구, 배구, 농구 등 전 종목의 중앙에서 뛰었다. 그런데 그런 루벤이 얼마 뛰지 못하고 갑자기 주저앉고 말았다. 식은땀을 흘리며 호흡이 고르지 않고 매우 지쳐 보였다. 몸이 안 좋은가 싶어 쉬게 했다. 문제는 그런 현상이 반복된다는 것이었다. 원래 마른 체형인데 점점 살이 빠졌고, 평소 활기차던 얼굴에 화색이 돌지 않고 맥이 없어 보였다. 꽤나 피곤하고 힘들어하는 기색이 역력했다.

"루벤, 너 어디 아프니?"

"아니요, 아무렇지도 않아요."

"그런데 왜 요즘 그렇게 힘이 없어 보이니? 체육 시간이나 마지막 운동 시간에 뛰지도 않고."

“그냥 좀 쉬고 싶어서요.”

자신의 어려운 사정을 쉽게 표현하지 않는 아이라는 것을 잘 알고 있었지만, 별 일 없다는 데는 더 이상 할 말이 없었다.

그러던 어느 날 누나가 결혼한다며 매형 될 사람, 어머니 등 가족들이 학교를 방문했다. 이상하게도 루벤의 가족들은 기쁜 얼굴이 아니었다. 조용히 나에게 다가온 누나와 어머니가 말을 건넸다.

“선교사님, 사실 저희가 결혼하면 루벤이 지낼 방이 없네요. 무슨 방법이 없을까요?”

“누나가 결혼하면 라파스에 와서 학교를 다니라고 해도 전학은 절대로 가지 않겠다니고 하니 어쩌면 좋죠?”

“방 한 칸도 없는 집인가요?”

“예, 형편상 그렇게 되었어요.”

“선교사님께서 말씀 좀 하셔서 루벤이 라파스로 오게끔 설득해 주실 수는 없을까요?”

“어머님과 누나 모두 루벤이 라파스에 가길 원하시나요?”

“아니요, 사야리 학교가 좋은 학교이고 루벤도 잘 적응하며 만족하고 있어서 이곳에서 졸업하기를 바라지만, 사정이 여의치 않아 걱정이에요.”

“사정은 이런데도 본인은 죽어도 못 간다고 하니 참 걱정만 쌓이네요.”

정말 걱정거리였다. 대안은 루벤이 라파스에 올라가서 어머니와 살며 국립학교에 다니는 것이었다. 사야리 학교는 멀리서 오는 학생들을 위한 기숙사가 아직 마련되지 않았다. 함께 기도하자고 하고 헤어졌다.

결혼식을 치른 후 다시 루벤의 어머니와 누나가 찾아왔다.

“지금 사야리 학교는 기숙사가 없어서 곤란한 문제입니다. 그래도 개인적으로 추천할 만한 장소를 말씀드리자면, 유치원 화장실 위쪽에 방이 한 칸 있는데 그곳에서 지내 보겠다면 허락해 드리겠습니다.”

“그래요? 거기가 어딘데요?”

화장실 위층에 있는 방을 본 어머니와 누나는 무척 기뻐했다. 루벤도 매우 좋아하는 눈치였다. 하지만 루벤의 어머니는 다시 낯빛이 어두워졌다. 한 가지는 해결되었는데 또 다른 문제가 있었다. 루벤을 멀리 보내고 나에게 온 루벤의 어머니가 떨리는 음성으로 말했다.

“선교사님, 사실 루벤이 폐암에 걸렸어요. 병원에서는 가망이 없대요. 그래서 강제로라도 루벤을 라파스로 데리고 가려 했지만, 마지막 소원 들어준다고 이렇게 저희가 끌려 다니는 거예요.”

옷자락으로 눈물을 훔치며 흐느끼는 어머니의 모습은 처절하기까지 했다. 남매 중 딸은 결혼하여 잘 살게 됐지만 루벤이 시한부 인생이라는 얘기였다. 그래서 루벤이 그렇게 운동을 제대로 하지 못하고 주저앉은 거구나……

“그럼, 루벤도 그것을 아나요?”

“아니요, 말하지 않았어요. 선교사님께서도 비밀을 지켜 주세요.”

외아들이 폐암이라는 것을 알면서도 병원에 입원시키지 못하는 어머니의 심정이 오죽하랴. 그러나 죽더라도 소원 하나 들어주고 죽음을 기다리자는 생각이었다. 모녀의 아픔을 보면서 참 돈이 무엇인지, 원망할 대상도 없는 그 쓸쓸함에 하릴없이 하늘만 쳐다보았다. 그렇다면 고등학교 졸업 전에 루벤이 우리 곁을 떠날 수도 있다는 얘기였다. 가엾기 그지없는 루벤을 어떻게 도울까? 죽어 가는 자식 소원 풀이로 사야리 학교에서 공부를 시키겠다는데……

　방은 그렇게 정하고, 점심은 학교 식당에서, 저녁은 점심으로 만들어 놓은 것을 남겨 두었다가 데워서 먹이는 것으로 해결했다. 아침은 빵과 차 정도로 함께 나누었다. 루벤은 새롭게 변화된 삶을 시작했으나, 내 마음이 편치 않았다. 루벤의 생활을 매일 점검하며 하루 종일 그에게 쏟는 신경이 지나치다 싶을 정도였다. 건강을 살피고, 먹는 것, 자는 것, 공부하는 것 등을 챙기는 일이 내 일상의 균형을 깨기도 했다. 교장 선생님의 일과를 알고 있는 다른 학생들이 루벤에 대해 돌변하다시피 한 나의 모습을 눈치 채지 못할 리가 없었다.

　"선교사님, 너무하시는 것 아니에요?"

　"뭐가?"

　"왜 루벤에게만 신경을 쓰시느냐 말이에요?"

　샘 많은 여고생들의 항의였다. 자기들끼리는 '아빠 리'로 부르며 제2의 아빠로 자리 잡은 내게 관심을 덜 받고 있는 것이 섭섭했던 것이다.

　"콜라 사줄까, 아니면 사이다 사줄까?"

　"그게 아니고요! 저희들과 앙고스투라 호수에 한번 가주세요."

　루벤에게만 신경 쓴 대가로 호숫가에 가서 차를 마시며 아빠와 함께 대화를 실컷 나누겠다는 심산이었다. 새침하면서도 착해 정이 가는 아이들. 잘못하여 야단맞을 때는 눈물을 흘리며 어깨까지 들먹이는 아이들. 애처로워 마음이 저려 와 함께 울게 만드는 아이들. 태권도, 합기도, 유도, 검도를 배울 때는 땀을 흘리며 남자 아이들을 이기겠다는 집념으로 덤벼드는 야무진 아이들. 피아노, 드럼, 기타, 봉고 등을 배우며 진도가 나갈 때마다 해맑은 웃음을 지으며 좋아하고, 찬양드릴 때는 여지없이 눈물을 흘리며 두 손 높이 들어 주님의 이름을 높이는 아름다운 아이들. 그들의 작은 반란이었다.

"시간이 없잖아. 너무 멀기도 하고."

"아빠아……. 네? 한 번만요!"

찰싹 달라붙으며 아양을 떠는 모양새가 결코 물러서지 않을 기세였다. 못 이기는 척 자원하여 가는 게 나을 듯하여 날짜를 정했다.

"토요일 아침 승마 수업 마치고 승마장에서, 복장은 자유로. 허나 잘 알지? 어떻게 입고 올 건지?"

"네? 진짜죠? 와, 와! 호호호 깔깔깔……."

서로 껴안으며 좋아서 펄쩍펄쩍 뛰고 난리다. 이 소문이 전교생에게 알려지는 건 시간 문제였다. 그날 하루는 탈출해 두는 것이 낫겠다 싶어 앙고스투라에 다녀온 후 자주 가 보지 못했던 농원을 돌보고 저녁에 돌아오니 찾는 아이들이 줄을 섰다고 한다.

루벤과는 매일 만나 기도드리고 교회에 갔다. 믿음으로 주님을 만나고 어려운 일들은 주님께 기도드리라고 하며 치유에 관한 성경 말씀을 집중적으로 소개했다. 머리 좋은 루벤은 자신에게 해당되는 구절을 외우고 또 음미했다. 목 놓아 울부짖는 루벤의 기도는 처절하리만큼 간절했다. 슬픔을 온전히 그분께 맡기는 기도였다. 어린 나이에 폐암이라는 병을 안고 울부짖는 아이의 모습은 애처롭기 그지없었다.

그 후 말씀과 기도를 통해 루벤은 마음의 평안을 얻고 기쁨을 되찾았다. 편입할 때 네 번이나 시험을 치르고 들어와서도 여전히 꼴찌를 하던 같은 반 친구 호세의 공부를 열심히 도우며 깊은 교제를 나눴다. 루벤은 호세의 친구이자 스승(?)으로서 교회에서 함께 기타를 치고 드럼 반주를 하며 찬양팀으로 섬겼다. 찬양 시간에는 감격의 눈물이 온 학우에게 전해져 큰 감동을 주었다. 잔잔히 번져 가는 루벤의 변화는 평안, 감사, 감격의 열매를 맺었다. 학기가 끝나고 개학했을 때 오신 루벤의 어머니는 나를 꼭 껴안으며 하염없이 눈물을 흘렸다.

"선교사님, 루벤의 병이 다 나았대요. 이제 정상이래요, 흐흐흑……. 감사해요. 정말 감사해요."

작은 선물을 꺼내 내 손에 건네줬다. 내가 고고학을 좋아한다는 것을 어떻게 아셨는지 고산에서만 캐낼 수 있는 삼엽충, 조개 등 화석들을 보이고는, "너무 작아 미안해요"라며 다시 눈물을 훔쳤다.

마지막 학년 때 루벤은 새로운 활기를 찾아 모든 방면에서 모범을 보이며 급우들과 후배들을 솔선하여 도왔다. 그리고 호세와 함께 대학 시험을 쳤다. 호세는 코차밤바 명문대 우니발레대학 경영학과를 장학생으로 들어갔고, 루벤은 라파스에 있는 육군사관학교에 들어갔다.

"너 정말 우니발레대 장학생으로 들어가게 되었냐?"

꼴찌인 호세가 어떻게 명문대학 장학생이 되었느냐고 차마 말할 수 없어 놀란 마음으로 물었다.

"네, 진짜라니까요!"

겸연쩍어하며 대답하는 호세의 말에 루벤이 응원했다.

"선교사님, 진짜에요. 제가 증명해요."

전교생이 장학생 선발 시험에 합격하고 기쁜 마음으로 떠나는 졸업식장은 학부형들과 함께 축제 분위기였다. 눈물로 범벅이 된 졸업식장의 주인공은 단연 루벤이었다. 그는 아버지를 잃은 슬픔과 절망 속에서 가난과 폐암의 고통을 극복하고 기도와 믿음으로 모든 것을 이겨냈다. 최우수 학생으로 졸업하는 그의 '믿음의 승리'에 모두들 힘찬 박수를 보내며 격려했다. 어머니도 울고 누나도 울고 졸업생들과 내빈 모두가 울었다.

나는 루벤을 꼭 안아 주었다. 어려운 아픔을 극복해 준 루벤에게 감사하여 울고, 그를 인도하신 하나님의 은혜에 감사하여 흐르는 눈물을 참을 수 없었다.

"선교사님, 감사합니다. 이 은혜를 절대로 잊지 않을 거예요. 제가 육군 장교가 될 때까지 오래오래 사세요."

"그래, 루벤. 항상 말씀과 기도 속에 살아라. 볼리비아의 별이 되어 원칙과 소신을 가지고 최선을 다하거라."

"네에. 선교사님, 감사합니다. 안녕히 계세요!"

욕심 없이 산 아이, 늘 부족한 가운데 이미 주신 것에 감사하며 산 아이, 루벤은 갖춘 것을 포기하며 살 줄 알았던 포기의 아이였다. 포기가 승리의 기본임을 몸소 체험하며 살았던 그의 앞날을 축복하며, 루벤이 볼리비아에서 포기의 대명사가 되었으면 하는 바람을 가져 본다.

맨발의 월송 전도사

떠나야 할 시간이 되었는데도 월송 전도사는 떠나지 않았다. 운동장 건너 나무그늘 밑에 쭈그리고 앉아 있는 모습이 보였다. 그에게 다가갔다.

"목사님, 죄송해요. 신발이 없어서 갈 수가 없어요."

고개 숙인 채 울먹이며 말하는 월송은 계속 흐느꼈다.

포토시 광산촌에서 광부의 아들로 태어나 어려서부터 하루에 감자죽 한 그릇으로 버티며 어렵게 살아온 월송. 코차밤바에 무작정 내려와 길거리에 쓰레기처럼 버려진 비닐 조각으로 울타리를 만들고 가시나무로 그 주위를 둘러막고 살았다던 월송. 그의 어린 시절 가난과 지난한 삶을 익히 알고 있던 터라 어떤 말도 쉽게 건넬 수 없었다. 그런데도 얼떨결에 말하고 말았다.

"지금 신고 있는 건 신발이 아니고 뭐냐?"

그의 신은 발에 맞지도 않는 것을 계속 철사로 꿰매어 신다가 이제는 꿰맬 수도 없는 지경에 이른 다 떨어진 구두였다. 그간 신학생들 중에 나와 비슷한 체구의 학생들에게는 눈에 띄는 대로 넥타이, 와이셔츠, 양복, 바지, 신발 등을 수도 없이 주어서 나도 양말이나 청바지 등을 꿰매 입곤 했는데 아직도 월송에게는 모자란 것투성이였다.

"그래도 가야 하지 않는가? 기다리고 있는 교인들이 있는데."

울고 있는 월송에게는 가혹하고도 야속한 말이었을 것이다.

"네, 목사님. 다녀오겠습니다."

떨어진 구두를 남겨 두고 멀어져 가는 제자의 뒷모습은 또 마음을 아프게 했다.

왕복 10킬로미터가 넘는 시골길을 걸어서 갔다오려면, 맨발로는 고행 그 자체였다. 코차밤바의 기후가 그렇고, 길마다 가시가 있어 찔리고 돌과 자갈로 덮여 있는데……. 내가 교회를 개척하던 초기에는 그래도 운동화는 신고 다녔다. 이제 제자는 맨발로 그 길을 갔다와야 한다. 개척 당시 내가 얼마나 어렵게 지냈는지를 그는 푸카라 시절부터 자세히 보아 왔으며, 지금까지 내 말을 묵묵히 따라 주었다. 내 떨어진 운동화와 해어진 청바지를 보았으며, 고산병 증세로 초주검이 된 상태에서 빠지지 않고 집회에 참석하여 모임을 인도한 것을 잘 알고 있는 그였다. 월송 전도사는 더 이상의 말이 필요 없다는 듯 자신의 사역지를 향해 걸어갔다.

외상 술을 마시고는 날마다 주정을 늘어놓는 아버지, 힘겹게 남의 집 빨래와 청소를 해주며 살아가는 어머니 그리고 아래로 생활 능력이 없는 동생들이 다섯이나 되는 가정의 장남으로서 어깨에 짊어진 책임감이 무겁지만 오직 주님을 따르겠노라고 신학교에 들어와 혹독한 훈련을 감내하고 있는 월송. 아버지는 포토시에서 오랜 광산촌 생활에 폐인이 되어 술로 인생을 한탄하며 살고, 어머니는 신경통으로 고생이 이만저만이 아니다. 현재 거주지도 남의 사유지에 몰래 들어와 사는 밑바닥 삶이었다. 죽지 못해 살다가 내가 개척한 교회에서 하나님을 만난 것이 동기가 되어 신학교에 들어왔는데, 현실의 고생은 과거에 겪던 것 이상이었다.

개척 교회로 월송을 보낸 후 나도 담당 지역에 갔다가 저녁에 돌아와 보니 월송이 보이지 않았다. 다른 학생들에게 물어 보았지만 모른다는 대답뿐이었다. 밤늦게까지 문 밖에서 초조하게 기다리고 있는데 신학교 문 쪽에서 비틀거리며 오는 사람이 보였다. 분명히 월송이었다. 반가움에 달려가 안고 보니 그의 얼굴에 눈물이 가득했다.

"목사님! 밤중에 걸어오면서 예수님의 고난을 많이 생각하게 되었어요."

십자가에 못 박히신 예수님을 생각했다는 말은 차라리 내 가슴에 못을 박는 말이었다. 피와 흙이 엉겨 붙은 월송의 발바닥을 보니 그의 고백이 더욱 애절하게 다가왔다. 그 밤은 왜 그리 달도 밝던지, 나는 그를 한참 동안 끌어안고 소리 없이 눈물을 흘렸다. 맨발의 아픔에서 예수님의 고통을 생각하며 걸어왔다는 월송의 가슴은 얼마나 뜨거운 가슴인가? 피부가 벗겨지고 딱지가 진 발을 치료하는데 또 다시 눈물을 억제하기 힘들었다. 10킬로미터가 넘는 가시밭길, 자갈밭길을 맨발로 다녀온 월송은 그날 집회가 다른 날보다 훨씬 은혜로웠다고 한다. 자신도 모르게 많은 눈물을 흘렸고, 말씀을 전할 때 아이들도 많이 울었다고……. 소리 내어 우는 아이들과 늦게까지 찬양을 드렸으며 기도 시간은 모두가 눈물바다가 되었단다. 십자가 위에서 돌아가신 예수님의 고난을 설교하면서 이전에 알 수 없던 은혜를 받았다는 월송은 자신의 아픔을 기쁨으로 승화시킬 줄 아는 성숙한 신학생이 돼 있었다.

나는 아무 말도 못하고 서러움과 감격의 눈물을 흘리며 월송과 저녁을 먹었다. 고난을 견디는 제자가 자랑스럽기도 하고, 아무런 대책 없이 이어지는 신학교의 상황을 생각해 볼 때 답답하기도 하고 감사하기도 했다.

"잘 견디어 다오. 아무리 어려워도 잘 견디어 다오. 그 길이 주님 가신 길이니까!"

못난 스승의 말을 그는 그저 감사하게 받아들였다.

그해 여름 방학에 개척 교회 전체 수련회를 했다. 장소는 빈토라는 지역으로 정하고, 기도와 말씀으로 모든 신학생들이 열심히 준비하고 시작했다. 모두 제시간에 왔는데 또 월송이 도착하지 않았다. 일이 계획대로 되지 않을 때는 불안한 마음에 부정적인 생각이 앞서기 마련이다. 월송이 걱정스러웠지만 일단 정한 시간에 진행하게 했다. 마음과 시선은 집회에 오지 않은 월송에게 쏠려 있었다. 저녁까지 먹고 집회 시간이 다 되어도 월송은 나타나지 않았다.

뒤늦게 나타난 월송의 모습은 모두를 놀라게 했다. 휠체어를 밀면서 나타난 것이다. 그는 홀어머니와 1남 2녀의 가족 중에 나면서부터 장애아로 태어난 동생 프란시스코를 휠체어에 태워 밀고 왔다. 생각해 보니 자갈밭길 20킬로미터 거리였다. 월송은 피곤에 지쳐 있으면서도 기쁨과 감사가 넘치는 얼굴이었다.

월송은 그렇게 나를 여러 번 걱정시키면서 감격도 안겨 주는 제자였다. 순수하고 정이 많은 월송은 수련회 기간 중에 저녁을 먹지 않았다. 두 동생은 아직 어린 초등학생들이고, 어머니는 하루 벌어 하루 먹기도 어려운지라 수련회비를 낼 형편이 안 되었다.

신학생들에게는 예외로 주는 식사를 한 그릇 타 가지고 구석으로 가서 휠체어에 앉아 있는 프란시스코에게 자기 그릇을 넘기는 월송을 발견했다.

"월송!"

"네, 목사님."

"저녁 잘 먹었니?"

"네."

그렇지. 한 그릇 밥은 먹지 못했어도 하나님께서 주시는 감사와 감격 그리고 은혜의 밥은 누구보다도 많이 먹었겠지.

"이리 오너라."

"네?"

변변치도 못한 감자 몇 알이 담긴 그릇을 가져와 함께 먹으며 둘이서 도란도란 이야기를 나누었다. 주님께 감사드리며 월송의 두 손을 꼭 잡아 주었다.

"고맙구나, 월송."

살가운 표현이 둔한 나는 월송의 의연하고 꿋꿋한 모습에 든든해하며 저녁 집회에 들어갔다.

가난이 있는 곳에 은혜가 넘치고, 아픔이 있는 곳에 은혜가 넘치고, 헌신이 있는 곳에 은혜가 넘치고, 희생이 있는 곳에 은혜가 넘친다. 그날 저녁 집회는 풍요로울 때보다, 편안할 때보다, 많을 것을 갖추고 있을 때보다 더 깊은 감격이 있었다.

어떤 환경에서든 자족할 줄 아는 삶이 참으로 넉넉한 삶이며, 진정으로 많은 것을 누리며 사는 삶이다. 소유를 위해서는 숨이 차게 바쁜 세대다. 왠지 낯설기까지 한 '나눔'이란 말을 강조하면 뒤처진 시대의 미아가 되고 마는 듯한 세상이다. 월송의 삶은 아무도 주목하거나 돌보지 않는 고산의 바위틈에 숭고하게 핀 작은 난쟁이 꽃과 같다. 그의 포기는 하나님 보시기에 아름다운 참된 신앙의 열매로 자라가는 토대가 될 것이다.

감격 넘치는 빌랴 멕시코의 찬양

빌랴 멕시코는 푸카라와 마찬가지로 코차밤바에서는 남쪽에 있는 지역으로, 빈민들이 밀집해 있다. 빌랴 멕시코 길거리에서 시작한 집회는 루이스라는 형제의 방을 임시로 쓰며 예배를 드리다가 사글세를 들어 교회의 모습을 갖추게 되었다. 성도들은 주로 막노동을 하며 근근히 살아가는 형제자매들이었다.

이 교회의 창립 3주년 기념 예배를 저녁에 드리게 되었다. 다른 교회 교인들도 참석을 원하여 함께 초대하기로 했다. 낮 예배를 드리고 교인들과 점심 식사를 하고 출발하려는데 갑자기 전화가 걸려 왔다.

"선교사님. 호센데요, 지금 차량 사고가 났어요!"

"뭐? 차량 사고라고? 어디냐?"

"공항 근처에요."

"어떻게 된 거냐?"

"교인들을 태운 차의 난간이 부러지면서 승객들이 모두 강 쪽으로 굴러 떨어졌어요."

놀란 가슴을 진정시키고 급히 달려가 보니 처참한 광경이 기다리고 있었다. 아직도 강기슭에 서른 명이 넘는 성도들이 쓰러져 있었다. 자세히 보니 간신히 일어나 약간이라도 덜 다친 사람이 자신보다 심하게 다친 사람을 돌보고 있었다.

피를 흘리며 신음하는 성도, 팔이 부러져 못 쓰는 성도, 절뚝거리며 간신히 걷는 성도 등 온통 아수라장인 가운데 한 사람 한 사람 길 쪽으로 옮기며 택시를 불렀다. 머리가 터지고 손목이 부러진 가브리엘라 할머님이 아픈 머리를 짚고 물으셨다.

"선교사님, 지금 택시를 타고 어디로 가실 건가요?"

"어디라뇨, 병원으로 가야죠. 빨리 타세요."

"선교사님, 저희는 지금 빌랴 멕시코 교회 창립 예배를 드리러 가는 길이잖아요? 교회로 보내 주세요."

옆에 있던 성도들도 입이라도 맞춘 듯 말을 거들었다.

"선교사님, 저희도 교회에 가서 예배를 드릴 거예요. 병원에는 예배를 드린 다음에 가도 돼요."

"아니, 지금 이렇게 피투성이가 되었는데 어떻게 교회를 가요? 먼저 치료를 받아야……."

"선교사님, 선교사님이 항상 그랬잖아요? 먼저 하나님께 예배드리는 것보다 우선하는 게 없다고요."

선교지에서 예배 제일 순위를 수도 없이 가르쳤지만 고쳐지지 않는 습관 때문에 늘 마음이 아팠다. 그러나 이런 급박한 상황에서 성도들이 내린 뜻밖의 결단에는 도무지 동의할 수 없었다. 결국 나는 백기를 들고 말았다. 승차한 택시들은 모두 빌랴 멕시코 교회를 향해 달렸다.

피투성이가 된 몸, 찢긴 몸, 부러진 몸들을 하고 교회에 들어서는 우리를 보자, 먼저 온 다른 교회 성도들이 놀라며 함께 아파했다. 언제나 모임 시간 전에 도착하던 내가 늦어 염려한 성도들은 지각한 까닭을 알고는 안심하면서도 부상자들의 모습에 안쓰러워 하며 어쩔 줄을 몰라했다. 장소가 좁아서 마당에 임시 텐트를 치고 마련한 예배 처소이긴 했지만, 가설된 전구 불빛은 뜨거운 마음으로 예배에 임하는 성도들 마음을 따뜻하게 비추어 주었다.

"자, 자리에 모두 앉으시기 바랍니다. 오늘 예배는 빌랴 멕시코 교회 3주년 기념 예배로 모였으나, 그보다 더 뜻깊은 예배를 드리게 되었습니다. 여러분이 보신 바대로 예배부터 드려야 한다는 마음으로 교통사고로 큰 부상을 입은 성도님들이 이렇게 아픈 몸을 이끌고 이곳에 오셨습니다. 먼저 감사의 찬양과 기도를 드리겠습니다."

사회자의 말에 이어 기타, 차랑고, 북 등의 악기와 함께 올려 드린 우리의 찬양은 감격과 눈물이 넘쳐났다. 같은 곡을 부르고 또 불렀다. 아픈 손을 애써 들고, 부어오른 얼굴에 흐르는 눈물로 범벅이 되어 부른 우리의 찬양은 천사들도 흉내낼 수 없는 소리로 울려 퍼졌다. 기도드릴 때마다 할렐루야와 아멘의 연속이었다. 모든 순서마다 초대교회의 예배를 연상케 했고, 초대교회도 이랬을까 싶은 생각이 들 만큼 뜨거운 은혜가 넘쳤다. 임시 텐트 밑에서 고통을 참고 기쁨과 감격으로 이겨낸 산 제사의 모습을 보면서 하나님의 무한하신 사랑의 역사를 체험했다. 부상자가 낫는 기적이라든가 아픔이 멈추는 이적은 없었으나, 마음에 이미 기쁨과 감격을 체험한 성도들은 아픈 부위가 완치되는 기쁨과 비교할 수 없는 은혜로 얼굴에 빛이 났다. 부유함이나 비천함, 아픔이나 고침을 초월한 성도들은 진정한 자유함을 누린 신앙의 성숙자들이었다.

빌랴 멕시코 교회의 창립 기념 예배는 감사와 감격의 예배였고 눈물의 예배였다. 아픈 머리, 피로 얼룩진 얼굴들과 부러진 팔다리로 고통을 참는 모습에 가슴이 아팠지만, 그들의 마음에 흐르는 기쁨과 소망으로 오히려 내가 큰 위로를 받았다.

사고 난 차량은 타이탄 트럭 종류였는데 낡을 대로 낡은 난간이 오랜 세월 비바람에 썩어서 거의 못쓰게 되어 있었다. 수리하지 않고 운행하다가 커브 길을 돌면서 난간을 잡고 있던 성도들이 그만 한쪽으로 쏠리면서, 썩어 있던 부분이 부러져 낭떠러지로 굴러 떨어졌다. 그나마 사망자가 없었던 것이 불행 중 다행이었다.

아픔과 고통을 통해 더욱 깊은 예배의 감격을 알게 하신 주님의 놀라운 사랑으로 창립 예배에 참석한 모든 성도들은 자신의 인생을 전적으로 의탁하는 믿음을 배웠다.

딸 주리와 아들 강호를 가슴에 안고

노회 선교위원회에서 선교 사역에 대해 상의할 일이 있으니 귀국하라는 부름을 받고 오랜만에 고국을 방문했다. 대한민국 국제공항은 김포가 아니라 내가 태어난 고향 영종도에 있었다. 어린 시절의 향수가 봄 향기처럼 솟아났다. 까까머리 친구들과 걷던 논두렁 밭두렁이며 푸르게 펼쳐진 바닷가, 볏짚으로 이어 만든 지붕들과 마당의 한가로운 닭과 병아리들, 화사한 봄꽃과 아지랑이, 개구리 울음소리 들으며 지나던 옛 길……. 여름엔 과수원의 과일을 따서 망둥이 낚시 통에 넣어 바닷가에서 맛나게 먹기도 했고 수영을 하고 낚시를 하며 갯가에서 미끄럼을 타던 바로 그곳이었다. 가을의 풍요가 깃든 들녘을 보며 겨울을 맞았고, 겨울의 눈 덮인 산야를 다니며 토끼를 잡고 썰매를 타고 연을 날렸다. 누구에게나 있는 평범한 옛 추억이건만 20여 년이 흐른 뒤 먼 선교지에서 돌아와 만난 고국의 고향이기에 그저 아름답기만 했다.

형님 이기환 장로님과 딸 주리는 내가 귀국할 때마다 공항까지 마중 나오는 수고를 아끼지 않았다. 바쁜 일정 속에서도 아우를 맞는 형님의 따뜻한 정을 느끼며 나보다 오래 건강하게 사셨으면 하는 바람을 가져 보았다. 함께 공항에 나온 주리는 신앙적으로 더욱 성숙해졌고, 주어진 현실에 최선을 다하고 있었다. 대치동에 있는 영어 전문 유치원의 부장 교사를 맡아 어린 나이에도 윗사람들의 신뢰 속에 성실하게 일하고 있었다. 게다가 신학대학교 영어 강사로 강단에 서면서, 미국의 대학원 과정에서 교육학을 전공하여 학점을 이수하는 한편, 대학 재학 중인 동생 강호의 뒷바라지까지 하고 있었다. 아비로서 주리가 얼마나 대견한지 모른다. 부모의 도움 없이 한동대학교 졸업 후 자신의 삶을 개척해 가는 주리의 모습에 감사하기도 하고, 아무런 도움도 주지 못해 아비로서 미안한 마음 또한 크다.

그동안 주리와 강호는 이모 집에서 지내 오다가 친자식 이상으로 돌봐 주던 이모 가정을 떠나 새로운 거처를 찾아야 했다. 집을 구하기 위해 경제적인 문제를 해결하는 것이 가장 시급한 문제였다. 20여 년을 선교지에서만 있었던 터라 딱히 아는 사람이 없었고, 당장 월세로 들어갈 형편도 되지 않았다. 나는 재정 문제로 주변에 도움을 구할 만한 사람이 없다는 데 대한 아픔이 컸다. 누구에게도 선뜻 말을 꺼내기가 쉽지 않았다. 한동대학교에 다니다가 해병대에 입대한 아들 강호도 곧 제대하여 방이 필요하건만 두 아이에게 방 한 칸 제공할 수 없는 가장의 심정이라니……. 집 없는 아들과 딸의 모습을 떠올릴수록 나는 그동안 무엇을 해왔는지 심란하기만 했다.

사모 박미숙 선교사 또한 몸에 이상이 있는데도 병원에서 진찰 한번 받지 못하고 지내 온 세월이 20여 년이 넘었다. 심지어 선교지에서 강도들을 만나 자갈밭에서 20미터 이상 끌려가는 사고로 발을 다친 뒤 지금도 뼈에 이상이 있지만, 육신과 마음의 상처 모두 제대로 치료 받지 못하고 지내 왔다. 자신의 병에 관해서는 진찰받는 것이 두려워 오늘 내일 하며 넘겨 온 것이다. 사랑하는 아내의 병치레와 딸과 아들이 거할 집이 없는 현실 앞에서 나는 자격 없는 아빠요 남편에 지나지 않았다. 그렇게 많은 집들이 있는 서울 한복판에서 해결의 실마리가 조금도 보이지 않았다. 실망과 좌절로 눈앞이 캄캄해지는데 누구에게도 호소할 수 없는 외로움과 막막함에 마음은 무겁기만 했다.

정글과 고산, 마약 소굴과 빈민굴에서는 그렇게 활기차게 담대히 밀고 나갔던 야전 선교사의 인생은 흘러간 옛 이야기에 지나지 않았다. 지금은 아무것도 할 수 없고 가진 것 없는 패자의 심정이었다.

그러나 그대로 앉아 고민만 하고 있을 순 없었다. 어떻게 해서든 당장 집을 얻어야 했다. 한편으로는 앞으로 선교사로 계속 사역할 것인가, 하는 질문을 던지면서 다른 한편으로는 눈앞에 훨훨 타오르는 불을 온몸으로 꺼야하는 입장이었다. 많은 사람들이 나에게 말했다.

"볼리비아 선교는 우리의 자랑입니다. 볼리비아 선교는 우리의 자존심입니다. 볼리비아 선교는 성공적입니다. 하나님께서 크게 쓰시는 종으로 알고 있습니다. 아무나 쉽게 할 수 없는 사역을 훌륭하게 해내셨습니다. 고생많이 하셨습니다. 수고하셨습니다. 하나님의 축복이 가정의 자녀와 후손들에게 넘칠 것입니다. 이제는 그 풍요를 누리며 사실 것입니다."

만나는 사람마다 나에게 들려주는 말, 언제나 쉽게 들을 수 있는 이 격려의 말들을 되뇌어 보았다. 자랑, 자존심, 성공, 크게 쓰는 종, 축복, 풍요……. 이 모두가 진심에서 우러나온 고마운 말씀이다. 허나 태양이 내리쬐는 대낮의 고원 평원 한쪽은 뜨거운 열기로 가득하지만, 다른 한쪽에는 그늘이 있다는 것을 오랜 세월의 경험으로 잘 알고 있다. 내 인생이 바로 그런 것이 아닌가? 밝음 뒤편에 서려 있는 그늘진 모습 그것이 바로 나의 실체가 아닌지…….

공적인 밝음과 사적인 어둠, 이 양면성을 어떻게 표현할 수 있을까? 어둠에 처한 나의 실체는 추위와 배고픔, 아픔과 고통, 서러움과 외로움 그 자체였다. 가진 것 없는 아빠의 심정으로 두 아이를 볼 때마다 나 자신이 애처로웠다.

그동안 수도 없이 나를 타이르며 지향한 정신이 '포기'이지 않았던가. 모든 것을 포기하고 늘 가난한 자로 청빈한 삶을 살겠다는 뜻을 강조해 왔고, 빈 마음으로 살며 하나님께서 이끄시는 믿음의 원리를 경험하고자 했다. 그래서 선교부는 겉으로는 풍성하게 보일지 몰라도 개인의 삶으로 볼 때는 구차하기 이를 데 없다. 하나님께서 베풀어 주신 매일매일의 기적으로 볼리비아 사랑 선교회 설립, 볼리비아 장로교 교단 설립, 볼리비아 장로교 신학교 설립, 유아원, 유치원, 초·중·고등학교 설립, 치과 의료 기관 설립 그리고 이 모든 분야의 사단법인체 등록, 개척 교회 21곳, 농원, 기도 처소 설립 등의 성과가 있었다. 모든 것이 하나님의 은혜였으며 함께 기도해 주신 많은 분들의 관심과 사랑의 결과였다.

그러나 사역의 화려함과 달리 나의 실상은 초라하기 그지없다. 입고 있던 양복, 와이셔츠, 넥타이, 점퍼, 운동화, 구두 등 모든 것을 현지의 가난한 사람들에게 나누어 주고 먹이고 재우면서 살아왔다. 비가 오면 양동이 10여 개를 집 안에 늘어놓고 천장에서 떨어지는 물을 받아야 했다. 독충 민추카, 쥐, 각종 뱀까지 제 집 드나들듯한 안방에는 건축 현장에서 쓰다 남은 목재로 만든 침대가 있고, 옷걸이도 만들어 쓰다 보니 현지인들이나 한인들 모두에게 이해할 수 없는 삶으로 비치기도 했다. 자전거로 다니다가 엑센트 중고차를 타고 정글과 고산을 어렵게 이동하며 선교하는 모습을 보고 고개를 갸우뚱하는 사람들도 많았다. 빈 마음을 가지고 선교를 하겠다는 의지의 결과들이었다.

그 사이 딸과 아들은 집 없는 처지가 되었고, 나와 사모는 병든 몸에 빈 마음 빈손으로 자녀들을 그저 지켜보아야 했다. 심연에서 일렁이는 알 수 없는 설움에 많은 밤을 지새며 서럽게 울고 또 울었다. 인간적인 몸부림에서 오는 끝없는 갈등과 고민을 어찌해야 하는가? 나 자신이 이런 문제로 이렇게까지 절망하는 것에 대한 아픔에 몸을 가눌 수 없을 만큼 비참했고 참을 수 없는 굴욕감마저 들었다. 회복과 회생의 계기가 필요했다. 그러나 그러한 기회는 말처럼 쉽게 오지 않았다. 오랜만에 방문한 한국에서의 안식 기간은 새로운 힘과 용기를 얻어 선교지에 돌아가는 쉼의 시간이 아니라, 아픔과 절망의 시간이었다.

딸 주리가 바쁜 일정 속에서도 저녁 식사 시간을 함께하자며 부녀간에 못다한 대화의 갈증을 해소하는 자리를 마련했다. 하나님께서는 주리와의 식사 시간을 통해 나의 어리석음을 깨닫게 하셨다. 가난한 생활에 늘 어려움을 겪어야 했지만 주리는 뭐가 문제냐는 얼굴이었다. 선교사 부모의 삶을 자랑스러워하며 감사하다고 했다. 인천 앞바다가 보이는 작은 찻집에서 주리는 다소곳이 앉아 언제나 푸근한 어머니같이 아빠인 나를 응시하며 위로의 눈빛을 건넸다. 헤아릴 수 없이 많은 어려움에 처해 있음에도 주리에게 아빠는 언제나 든든한 존재였다. 해병대 사령부에서 군 생활을 하고 있던 강호 역시 바쁜 일정임에도 시간을 내어 달려와서는 주리와 똑같은 말을 했다.

"아빠, 화려함보다는 순수함으로 선교하시는 아빠와 엄마가 저희는 자랑스러워요. 경제적으로 어려운 건 사실이지만 저희는 행복하고 감사해요.

저희도 엄마 아빠와 같은 선교사가 될 생각이에요."

주리와 강호의 고마운 말에 눈물이 왈칵 쏟아지려는 걸 겨우 참았다. 사랑하는 자녀들에게 신뢰받는 삶이라면 가장 가치 있는 삶이 아닌가?

하나님의 인도하심에 모든 것을 맡기고 기도드렸다. 실은 가장 마음에 걸리는 부분은 아내였다. 맏딸로 태어나 힘겹게 가정을 돌보며 살다가 전도사와 결혼하여 복음의 불모지 볼리비아까지 건너와 정신적, 육체적 아픔을 수없이 감내하며 살아 온 아내. 앞으로도 나와 함께 계속 선교지에서 사역하는 수고를 감내하자고 말할 수 있을까? 선교사의 아내는 누구나 아픔을 겪지만 박미숙 사모가 겪은 지난 삶은 이루 말로 표현할 길이 없다. 고산의 인디오 마을에서 먹을 것이 없어 어린 자식들과 함께 눈물 흘리며 많은 세월을 보냈다. 늘 모든 것이 부족했지만, 현지인들 챙기기에는 주저하지 않고 앞장서서 헌신했다. 어려움에도 한 마디 내색 없이 살아 온 아내였기에 내 마음을 드러내기가 쉽지 않다. 하지만 사모의 대답은 매한가지일 것이다.

"저는 하나님께 감사하고 있어요. 주신 것만으로도 만족해요"라고.

사모의 사려 깊은 마음에 감사하면서도 그 감사함 뒤에 따르는 안쓰러운 마음은 지울 수가 없다.

새벽부터 밤늦게까지 이어지는 고국에서의 일정은 바쁘고 힘겹기만 했다. 만나는 사람마다 선교에 대한 말들뿐이었다. 내가 메시지를 전한 집회들은 모두 하나님께 드리는 감사와 찬양이 뜨거웠고, 분에 넘치는 격려와 칭찬이 이어졌다. 그러나 은혜의 집회가 끝나면 그 순간부터 나는 무거운 돌에 두 발이 묶인 채 깊은 바다 속에 빠지는 아픔을 견뎌야 했다. 아이들의 방은 쉽게 구해지지 않았고, 해결의 실마리는 조금도 보이지 않는 막막한 현실에 소리 없이 눈물 흘리며 하나님을 바라보았다.

"어찌해야 합니까? 어디서 답을 얻어야 합니까? 주님, 당신의 자녀들이며 당신의 가정입니다. 주님 뜻대로 인도하옵소서."

기도 응답은 곧 이루어졌다! 대한예수교장로회 전국장로회연합회 회장인 강자현 장로님과 대화를 나누면서 문제가 풀리기 시작한 것이다. 강 장로님은 장로회 회원들과 볼리비아에 오셔서 장로회를 통해 교회를 헌납하셨고, 개인적으로도 교회 한 곳을 헌납하셨다. 어려운 사정을 들으신 장로님은 부동산 중개업을 하는 박 장로님을 연결해 주셨다. 장로님께 소개받은 집은 창문이 없는 원룸이긴 했지만, 시세가 매우 낮아 안심이 되었다. 그래도 경제적인 문제를 해결해야 했다. 분주하게 뛰어다닌 끝에 내가 예향교회 전도사로 있을 때 학생회장으로 신앙생활을 했던 제자 최의헌 군을 만났다. 그는 어엿하게 성장하여 신촌에 병원을 내고 신학교도 졸업하여 의사이자 목사로 다방면의 사역을 하고 있었다. 그의 도움으로 은행 대출을 받아 그 원룸을 얻을 수 있었다. 간단한 살림살이는 신학교 동기인 김계철 목사님과 사모님께서 쓰시던 것으로 채울 수 있었고, 직접 마트에서 사주기도 했다. 이모 역시 부족한 것들을 챙겨 주어 소꿉장난 같은 주리의 자취 생활이 시작되었다.

그 짧은 시간에 한 편의 단막극 같은 사건들이 줄지어 일어났다. 그토록 쉽게 해결될 문제를 그렇게 초조해하며 힘들어한 시간을 돌아보니, 스스로가 한심하기도 했고 하나님의 은혜에 감사하기도 했다. 문제는 외부 환경에 있었던 것이 아니라 나 자신에게 있었다. 모든 문제가 해결되는 과정을 목도하면서 믿음 없이 고민했던 어리석음을 회개하지 않을 수 없었다.

그리고 내린 결론은 선교의 최종 대상이 바로 나 자신이라는 것이다. 어리석어도 끝까지 어리석은 것이 자신이라는 것을 알게 되었고, 모든 것이 없어도 항상 채워 주시는 분이 하나님이라는 평범한 진리를 다시금 깨달았다. 조국에서나 볼리비아에서 수도 없이 경험했던 것을 이 시점에 더욱 강하게 느낀 것은 어떤 이유인지 모르겠으나, 모든 것을 포기해야 하는 훈련을 계속 받아야 한다는 사실은 더욱 분명해졌다.

아담과 하와에서 시작된 탐욕의 역사는 시대를 초월하여 지금까지 이어졌고, 남미 또한 그렇게 이어진 아픔의 역사를 지니고 있다. 선교사로서 탐욕으로 상처받은 영혼들을 치유하라는 사명을 받았음에도 풀리지 않는 현실 문제 앞에서 그렇게 고민하고 천 길 낭떠러지로 떨어진 형편없는 모습이 바로 나였다. 철저하게 포기한 삶 속에 임재하시는 하나님을 믿으며 살아야 한다고 강조하면서도 자기 포기의 순서를 망각하고 있었다니! 설교를 하고 성경 공부를 인도하며 가르치는 자로서 수도 없이 되새김질해 온 '자기 포기'라는 말을 처음부터 다시 헤아려 보았다.

문제는 어떻게 실제로 포기해야 하는가에 있다. 나 자신과 선교지의 모든 것들이 하나님 것이며, 그분이 계획을 세우고 이루어 가시고, 그분이 계속 앞으로 진행해 가실 것이라는 확신을 가져야 한다. 빈 마음으로 새로운 출발을 할 수 있다는 귀한 씨앗이 내 마음에 뿌려졌다. 정을 쏟아온 모든 것들과 사역 현장의 실제적인 것들에 대한 새로운 포기가 필요했다.

그 후 많은 분들을 만나 포기에 관한 대화를 나누었다. 하나님의 은혜와 기도 후원자들의 헌신으로 맺은 선교지의 열매들, 진액을 빼는 아픔을 견딘 동역자로서 사모가 흘린 눈물의 열매들, 그 모든 것들을 내려놓고 처음부터 새롭게 출발했다.

이제 어디서든 포기된 마음으로 현실의 모든 것을 내려놓고, 언제라도 포기와 함께 걸으며 천 길 벼랑의 고산을 넘어 인디오 마을을 찾아갈 것이다. 야생 동물과 독충으로 가득한 밀림을 헤치고 길을 내며 잉카의 후예를 만날 것이다. 죽음의 공포가 서려 있는 마약 소굴을 두려움 없이 들어갈 것이다. 소외되고 가난한 부족을 찾아다니며 예수님의 사랑을 몸으로 전할 것이다. 더 이상 말이 필요 없는 선교 현장이기에 포기와 사랑과 감격으로 무장해제하고 잉카의 흙길을 밟으며 복음을 전하고 싶다. 그리고 철저히 포기된 미래의 사역지와 사역에 대한 꿈을 다시 그려 본다.

호렙 성산의 떨기나무가 되어 그분의 불로 마음을 채우고 싶다. 깨끗하게 해주시고 불의 혀로 써주신다면 안데스 계곡의 인디오 형제 자매들의 마음에 작은 온기라도 될 거라고 믿는다. 아름다운 세상은 한 사람의 포기된 삶에서 뿌리를 내리게 될 것임을 믿기 때문이다.

03

버림으로
성취될
선교

풍요로운 선교부

하나님의 은혜와 많은 분들의 기도와 눈물겨운 헌신으로 볼리비아 선교 20여 년을 통해 많은 변화와 열매가 있었다.

그분의 계획과 진행 속에서 사모 박미숙 선교사는 선교지의 험란한 과제인 행정 서류 부분에서 큰 성과를 거두었다. 수도 라파스를 수없이 오르내리며 전투 아닌 전투로 서류를 제출하고 기다린 볼리비아 사랑 선교회 설립과 사단 법인체 등록이 이루어진 것이다.

볼리비아 교단 설립은 대체로 각 주별로 이루어지는 것이 상식인데, 전국적으로 선교 사역을 할 수 있는 볼리비아 장로교 교단 설립과 사단 법인체 등록을 대통령 승인하에 허락받았다.

볼리비아의 신학교는 종교청 산하 교단별로 교육을 허락하는 교단 신학교이기에 문교부 인정이 아닌 일반 지방 신학교로서 한계가 있었다. 그러나 우리 신학교는 일반 대학 수준은 아니었음에도 문교부 등록 신학교로 인허되었다. 볼리비아에서는 최초로 일반 대학 편입이 가능한 문교부 등록 교육 기관으로, 볼리비아 장로교신학교 및 사단 법인체가 출범하게 된 것이다. 이로써 신학생들과 장애인들을 위한 교육의 틀이 마련되었다.

일반 사립학교 법인체 등록이 어려울 때 별도의 돈을 들이지 않고도 유아원, 유치원, 초등학교, 중학교, 고등학교 설립 및 사단 법인체 등록을 마치고 교육을 통한 선교 사역에 매진할 수 있었으며, 치과 의료 기관을 설립하여 의료 선교의 발판도 구축했다.

고산족, 정글 지역, 마약 재배 · 제조 · 판매 지역, 빈민 지역 사역과 장애인 사역 등을 할 수 있도록 21곳에 개척 교회가 세워졌다.

그 외에 농촌 지역의 자립을 바탕으로 선교 사역을 효과적으로 하기 위해 농원, 기도처소 등을 만들었다.

진행 중인 사역으로 볼리비아 크리스탄 대학 설립을 위해 강의실과 사무실을 만들었고, 볼리비아에서는 유일하게 독일에서 박사학위를 받고 일반 대학 총장으로 7년 이상 재직하다 문교부 차관을 지낸 분을 부총장으로 위촉했다. 각 과 교수진과 실습실, 양의와 한의를 겸한 의대와 법대 설립 등도 준비하면서 필요한 서류를 만들었다.

병원과 방송 사역을 위한 사전 준비를 위해 협약을 맺는 과정에서도 하나님은 많은 은혜를 베풀어 주셨다.

상 받을 만한 사람이 아니었으나 볼리비아 정부로부터 교육청장의 감사장, 사회복지청장의 감사장, 코차밤바 주지사의 감사장을 받았고, 그 외 학생들과 학부형들이 주는 감사패도 여러 차례 받았다. 한국에서는 주 후원 노회인 황해노회로부터 선교 공로패를 2회에 걸쳐 받았고, 연세대학교에서 교파를 초월하여 시상하는 언더우드선교상을 수상했다.

개인적으로 사역에 대한 깊은 성취감을 느꼈다. 주 후원회와 기타 후원을 해준 기관이나 교회, 개인 모두가 볼리비아 선교부를 전적으로 신뢰해 주었고, 이로 인해 많은 자부심과 긍지를 느낄 수 있었다. 후원회로부터 신뢰 받는 선교사, 사랑 받는 선교사처럼 행복한 선교사가 또 어디 있겠는가? 선교사가 후원회로부터 받는 한결같은 신뢰와 사랑은 현장 선교사의 가장 큰 선교 열매라 할 수 있다.

풍요가 있기까지

풍요의 열매는 하나님의 일방적인 기획과 추진에 의한 것이며, 그 열매를 맺기 위해 하나님께서는 합력하여 선을 이루는 도구로 기관, 교회, 단체, 개인들을 구체적으로 사용하셨다. 그분들의 기도와 헌신으로 잉카의 후손들은 그리스도의 마음을 얻을 수 있었다.

특별히 하나님께서는 다양한 분들을 통해 내가 어려울 때마다 위로와 격려를 받게 하심으로써, 내가 주님의 신뢰와 사랑을 받고 있음을 체험하게 하셨다. 자녀들이 부모의 사랑과 신뢰 속에서 성숙하듯이, 결혼한 부부가 남편은 부인의, 부인은 남편의 사랑과 신뢰 속에서 가정을 아름답게 가꾸어 가듯이, 선교사는 후원회의 사랑과 온전한 신뢰 속에서 어려움을 극복하고 선교의 열매를 맺어 간다.

후원회의 전폭적인 사랑과 신뢰가 없었다면, 20여 년의 현장 선교는 불가능했을 것이다. 지구 반대편에 있는 안데스의 고산 지대에서 인디오들과의 영적 전쟁은 매순간이 위기의 연속이었다. 그때마다 나는 기도 중에 하나님의 무한한 위로를 받았고, 매일의 일상 속에서 사랑과 신뢰를 느꼈다. 후원해 주시는 분들을 기억하며 눈물을 흘렸고, 새로운 힘을 공급받아 지친 몸을 일으켰다. 20년이 지난 지금도 후원하시는 분들을 마음에 담고 기억하며 자신을 가다듬는다. 어쩌다 만나는 현장 선교사들의 공통된 의견이 있다. 후원회의 신뢰에 인생을 건다는 말이다. 그만큼 현장 선교사들은 신뢰받는 선교사로 일생을 마치고 싶어하는 공통된 특징이 있다.

일일이 글로 쓰기 어려운 많은 후원 단체들 가운데 대한예수교장로회총회 세계선교위원회는 현장 선교의 길을 터주는 길잡이 역할을 해주었다. 부모 곁을 떠나 생활하기에 늘 염려되는 선교사 자녀를 위한 다양한 교육 시스템을 제공하여 안정감을 준 덕분에 자녀 문제로 인한 마음의 짐을 덜고 현장 사역에 집중할 수 있었다. 수년 전에는 총회에 들어와 사역을 함께해보자는 제안을 받기도 했는데, 거절하긴 했지만 총회로부터 신뢰받고 있다는 사실이 선교에 큰 힘이 되었다.

선교사를 파송하는 데 가장 기초적인 사역을 감당한 황해노회 산하 모든 교회와 노회 선교위원회는 선교의 모판 구실을 하며 성장을 위한 자양분을 공급해 주었다. 그리고 선교사가 현지에서 피곤하고 지쳐 있을 때 보이지 않는 어머니 역할을 감당해 주기도 했다. 20년 넘게 돌보아 주신 황해노회의 사랑과 인내는 오늘날 볼리비아 선교의 열매를 맺게 해준 견인차였다.

황해노회 산하 초대 선교 후원으로 선교에 동참했던 보성교회, 인천중앙교회, 금성교회, 창성교회, 창대교회, 팔복교회, 소망교회, 보합교회, 동창교회, 안디옥교회, 학익교회, 공항성산교회, 성인교회, 송정교회, 새로남교회, 구수제일교회, 예닮교회, 가산제일교회, 해운대교회, 낙원제일교회, 대흥교회, 시온교회, 인랜드교회, 마이애미 한인교회, 몽고메리교회, 한빛교회 그리고 황해노회 산하 모든 교회들…… 오랜 세월 한결같은 사랑으로 볼리비아를 기억해 준 고마운 교회들이다.

선교위원회 초대위원장으로 계시는 동안 심장 박동기까지 착용하고 볼리비아를 세 차례 이상 방문하여 구석구석을 다니며 눈물로 기도해 주신, 지금은 천국에 계신 이범구 목사님. 드러나지 않게 이름 없는 사역자로 일하시며 선교지를 방문하고 위로해 주시고, 선교 차량 지원과 아울러 안식년 위로회를 열어 주신 장원모 목사님. 공항에 나오시고 집에 데려가 재우시며 못난 선교사를 위해 눈물로 기도해 주신 유근언 목사님. 이분들의 숨은 사역은 볼리비아의 선교 역사와 함께 영원히 하늘나라에 기록될 것이다.

사모님과 볼리비아에 다녀가시면서 비디오카메라를 기증하시고, 사야리 학교의 기초를 놓는 데 중요한 역할을 하신 선교위원회 2대 위원장 이종규 목사님. 역시 볼리비아를 방문하시고 속 깊은 온정으로 헌신하신 3대 위원장 최성룡 목사님. 한국을 떠나기 전 부족한 나에게 일주일 선교부흥집회를 맡기며 현재까지 볼리비아 선교의 방패 역할을 감당해 주시는 4대 위원장 이칠우 목사님. 초대 볼리비아 선교 실무를 맡아 개척 교회와 신학교의 성숙을 위해 실질적으로 애써 주시고, 특별히 선교사 개인 관리를 위해 자녀 장학금 지급 등을 추진하여 마음껏 현장에서 사역하게끔 도와주신 초대 선교위원장 한규철 목사님. 많은 메일과 전화 그리고 선교지 방문을 통해 선교사를 위로하고 볼리비아에 개척 교회를 헌납하신 2대 선교위원장 함성익 목사님. 선교의 구체적인 방향을 제시해 주시고 수평적인 관계로 사랑을 나누며 평안한 마음으로 사역하도록 돌보아 주신 5대 선교위원장 김종열 목사님.

부드러운 음성으로 전화와 서신을 꼬박꼬박 주시며 볼리비아 선교에 지대한 관심을 가져 주신 권동희 목사님. 진한 사랑과 신뢰로 묶인 평생 동역자 총신 74 동기 목사님들. 한국에 방문할 때마다 앞 다투어 초청하여 주일 낮 예배 설교 강단에 세워 주시며 선교사의 아픔을 들어주고 격려해 준 친구 김성하 목사님과 김영웅 목사님. 회갑 여행을 볼리비아로 잡으시고 고산을 다니며 눈물로 기도하시고, 한국에 방문할 때마다 산해진미로 주린 배를 채워 주시며 볼리비아를 끔찍히 사랑하시는 믿음의 어머님 이문숙 권사님, 윤옥희 권사님, 김옥남 권사님, 조남홍 집사님 그리고 나의 가족들.

볼리비아에 오셔서 산타페 교회를 헌납하시고 장로교 교단 최초의 찬송가를 제작·헌납하신 후, 교회 머릿돌과 찬송가 제작 헌납자에 자신의 이름을 넣었다고 난색을 표하시며 겸손한 헌신의 본을 보여 주신 한상윤 장로님과 여러 권사님들. 신학교 교재를 비롯하여 입고 쓸 것들을 꼼꼼히 챙겨 주시고 볼리비아에 방문하여 사야리 학교 건축을 위해 눈물로 기도해 주신 이판규 장로님과 권사님. 송도 앞바다가 시원하게 보이는 곳에서 애찬을 나누며 사랑과 신뢰의 담소로 따뜻한 마음의 고향을 맛보게 해주시고 힘든 생활 속에서도 꿋꿋하게 헌신하시는 우종윤 장로님, 유동현 장로님, 김윤찬 집사님, 오병로 집사님, 한독실업고 후배 집사님들. 무슨 문제든지 경청해 주시고 도움을 주시는 오신규 집사님, 유연선 전도사님, 고향국 전도사님, 오석진 장로님, 구민성 집사님, 장모 권사님 그리고 전국 장로회 임역원 여러 분들. 볼리비아 산호르헤 교회와 팜파파소의 제3 사야리 교회를 헌납하시고 오토바이와 악기 일체를 기증하시며 틈나는 대로 전화로 위로와 격려를 해주시는 강자현 장로님.

집에 초대하여 밤새 대화를 나누고, 한약 삼계탕을 대접해 주시며 몸보신을 잘 해야 선교도 잘 할 수 있다고 너스레를 늘어놓으며 즐거운 교제를 나눈 볼태아 선교회의 동기 목사님들. 한국에 갈 때마다 손수 장만하신 맛깔

스런 부산 음식으로 대접해 주시고 아픈 곳에 침까지 놓아 주시며 온정을 나누어 주신 부산의 삼총사 한상조 목사님, 박호영 목사님, 문철홍 목사님과 사모님들. 청각·언어 장애인들을 위해 기도하시며 애써 주신 최홍준 목사님. 교회 헌납을 위해 애써 주신 가수원교회의 변대원 목사님과 목사님의 제자 김 집사님. 주리에게 가족 진맥을 해주시고 보약을 지어 주시며 선교에 도움을 주신 차두업 집사님 부부. 겹겹이 어려움에 싸인 선교지를 위해 기도해 주시고 문제 해결에 적극적인 도움을 주신 대흥교회 권영국 목사님과 장로님들, 선교위원회의 모든 성도님들. 섬김의 본이 무엇인지 보여 주시고 기도와 편지로 그 사랑을 깨닫게 해주신 이익관 목사님. 항상 편한 마음으로 선교할 수 있도록 세심하게 배려해 주시며 늘 풍성하게 주지 못한다고 안타까워 하시는 정왕엽 장로님, 윤원영 장로님, 신영수 장로님, 김영일 장로님, 김교신 장로님, 에바 집사님.

　고산에서 새벽부터 밤늦게까지 사야리 학교와 교회 개척 및 부흥회를 위해 젊음을 헌신한 대흥교회 단기 선교팀. 변함없는 친구이며 동역자로 선교지를 위해 애쓴 사모 박미숙 선교사의 동창 황경희 집사님과 오빠 집사님 그리고 나의 고등학교 시절 신앙을 바르게 지도해 주신 황관성 장로님의 기도와 사랑의 후원. 우리 사역에 어머니 역할로 수고해 주신 향진 자매와 그 가족들. 모두가 가정을 이룬 후에도 변함없는 기도와 사랑으로 후원해 주신 이혜금 집사님, 유정숙 집사님, 이기자 집사님, 박홍준 집사님. 볼리비아 선교 현장을 일일이 돌아보고 〈한국 개신교 선교사의 볼리비아 선교 전략과 효율성 고찰: M.A.B. 선교부의 이기제 선교사를 중심으로〉라는 논문을 쓰고 어려울 때 딸 주리의 방을 구해 주며 우리 가족을 도운, 제자이며 의사인 최의헌 목사님.

볼리비아 사랑 선교회를 위해 함께 수고해 주신 정명남 선교사님 부부, 김두현 선교사님 부부, 김준혁 선교사님 부부, 최성일 선교사님 부부, 박경회 선교사님 부부. 총회 파송으로 국제 선교부에 계시며 교회를 개척하고 신학교 강의와 부흥회 등의 바쁜 일정 속에서도 본 선교부 신학교와 사야리 학교의 사역을 도와주신 김영진 선교사님 부부. 번역과 교회 개척 등 개인적인 사역을 하면서도 본 신학교 강의를 맡아 주신 한필웅 선교사님. 브라질 선교사로서 오랜 세월 신학교를 위해 눈물로 제자들을 양육하신 모따 선교사님. 신학교를 졸업하고 교회와 신학교, 사야리 학교 등에서 함께 사역하는 길예르모, 하이메, 에를린다 등 교역자. 코차밤바 한인 교회 교인들과 현지인 성도들의 헌신과 수고.

지금에 이르기까지 믿음으로 키워 주시고 선교 초기 40일 금식기도를 드리며 마음을 다해 주신 나의 부모님. 한국 방문 때마다 공항에 마중 나와 따뜻한 마음으로 감싸 주신 형님 이기환 장로님과 형수님, 이기인 집사님과 형수님. 늘 선교지를 위해 기도와 염려로 신경써 주신 장모님 이옥찬 권사님과 동서 김현일 전도사님 그리고 처제 박경숙 선교사님.

온갖 궂은 일들을 온몸으로 감내하며 집 살림, 선교부 살림, 사야리 학교, 신학교, 개척 교회 살림 등을 짊어지면서 법적·행정적 문제 해결을 위해 노동청, 경찰청, 종교청, 문교부, 법원 등 관공서들을 안방 드나들듯 뛰어다니며 함께 사역을 감당한 사모 박미숙 선교사. 아빠와 엄마가 바쁘다는 핑계로 깊은 사랑도 누리지 못하고, 가족 여행으로 볼리비아조차 제대로 돌아보지 못하고, 늘 아빠와 엄마를 이해하고 위로하며 바르게 성장해 준 딸 주리와 아들 강호.

이 외에도 감사드려야 할 분들이 얼마나 많은가! 조국 산야에서 교회에서 집에서 직장에서 기도해 준 수많은 동역자들. 화려한 동경의 대상으로 보이나 실은 가시 덩굴 같은 이민 사회에서, 선교사들보다 몇 배 더한 외로움과 아픔을 견디며 살면서 사랑을 베풀어 준 동역자들. 각처에서 세계 선교를 위해 눈물로 기도드리며 헌신하시고, 위로의 편지와 책자와 테이프 등을 보내 주신 목사님, 장로님, 권사님, 성도님.

그분들의 위로와 격려 그리고 신뢰가 버무려져 선교의 거룩한 열매가 튼실하게 맺힌 것을 어찌 모르겠는가! 하나님의 지극하신 사랑과 이름 없이 구석구석에서 헌신하신 분들의 눈물로 볼리비아는 이처럼 진리의 열매가 풍성하게 맺히고 자라게 되었다.

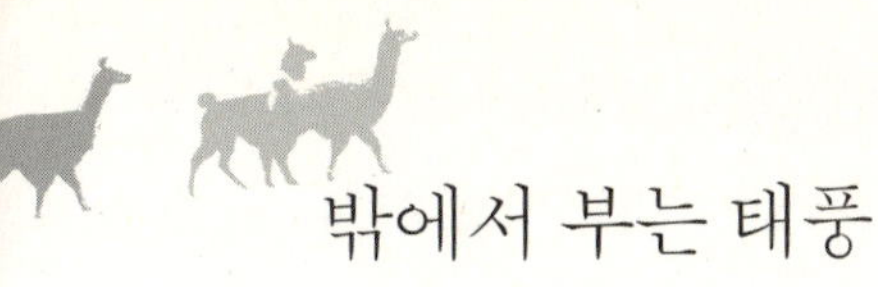

밖에서 부는 태풍

하나님의 은혜로 풍요로운 열매를 맺게 된 선교부는 얻은 것만큼 따르는 고통을 감내해야 했다. 이는 주로 개인적으로 오는 명분 없는 고통이며 누구에게도 말하기 힘든 것이었다. 더욱이 선교 보고에는 언급할 수 없는 아픔이었다. 그 아픔은 지금까지 겪은 다른 어떤 아픔보다 괴로운 것이었으며, 말하기 어려웠기에 고통으로 머무는 시간이 길었다. 욕심에서 시작된 시기와 질투, 거짓 증거와 따돌림, 오해 등으로 끊임없이 시달려야 했다. 어찌 보면 이는 가장 약한 부분을 파고드는 예리한 칼날 같은 것이기도 했다. 사람들은 출신, 경력, 학력 등을 깔아 놓고 마구 타작질하는 죄성에 길들어져 있다.

지금이야 국제공항이 들어서고 땅값이 폭등하는 인천의 명물이 되었지만 내가 태어날 당시만 해도 영종도는 인천시에서 20분 정도 배를 타고 가야 하는 인구 3만 5천의 작은 섬이었다. 고등학교는 없고 1개의 중학교와 3개의 초등학교와 2개의 분교가 있는 면 소재지였다. 면장의 막내아들로 태어난 나의 가정은 부모님 대부터 새벽기도를 한 번도 빠지지 않은 믿음의 가정이었고, 경제적으로도 큰 어려움이 없는 집안이었다. 친가나 외가 모두 부모님이 이곳에서 태어났으며 조상 대대로 이곳에 선산이 있는 영종 토박이 집안이었다. 조상들이 가꾸신 땅에 지금도 친지들이 도처에 살고 있다.

섬 가운데 있는 백운산을 중심으로 동서남북으로 갈린 각 리가 있다. 내가 다닌 학교 주변은 푸른 숲을 자랑하는 산과 그 산을 타고 흐르는 시내와 논밭이 펼쳐져 있었다. 어디를 가나 어물이 풍성하게 수확되는 바다가 있는 꿈의 섬이었다.

나는 마을 안에 있는 운서초등학교를 졸업했다. 섬에서 유일한 중학교였던 영종중학교 시절에는 하루 10킬로미터 넘게 산을 넘고 내를 건너 논두렁 밭두렁을 걸어서 학교를 다녔다. 졸업 후 인천 용현동에 있는 한독실업고등학교에 진학했다. 그 후 부모님의 도움 없이 자립하여 살아야겠다는 생각에 피아노를 가르치고, 초등학교·중학교 아이들을 가르치며, 총회신학대학원을 거쳐 아세아연합신학대학원에서 선교학 석사, 루터라이스신학대학원 목회학 박사과정을 공부했다. 안식년 때는 스페인 라스팔마스에서 고고학 박사과정을 밟았으며, 현재는 총신 선교사 연장교육원 박사과정을 마치고 중남미 역사와 선교에 관한 논문을 쓰고 있다.

전도사 시절부터 목사 안수를 받을 때까지 10여 년간 서울 홍제동에 있는 예향교회에서 유치부, 유년부, 중고등부, 청년부, 장년부를 담당하며 성가대 지휘자로 전도사와 강도사로 섬겼다. 그 후 같은 황해노회 산하 인천중앙교회에서 3년간 부목사로 있으면서 선교사로 나가기 위한 최종 목회 훈련 과정을 거쳤으며, 총회 선교사 훈련원에서 훈련을 마치고 볼리비아 파송 선교사로 나왔다.

갖춘 것은 없지만 내 삶에 만족했고 자신감도 있었다. 선교지로 떠난 것도 갑작스러운 출발이 아니라 오랜 기간 기도드리며 준비한 결과였다.

그러나 그것은 내 시각이고, 다른 색깔의 안경을 쓴 주변 사람들은 그들만의 관행적인 잣대와 선교 열매를 보는 다른 시각이 있었다. 내가 보는 선교의 풍요와 타인들의 생각하는 그것이 다름으로 인해 몹시 곤혹스러웠다. 그들이 보기에는 앞서 가는 기획과 든든한 후원, 실제적이고 외형적인 결실 등이 선교의 가장 큰 성공이었기에 별 볼일 없는 선교사로 보이는 나는 비판과 불만의 대상이 되었다. 개인 생활에 대해선 위선적이라며 볶아대기도 했다. 사역은 크고 선교는 잘돼 가는데 왜 집이나 승용차, 자녀 교육은 그렇게 초라하냐는 것이다.

사실 나는 선교 20년이 넘도록 내 소유의 방 한 칸을 따로 가지지 않았다. 내가 사는 집은 선교부 명의로, 시골 원주민이 살던 집을 그대로 쓰고 있다. 이전 주인이 집을 넓히려고 창고로 쓰던 건물을 연결했기 때문에 비가 오면 지금도 양동이를 10여 개 이상 받쳐 놓고 지붕에서 새는 비를 받아야 한다. 또 비가 오지 않을 때는 그 틈새로 민추카, 뱀 등의 독충과 혐오스런 동물이 제집 드나들듯 한다. 선교지라고 보러 오신 장모님께서 방에서 함께 잔(?) 뱀을 보고 기겁하신 일도 있다. 민추카 소동은 한두 번 겪은 일이 아니었으니, 사실 손님들에게 우리 집에서 주무시라는 말씀을 드리기가 부담스럽기도 했다. 침대나 옷걸이는 건축 과정에서 남은 널빤지 등으로 만든 것이며, 철근을 모아 용접하여 만든 것에 천을 씌워 옷걸이를 삼았다. 선교부를 방문하는 손님들 중에는 우리 집에 들어오기를 꺼리는 분들도 많이 계셨다. 초기에는 걸어 다니다가 대중교통을 이용했고, 그 후 한국에서 쓰던 중고 자전거가 도착하여 자전거로 다니다가 브라질산 중고 지프차로 바꾸었다. 그러다가 현대 엑센트 중고차를 타고 다녔다. 자녀들은 초기에 스페인어로 공부하는 원주민 학교에 다니다가 기독교 학교이며 선교 본부와 가장 가까운 미션스쿨을 마치고 한국의 한동대학에 다녔다. 딸은 졸업했고 아들은 재학 중인데, 해병대에 자원 입대하여 군 복무를 마치고 복학했다.

나는 내 삶이 초라하다고 느껴 본 적이 없다. 모든 형편을 넘치는 은혜로 생각하고 감사했으며 오히려 필요가 채워질 때 죄스럽기만 했다. 만나는 사람들에게 볼리비아의 코차밤바는 나에게 천국이라는 말을 자주 건넨다. 사모인 박미숙 선교사도 마찬가지다. 이러한 우리들의 생각과 생활을 이해하지 못하는 분들이 있다.

물론 볼리비아에는 나보다 더 열악한 환경에서 살아가는 사역자들도 있다. 정글과 고산에서 자녀 교육을 직접 하고 의료를 비롯한 문명의 혜택은 완전히 포기한 채 목숨 걸고 순교적인 선교를 하는 선교사님들이 많이 있다. 세계 선교 역사를 볼 때 생명을 내어 놓고 선교하신 분들이 얼마나 많은가. 지금도 그분들의 뒤를 이어 선교하는 분들이 지구촌 구석구석에서 사역하고 있음을 누가 부인하겠는가!

그러했음에도 사역 내용에 우선을 두지 않고, 고급 아파트나 화려하게 꾸민 단독 주택에 사는 선교사들과 비교하거나, 집, 가전제품, 차량 일체를 완벽하게 갖추고 선교지에서 고급차를 타고 다니는 선교사들과 견주는 말들 앞에서 당황하지 않을 수 없었다.

볼리비아에서 선교사 자녀는 고등학교 졸업 후 미국 대학에 보내는 것을 당연하게 여긴다. 내 경우는 전혀 달랐던 것이 또 문제였다. 나는 두 자녀를 한국의 대학에 진학시키고 스스로 자기 삶을 개척해 가도록 하는 것을 진정한 교육이라고 생각하고 실천했지만, 어떤 이들에게는 이중적이고 가식적인 모습으로 보였던 것 같다.

물론 나를 깊이 알고 있는 동포나 선교사 그리고 현지인은 서로의 진심을 알고 이해해 주었다. 우리 가족은 선교부의 풍요와 대비되는 개인 생활 때문에 겪어야 하는 작은 아픔쯤으로 치부했다. 비판하는 무리들의 이러한 시기나 오해, 질투는 엉뚱하게 다른 후원회에까지 잘못된 사실이 알려지게 함으로써 이로 인해 나는 황망한 아픔을 겪어야 했다. 선교부는 커다란 열매를 맺는데 왜 개인 생활은 그렇게 초라한가, 하는 물음에다 이기제 선교사는 내적으로 뭔가 비밀이 있다고 판단하고 거짓 소문을 퍼뜨린 것이다. 근거 없는 말을 전한 사람들에게 후원회는 열심히 사역하는 선교사에 대한 시기, 질투, 이간질을 멈추라고 오히려 야단을 쳤다는 말을 듣기도 했다. 그러나 그들의 질투와 이간질은 언제까지 이어질지 끝을 알 수 없었다.

선교사들이나 선교부의 오해도 이해할 만하다. 실제 많은 선교사가 욕심 없이 생명 바쳐 일하는 반면, 몇몇 선교사는 선교지 부동산을 개인 소유로 매매하기도 했다는 소식을 간헐적으로 듣게 된다. 이러한 풍토다 보니 종종 본의 아니게 기관으로부터 오해를 받는다. 선교 본부는 허위 소문을 퍼뜨린 선교사 개인의 사역 보고의 진위 여부와 선교사다운 선교사에 대해 잘못 판단하는 어리석음이 없는지 분별해 내야 한다. 그런 선교사의 말에 사실 확인도 해 보지 않은 채 오해하고 소문을 내어 회복하기 어려운 처지로까지 몰아가는 사람들이나, 그런 기관에 소속되어 일하는 사람들도 심각한 문제다. 다행인지 불행인지 그렇게 사역자를 괴롭히는 사람들의 결과는 한결같이 좋지 않게 드러난다.

선교사들도 욕심에서 비롯된 시기와 질투에서 저지른 거짓 증거로 인해 자신의 후원회로부터 선교는 제대로 하지 않고 엉뚱한 일만 꾸미고 다닌다고 야단을 맞고, 이후 후원이 끊겨 생활조차 어려운 가운데 떠돌이 생활을 하는 경우가 있다. 실제로 은행에서 사기를 치고 경찰에 쫓기는 몸이 됐다가 야반도주하여 남미 어느 나라에 숨어 사는 사람도 있었다.

선교지에서 말을 만드는 사람들은 선교사, 목사, 평신도, 현지인들로 구분된다. 어디서나 그렇듯이 제대로 된 선교사나 목사나 평신도는 주어진 사역에 말없이 헌신하며 문제를 일으키지 않는다는 것을 아는 사람들은 다 안다. 반면, 개인 영성 관리와 실질적인 사역은 거의 하지 않고 선교 광고를 위한 자료 조작, 사진 작업, 허위 선교 편지 작성에 시간을 허비하고, 여러 사람을 만나며 먹을 것을 사 주고 선물 공세를 하는 이들이 문제를 일으킨다. 게다가 선교지를 방문하는 사람들에게 특별 관광(?)을 시켜 주어 선교를 위한 헌금이 아니라 자신의 욕심을 채우기 위한 헌금을 교묘하게 착취하는 고도의 술책을 부리는 이들도 있다. 그러다 보니 얻어먹고 선물을 받은 사람들은 그 사기꾼 선교사에 대해 뛰어난 지도력이 있고 협력 사역의 선구자라고 치켜세우면서 집단의 탐욕을 더욱 부추기거나 다수의 횡포를 조장한다. 자신이 노리갯감이 된다는 것을 알면서도 일단 유익을 얻고 그 속에 들어가지 않으면 소외되고 좋지 않은 소문이 나기에, 불의의 협력 관계(?)를 이루어 스스로 폐인의 길에 들어서기도 한다.

이렇게 먼 선교지에서까지 학연, 지연 등을 들먹거리며 얽히고설킨 사람들은 특별히 개인적인 욕심이 많은 사람들이다. 따라서 풍성한 선교의 열매를 맺고 있는 사람들이 그들의 질투와 시기의 표적이 되는 것은 당연하다. 실제 선교지에서 선교사들이 교단이나 선교부 혹은 현지 교단이나 선교부 법인체에 등록해야 할 부동산을 개인 명의로 등록하는 일이 비일비재하다. 물론 현지 사정이 따로 있기에 획일적으로 몰아칠 수는 없으나, 일반적인 상황에서 자신의 욕심으로 선교비를 개인 부동산 구입에 쓰는 이들이 종종 있다. 어떤 선교사는 기도 제목을 주는데 선교 후원회 목사가 자기 집에 방문하지 않게 해달라고 했다 하니, 자신의 집과 소유물이 드러나지 않게 하려는 방법치고는 치졸하다는 생각마저 든다.

나는 모든 부동산을 선교부와 교단 명의로 했으며, 나 자신은 물론 어느 누구도 매매를 할 수 없게 했다. 선교부나 교단이 문제가 생길 경우 모든 부동산은 국가에 귀속되도록 법적으로 등록을 마쳤다. 그러다 보니 저들은 이런 것으로 또 트집을 잡았다. 모든 게 거짓이라는 것이다. 국가에 등록된 법적 서류를 노회에 제출해 놓았고, 총회 선교부 기관에도 이미 제출한 사실을 부인했다. 그렇게 말하는 선교사는 본인 명의 또는 부인이나 자녀 이름으로 부동산을 등록하고, 다른 선교사들에 대해서는 본인들의 의식과 상식에 맞지 않는다며 모함과 비난을 일삼는다. 이처럼 자기 방식대로만 생각하고 판단하여 다른 사람에게 상처를 주는 이들이 어디에나 있다. 자신의 재물을 챙기고 능수능란하게 빠지는 사람은 윗사람(?)들로부터 가려지고 보호받는 반면, 순수하게 모든 것을 내어 놓고 자신의 생활비까지도 선교에 쏟아붓는 선교사들은 어처구니없게도 비방과 질투의 대상이 되는 것이다. 말없이 억울함을 참고 견디는 사역자가 있기에 오늘의 선교가 아름답게 이어져 왔을 것이다.

선교 사역에서도 마찬가지다. 선교사 중에는 한 가지를 하고 열 배 이상 한 것처럼 허위 보고를 하고 자신을 탁월하고 월등한 사역자로 광고하는 이들이 있다. 본인은 사역을 하지도 않으면서 다른 선교사의 사역 현장을 자신이 행한 것으로 허위 보고를 하는 사례도 종종 드러난다. 본인이 그러니 다른 선교사들도 그런 줄 알고 근거 없는 말들을 기관이나 주변에 사실인 것처럼 퍼뜨려 상처를 입히는 경우까지 있다.

최근 들어 그렇게 사기를 치는 선교사들의 추행과 거짓이 조금씩이나마 밝혀지고 있지만, 정작 본인들은 돌이키지 않고 계속 잘못된 말과 행동을 일삼고 있다. 그들의 질투와 시기, 오해와 거짓 증거의 표적이 되는 것은 고통스러운 일이지만, 그렇게 욕심에 사로잡혀 질투와 시기를 하던 사람들의 비참한 말로를 보는 일도 그리 마음 편한 일이 아니다. 선교 사역의 풍요 뒤에 따르는 욕심 많은 사람들의 시기와 질투, 따돌림의 대상이 돼야 하는 고통은 나에게는 이중 삼중의 고통이었다.

이러한 선교 현장의 모습을 경험하며 선교에 관한 박사학위 논문으로 세계 각처에서 순교의 피를 흘린 선임 선교사들의 역사를 정리해 볼 기회가 있었다. 그들의 숨겨진 사실들을 관찰하며 그 아픔에 더 깊이 공감할 수 있었다. 성경의 역사와 오순절 이후 교회 역사 속에서 참되게 살아가며 순교자적인 선교사역을 감당한 선교사들을 보면 한결같이 어려움을 겪었고 시기, 질투, 오해의 질곡 속에서 하나님의 역사를 이어갔다. 모두가 외롭고 좁은 길을 묵묵히 걸어갔으며, 모진 삶의 폭우 속에서 많은 눈물을 흘리면서 진리의 푯대만을 향해 달려갔다. 그리고 마지막 순교의 제물이 되었다. 지금도 지구촌 구석구석에 이름 없이 순교의 길을 걸어가시는 선교사들의 모습을 본다. 그들을 주목하시는 하나님의 인도하심과 돌보심을 기억하며 큰 위로를 받고 있다.

안에서 부는 돌풍

풍요로 생기는 외적인 공격보다 더한 고통이 나 자신의 내부에서 일어나는 갈등이다. 행하고 있는 사역은 전보다 더 많아지고 복잡해졌다. 거의 일주일 내내 날마다 기도실에서 철야기도와 새벽기도를 하고 바로 사야리 학교 교사 교육, 교사회, 교사 관리, 학생 관리, 학부형 상담, 행정 관리, 신학교 관리와 강의, 교회의 각종 집회 인도, 교회들의 전반적인 관리, 농원 관리, 이어지는 건축 현장 관리, 수도 없이 터지는 문제 해결 등으로 쉴 새 없이 달려왔다. 그런 와중에 뭔가 마음에 큰 구멍이 뚫린 것을 보게 되었다.

가장 큰 문제는 풍요로 인해 나 스스로가 하나님의 은혜를 망각한 폐인이 돼 가고 있다는 점이다. 한편으로는 하나님의 은혜로 모든 것이 이루어졌고, 많은 분들의 기도와 헌신의 결과라고 하면서도 마음 한 구석에는 내 능력과 실력, 의지와 노력에 의한 것이라는 자의식이 쓴뿌리로 자리잡고 있음을 볼 수 있었다.

참으로 어처구니없고 한심한 일이었으나, 사실이었다. 그렇게 나 자신을 믿는 마음은 이제 편리를 좇는 데 체질화되어, 순수한 마음이 사라지고 있음을 느낄 수 있었다. 안주를 원하지 않고 불편한 현실에 만족하며 살았지만, 안주에 대한 인간적인 소망은 또 다른 곳에서 똬리를 틀고 있었다.

특별한 대책이 없는 노후 문제나 의료 문제, 의식주에 관한 염려와 해결을 위한 소망은 포기와 믿음의 선교를 추구하는 내게 큰 장애물이었다. 이에 대한 걱정이 그 도를 넘어간 것이 문제였다. 고산 지대에서 20여 년 넘게 살면서 주기적으로 오는 고산병 증세와 피로, 자신을 잃어 가는 건강에 대한 두려움은 때로 밤잠을 설치게 했다. 욕심 없이 그리스도의 복음만을 증거한다 하면서도 성취욕에 의한 사역 확장과 성과를 기대하는 것도 만만찮은 고민거리였다. 인간미나 정은 메말라 가기 시작했고 마음은 냉담하기만 했다. 모든 것이 체계적으로 잘 이루어지고 조직 속에서 성장해 가는 사역이었기에 지극히 기계적인 관계에서 이루어지는, 잘 포장된 인스턴트 식품을 맛보는 듯한 하루하루에 문제가 있었다. 풍요로움에 감사드리면서도 사랑의 상실에 따른 허한 느낌이 언제나 내 곁을 맴돌았다. 정을 주면서도 정이 가지 않는다고나 할까.

영적 관리를 위해 기도와 찬양, 성경 연구, 전도, 양육 등에 발버둥치고 있었지만 닻줄에 묶인 배가 밤새워 노를 젓기만 하는 모습이었다. 이미 영적 고갈과 갈증으로 앙상하게 뼈만 남은 슬프고 초라한 선교사가 돼 가고 있었다. 일생 최대의 위기였다. 내면세계의 피폐는 내가 생각하기에도 구역질나는, 초라하기 그지없는 자아상으로 만들었다.

어떻게 이렇게까지 지저분해질 수 있을까? 그동안 나는 얼마나 많은 시간을 수도 없는 배신 속에 살아 왔던가! 그런데 이제 모든 것을 풍요롭게 허락하신 하나님을 철저하게 배신하는 가장 완벽한 배신자가 되다니……. 이대로 내 생명이 끝난다면, 과연 어느 정도까지 초라한 모습으로 하나님 앞에 서게 될까?

하나님께서 주신 지혜와 능력이 없었다면 한 발도 뗄 수 없는 사역이었다. 그러나 지금 내 모습은 너무나 비참하다. 이것이 그저 상상이나 꿈이 아닌 현실이라는 데 더 큰 고민과 갈등이 있었다. 신앙의 성숙과 함께 땀 흘리며 순수하게 선교의 열매를 맺었다고 생각해 왔는데 그것은 가식에 지나지 않았단 말인가?

내면세계의 파괴로 더 이상 풍성해질 수 없을 것이라는 두려움이 나를 옭죄었다. 결코 교만하지 않다며 결백성을 강조하는 의식 속에는 또 다른 형태의 교만의 탈을 뒤집어쓴 자아가 있었다. 그림자처럼 따라다니는 자만은 끝도 보이지 않았다. 어쩔 수 없는 인간, 보잘 것 없는 인간……. 무능의 한계에 대해 많은 경험을 했으면서도 여전히 마음속으로는 스스로 유능한 인간이라고 평가하고 있는 내 실상에 슬픔과 비애를 느꼈다. 수도 없이 포기를 생각하고 삶의 한복판에서 포기를 끌어안기 위해 그렇게도 몸부림쳤는데, 이제 풍요 속에 드러난 포기의 실체는 형편없이 깨어진 유리 조각이었고 가시 돋친 나무였으며 타다 남은 검불에 불과했다.

질투와 시기, 거짓 증거를 일삼는 그들과 다를 바 없는 내 자아는 썩어 문드러져 냄새가 진동하는 죽은 개와 같이 그리고 그 위에 까맣게 몰려든 파리 떼같이 더럽고 추한 모습임을 자각했다. 그런 추한 내 모습 때문에 슬프게 젖은 두 눈에 아버지에게 버림받은 예수님의 고통스런 모습이 들어왔다. 아들을 포기하시는 아버지의 마음과 아버지로부터 포기당한 아들의 마음을 보았으며, 따르던 모든 이들에게 배신당한 예수님의 마음을 보았다. 그리고 그분의 눈길이 슬픔으로 가득한 내 눈에 머물고 계심을 느꼈다.

모든 것을 포기하라고 말씀하신 그분이 내게 다가오셔서 따스한 품으로 추한 나를 안아 주셨다. 그리고 내 눈물을 닦아 주며 말씀하셨다.

"기제야, 네가 나를 사랑하느냐?"

"예, 주님. 주님을 사랑합니다."

"진정 네가 나를 사랑하느냐?"

"예, 주님. 저는 진정으로 주님을 사랑합니다."

"그래, 그렇게 나를 진정으로 사랑한다면 모든 것을 철저히 포기하거라."

그분은 촉촉한 눈으로 무릎 꿇은 나를 보시며 당신의 거룩한 눈물로 나의 마음을 다시 닦아 주셨다. 주님께서 흘리시는 포기의 눈물은 강이 되어 나의 머리부터 온몸을 차분히 적셔 내려갔다.

포기를 포기하지 말아야

버림의 시기, 빈 마음의 시기, 포기의 시기가 왔다. 이제 다시 가야 할 길이 생긴 것이다. 이를 위해 새롭게 싹을 틔우고자 다시 마음을 가다듬었다.

"평양옥에서 내일 아침 7시에 만나죠."

"네, 목사님. 알겠습니다."

지난날 인천 지역 목회자들이 1년에 한 번씩 모여 배구 대회를 했는데, 그때 새벽기도 마친 후 배구 연습을 하고 아침 식사로 항상 들르던 설렁탕 집이었다. 그곳에서 황해노회 세계선교위원회 위원장직을 맡고 계신 이칠우 목사님을 처음 뵙게 되었다. 볼리비아에 가기 전, 아무것도 모르던 나에게 목사님의 팔복교회에서 일주일 부흥회를 인도하게 하실 만큼 나를 신뢰해 주신 분이다. 새벽 심방, 점심 식사 시간을 이용한 직장인 심방, 야간 심방 등 특별 심방을 하며 직접 성도들을 돌보는 전형적인 사랑의 목회자셨다.

"안녕하세요, 목사님?"

먼저 식당에 들어가기가 뭣해서 식당 앞에서 목사님을 맞았다.

"아, 이 선교사. 일찍 나와 계셨군요. 내가 늦었나?"

"아니요, 정확하게 오셨습니다."

반가운 인사를 나누고 손님이 그리 많지 않은 가운데 따뜻한 설렁탕을 들었다. 그간의 볼리비아 선교 사역에 대해 편하게 나누었다. 목사님은 내내 위로와 격려로 일관하셨다. 그렇게 큰 위로와 격려를 받을 만한 사역을 한 것이 아니어서 송구하기도 했다.

"이 선교사님, 볼리비아 선교는 우리 황해노회의 자부심입니다. 정말 수고 많이 하십니다. 더 많이 협력해 드려야 하는데 그렇지 못하여 미안하기만 합니다."

후원회가 얼마나 더 협력할 수 있단 말인가? 파송과 동시에 기도와 사랑으로 후원하시고 실수로 이어지는 선교 사역임에도 변함없이 20여 년을 돌보셨다면 이보다 더 든든한 후원회가 또 어디 있겠는가! 그뿐 아니었다. 가장 기본이 되는 선교사 개인 생활비, 선교본부 부지 구입으로부터 농원 사역, 각종 건축에 필요한 헌금에다 다른 후원 개발에도 깊이 배려해 주셨다. 주변머리 없어 어디 가서 말 한 마디 못하는 부족한 선교사를 파송해 놓고 얼마나 염려하셨을지 돌아보면 아찔하기까지 하다. 그 때문에 나는 후원회에 늘 죄스런 마음이 앞섰다. 그동안 베풀어 주신 사랑에 감사드리며 조심스럽게 나의 솔직한 심정을 말씀드렸다.

"목사님, 볼리비아 선교를 위해 늘 기도와 사랑으로 애써 주셔서 열매 맺게 된 것에 감사드립니다. 이제 선교 사역의 지속적인 성숙을 위해 저는 제2의 사역을 생각하고 있습니다. 우선 볼리비아의 보다 효과적인 선교를 위해 후임자를 보내 주시고 저는 다른 사역을 할 수 있도록 배려해 주시면 감사하겠습니다. 사실 저는 요즘 사역에 중대한 위기를 느끼고 있습니다. 저의 안주와 안일 그리고 교만 때문입니다. 목사님께서 아시다시피 볼리비아 선교는 풍성한 열매를 맺고 있습니다. 서류와 실제 사역에서 기본이 잘 돼 있다고 생각합니다. 농원이나 치과, 사야리 학교 등도 경제적으로 자립했고 각 교회들과 신학교도 원활하게 사역이 이루어지고 있습니다. 앞으로 진행 중인 종합 대학과 방송국 사역까지 더해진다면 그 열매는 더욱 많아질 것입니다. 그리고 이러한 사역이 계속된다면 별 문제없이 지속적으로 성숙한 열매를 맺을 것입니다.

저는 그간 욕심 없이 선교를 했다고 자부하고 있습니다. 그래서 하나님께서 후원회를 통해 이루어 가신 모든 것들을 저 자신은 깨끗이 포기하고, 순수하게 빈 마음으로 임하고 싶은 것이 솔직한 심정입니다. 하나님께서 주신 풍요한 열매로 인해 저의 선교가 안일과 교만에 싸이는 수치스러운 선교가 되지 않기를 기도하고 있습니다. 저의 선교는 버림, 빈 마음, 포기의 선교가 돼야 한다고 생각하며 살아 왔습니다. 이제 그 시기가 왔다고 보기에 이렇게 말씀드립니다. 제 삶의 마지막 순간에 선교지에서 순교하는 것을 평생 기도 제목으로 삼고 싶습니다."

말수가 적은 선교사로 나를 알고 계신 목사님은, 길고 진지한 내 의견에 새삼 놀라는 표정으로 듣고 계셨다.

"이 선교사님의 신앙 양심은 누구나 인정하는데 이렇게까지인 줄은 나도 미처 생각하지 못했습니다."

"하나님께서 주시는 풍요로 인한 저의 영적인 고민을 말씀드린 것이며, 선교에 대한 제 신념이기 때문에 오늘 이렇게 말씀드리게 되었습니다."

"아무리 그렇다 해도 이 선교사님이 볼리비아 사역을 그만두신다는 건 좀더 생각해 봐야 할 문제인 것 같습니다. 더 기도해 봅시다."

많은 이야기가 오갔지만 결론은 없었다. 내려놓기 힘든 과정이라고 짐작은 했으나, 초반부터 나의 포기를 위한 선교는 포기 자체를 포기하라는 장벽에 이르렀다.

세계선교위원회 부위원장이신 김종열 목사님을 만나 같은 말씀을 드렸지만 답은 마찬가지였다. 오히려 김 목사님은 한 수 더 뜨셨다. 자신도 나와 같은 생각을 했다고 한다. 그러면서 내 생각과 결단에 존경을 표한다고 했지만 결론은 이칠우 목사님과 다르지 않았다. 중남미 담당 함성익 목사님도 마찬가지다. 함 목사님은 오히려 나를 부담스럽게까지 하셨다.

"혹시 제가 이 선교사님께 섭섭하게 해드린 게 있습니까?"

함 목사님은 늘 분에 넘치는 사랑과 신뢰로 대해 주셨는데 내가 무엇이 섭섭하겠는가? 당치도 않은 말씀이었다. 한결같은 위로와 격려에 오히려 투정을 부린 듯하여 죄스럽기만 했다. 포기한다는 것은 이처럼 쉽지가 않다.

황해노회 증경 노회장이시며 볼리비아 선교에 각별한 관심을 갖고 계신 장원모 목사님을 뵈었다. 인천중앙교회를 일찍 은퇴하신 목사님이시기에 어느 정도 대화가 될 거라 생각하고 뵙기를 청했다. 버림과 빈 마음 그리고 포기에 대한 내 뜻을 전해 올렸다. 묵묵히 듣고 계시던 목사님께서 말씀하셨다.

"그간 고생 많았네. 이루어 놓은 것들을 잘 관리하는 것도 큰 사역이니, 이제 관리 차원에서 후배들을 돌보며 해나가게."

"목사님, 그게 아니고요."

"아, 알아! 이 선교사의 생각을. 그러나 이 선교사가 볼리비아 선교를 하지 않으면 그 큰 사역을 누가 맡겠는가? 볼리비아 선교는 황해노회의 자부심이라는 건 노회원 모두의 생각이야."

강경하게 말씀하시는 장 목사님의 뜻은 조금도 변함이 없었다.

예수님의 부름에 갈릴리 바닷가의 어부들은 쉽게 그물을 버리고, 부모를 버리고, 고향을 버리고, 예수님을 따라 빈 마음으로 떠났는데 내 경우는 어려운 현실이 되었다. 버림의 선교, 빈 마음의 선교, 포기의 선교가 이처럼 결단을 내려도 삶으로 옮기기가 쉽지 않았다.

이번에는 이문숙 권사님과 남편 조남홍 집사님 그리고 늘 빛과 그림자처럼 동행하시는 윤옥희 권사님과 일영 대추나무집으로 점심 식사를 하러 갔다. 시골집 그대로를 간직한 그곳은 고향집처럼 느껴졌다. 밭두렁을 끼고 시골 분위기에 흠뻑 취하며 찻집에서 칡차를 마셨다. 그리고 마음에 담아 두었던 이야기를 끄집어내었다. 버림에 관한, 빈 마음에 관한, 포기 선교에 관한 말을 듣는 분위기는 점점 흐느낌으로 변해 갔다. 조 집사님께서 힘겹게 입을 여셨다.

"선교사님, 그것은 절대로 안 되는 말씀이슈."

여전히 사투리를 쓰며 친근하게 대해 주시는 조 집사님은 언제나 웃음을 잃지 않으셨는데 오늘은 좀 달랐다. 흐르는 눈물을 훔치시며 거듭 말씀하셨다.

"절대로 안 될 말씀이시구먼유."

윤옥희 권사님도 "꼭 그렇게 하셔야 되요?" 하시며 이미 결정 난 이별을 통보받으신 듯 연신 눈물을 훔치셨다. 언제나 말씀을 아끼시는 이문숙 권사님도 손수건이 젖도록 우셨다. 다들 20여 년 넘게 볼리비아에서 고생한 내가 이제 좀 편안하게 사역할 수 있는 시기에 모든 것을 포기한다는 것은 말도 안 된다고 하셨다. 누리며 나누어 줄 수도 있지 않느냐는 말씀들이다. 시골의 고요한 찻집에서 울컥 속이 메는 시간이 그렇게 흘렀다. 이런 분위기를 어떻게 설명해야 하나? 아름답고 고운 마음씨의 권사님들 말씀은 내 마음을 더욱 아프게 했다.

"그렇게 볼리비아를 아끼시고 피땀 흘려 20여 년의 젊음을 바쳐 일구어 놓은 사역지를 이제 모두 버리신다구요? 안 돼유, 안 될 말씀이시구먼유."

아무런 조건도 이유도 없이, 빈 마음으로 포기하고 버리는 마음으로 선교를 하고 싶은데 나를 아끼는 분들의 만류로 또 다른 고민에 휩싸이고 말았다. 창 너머로 맑고 청아한 하늘을 수놓는 구름 떼를 응시했다. 아늑한 평안함이 마음을 감싸주었다. 고맙고 귀한 분들이다. 하늘나라에 가서도 계속 기도해 드려야 할 분들이라고, 가슴에 그 이름들을 새겨 두었다.

만나는 분들마다 하시는, '포기를 포기하라'는 식의 말씀에 고민이 되었다. 결단에 대한 갈등이 생기는 것이 아니었다. 어떻게 이 문제를 풀어야 할지에 대한 고민이었다. 감사하면서도 부담스러운 마음으로 인천으로 향했다. 월미도 앞바다에 이르자 눈 앞에는 내 고향 영종도, 용유도, 덕적도가 가지런히 떠 있었다. 산은 모든 것을 품는다는데 바다는 그 산까지 품고 있었다. 그러면서도 밤이나 낮이나 자신의 모든 것을 포기하고, 버리고, 빈 마음으로 태양 아래서 흘러간다. 산에 내린 빗물이 강을 타고 내린 것을 포용하고 이를 다시 하늘로 올리는 석별의 정을 나누면서도 계속 자신을 포기하며 살아가는 바다를 보았다.

차창에 뒹구는 빗방울이 정겨웠고, 음악 소리가 포근하게 마음을 감쌌다. 주문한 커피 향을 음미하며 바다처럼 살고 싶다는 말을 서해에 띄워 보냈다.

진동으로 돌려 놓은 휴대전화가 울렸다.

"이 선교사야? 나야, 정용화 목사야."

"응, 어쩐 일이야?"

"어쩐 일이긴, 궁금해서 전화했지!"

"항상 잘 지내고 있지, 뭐."

"다른 게 아니고, 볼태아 선교회에서 이 선교사가 들어왔다고 하여 모이기로 했어."

"언제? 어디서?"

"지난번에 이야기한 대로 김 목사가 있는 강원도 중앙교회에서 다음주 월요일에 갖기로 했어."

"그래, 알았어."

"차량은 이 선교사와 가까운 최명산 목사와 가도록 했으니 최 목사와 함께 와!"

"그래, 알았어. 고맙다구."

"고맙긴, 그럼 다음주에 보자구."

볼태아 선교회는 총신 74동기들이 볼리비아, 태국, 아르헨티나의 첫 자를 따서 만든 선교회다. 선교를 위해 기도드리고 선교 헌금을 하며 뜨겁게 선교지를 사랑하고 동역하는 모임이기에 하나님께서 풍성한 모임으로 만들어 주셨다. 아름다운 모임을 보면서 동기의 소중함을 느꼈다. 마지막 죽는 순간까지 선교지와 목회 현장에서 겪는 서로의 아픔을 아는 친구로서 이해해 주고 감싸 줄 든든한 후원 모임이다.

각 도에서 모인 동기 목사님들과 사모님들의 얼굴에는 험한 세상에서 힘들게 부딪치고 헤쳐오는 동안 하나씩 늘어 간 주름들이 눈에 띄었다. 각자 하나님께서 주신 교회에서 목회의 보람을 느끼고는 있으나, 속은 타들어간 모습 그대로였다. 식사가 끝나면 약들을 한 움큼씩 입에 털어 넣는 목사들이 많았다. 기도 후 선교 보고 시간에는 다시 내 입에서 버림과 빈 마음, 포기의 말이 나왔다. 듣는 이들은 순수한 양심에 존경을 표하면서도 볼리비아 사역의 내려놓음에 대해서는 절대 반대의 뜻을 표했다.

　강원도 산골의 맑고 상큼한 바람이 부드럽게 마음에 불어왔다. 어쩌면 이렇게 모두 친형제 같은 정으로 자기 일처럼 서로 감싸줄까? 현장 목회로 속이 탈대로 탔을 테지만 서로를 염려하고 격려하고 아픔을 같이하고 기쁨을 나눌 수 있는 마음만은 늘 풍성했다.

　시종일관 빈 마음, 버림과 포기를 말하면서 나는 더 많은 감동을 받았고, 외롭지도 쓸쓸하지도 않다는 것을 느꼈다. 바위, 바다, 파도가 노니는 동해 해변 도로를 음미하고, 바닷바람을 가슴 깊이 들이마시며 신선하게 자라는 송림 곁을 지났다. 깊은 산속을 헤치며 사랑을 가득 실은 차는 달리고 또 달렸다.

　진동으로 맞추어 놓은 휴대전화가 갑자기 아우성이었다.

　"네, 제가 이기제입니다."

　"방송국에 근무하는 송미라인데요. 선교사님 방송 스케줄을 확인하는 거예요."

　"죄송합니다. 인터뷰는 안 한다고 이미 말씀드렸는데요."

　"알고 있습니다. 그래도 이번에 꼭 선교사님을 초대하려고 방송국에서 다시 결정을 내려서요."

　"저는 방송 출연에 관심이 없습니다. 죄송합니다만 없었던 것으로 해주시면 감사하겠습니다."

　3주 전에 인천 예일교회 천환 목사님이 방송국에 연락하여 내 인터뷰 약속을 잡았다는 소식을 듣고 거절한 적이 있는데, 그 일이 계속 진행되었던가 보다.

　"이 선교사님, 무슨 전화에요?"

항상 존댓말을 쓰는, 동기 목사님이지만 연세가 나보다 많은 이길호 목사님이 물으셨다. 순수함의 대명사인 이 목사님은 내가 늘 존경해 온 분이다.

"아, 네, TV 방송국에서 전화가 온 거예요."

얼버무리는 나에게 왜 인터뷰를 거절했느냐고 하신다. 운전을 하는 최명산 목사님도 의아해 하셨다. 한국 사정에 문외한인 나에게 지금이라도 늦지 않았으니 그러지 말고 응해 주라며, 인터뷰 요청은 쉽지 않은 일이라고 덧붙이셨다.

다시 전화가 걸려왔다.

"네, 접니다."

송미라 자매보다 윗분인 담당자였다.

"선교사님, 이미 다음주 월요일로 시간까지 다 잡아 놓았습니다. 꼭 나오셔서 함께 대화를 나누었으면 합니다. 그 전에 미리 준비하셔야 할 것도 있고요."

"죄송합니다. 없었던 것으로 했으면 좋겠습니다."

옆에 앉은 이 목사님이 전화를 대신하려고 했다. 그러나 거듭 거절하며 실랑이를 벌인 끝에 일단락을 지었다.

또 다시 전화가 왔다. 이번에는 천환 목사님이었다. 방송국에서 안 되니 천환 목사님에게 연락해서 천 목사님이 다시 전화를 하신 것이다.

"목사님, 제발 더 이상 이 문제에 대해서는 말씀하지 마시고 인터뷰에 응한 걸로 해주세요."

천 목사님은 물러서지 않으셨다. 서울의 모 교회 목사님도 계속 인터뷰를 거절하다가 끝내 하셨다고 말씀하시면서, 인터뷰를 거절하는 선교사이기 때문에 꼭 인터뷰를 해야겠다고 했단다. 내가 어찌 그런 목사님들과 비교가 될까? 비교가 될 만해야 수긍하겠는데 전혀 아니었다. 긴 설득에도 꺾지 않는 내 고집에 천 목사님은 아쉽게 전화기를 놓으셨다. 죄송하고 송구스럽기만 했다.

바른 선교 차원에서 귀하게 말씀을 전하시고 간증하시는 분들의 말씀을 들으며 나도 은혜를 받아 온 것이 사실이다. 그러나 나 자신이 선교 경험담을 방송 매체를 통해 한다는 것은 익숙하지 않을뿐더러 다른 생각도 있었다. 방송 출연 거절을 내 딴에는 작은 포기라고 생각한 것이다.

이제 다시 포기를 위한 새로운 결단을 내리고 행동해야 할 때가 왔다. 그리고 다시 시작하기 위한 계획을 세워 보았다. 자신을 학대하는 것이 아니라 더 진실해지고 싶은 마음과 순수한 선교를 계속하고 싶은 열망으로 구체적인 실천사항을 정리했다. 그나마 갖고 있던 구두, 와이셔츠, 양복 등을 현지인들에게 모두 내어 줄 것. 중고 자전거를 수리하여 선교지 이동 수단으로 타고 다닐 것. 재래식 화장실을 선교부 구석에 마련하여 사용할 것. 돌을 맞더라도 빈민촌에 들어가 길거리 노방 전도부터 시작하여, 가시덤불 길을 뚫고 복음을 전할 것. 남의 집 추녀 밑에 앉아 코흘리개 어린아이들과 주님의 말씀을 나누며 찬양을 드리고, 폭우에 온몸을 적시면서도 가난했던 처음 그 시작으로 돌아가 순수함에서 사역할 것 등.

포기에 대한 새로운 계획을 세우자 마음에 감사가 흘렀다. 제자들과 바위산에 올라가 그 비를 맞으며 비처럼 흐르는 눈물을 주신 주님께 감사드리고 싶다. 깊은 산속에 들어가 현지인들과 밭두렁에서 막 구워낸 감자를 먹으며 그분의 사랑을 전하고, 정글의 밤에 묻혀 그 속에 계신 주님을 만나면서 기쁨과 감격을 다시 느낄 것이다.

풍요를 향해 새롭게 시작된 포기된 삶은 이렇게 나를 자유롭게 했고, 삶의 의미를 되새겨 주었다. 더욱 완전한 포기를 위해 볼리비아 사랑 선교부와 교단의 모든 동산, 부동산에 관한 서류를 노회에 보내고 보관을 요청했다. 선교부와 교단의 중요한 업무 또한 현지인들에게 인계했다. 그리고 노회에 볼리비아 선교의 후임자 선정을 간곡히 요청하고 허락을 받았다.

노회의 선교위원회에서 모든 것을 포기하고 떠나려는 내 진심을 고백했다. 이제 다시 아무것도 갖춘 것 없이 빈손으로 시작할 멕시코 선교에 관해 말씀드렸다. 모든 것을 포기하고 멕시코를 향해 인생의 후반 선교를 하다가 하나님의 부름을 받고 싶다며 마무리했다.

장원모 목사님은 눈물을 머금고 말씀하셨다. 아들 강호가 대학 졸업하는 대로 신학 공부를 시켜 볼리비아의 언더우드가 되게 하라고. 황해노회의 원로 목사님들과 선교위원회 목사님들은 볼리비아는 이 선교사가 해야 하며, 진실하게 선교를 하려는 이 선교사의 심정을 충분히 이해하지만 볼리비아를 다른 사람에게 맡기는 것은 절대로 안 된다고 하셨다.

"그렇게 힘들게 이루어 놓고 이제는 조금 쉬면서 해도 될 것을 그 나이에 새로운 지역에 가서 다시 시작한다니 존경스럽기도 하고 안쓰럽기도 하네."

벗의 마음을 이해해 준 친구 목사님들의 말이다.

눈물을 흘리며 "절대로 안 될 말씀이시구먼유", "꼭 그렇게 하셔야 되요?" 하는 이문숙 권사님, 윤옥희 권사님, 조남홍 집사님.

"다 준비해 놓고 터를 닦아 놓은 볼리비아 선교지에 목사님의 뒤를 이어 새로 가실 행복한 선교사님은 도대체 누구세요?" 하고 묻는 집사님.

"우리는 원래부터 그런 생각을 하며 기도드리고 살아 왔잖아요? 힘 드셨겠지만 아름다운 결정을 하셨어요. 하나님께서 기뻐하실 거예요."

당연한 결정을 기다렸다는 듯이 말하는 사모의 의연한 음성에는 흐느낌이 담겨 있었다. 아빠와 엄마의 결단에 눈물로 답하면서 항상 속으로 아픔과 고뇌를 삭이는 딸 주리. 그런 결단을 하실 거라고 생각했다면서 아빠 엄마의 믿음을 존경한다며 먼 하늘을 응시한 채 흐르는 눈물을 속으로 삭이는 아들 강호. 이들의 눈물을 한 아름 가슴에 담아 멕시코 빈민 마을에 쏟아 부을 것이다. 그리고 내가 흘린 포기의 진액을 두 손에 담아 흘려 보낼 것이다. 마지막으로 그 위에 주님께서 주신 포기의 눈물을 조용히 부어 놓고자 한다.

어려움을 극복하고 정상에 오른 것을 성공으로 보는 세상이다. 가진 대로 움켜쥐고 풍요를 누리면서 더 가지고 더 높은 대접을 받으며 사는 삶을 가장 행복한 삶이라고 평가하는 세상이다. 이런 세상에서 그분이 은혜로 주셨고, 땀과 눈물로 거둔 모든 귀한 것들을 내 것이 아니니 주인께서 가져가시오, 라는 심정으로 포기하려고 한다.

어머니는 그랬다. 굶주린 자신의 배는 물로 채우면서도 굶주린 자식이 감자 한 톨 맛나게 먹는 것을 보면 배부른 기쁨과 평안을 느낀다고. 자식이 행복하고 만족할 때 어머니는 더욱 행복해하며 만족해하셨다. 어머니는 자신의 모든 것을 자식의 것이라고 전제한 빈 마음이 있었다.

하나님께 받은 모든 풍요로운 것을 누구에게 주었다고 하여 사랑을 베푼 것이라고 한다면 그것은 착각이다. 그것은 이미 사랑이 아니다. 누림과 나눔, 섬김과 사랑 모두 그 기본 과정과 결실에서 포기를 전제하지 않으면 진리의 원칙은 흔들릴 것이고, 이기심과 욕심과 자만과 교만이 틈탈 자리를 내주게 될 것이다. 빈 마음과 전적인 자기 포기는 자신의 능력 없음과 지혜 없음을 인정하는 것이다. 가진 것이 없음을 알기에 모든 것이 하나님께로부터만 온 것이며 하나님의 것이라고 인정할 수 있다. 그렇게 할 때 그를 통해 하나님께서 일하시고 모든 영광을 받으실 것이다. 그리고 빈 마음을 가진 자는 모든 것을 포기하나 모든 것을 소유하게 되는 또 다른 축복을 받게 되리라 믿는다.

안데스의 고산 바위틈에 빈 마음의 눈으로 그분이 미소 지으시는 모습을 가만히 바라본다. 서로의 눈물에 흐르는 우리의 사랑은 하나 되어 가슴을 적시고, 안데스의 맑고 투명한 냇물로 흘러 들어갈 것이다.

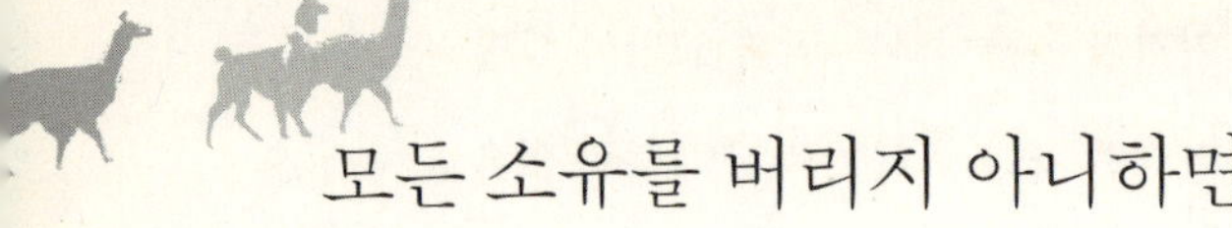

모든 소유를 버리지 아니하면

이제 그분의 몸에 깊숙히 박힌 못과 창과 가시면류관은 포기의 증거물이라고 생각하며 포기에 대해 다시금 음미해 본다. 성경의 위대한 역사는 포기로 시작되었고 포기로 이어졌으며 포기로 맺어진 열매의 결실이었다.

인류의 역사를 돌아보라. 그리스의 정복의 역사, 로마의 침략의 역사, 영국, 네덜란드, 프랑스, 중국, 일본, 독일, 스페인 등 열강의 침탈의 역사는 모두 피로 시작했고 피로 이어졌으며 피를 흘리고야 종말을 고한 실패의 역사였다. 이제 인류의 역사는 재창조돼야 하고 새롭게 이어지는 가운데 귀한 열매를 맺어야 할 때다. 그것은 포기로 시작하고 포기로 이어지며 포기로 그 열매를 맺는 그리스도의 거룩한 역사가 돼야 한다고 본다.

조금 더 가시다가 세베대의 아들 야고보와 그 형제 요한을 보시니 그들도 배에 있어 그물을 깁는데 곧 부르시니 그 아버지 세베대를 품꾼들과 함께 배에 버려 두고 예수를 따라가니라(막 1:19-20).

선교의 역사 역시 풍요를 향한 목표를 설정하는 것이 아니라 버림으로 시작하고 버림으로 이어지고 버림으로 끝을 맺는, 욕심 없이 순수하고 맑은 선교가 될 때 하나님의 참 뜻이 지구촌 곳곳에서 빛을 발할 것이다.

예수께서 이르시되 나를 따라오라 내가 너희로 사람을 낚는 어부가 되게 하리라 하시니 곧 그물을 버려 두고 따르니라(막 1: 17-18).

버림은 누림, 나눔, 섬김보다 더 소중하게 우리의 가슴 속에 간직해야 할, 인류에게 남은 마지막 한 알의 순수한 씨앗이다.

이와 같이 너희 중의 누구든지 자기의 모든 소유를 버리지 아니하면 능히 내 제자가 되지 못하리라(눅 14:33).

그분의 부드러운 말씀의 향이 지구촌 모든 이들의 마음속에 곱고 순하게 퍼져가기를 기도드린다.

너희가 거저 받았으니 거저 주라 너희 전대에 금이나 은이나 동을 가지지 말고 여행을 위하여 배낭이나 두 벌 옷이나 신이나 지팡이를 가지지 말라 이는 일꾼이 자기의 먹을 것 받는 것이 마땅함이라(마 10:8-10).

볼리비아에서 온 편지

지은이 **이기제**

2010. 09. 29. 초판 1쇄 인쇄
2010. 10. 05. 초판 1쇄 발행

펴낸이 **정애주**
편집 송승호 이현주 한미영 황교진 김기민 김준표 오은숙 유진실
미술 김진성 문정인 송하현 최혜영
제작 홍순흥 윤태웅
영업 오민택 차길환 국효숙 이진영 박상신
관리 이남진
총무 정희자 마명진 김은오

펴낸곳 **주식회사 홍성사**
1977. 8. 1.등록/제 1-499호
121-897 서울시 마포구 합정동 369-43
TEL. 02) 333-5161 FAX. 02) 333-5165
http://www.hsbooks.com
E-mail: hsbooks@hsbooks.com

ⓒ 이기제, 2010

ISBN 978-89-365-0282-9
값 19,800원 *잘못된 책은 바꿔 드립니다.
Printed in Korea

홍성사. HONG SUNG SA, LTD.